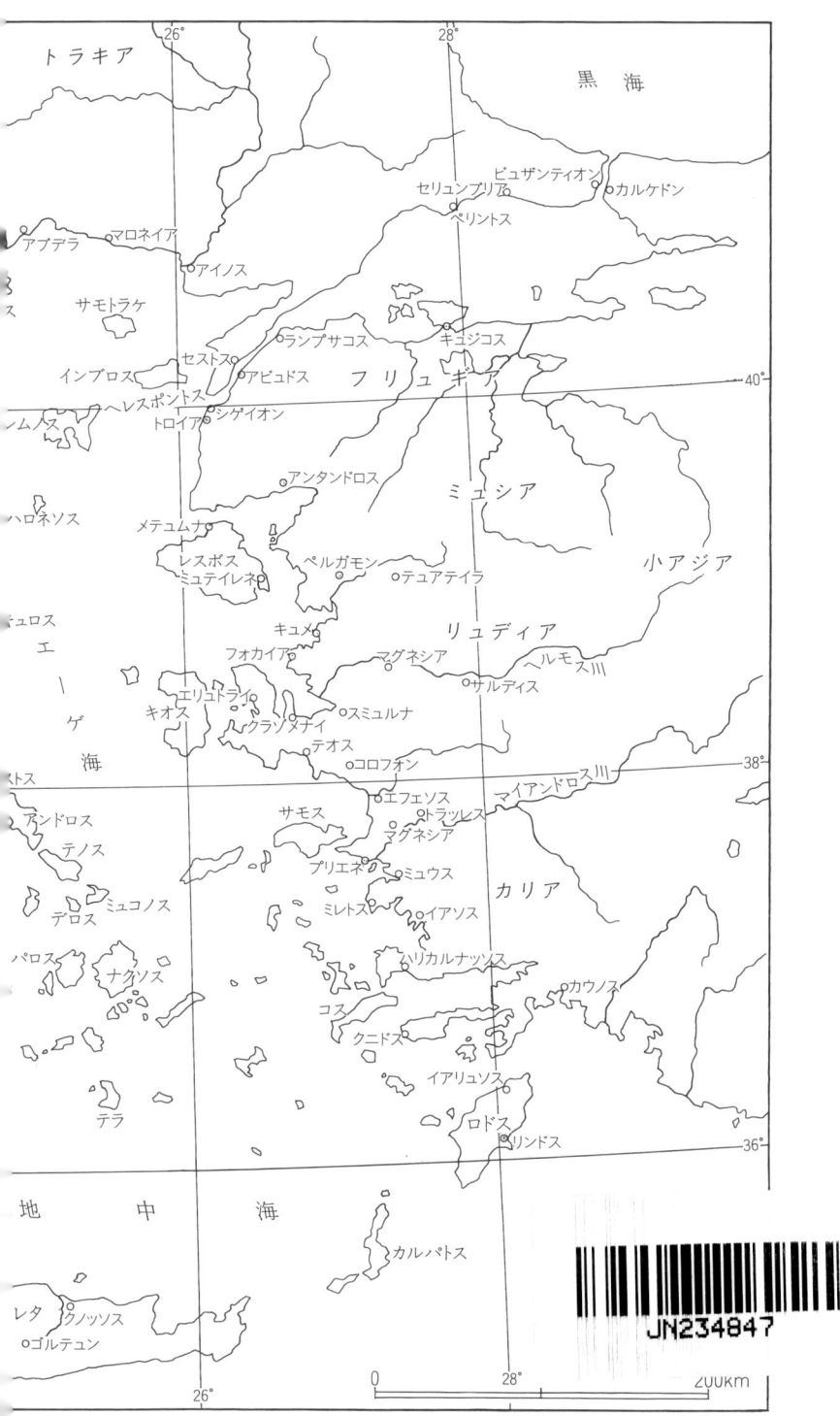

西洋古代史料集

[第2版]

古山正人・中村純・田村孝・毛利晶・本村凌二・後藤篤子 編訳

東京大学出版会

Historical Sources on Greece and Rome
2nd Edition

Edited and Translated by
Masato FURUYAMA, Jun NAKAMURA, Takashi TAMURA,
Akira MOHRI, Ryoji MOTOMURA and Atsuko GOTOH

University of Tokyo Press, 2002
ISBN 4-13-022018-7

ピュロスの粘土板(Tn 316 宗教儀式)

円形盾(ホプロンの裏側)
前600年頃

密集隊形　原コリントス式壺絵

アテナイのアゴラの模型　後150年

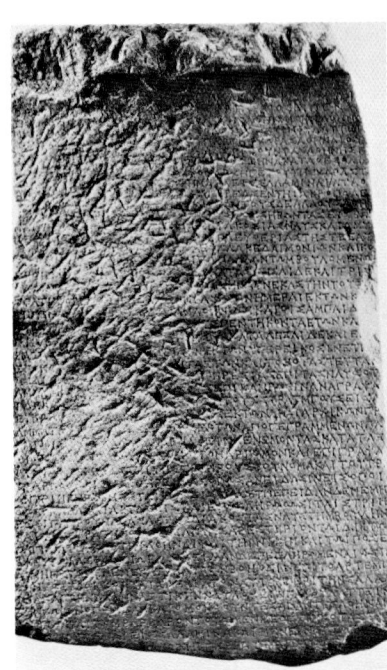

テミストクレスの決議碑文

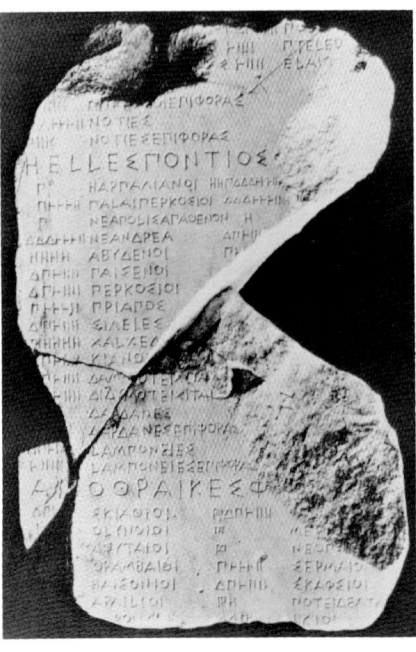

貢税表断片　前440/39年の記録

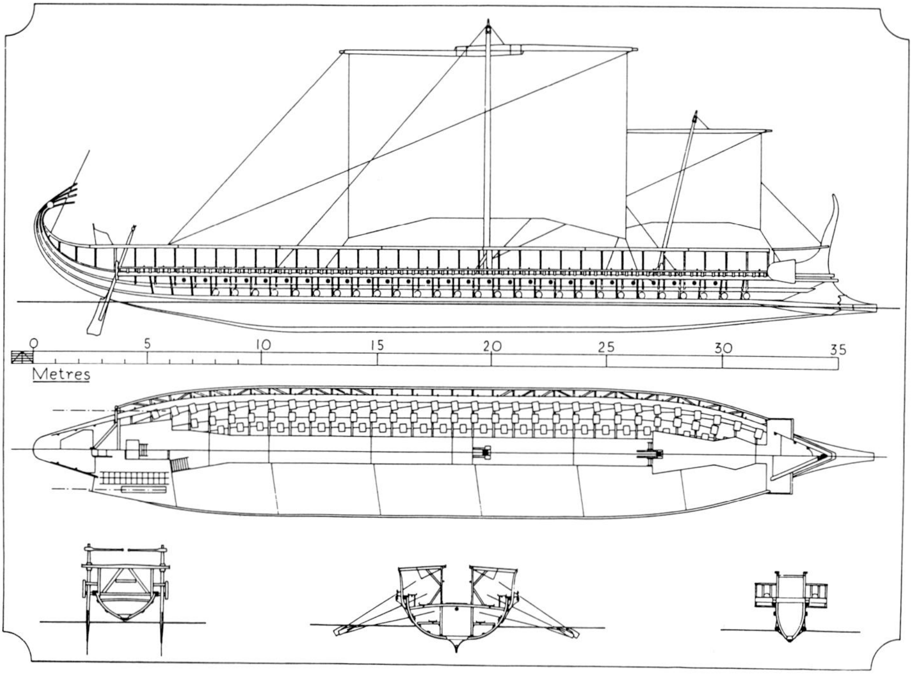

三段橈船復原図（J.F. Coates 作図）

アレクサンドロス大王

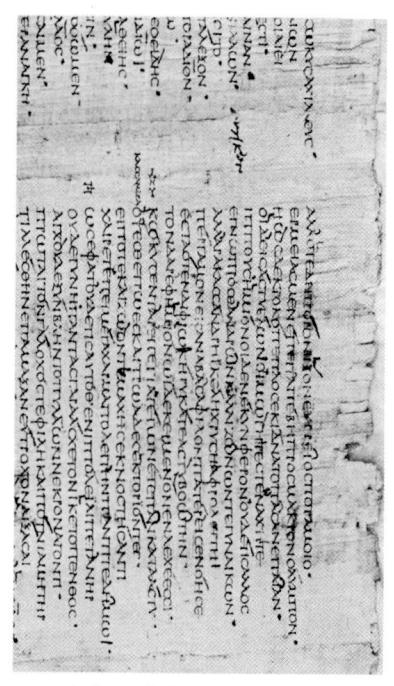

ホメロス『イリアス』のパピルス

アテナイの4ドラクマ銀貨　前6世紀後半

シラクサの2ドラクマ銀貨
前480年の対カルタゴ戦勝記念

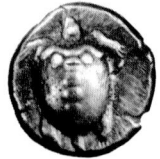

アイギナのスタテル銀貨　前470年頃

プトレマイオス3世（4ドラクマ銀貨）

アンティオコス3世
（4ドラクマ銀貨）

フィリッポス5世（4ドラクマ銀貨）

ミトリダテス6世
（4ドラクマ銀貨）

クレオパトラ7世　　アントニウス
（4ドラクマ銀貨）

（原寸）

サルスティウス（10世紀の写本より）

リウィウス（5世紀の写本より）

タキトゥス『年代記』
（11世紀の写本より）

アンミアヌス＝マルケルリーヌス
（9世紀の写本より）

エジプト総督法廷の審問記録の断片（パピルス文書）

『神皇アウグストゥス業績録』の一部（アンカラ）

ウェスパシアヌス帝の最高
指揮権に関する法律
（ローマ・カピトリノ博物館）

ディオクレティアヌス帝の最高価格令
序文の一部（アテナイ碑文博物館）

ポンペイウス
(デナリウス銀貨)

カエサル
(デナリウス銀貨)

オクタウィアヌスとアントニウス
(アウレウス金貨)

アウグストゥス帝
(セステルティウス銅貨)

ネロ帝(セステルティウス銅貨)

トラヤヌス帝(セステルティウス銅貨)

ハドリアヌス帝(セステルティウス銅貨)

マルクス・アウレリウス帝(アウレウス金貨)

カラカラ帝とその父帝および母后(アウレウス金貨)

アウレリアヌス帝
(アウレウス金貨)

ディオクレティアヌス帝
(アウレウス貨)

コンスタンティヌス
(ソリドゥス貨)

(80%)

はじめに

　わが国の大学教育における歴史学は，教養課程であろうと専門課程であろうと，日本史，東洋史，西洋史に三分されるのが習わしとなっている．今日，この分類法が必ずしも妥当であるとは言えないが，歴史を初めて学問として学ぶ者にとって，このような形での接近はある程度有益でもあり必要でもある．過去の世界を公平に把握するための様々な試みがあるにしても，初学者はまずもって伝統的に培われた土台から出発するのが賢明だからである．そのような基本的な嗜みを充分身に帯びた上でこそ，学問の在り方を批判することができる．充分な基礎的修練を経ぬまま徒らに懐疑的であるだけでは何事も生まれてこないであろう．

　歴史学における基礎的修練とはなにか．それは，何よりも，史料を通して過去の世界を考えてみることである．歴史を学ぶ者にとって，過去を再構成するための最も有力な手掛りが文字史料であることは異論のないところである．ところが，大学における歴史教育の現場において，このことが充分に実行されてきたかとなると甚だ疑問である．とりわけ，西洋史にあってはこの感が深い．といっても，それにはそれなりの理由があったであろう．西洋史における文字史料となれば，英語・独語・仏語といった外国語で書かれていることは言うまでもない．それも，時代を遡るほどに古語の形態をとるものであり，現代語の知識だけでは覚束なくなる．まして，本書の対象とする古代史ともなれば，一次史料はギリシア語やラテン語で書かれている．ここまでくれば，4年間の大学教育ではまったく手も足も出なくなってしまう．そこで，このような史料の翻訳が必要となる．しかし，翻訳となると訳者自身の解釈が加わるのであるから，最早一次史料とは言い難くなる．更に，学問的良心（？）からなのか，誤訳を恐れる余り，史料の翻訳など公けにしない方が無難であるとの風潮があることも否めないであろう．このようにして，西洋古代史の初学者が基本的な史料に接しながら，ギリシア人やローマ人の生きた世界を実感してみるという機

会はなおざりにされてきた．自然科学に比べて，人文・社会科学の研究体制が立ち遅れているとはしばしば指摘されるところであるが，このことは教育の初学的段階からも明らかである．歴史教育の現場にある人々のなかには，様々な教育上の配慮や工夫を施された方もあるであろうが，総じて言えば，大学における西洋古代史の学習が教育上の組織的な配慮を享受していたとは言い難い．本書は，西洋史のなかのギリシア・ローマ史の学習のための基本的教材として開発されたものであり，組織的な歴史教育のためのひとつの布石となることを願っている．

本書のこのような性格を考慮して，幾つかの点に留意しておかなければならない．

本書を通じて，ギリシア・ローマ世界に初めて接する人々にとって，選ばれた史料は，この世界を通観するための基本的なものである．しかし，編者の関心や立場から興味深い史料も若干挿入されている．

教材としての使用を念頭においていることから，訳文中の訳註は必要最小限度に留めることを原則とした．不充分な箇所は，巻末の用語解説や授業のなかでの補足に依らなければならない．受講者の側も教師の話から史料の内容理解に関わる事柄をしっかりと聞きとる努力が求められるであろう．時には，自らの手で調べてみるという努力も必要である．このような形で史料に描かれた出来事を吟味し批判的に検討する作業から，歴史を教養として留めるだけではなく，科学として把えるという姿勢が理解されるであろう．

史料の翻訳であることから，思わぬ誤訳や解釈の違いが生じることは，訳者一同もとより覚悟するところである．それらについては，識者の御教示を仰ぐことを切望する．しかし，歴史学の教材として考えれば，授業のなかで誤訳や解釈の相違点を御指摘いただくことも，歴史教育のひとつの手段となりうるであろう．訳者一同自らの未熟さを充分に自覚しつつも敢えて史料の翻訳を試みたのは，そのような思いも込められている．

翻訳は新訳を原則としたが，一部の史料は優れた既存の訳書から引用せざるをえなかった．それらの引用部分については，巻末引用一覧（298頁）に掲載しておいた．

本書は，ギリシア史を(1)前古典期，(2)古典期，(3)ヘレニズム期，ローマ史を

(4)共和政期, (5)帝政期(元首政期), (6)帝政期(専制君主政期)の六つの時代に区分し, それぞれの時代に編集・解説・翻訳上の責任者を設けた. それらの分担は, (1)古山正人, (2)中村純, (3)田村孝, (4)毛利晶, (5)本村凌二, (6)後藤篤子である. ただし, (2)の25, 35, 43, 44, 46, 47, (3)の52, 53については古山が担当した.

1987年10月

編訳者一同

第2版について

初版から15年が経ち, 古代史の様相もずいぶん変化した. この間の経緯を考慮して, いささかなりとも学習しやすくすることをまずもって旨とした. 初版に比べて, 註記の数を増やし, 史料も総計で21項目も加えている. さらにその後の参考文献が大幅に追加された.

2002年3月

編訳者一同

凡　例

1. 各時代の初めに概観をおき，各史料は，史料解説（小字），史料本文，典拠，訳註から構成されている．
2. とくに断わった箇所を除いて，（　）は依拠したテキストの校訂者・註釈者等が補った章句，[　] は本書の訳者が補った章句である．ただし，既存の訳書からの引用（巻末引用一覧参照）の場合は，そのかぎりではない．
3. （中略）はかなり長い省略，……は短い中略である．
4. 一部訳語の不統一があるが，巻末用語解説（273頁）を参照されたい．既存の訳書からの引用の場合，そのままとした．

略　語　表

ATL : B. D. Meritt, H. T. Wade-Gery, M. F. McGregor, The Athenian Tribute Lists. 4 vols.
BGU : Aegyptische Urkunden aus den Museen zu Berlin, Griechische Urkunden.
CIL : Corpus Inscriptionum Latinarum.
Durrbach, Choix : Durrbach, Choix d'inscription de Délos, Paris, 1921 (1976).
FGrH : F. Jacoby, Die Fragmente der griechischen Historiker, Berlin und Leyden, 1923-.
IG : Inscriptiones Graecae.
ILLRP : Inscriptiones Latinae Liberae Rei Publicae.
ILS : Inscriptiones Latinae Selectae.
Meiggs-Lewis : R. Meiggs and D. Lewis, A Selection of Greek Historical Inscriptions to the End of the Fifth Century B. C.
OGIS : Orientis Graeci Inscriptiones Selectae.
ORF : Oratorum Romanorum Fragmenta.
RDGE : R. K. Sherk, Roman Documents from the Greek East, Baltimore, 1969.
SIG^3 : Dittenberger, Sylloge Inscriptionum Graecarum^3.
Tod : M. N. Tod, A Selection of Greek Historical Inscriptions Vol II From 403 to 323 B. C.

目　次

はじめに
凡例・略語表

ギリシア

前古典期

1　ピュロスの行政組織と土地所有形態 ……… 9
2　神への奉納 ……… 12
3　プレウロンへの兵力派遣 ……… 13
4　ドーリス人の侵入 ……… 13
5　シュノイキスモス ……… 14
6　王政から貴族政へ ……… 15
7　ホメロス社会の財とその交換 … 16
8　貴族政期の裁判と正義観 ……… 18
9　貴族政期の農業 ……… 20
10　オリンピア競技会 ……… 21
11　キュレネ植民 ……… 22
12　重装歩兵制度 ……… 25
13　前古典期の交易 ……… 26
14　スパルタの国制 ……… 28
15　スパルタの共同食事 ……… 30
16　コリントスの繁栄 ……… 31
17　ドラコンの法 ……… 33
18　前7世紀末のアテナイ社会 …… 34
19　ソロンの改革 ……… 35
20　ペイシストラトスの僭主政 …… 38
21　クレイステネスの改革 ……… 39
22　陶片追放 ……… 40
23　饗宴 ……… 42

古典期

24　ヘロドトスと『歴史』 ……… 46
25　テミストクレスの決議 ……… 47
26　デロス同盟の成立 ……… 49
27　キモンとペリクレス ……… 50

28	エフィアルテスの改革	50	38	シチリア遠征の狙い	69
29	ペリクレスの市民権法	51	39	ヘルメス像破損事件	70
30	アテナイ民主政の理想	52	40	ソクラテス裁判	71
31	ツキュディデスのペリクレス評価	54	41	公共奉仕（レイトゥールギア）	72
32	政体論争	57	42	理想的市民像	75
33	デロス同盟の変質	59	43	ボイオティアの状況	76
34	海上支配とアテナイ人の生活	60	44	スパルタ社会の変質	77
35	アテナイによる貨幣・度量衡統一令	62	45	傭兵の活躍	79
			46	第2次アテナイ海上同盟	81
36	歴史家ツキュディデス	64	47	海上貸付	83
37	ペロポネソス戦争におけるアテナイ側の戦略	67	48	フィリッポス2世とギリシア	84
			49	アリストテレスの奴隷論	87

ヘレニズム期

50	アレクサンドロス大王と東方遠征	92		独占	105
51	さいはての東方世界から出土したギリシア語史料	94	59	国王アンティオコスのバイトカイケーのゼウス神殿領に関する書簡	107
52	アカイア同盟	95	60	ギリシア人の自由	109
53	前3世紀後半のスパルタの諸改革	98	61	アパメイアの和約	112
54	エフェーボイ（壮丁）の顕彰	101	62	アテナイの4ドラクマ銀貨に関するアンフィクティオニアの決議	115
55	ロドスのアテノドロスの顕彰に関するヒスティアイアの決議	102	63	デロスにおける交易活動とその国際化	116
56	プトレマイオス朝エジプト初期の外交とプトレマイオス4世	103	64	ペルガモン王国のローマへの遺贈	118
57	プトレマイオス2世からミレトスへの手紙	105	65	ローマ人商人の広汎な活動	120
58	エジプトにおける製油業の国家		66	徴税請負人の活動	122

67	オロポスのアンフィアラオス神殿に関する元老院決議 ………125	69	ディオニュソスの芸人たちの諸特権 ………133
68	ミトリダテス戦争 ………127	70	東地中海の海賊について ………134

ローマ

共和政期

71	都市ローマの建設 ………145	80	バッコスの密儀に関する元老院決議 ………160
72	ローマ・カルタゴ条約 ………146	81	カトーのロドス人弁護 ………162
73	十二表法 ………148	82	グラックス兄弟の改革 ………164
74	大土地所有の起源 ………150	83	スパルタクスの反乱 ………166
75	リキニウス・セクスティウス法…151	84	大将軍の条件 ………168
76	「分割して統治せよ」 ………153	85	共和政末期のローマ社会 ………169
77	アッピウス・クラウディウス・カエクスとピュロス戦争 ………154	86	原住民とローマの支配 ………172
78	ローマ国制の長所 ………156	87	カエサルへの提言 ………174
79	ポエニ戦争 ………158	88	内乱と騎士 ………175

帝政期(元首政期)

89	神皇アウグストゥス業績録 ……180	95	ネロ帝治下のキリスト教徒迫害とローマ市大火 ………192
90	オウィディウスによる世俗の写像 ………182	96	ポンペイ──都市生活の諸相…193
91	紀元33年の金融危機 ………184	97	ウェスパシアヌス帝の最高指揮権に関する法律 ………197
92	嬰児遺棄 ………186	98	マラガの都市憲章 ………199
93	パンとサーカス ………188	99	性と家族をめぐる二つの世相…201
94	ブリタンニアにおけるボウディッカの反乱 ………190	100	アリメンタ制度──少年少女の

　　　　ための扶養基金 ……………203
101　属州行政をめぐるプリニウスと
　　　トラヤヌス帝の往復書簡 ……205
102　ヴィンドランダの木簡文書 …207
103　ハドリアヌス帝の属州視察旅
　　　行 ………………………………208
104　ローマ人の死生観 ……………210
105　夢占い――古代人の心の断片…211
106　東方の密儀宗教 ………………214

107　皇帝領小作人の嘆願書と勅答
　　　――北アフリカ属州の場合 …215
108　帝国領内に住む全自由民へのロ
　　　ーマ市民権の付与 ……………217
109　3世紀の通貨危機………………219
110　デキウス帝治下のキリスト教徒
　　　迫害 ……………………………221
111　アラマンニ族のイタリア侵入　222

帝政期（専制君主政期）

112　地方住民たちの不安 …………226
113　ディオクレティアヌスの最高価
　　　格令 ……………………………226
114　最後のキリスト教徒大迫害 …230
115　ガレリウスの寛容勅令 ………232
116　コンスタンティヌスの改宗伝
　　　説 ………………………………233
117　所謂ミラノ勅令 ………………234
118　コンスタンティヌスのキリスト
　　　教保護 …………………………237
119　帝政後期の都市参事会員 ……238
120　背教者ユリアヌス ……………240
121　コロヌス制の発展 ……………241

122　ローマ＝アフリカの社会――
　　　キルクムケリオーネス ………243
123　都市民の社会生活の一断面 …245
124　ゲルマン民族大移動の開始 …246
125　カトリック＝キリスト教の国
　　　教化 ……………………………248
126　ウィクトリア女神祭壇論争 …250
127　暮らしの中の「異教」………254
128　410年の衝撃とその後…………257
129　5世紀前半のガリア社会………258
130　禁欲主義と聖人崇拝 …………260
131　5世紀後半の一ガリア貴族の心
　　　情 ………………………………263

年表（267）
用語解説（273）
参考文献（278）
引用一覧（298）

ギリシア

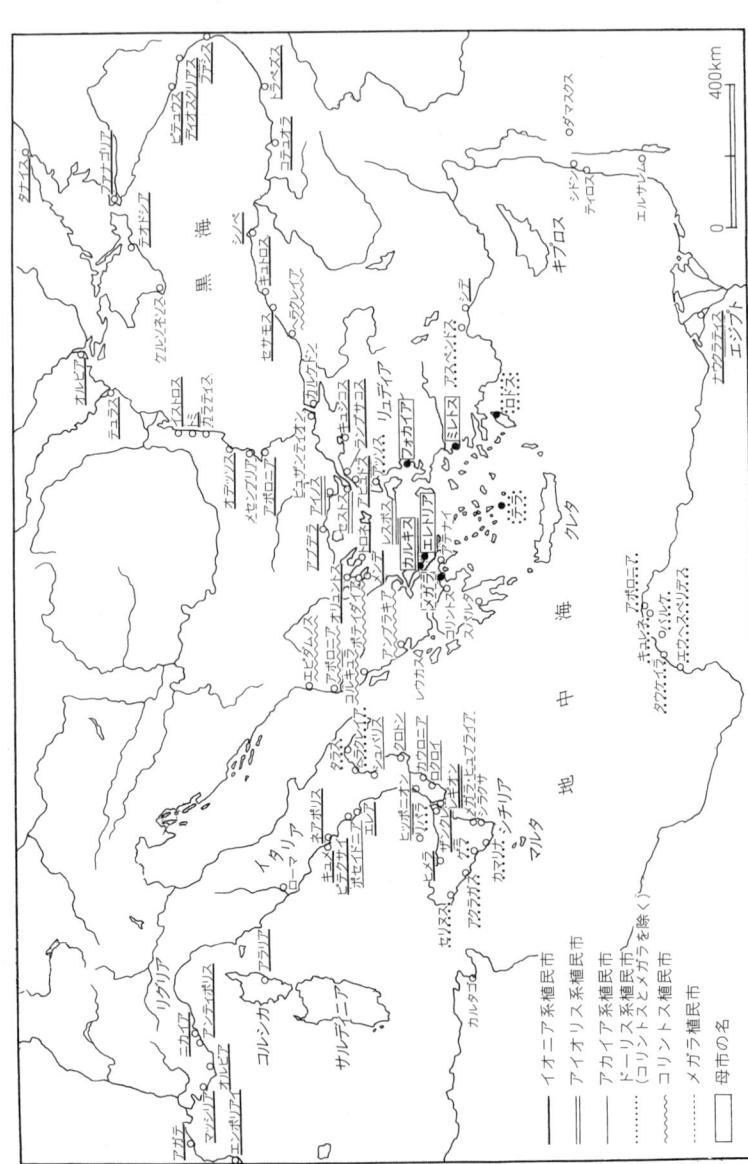

植民市分布図
(講談社版『世界の歴史』2に基づく)

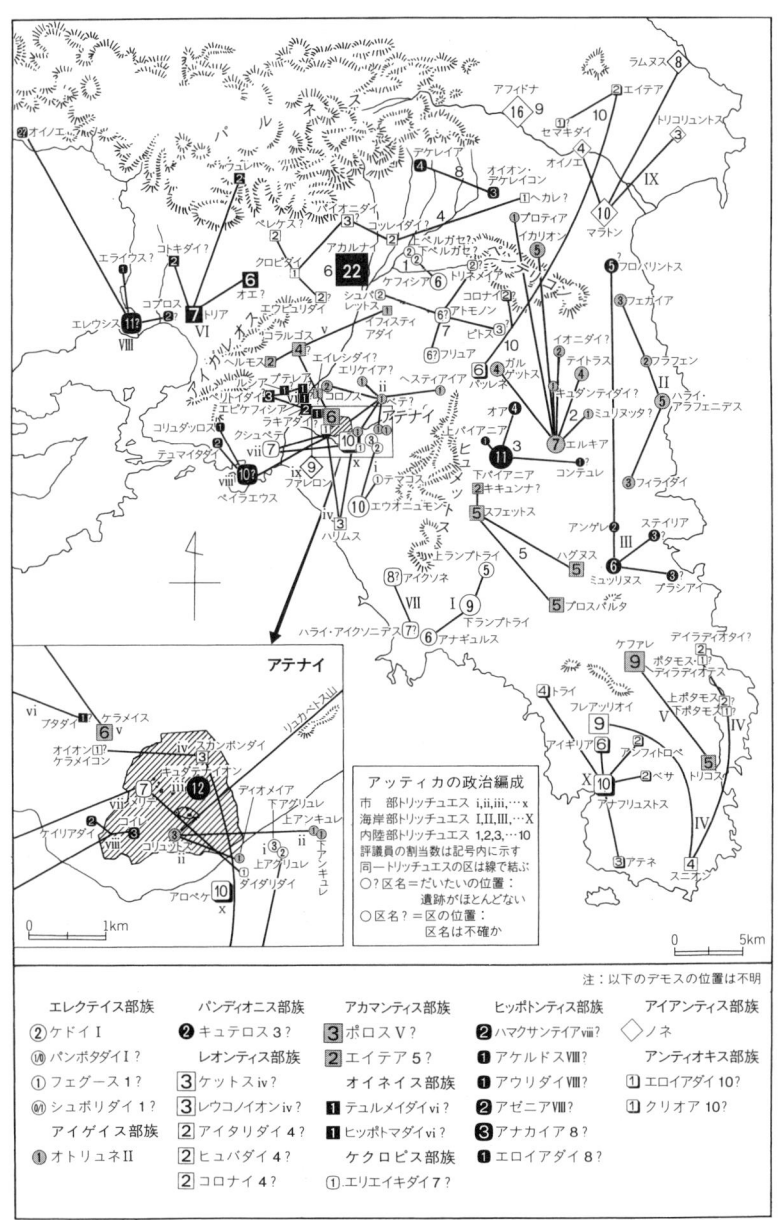

アテナイの部族編成

(Traillによる)

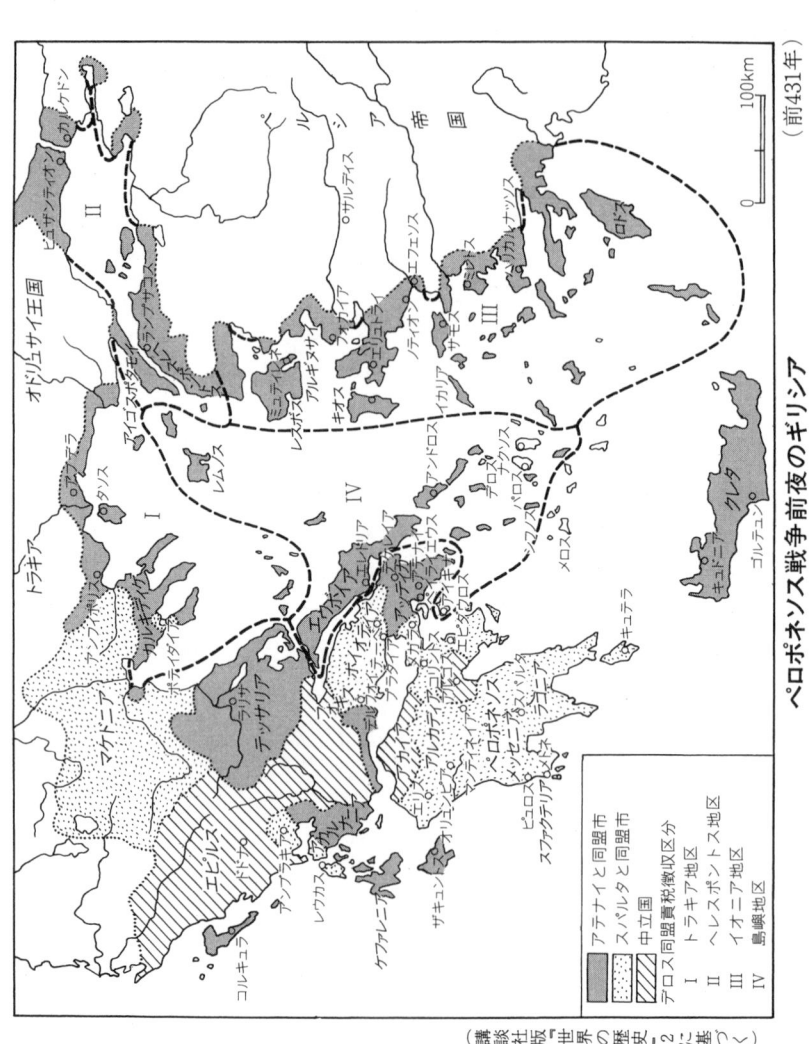

ペロポネソス戦争前夜のギリシア（前431年）

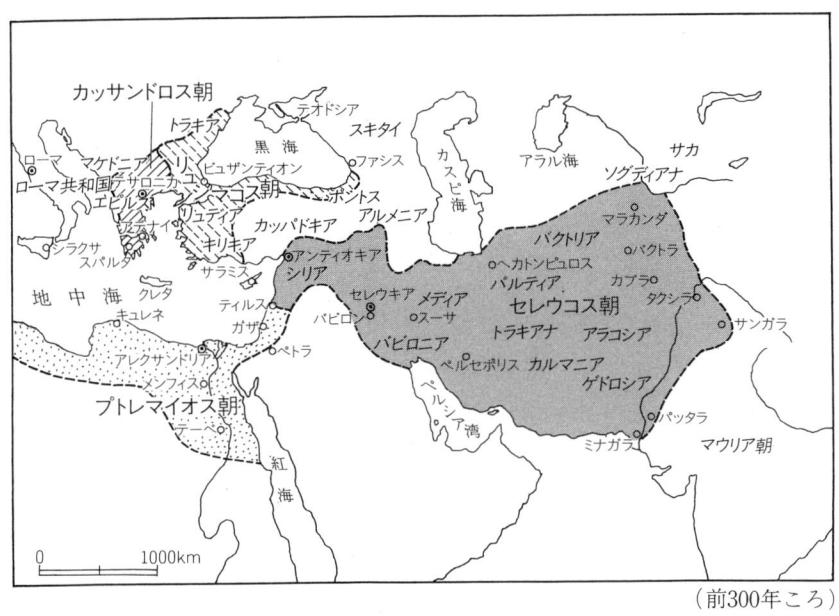

（前300年ころ）

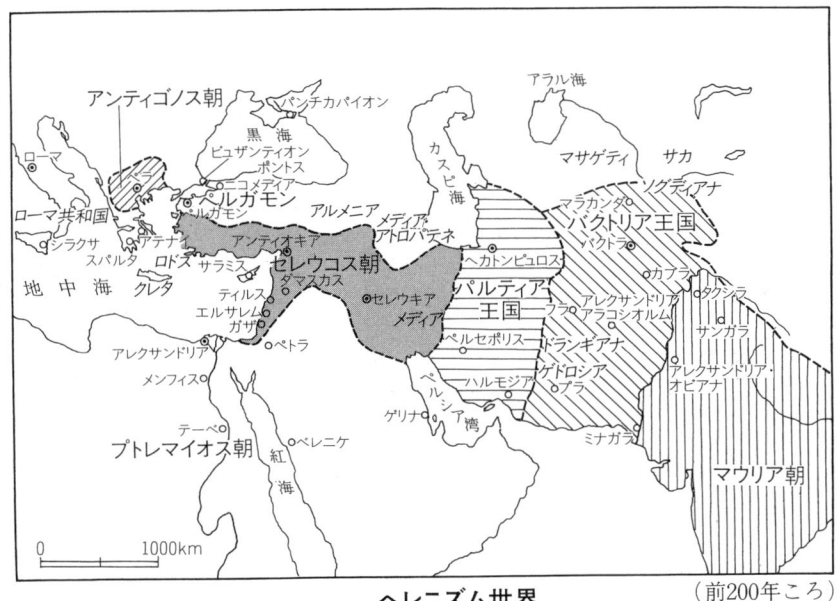

ヘレニズム世界

（前200年ころ）

ヘレニズム史関係地図

前古典期

　古代ギリシアの歴史は，ミケーネ時代（前1600〜前1200年頃），暗黒時代（前1200〜前800年頃），前古典期（前800〜前500年頃），古典期（前500〜前338年），ヘレニズム時代（前338〜前31年）の5つの時期に区分される．ミケーネ文明の発見は，ホメロスの英雄叙事詩を史実と信じたH. シュリーマンに負う．
　前2000年頃ギリシア人の祖先のギリシア語（東方方言群）を話す人々がバルカン半島に移り住んだ．彼らは先進のオリエント文明やクレタ・トロイアなどの文明との交流を通じて前1600年頃に小王国を形成した．ミケーネ諸王国の残した線文字Bを1952年M. ヴェントリスが解読し，これが音節文字でギリシア語を表記したものであることを明らかにした．線文字Bの解読によると，ミケーネ諸王国は萌芽的官僚制と貢納制を有し，後に形成されるポリスとは異質な国家形態であり，むしろオリエント的専制国家に類似する．
　しかし，その王宮は，さまざまな異論はあるが，多様な民族から成る「海の民」の攻撃により破壊あるいは放棄され，ミケーネ文明は崩壊したと一般に考えられる．その後に西方方言群に属すドーリス族が移動定着した．前1050年頃から移動と混乱の時代は終り，ポリス社会形成への胎動が始まる．暗黒時代末期から鉄器の使用が普及し，ギリシア文字の形成が見られた．
　前800年頃を境としたギリシア各地の急激な人口増加，牧畜から農耕への転換，各地域の守護神を祀る神域・社とそこへの奉納物の増大は考古学の明らかとするところである．このような現象と相互関連しながらポリス形成が行われた．ポリスの形成は貴族層の中心市への集住あるいは独立の小都市の政治的統合として実現された．初期には有力貴族が王として選出されていたが，間もなく貴族がポリス運営の実権を握る貴族政ポリスとなった．ホメロスの英雄叙事詩の最新の層はこのようなポリス形成過程を色濃く反映している．
　これに若干遅れて成立したヘシオドスの『労働と日』は貴族政期の独立自営農民の生活を生彩ある筆致で描いている．彼ら独立自営農民は世襲地を家族労働と少数の奴隷労働と一対の牛，さらに農繁期の自由季節労働とをもって経営し，平民層の

中核を成した．『労働と日』はゼウスに由来する正義——貴族の武勇に根拠をおく——を柱げて恣意的に裁判権を行使する貴族に対して，宇宙の運行に従って時宜の農作業に励むことこそゼウスの正義に適うものとする理念を掲げた．

ところで前8世紀後半からほぼ150年間を「大植民時代」と呼ぶ．人口増大に伴う耕地不足，貴族間のポリス運営の主導権をめぐる争い，貴族の政権独占に対する平民の不満の高まり，などの国内問題解決のために農業植民市建設が盛んに行われたからである．植民活動はエーゲ海域に留まらず，地中海沿岸に広く及び，以後のギリシア人の活動の場が形成された．交易を目的とした植民市建設の例も知られるが，交易活動の活発化とこれと密接に関わる陶器などの手工業生産の発展とは植民活動に伴って生じたのであった．しかも，交易と手工業の発展とは貴族に新しい富をもたらす一方で，平民層の経済的地位を向上させた．彼らはやがてこれを足場に政治的諸権利を要求するようになる．

この時期には軍事制度においても大きな変化があった．重装歩兵の装備と密集隊戦術の採用がそれである．これは前7世紀初めに貴族層の主導で行われた．前7世紀半ば以降，重装歩兵軍に富裕平民の占める比重が増した．やがて装備の低廉化と共に平民層が市民軍の中核となり，彼らの政治的影響力を貴族も無視できなくなった．また密集隊戦の勝敗を決するのは同質の訓練を受け統制のとれた戦闘行動を行う戦士団の存在である．そこに戦士団としての真のポリス市民団の成立が見られるのである．

しかし，ポリスの経済発展と重装歩兵制度の定着とは新たな問題を生みだした．富裕上層を始めとした平民層の政治的発言権強化は貴族政ポリスを根柢から揺るがすものであり，他方農民の窮乏と土地喪失はポリスの奴隷制的解体を意味した．このような状況の中で，前7世紀から前6世紀に調停者・立法者，あるいは僭主といわれる人々が出て，貴族の政治的・法的地位を弱め，民主政への過程を推し進めた．ソロン改革後のアテナイに典型的に見られるように，ポリス民主政の担い手となる独立自営農民の経済的基盤，クレーロス所有が再確立された．しかし，これは主としてバルバロイ出身の奴隷が彼らの農場経営に不可欠な存在として組み込まれる過程の進むことを意味し，それによって市民はポリスの政治・軍事の主体となりえた．アテナイの民主政樹立の過程は奴隷制社会形成の過程と切り離しえぬものであったことに留意せねばならない．スパルタは古典期も隷属農民制度を経済の基礎としていたことで異例である．　　　　　　　　　　　　　　　　　　　（古山正人）

1 ピュロスの行政組織と土地所有形態

　ミケーネ諸王国の頂点には王が立ち，人民指揮者や従士団，16 の行政区の長コレステルとその代理プロコレステル，家畜徴収官といった官僚制機構を備えていた．コレステル以下は村落に課せられる貢納徴収の監督・実施にあたった．ミケーネ時代の主要な土地所有形態は，共同体から個人に割り当てられた公有地コトナ・ケケメナと恐らく自ら開墾して耕地とし他人に貸与できる私有地コトナ・キティメナ（デモス）の二つであった．このほか王，人民指揮者，テレスタイに与えられた公有地からの切取地テメノスがあった．ミケーネ時代に既に土地私有原理が存在したのは注目される．

A

1. さて，寄贈すべし，コレテとデュマテは
2. ポロコレテ，鍵持ち役，オピスコ，オピカペエヴェ[1]は
3. 神殿[2]にある青銅を矢尻と穂先用に
4. pi-82　　　　　　コレテ　青銅 M 2　　ポロコレテ　青銅 N 3[3]
5. メタパ　　　　　　コレテ　青銅 M 2　　ポロコレテ　青銅 N 3
6. ペトノ　　　　　　コレテ　青銅 M 2　　ポロコレテ　青銅 N 3
7. パキャピ　　　　　コレテ　青銅 M 2　　ポロコレテ　青銅 N 3
8. アプウェ　　　　　コレテ　青銅 M 2　　ポロコレテ　青銅 N 3
9. アケレウァ　　　　コレテ　青銅 M 2　　ポロコレテ　青銅 N 3
10. ロウソ　　　　　　コレテ　青銅 M 2　　ポロコレテ　青銅 N 3
11. カラドロ　　　　　コレテ　青銅 M 2　　ポロコレテ　青銅 N 3
12. リヨ　　　　　　　コレテ　青銅 M 2　　ポロコレテ　青銅 N 3
13. ティミト　アケエ　コレテ　青銅 M 2　　ポロコレテ　青銅 N 3
14. ラワァラタ　　　　コレテ　青銅 M 3 N 3　ポロコレテ　青銅 N 3
15. サマラ　　　　　　コレテ　青銅 M 3 N 3　ポロコレテ　青銅 N 3
16. アシヤティヤ　　　コレテ　青銅 M 2　　ポロコレテ　青銅 N 3
17. エラテレウァピ　　コレテ　青銅 M 2　　ポロコレテ　青銅 N 3
18. ザマエウィヤ　　　コレテ　青銅 M 3 N 3　ポロコレテ　青銅 N 3
19. エレイ　　　　　　コレテ　青銅 M 3 N 3　ポロコレテ　青銅 N 3

[Pylos, Jn829 = Docs.257]

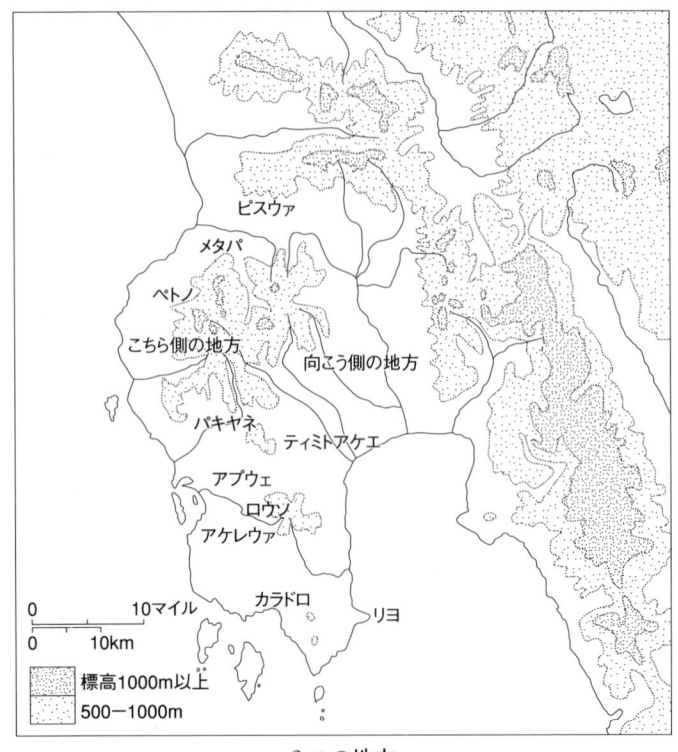

2 つの地方

(J. チャドウィック『ミュケーナイ世界』[みすず書房, 1983年] の図に基づく)

1) コレテは行政区の長官でポロコレテは副長官あるいは代理. デュマテはコレテの妻とする説とコレテの別表現とする説とがあるが, 不明. 鍵持ち役は女性の神官職, オピスコはイチジクの木の監督, オピカペエヴェは畑の鋤返しの監督, に関わると思われるが, 正確なことは不明. 2) 船舶用にとの解釈もある. 3) M は 2 キログラム, N は 750 グラムを表わす.

B
1. パキヤに属す所帯　40
2. そしてその土地所有者　14人
3. ワナタイオスの私有地　播種量　小麦 2 V 1[1)]
4. 以下の如くワナタイオスの土地を借地人達が有す
5. 王のオナトであるアトゥコスが借地一片を有す　播種量　小麦 V 1
6. 神の奴隷[2)] イニヤが借地一片を有す　播種量　小麦 2 V 4

7. 神の奴隷 e-65-to が借地一片を有す　播種量　小麦 T 2
8. 神の女奴隷シマが借地一片を有す　播種量　小麦 T 1
9. （空　白）
10. アマリュンタスの私有地　播種量　小麦 2 V 3
11. 以下の如くアマリュンタスの土地を借地人達が有す
12. 神の奴隷ソウロが借地一片を有す　播種量　小麦 V 3
13. 神の奴隷エドモネウスが借地一片を有す　播種量 T 1
14. 神の奴隷エサロが（借地一片を）有す　播種量　小麦 V 3
15. （王のテレタのワナタイオス）が借地一片を有す　播種量　小麦 T 1
16. パキヤの女神官の女奴隷（エラタラ）が借地一片を有す　播種量　小麦 T 1
17. （神の女奴隷）ポソレヤが借地一片を有す　播種量　小麦 T 1 V 3
18. （パキヤの女神官）が借地一片を有す　播種量　小麦 T 3

[Pylos, En 609]

1) 量の単位　1＝10 T，1 T＝6 V，1 V＝2 リットル（＝約 0.04 ヘクタール）．2) 神の奴隷　神殿所有の奴隷説と自由な共同体成員あるいは栄誉ある地位のものという解釈がある．

C

1. 借地に出されていない公有地　播種量　（小麦 1 T 1 ?）
2. アイティオクスはダモスの公有地からの借地を有す．彼自身は区画地所有者（コトノオコ）　播種量　小麦 1 T 4 V 3
3. ワナタイオスはダモスの公有地からの借地を有す　播種量　小麦 T 5
4. アダマイオス（?）はダモスの公有地からの借地を有す　播種量　小麦 T 4
5. エテドモのアトゥコスはダモスの公有地からの借地を有す（播種量　小麦　　）
6. タンタロスはダモスの公有地からの借地を有す（小麦 T 5 ?）

（以下略）

[Pylos, Ep 301]

2 神への奉納

　オリュムポス十二神の名前はアフロディテを除くとミケーネ時代直接間接にその存在が確認できる。この粘土板でショッキングな事実は 10 人の人身御供が確認されることである．合計 13 個の金製の器も併せて奉納されているところを見ると，通常の定期的な宗教行事とも思われない．ピュロスに何か異常な事態が生じていることを示唆するのだろうか．

[表]
1. ピュロスはポセイドンの神域で供犠を行い，そして町は連れて行く．
2. 奉納物を捧げ，犠牲を連れて行く．
3. 金製杯 1, 女 1, Qo-wi-ja[1] と Komawentia[2] に
4. ピュロスはプレスウァーとイフェメデイアとディウィアの神域で供犠を行い，
5. そして奉納物を捧げ，犠牲を連れて行く．プレスウァーに　金製杯 1, 女 1,
6. イフェメデイアに　金製杯 1, ディウィアに　金製杯 1, 女 1,
7. ヘルメス・アレイアに　金製杯 1, 男 1,
8. ピュロスはゼウスの神域で供犠を行い，奉納物を捧げ，犠牲を連れて行く．
9. ゼウスに　金製杯 1, 男 1, ヘーラに　金製杯 1, 女 1,
10. ゼウスの息子（or 祭司）ドリニオスに金製杯 1, [？],

[裏]
1. プロウィストス[3]の月に
2. ピュロスはパキャネ[4]で供犠を行い，奉納物を捧げ犠牲を
3. 連れて行く[5]．ポタニア[6]に　金製両耳杯 1, 女 1
4. ムナサに　金製鉢 1, 女 1, ポシダエイアに　金製鉢 1, 女 1
5. トリス・ヘーロースに　金製杯 1, 家長に　金製杯 1

[Pylos, Tn 316 = Docs.172]

1) Guowia（雌牛）か．2)「長い髪の」という男性名から派生した女性名．3) プロウィストスは月の名称で，3 月から 4 月．人名に関わるとの解釈もある．4) パキャネは王宮の存在する地区スファギアーネス．5)「連れて行く」を「清められた」と解釈する説もある．6) ポタニアは女主人を意味し，地母神か．デメテルとも解される．ポシダエイアはポセイドンの女性形で，イフェメデイアは『オデュッセイア』XI, 305 にポセイドンの子を産んだことが見える．ほかの神格については不明．

3　プレウロンへの兵力派遣

　この粘土板では30人の漕ぎ手が確認されるが，仮にこれが1艘の漕ぎ手であるとすると，別のリストでは，数字に欠損があるが，569人が確認され，20艘以上の軍船が想定される．これらが通常の軍事行動なのか，敵の来襲を迎え撃つための出動なのか，不明であるが，何らかの切迫した事態の発生を推定できなくはない．いずれにしても，ピュロス王国を陸路侵入するのはかなり困難で，ピュロス王国は150キロメートルに及ぶ海岸線を警備するための体制を整備していた．

1. プレウロン[1)]へ赴く漕ぎ手たち
2. ロオウァ出身者　男 8 人
3. リョ[2)]出身者　男 5 人
4. ポラピ出身者　男 4 人
5. テタラネ出身者　男 6 人
6. アポネウェ出身者　男 7 人

[Pylos, An 1 = Docs. 53]

1) プレウロンは，確証はないが，コリントス湾の北岸のホメロス『イリアス』II, 639 に見えるそれか． 2) 史料1Aのリョでリョン（岬）を意味し，メッセニア湾西岸に面した後のアシネか．

4　ドーリス人の侵入

　ポリス時代のギリシア人は，トロイアに遠征した英雄たちの帰還の遅れがミケーネ時代末期の混乱の原因で，決定的打撃がヘラクレス一族の帰還，即ちドーリス人のギリシア侵入であったと理解していた．その後の平和と安定の中で行われた植民によってポリス時代のギリシア人世界が形成されたとツキュディデスは捉える．ギリシア方言は東方方言群と西方方言群に大きく分けられ，前者はアッティカ－イオニア方言とアカイア方言に分れ，後者はアルカディア－キュプロス方言とドーリス方言に分れた．

　トロイア戦争後も，ギリシアはなおも移住し国を建てる過程にあったために，平和裡に国力を増すことができなかった．即ち，ギリシア人のトロイアからの帰還が遅れたため多くの変動が生じ，大部分のポリスで内乱が起き，その内乱によって国を追われた人々が［新たに］ポリスを建てることになった．例えば現在のボイオティア人は，トロイア陥落後60年目にテッサリア人によってアルネーを追われ，以前はカドメイアと呼ばれていた今のボイオティアに住みついた．（もっとも，彼らの一部はこの地に以前から在り，その中からトロイア遠

征を行ったものもあった．）ドーリス人は 80 年目にヘラクレスの一族と共にペロポネソスを占領した．こうして長年を経て，ギリシアは永続的に平穏をえて，決して国を追われることもなくなり，植民を送りだすようになった．そしてイオニアとエーゲ海の多くの島嶼にはアテナイ人が植民を送り，イタリアとシチリアの多くの地方にはペロポネソス人が植民地を開き，ギリシアの他の地方のいくつかも彼らが植民した．これらの植民地はことごとくトロイア戦争後に建設されたのであった． ［Thoukydides I, 12］

5　シュノイキスモス

　ポリス形成の具体的過程はシュノイキスモス（集住）として表現されている．アリストテレスの用語では，数多くの村落が単一のポリスに統合されることである（『政治学』1252 a 24〜1253 a 7）．現実に住民の移動，即ち集住があって，小共同体がより大きなポリス共同体へ統合されるという事例も多くありえたし，前 8 世紀後半にコリントス周辺部の人口が減少したことをその事例と解すことは可能である．一方でアテナイのように，政治的・宗教的諸制度・施設を中心部に統合するシュンポリテイア（政治的統合）によるポリス形成も見られた．

　このこと［田園生活の習慣］は大変に昔から他の人々にも増してアテナイ人の特徴となっていた．なぜならば，ケクロプス[1]と初期の王たちからテセウス[2]の時代までは，ずっとアッティカは町に分れて住んでいて，各町が公会堂(プリュタネイオン)と役人を持っていた．彼らは何か危険に襲われない限り，王のもとに集って評議することもなく，彼らがそれぞれ行政を行い，評議を行っていた．そしてエウモルポス[3]麾下のエレウシス人[4]がエレクテウスと戦ったように，アッティカ内の町が時には互いに戦争をした．しかし，テセウスが王位につくと，智と力を示し，他の点でもアッティカ全土を再編成し，なかでも他の町の評議会場と役職を廃して，一つの評議会場と一つの市庁舎(プリュタネイオン)を設置して，全住民を現在の国(ポリス)に統合(シュノイキゾー)した．王は住民それぞれに以前と同様彼らの土地を耕作させたが，アテナイを唯一の国として認めることを強いた．今や全アッティカ住民はアテナイ市民の権利・義務を享受するものとなり，アテナイ市は強大な都市となり，テセウスからその子孫に受け継がれた．そしてその時から今日までもアテナイ人はシュノイキアというアテナ女神の祭を国費で行っている．昔は現在のアク

ロポリスとその麓の，特に南向きのあたりにアテナイ人の市があった．その証拠は次のようだ．即ち，アテナと同様他の神々の社もアクロポリスの内側にあり，アクロポリスの外の社も多くが市のその方向に位置している．ゼウス・オリュンポスの神殿，アポロン・ピュティオスの神殿がそれで，ディオニュソスのために最も由緒古いディオニュソス祭がアンテステリオンの月[5]の12日に催されるが，アテナイ人から出てイオニア人が現在もその習慣を伝えているのだ．他にも古い社がそこにある． [Thoukydides II, 15, 1〜3]

1) ケクロプスは伝説上のアテナイの初代の王，一夫一婦制や葬制を定め，文字を発明したとされる． 2) テセウスはアテナイの王であるが，王位に就くまで，クレタの牛頭人身怪獣ミノタウロスの退治を始め，ヘラクレスと同様に様々の冒険を行ったという． 3) エウモルポスはポセイドンの子で，エレウシスの秘儀の創始者と伝えられ，世襲の神官職の家エウモルピダイの祖． 4) エレウシスはアテナイ西方の聖地で，デメテルとペルセポネを祀り，秘儀で名高い． 5) アンテステリオンの月はアテナイの暦で8番目の月，太陽暦の2月から3月にあたり，本文にある花祭りが祝われる．

6 王政から貴族政へ

　アテナイのようにミケーネ時代末期の混乱を生き抜いたポリスにしても，ドーリス人のように王を戴いてギリシアに侵入・定着したポリスにしても，そのポリス形式過程で，王政から貴族政へと変化していった．王オデュッセウスの不在中のイタケーの島の状況はその過渡期を窺わせて興味深い．貴族層が経済的軍事的にも力をつけて王の地位が相対的に低下して行くなかで貴族政が成立する．引用の史料はアテナイの貴族政の成立を，王の権限が分化・制限され，やがて王家の手を離れていく過程として示す．

　ドラコン[1]以前の古い国家の組織は以下のごとくであった．役人は門地と富に基づいて任命され，最初は終身，その後は10年間統治した．役人のうち最も重要で最古のものは王とポレマルコスとアルコンであった．このうち最も古い王の役で（これは父祖伝来の役であったから），次に王の中に軍事に関しては怯懦な者が出たためにポレマルコスの役が加えて置かれた．これが緊急事態が生じた時イオン[2]をアテナイ人が招請した理由であった．最後はアルコンの役で，多くの人々はメドンの時できたと言うが，アカストス[3]の時できたと言うものもいる．証拠として彼らは9人のアルコンがアカストスの時と同様に誓約を行うと誓うことを挙げ，彼の在位時コドロスの子孫が王位を降り，その代りにアルコンに諸特権が与えられたと言う．この両説のいずれを採っても，年代はさほど変らない．これらの役のうちアルコンが最後にできた証拠は，アルコンが，

王やポレマルコスのように父祖伝来の祭祀を司らず，単に後世付加された事柄を司ることである．そこで，後世付加されたものにより職務に重さを増し，この役は新しく重要となったのだ．テスモテタイはずっと後年に掟(テスミア)を記録し，係争の解決の目的でそれを保存するために選出されたが，当時既に上記の諸役を毎年選んでいた．そこで上記の諸役中この役のみは任期1年以上のことはなかった．そこで成立の年代についてはこれらの諸役はたがいに前後している．9人のアルコンはすべて一緒にいたのではなく，王はプリュタネイオンの近くの今日ブコレイオンと呼ばれる所を占めていた．(その証拠には，今日もなお王の妻とディオニュソスとの面接と結婚の儀式がそこで行われる．)アルコンはプリュタネイオンを，ポレマルコスはエピリュケイオンを占める．(それは以前ポレマルケイオンと呼ばれたが，エピリュコスがポレマルコス在任時に建て直し整備したのに因んでエピリュケイオンと名づけられた．)テスモテタイはテスモテテイオンを占めた．しかしソロンの時すべてのものがテスモテテイオンに集まった．彼らは裁判の最終決定権を有し，今日のように予審するのみではなかった．役人に関してはこのようであった．アレイオス・パゴスの会議は法律の擁護を任務としたが，国政の最も大きく最も重要な部分を管理し，秩序を紊乱するものをすべて処罰し罰金を課す権能を有した．アルコンの選任は門地と富に基づき，アレイオス・パゴス会議員はアルコンから任じられたからだ．そこで，役職のうちこの役のみが今日まで終身職のままである．

[Aristoteles, Athenaion Politeia 3]

1) ドラコンは前621/0年に慣習法を成文化したといわれ，その刑罰の過酷さで知られる．史料17を参照．2) イオンはペロポネソスの王クストスの子で，エレウシスとトラキア人がアテナイを攻めたとき，招かれて指揮を執り，アテナイを勝利に導き，王になり，伝統的なイオニア4部族を設けた．3) メドンは前11世紀半ばのアテナイの王．ピュロスから逃れてきて，テセウス系の王を退けて王となったメラントスの孫で，アテナイの王家の名称メドンティダイは彼の名にちなむ．アカストスはその後継者．

7 ホメロス社会の財とその交換

貴族の政治的軍事的支配の基礎は家産(オイコス)にあった．充分な富を所有することで，充分な奴隷と庇護民を維持することが可能であった．そのような家(オイコス)の富を具象的に示す場が倉で，黄金・青銅などの金属，大麦，オリーブ油・ぶどう酒の農業生産物が貯えられてい

た(『オデュッセイア』II, 337～350)。オイコスは自給自足を理想とし、土地と農耕に基礎をおいたが、ホメロスの世界では家畜が重要な資産であったことは注目される。自給しえぬ物、特に金属の入手のために財の交換が必須であったが、戦争・略奪も広義にはそこに含まれる。平和的な財の交換には、贈与―返礼贈与が叙事詩では一般的であるが、より特化した交易もみられた。交易は利益をうることを目的とした「輸出」が問題なのではなく、不足物の獲得が第一義であった。

A あの方[オデュッセウス]の財産は数え切れぬものだった。黒い土の本土にもこのイタケーにも領主方の中でこれほど持っているお方はない。たとえ20人を一緒にしても、到底この財産には及ばない。ひとつわしが数え上げよう。本土には牛が12群れ[1]。同じ数の羊の群れに同じ数の豚の群れ、同じ数の散り散りになった山羊の群れ、これらを他国人たちと彼の牧人たちとが飼っている。そしてこの島でも、散り散りの山羊の群れ全部で11が島の荒蕪地(エスカテイア)で飼われていて、屈強の男たちが見張っている。

[Homeros, Odysseia XIV, 96～104]

1) 1群れは通常50頭として描かれている(ホメロス『オデュッセイア』XII, 129ff.)。

B もし私が若く、身体もしっかりしていたならばなあ、エリス人と私らの間で牛の略奪をめぐって争いが起った時のように。その折この私がヒュペイロコスの子エリス[1]に住まう勇ましいイテュモネウスを殺したのだ。私が仕返しに奪った群れを追っている時に。彼は自分の牛を守って戦っていたが、先陣で私の手を離れた投槍に当って倒れた。それで田舎の者どもは算を乱した。それから戦利品を私たちは平原から途方もなく多く狩り集めた、牛を50群れ、同じ数の羊の群れ、同じ数の豚の群れ、同じ数の散り散りの山羊の群れ、150頭の栗毛の馬、そのすべてが牝馬で多くが仔馬に乳を吸わせていた。そして私たちは夜通しかけてこれらをネレウスの居城ピュロスへと城内へと追い込んだ。ネレウスは心を嬉ばせた。私が若輩の身で戦いに赴いたのに多くの戦利品をえてきたので、そこで暁の光が姿を現わすと同時に伝令使たちが声高く呼ばわった、聖いエリスに貸しのある者たちは集まれと。ピュロスの指導者たちが集まってきて戦利品を分けあった。それというのも、大勢の者たちにエリスの住民は借りを負っていたからだ[2]。

[Homeros, Illias XI, 670～689]

1) エリスはペロポネソス半島北西部のポリスで、オリンピア競技会を主催した。2) 貸し借りとは

先にエリスがピュロスを略奪したことがピュロスから見ると貸し.

C　「私は聡明なるアンキアロスの息子メンテスと申す．そして櫂を愛でるタポス人を治めている．現在このように船に乗り，乗組員と共に当地へ下向した．ぶどう酒色の海を渡り，言葉の違う人々のもと，テメセー[1]へ青銅を求めて帆をかけ渡る途中．そして私は輝く鉄を積んでいる．」(中略)
「賓客よ，……しかし，さあお留まり下さい，道を急ぎもしましょうが，沐浴して接待に心を満たした後，親しき友が客人に贈るにふさわしい，私からあなたへの家宝となるような高価な見事な贈物(クセノイ)を受け取って船へお帰り下さるよう．」すると，彼［テレマコス］に答えて輝く眼の女神アテネが言った．「私は道を急いでいるゆえ，もう引き止めて下さるな．贈物は，親切に私に下されようというもの何なりと，再びここへ引き返してきた折に，見事なものを選んで，家へ持ち帰るように，下さるがよい，あなたにはそれに見合うお返しをするつもりだ．」　　　　　　　[Homeros, Odysseia I, 180〜184 ; 309〜318]

1) テメセーはイタリア西南端の町で，銅の産地．

8　貴族政期の裁判と正義観

　貴族政期初期の裁判制度については複雑な議論が存在するが，以下に掲げる史料は，この時期に2つの異なった裁判制度が存在したことを窺わせるものである．ヘファイストスがアキレウスのために製作した盾には平和の町と争いの町とが描かれ，平和の町では婚礼の情景と並んで，裁判の様子が描かれている．そこでは判決提案者としての長老，「最もまっすぐな判決」決定者としての民衆が見られる．他方ヘシオドスの詩は，ミケーネ時代以来の伝統に基づく，貴族による裁判権の掌握と，賄賂によって裁判を枉げる貴族の様子が描かれる．前者が後者を克服していく結果，古典期民主政ポリスの「民衆法廷」が成立する．詳しくは前沢伸行「〈アキレウスの盾〉解読」(『西洋史研究』新輯第11号，1982年) を参看のこと．

A　人々(ラオイ)が広場(アゴレ)に集まっていた．そこでは今しも争いごとが持ち上っていた．2人の男が打ち殺された男の人命金のために言い争っていた．1人はすべてを支払う約束をしたと人々(デモイ)に申し立てれば，他の1人は何も受け取らないと拒否した[1]．2人とも判決宣言者のもとで決着をつけようといきりたった．人々は2つに分れてそれぞれの側を声援する．そこで伝令たちが人々(ラオイ)を制止した．長

老たちが神聖な円形の中の磨かれた石に坐って，声を張り上げる伝令たちの笏杖を手に取った．彼らはそれを持って次々に立ち上って，代る代る判決を述べた．その中央には2タラントンの金塊がおかれていて，彼らの間で最もまっすぐな判決を述べた者に授けることになっていた．

[Homeros, Illias XVIII, 497～508]

1)「一方はすべてを支払ったと断言し，他方は何も受け取ってはいないと否定した」との訳も可能．いずれを採るかでこの裁判の性格が異なる．この箇所の訳文は解説の前沢論文所収の訳を借用した．

B　貴族(バシレイス)たちよ，あなた方自身もまたこの正義を省みるがよい．人間たちのすぐ間近にあって不死なる神々は見張っておいでだ，曲った裁定でお互いに傷つけあって神々の復讐を顧みない者たちを．即ち，万物を養う地上には3万もの不死の神々がゼウスのために死すべき人間たちの見張りとしてあり，裁定と邪まな行為とを監視しておいでだ，霧を身にまとい，地上を限なく行きかいながら．正義(ディケー)は処女で，ゼウスの娘，気高く，オリュンポスに住まう神々に敬まわれたもう．そして不正にもこの神を咎めだて傷つける者があれば，直ちにこの神はクロノスの御子，父神ゼウスのもとに坐り，人間たちの不正な心を訴えるのだ．こうして民衆が貴族たちの無法の罪の償いをすることになるのだ，悪しき心を抱いて曲った裁定を下し，裁定をあらぬ方へ枉げる貴族たちの．これらのことをよく憶えて，賄賂喰いの貴族たちよ，裁定をまっすぐなものとし，曲った裁定のことなど今後忘れてしまうがよい．他人に害を及ぼす者は自らに害を及ぼす者だ．悪しき企みは企む本人に最悪だ．すべてを見，すべてを知るゼウスの眼は，今もこのことを，もしその気にさえなれば，御覧になり，決して見過されることもない，今この国で行われている正義がどのようなものかを．しかし今は，人間たちの間で正しい者でありたくないのだ，私自身も，私の息子も．人が正しくあり続けることは禍いであるから，もしより不正な者がより大きな正義をえるならば．しかしながら，そのようなことを思慮深いゼウスが決して成就なさらないと私は思う．ペルセス[1]よ，お前はこのことをお前の胸に留め，今は正義に耳を傾け，暴力は一切忘れるのだ．

[Hesiodos, Erga kai Hemerai 248～275]

1)ヘシオドスの兄弟．父の遺産相続に不満で，貴族に賄賂を贈ってヘシオドスの相続分を争ったという．

9 貴族政期の農業

　古代ギリシアの現存史料には古代ローマのカトー，ウァロ，コルメラの農業論に匹敵するものはない．わずかにヘシオドスの『労働と日』，クセノフォンの『家政論』に農作業への言及がある程度まとまって見られる．両者とも農事に勤しむことが人間本来の在り方だという確信の下で綴られているが，後者は農業経営者の管理技術が問題とされている．その意味で，以下の史料には古典期にも該当する自営農民の農の営みを示して貴重なものである．

　心を配れ，空高く雲間から年ごとに鋭く鳴く鶴の声[1]を耳にしたならば，その声は耕作の合図をもたらし，雨の多い冬の季節を知らせる．またその声は牛を持たぬ男の心をかむ．この時こそ［牛舎の］内にいる角の曲った牛たちに餌をやれ．(中略)

　耕作の時期が死すべき者らに初めて姿を現わしたら，その時は直ちに仕事にかかれ，奴隷(ドモエス)もお前自身も等しく，照っても降っても耕作の季節には耕作を行え，朝早くから精出すのだ，お前の畑が豊かに稔るように．春には土を掘り返すこと．夏に鋤き返した畑はお前を裏切ることはない．鋤き返した畑(ネイオン)［休耕地］には土がまだ軽いうちに種を播くことだ．鋤き返した畑は禍いを近づけず，ハデスの魔法の女だ[2]．祈りを捧げよ，地の神ゼウスと聖いデメトルに，デメテルの聖き穀物を熟れさせ重く穂をたれさせるように．初めて耕作にとりかかる時，犁箆の端を手に握り，突棒で牛の背を打ちおろし，軛留めを革ひもで引かせていく時はいつでも．さてその後から若い奴隷が鍬をもって，鳥どもに難儀な目にあわせるがよい，種に土をかけてやり．うまい手順が死すべき人間には最善で，まずい手順は最悪だ．(中略)

　冬至から60日の冬の日々をゼウスが終らせたもうと，熊の番人星(アルクトウロス)[3]はオケアノスの聖き流れを後にして，初めて明るくきらめきながら黄昏時に昇る．それに続いて，ようやく春が立ちそめるころ，パンディオンの娘[4]，悲しみの声をあげる燕が人々の目に姿を現わすのだ．燕の現われる前に，ぶどうを剪定するのだ．そうするのがよいからだ．しかし，家かつぎ[5]が昴星(プレイアデス)を避けて，地面から木へ這い上るころ，もはやぶどう畑を掘り起して［土寄せをする］時期ではなく，鎌を研ぎ，奴隷たちを叩き起せ．日陰の席や明け方までの眠りは避けよ，収穫の季節，太陽が肌を焼くころは．今こそ精を出して働き，夜明けには起き，

家へと稔りを運べ，お前が食糧に困ることがないように．即ち暁は [1日の] 仕事の3分の1を片づけさせる．実に暁は道を渉らせ，仕事を渉らせる．暁はその姿を現わすや多くの人々を道につけ，多くの牛に軛を置く．（中略）

奴隷たちを促して，デメテルの聖い穀物を脱穀させよ，強いオリオンが初めて姿を現わしたならば，風通しの良い場所で，囲いのよく整った打穀場で．それから量っていねいに壺に納めるがよい．さて，食糧をことごとく家のなかに運び込みすっかり準備できたら，家を持たない傭人(テス)を雇い，子のない女を日傭いに需めるよう私は勧める．胸に子を抱く日傭い女は厄介だからだ．鋭い歯をした犬を飼え――餌を惜しんではならぬ――昼寝男[夜盗]がお前の財産を奪い取らぬ用心に．秣や切り藁を運び入れよ，お前の牛や騾馬のためにたっぷりと．それから，奴隷たちにその膝を休ませ，連牛を軛から外すがよい．

だがオリオン(セイリオス)星と狼星が中央にきて，熊の番人星をバラ色の指をした曙(エオス)が見るとき，ペルセスよ，ぶどうの房をすべて摘み取って家へ運ぶのだ．10昼夜太陽に晒し，5日間覆いをかけ，6日目に甕に注ぎ入れよ．陽気なディオニュソスの贈物を．だが，昴星と雨星(ヒュアデス)と力強いオリオンが沈み始めるころ[6]，そのときは耕作の季節であることを思い起すのだ．かくて，地下の種子が順調でありますよう[7]．

[Hesiodos, Erag kai Hemerai 448〜453; 458〜472; 564〜581; 597〜617]

1) 越冬のために南，アフリカへ渡る鶴で，11月中旬のこと．2) West, *Hesiod. Works and Days*, Oxford, 1978 の校訂に従う．他の校訂では「子らをなだめるものだ」となる．3) 熊の番人星は牛飼い座の主星．4) パンディオンはアテナイの王で，娘とはフィロメネのこと．彼女は姉の夫に犯され，口封じのために舌を切られた．姉プロクネは復讐のために我が子を殺し，その肉を夫に食べさせた．彼女は後に鶯に，フィロメネはツバメに変身させられた．5) 家かつぎはカタツムリ．6) 10月末から11月初めにかけて．7) 「種子」と訳出した語は普通「年」と解するが，West に従う．

10 オリンピア競技会

ギリシア人の特徴を表現する言葉として闘争・競技を意味するアゴーンがある．成功と生き残りをかけてのアゴーンはギリシア人の生活の中に広く浸透し，戦争はもとより，政治・法廷弁論，哲学の議論，医学論争にまで及んでいた．アゴーンの代表的な例はオリンピア競技会である．伝承によるとオリンピア競技会は前776年に開始され，4年ごとに開催された．幅広い身体競技を催し，政治的な色合いがなく，各地からの参加者を集めたために，前8世紀末には汎ヘラス的な競技会としての威信を獲得するにいたった

と思われる．オリンピア競技会に劣らぬものとして，デルフォイのピュティア競技会，ネメア競技会そしてイストミア競技会があり，後二者は2年ごとの開催であった．Bは青銅板に刻されたもので，ネメア競技会のもっとも古い勝者の奉納の一つ．

A イフィトス[1]はオクシュロスの家系に属し，ラケダイモン人に諸法を制定したリュクルゴスと同時代に盛年であったのだが，彼はオリンピアで競技(アゴーン)を組織し，オリンピアの祭典と神聖休戦[2]を新たに再建した．この中断の期間がどれほどだったかわからない……（中略）……すでに述べたように，イフィトスは競技を再興したが，その時には人々は昔の競技については忘れ去っていた．そして昔の競技について少しずつ人々の記憶がよみがえると，思い出すたびに，人々は競技に追加をしていった．以上のことは明らかなことだ．さて，オリンピア競技の記録が連続したものになったとき[3]，徒競走の賞が最初にだされ，エリス人のコロイボスが勝利した．オリンピアにはコロイボスの像はないが，彼の墓はエリスの国境にある． [Pausanias V, 4, 5 ; 8, 5-6]

1) エリスの王で，ギリシアが乱れ疫病に悩まされたので，デルフォイの神託を受けてオリンピア競技を再建した．2) 原語はエケケイリアといい，エリスでオリンピア競技会の開催通告が発せられてから一定期間ギリシアの戦闘は中断されたが，これを記したイフィトスの円盤がオリンピアにあったという．3) 第1回の開催は前776年のこととされる．

B アリスティスが私をクロノスの御子ゼウスに捧げた，
　　ネメアでパンクラティオン[1]に4度勝利を得た後に
　　［アリスティスは］クレオナイ人フェイドンの息子[2]

[Meiggs-Lewis 9]

1) 今日のレスリングに似た競技．2) アルゴス王のフェイドンの子孫で，クレオナイに亡命している王家の1人という解釈がある．

11　キュレネ植民

　前8世紀後半から約150年を大植民運動の時代と呼ぶ．この植民運動はギリシア人の居住地域・活動領域を飛躍的に拡大したが，これは決してギリシア人による地中海域の政治的統一を意味しないことは銘記しなければならない．植民運動は，人口増加に伴う土地不足による中小農民の没落の危機，ポリスの主導権をめぐる党派争いに敗れた不平貴族の存在などの問題を解決する手段であった．大多数の植民市は農業植民市であったが，その背後にはアル・ミナなどの交易地の存在に見られるように，主に金属を得るた(エンポリオン)

めの交易活動によって得られた地中海域の地理的情報の蓄積があった。植民市は母市の宗教・政治・社会制度・方言・文字などを受け継いだが、政治的には全く独立の新国家であった。植民は当初は当該ポリスの貴族政強化に役立ったが、やがてギリシア世界全体を相対的に裕かにし、武装自弁可能な層を増やすことで、民主政への道を開いた。キュレネ植民は前630年頃のこと。

A　植民者宣誓協定。アポロンがバットスとテラ人[1]にキュレネへの植民を自ら勧告したので、テラ人は、バットスを創始者かつ王としてリビアへ送り出すことと、テラ人がその仲間として航行することを、決議した。公平かつ平等の条件で航行すること、家ごとに息子1人を徴募すること、……（約18字欠）……成人と他のテラ人中の自由身分の者とが……（6字欠）……航行すること、植民者が定住地を建設したならば、後にリビアへ航行する親族は市民権と役職とを共に享受し、無主の土地の割当てを受くべきこと、もし定住地を建設できず、テラ人も援助できなければ、5年間苦難を蒙ったならば、彼の地を離れ、恐れることなしにテラへと、自己の財産へと［戻り］、［テラの］市民たるべし。ポリスが送り出すにもかかわらず、航行を望まぬ者は死刑に処され、その財産は没収され公共のものたるべし。この者を受け容れたり、あるいは匿う者は、父が息子に、兄弟が兄弟にそうするのであれ、航行を拒む者と同様の罰を受ける。以上の条件でそこに留まる者と航行して植民市を建設する者とは宣誓協定を交わし、リビアに植民するものであれ、そこに留まるものであれ、これに違反し従わない者には呪いをかけた。ろう人形を作り、呪いの言葉を述べつつ、それを焼いた、男も女も、少年も少女もこぞって集って。この宣誓協定に従わず違反する者は、本人も子孫も財産も、このろう人形の如く溶け去り、崩れ落ちるべし。一方この宣誓協定に従う者には、リビアへ航行する者にもテラに留まる者にも、本人とその子孫とに多くの善きことのあらんことを。

[Meiggs-Lewis 5]

1) テラは今日のサントリニ島。

B　その後7年間テラには雨がなく、その間に島の樹木は1本を除き全部枯れてしまった。テラ人が神託を問うと、巫女はリビアへの植民を持ちだした。彼らにはこの災禍への対応手段が全くなかったので、クレタに使いを送り、クレタ人か［クレタの］在留外人でリビアへ行った経験のあるものはいないか探

させた。彼らはクレタをめぐり歩きイタノスの町[1]へもやって来たが、そこでコロビオスという名の紫貝採りの男と出会った。その男は風に運ばれてリビアへ、それもリビアのプラテア島へ行ったことがあると話した。この男を報酬をもって説得しテラへ連れて行き、初めは少数の下見の者たちがテラから船出した。コロビオスはそのプラテア島へ案内した。すると彼らはさしあたり数カ月分の食糧を残してコロビオスを置いて、自分たちは島のことをテラ人に報告するために全速力で船出した。(中略)さて、テラ人はコロビオスを島に残してテラに帰り着くと、リビア沿岸の島に彼らが植民したことを報告した。テラ人は2人の兄弟から1人を[2]、七つの地区全部から男子を抽籤で選んで派遣し、バットスを彼らの指揮者でかつ王とすることにした。こうして彼らは2隻の五十橈船をプラテアへ派遣した。以上はテラ人の語るところであるが、以下の話はテラ人も同意しているキュレネ人の所伝である。(中略)彼らはリビアへ船出したが、他にどうすべきかも判らず、テラへ引き返した。しかしテラ人は上陸しようとする彼らに石を投げ、上陸を許さず、再び船を戻すよう命じた。そこで彼らは船を返さざるをえず、前述のように、プラテアという名のリビア沿岸にある島に植民したのである。この島は現在のキュレネの町と同じ広さだと言われている。この島に彼らは2年間暮したが、格別の幸運ももたらされなかったので、1人を残して他はすべてデルフォイへ出航し、神託所へ来て、リビアに居住し、居住後も事態がよくならないと言って、神託を求めた。(中略)[リビア本土に植民せよとの意の神許を受けて]彼らはその島の対岸のリビア本土上のアジリスという名の地に植民した。その地は両側は世にも美しい樹木の生い茂る丘で閉ざされ、いま一方には川が流れている。この地に6年間住んだ。7年目にリビア人が彼らにもっと良い土地へ案内すると請うて、立退きを説き伏せた。そこでリビア人は彼らをそこから立ち退かせ西へ案内した。しかも最も美しい土地を通過するときにはギリシア人がそれを目にすることのないように、昼の時刻を計測しておいて、夜間そこを通過した。その地はイサラという名である。そして彼らをアポロンの泉と呼ばれる泉へ案内して言った。「ギリシア人たちよ、あなた方はここに住まれたがよいでしょう。それと言うのもここらには天が穴をあけているから。」ところで40年間統治した創設者バットスの存命中も、16年間統治したその息子アルケシラオスの時代にも、キュレネの人口

は当初植民にたった時と同じであった。

[Herodotos IV, 151；153～154；156～159]

1) イタノスはクレタの北東端の町。 2) テキストの読みに問題があるが、1人息子の家は除くとの意であろう。

12　重装歩兵制度

　前7世紀中葉になると、多くのポリスで武具を自弁して重装歩兵勤務に就きうる層が増えた。植民活動の結果、交易活動が活発化し、ギリシア世界全体が相対的に裕かになったこと、手工業の発展に伴い武具の価格が安くなったことによる。重装歩兵軍の戦術は貴族のイニシアチブで導入され、その地位を強化するために当初利用されたが、直径1メートルほどの青銅張りの盾（ホプロン）を中心に組み立てられた通常奥行き8列の密集隊（ファランクス）で戦う戦術は兵士の均質な統制のとれた行動を要請し、やがて平民層が軍の主力となるに及んでポリスを真の市民戦士団とし、ポリス民主化に大きく寄与した。

A　王制後のギリシア人の間で最初の国家形態(ポリテイア)は戦士たちの間から生じたが、最初のうちは騎士の国制であった。（それは、戦争が騎士たちの力と優越とにかかっていたからだ。つまり、戦闘隊形なくしては重装歩兵[1]は役に立たぬが、昔の人々の間にはそのようなことについての経験も規則もなかったので、軍事力は騎士にあった。）しかし国の規模が大きくなり、重装歩兵装備した人々が一層強力になった時、ますます多くの人々が国政(ポリテイア)に参与した。それ故、今日我々が国制(ポリテイア)と呼んでいるものを、以前の人々は民主制(デモクラテイア)と呼んでいた。しかし、昔の国制(ポリテイア)が寡頭制的であり王制的であったのは当然の理である。というのは、人口の少なさ故中間階層が多数ではなく、その結果、大衆は少数で、戦列においてもその地位は低かったので、甘んじて他の者に支配されていたのである。

[Aristoteles, Politica 1297 b 16～28]

1) 重装歩兵の原語はホプリテスで、その名称は彼らの持つ盾の名称ホプロンに由来する。

B　諸君は無敵のヘラクレス一族だ／勇気を奮い起せ。未だゼウスは首を傾げてはいない。／多勢を恐れ怯えてはならぬ、まっすぐに先陣に向けて盾を持て、丈夫は、／生命(プシュケー)を敵と思いなし、か黒き死の女神(ケーラス)を太陽の光のように愛しみて、／涙多きアレスの破壊的な行いを知りわけ、悲惨な戦(いくさ)の性質をよくわき

まえて，しばしば諸君は退却や追跡を味わった．／ああ，若者たちよ，諸君はそのいずれにももはや飽きたのだ．肩を接して踏み留まる者たちは勇んで，／白兵戦へと前戦へと赴き，その者たちに斃れるもの最も少なく，これ以後国民を救うのだ．憶病(トレツサントン)者(アンドロン)には，武勇の誉はことごとく失われる，誰一人すべてを逐一述べ立てえぬであろう，／もし恥をうけたら，その者の蒙る禍いの数々を．それというも，背中を刺し貫くのは愉快なこと，激戦の中を逃亡する男の，しかし砂中に横たわる屍は不名誉なものである，／背中を後から槍の穂先で傷つけられて．／ともあれ，めいめいが足を開き，両足で大地を踏みしめ，しっかと踏み留まれ，唇を歯でかみしめ，／腿と脚と，胸と肩とを円い大盾の胴で覆って．／右手に強靱な槍をふりかざし，頭上の恐しげな兜の羽毛飾りを揺り動かせ．豪胆に振舞って戦(いくさ)の仕方を学び，投槍の届かぬところに盾を持って立ってはならぬ．めいめい，白兵戦の場に迫り行け，長槍を手に，／あるいは剣で手傷を負わせ敵を討ち取れ．／足並み揃え，盾をうち並べ，飾毛には飾毛を，兜には兜を／そしてまた胸には胸をひしめかし，敵と戦え，剣の柄はたまた長槍を握りしめて．汝ら，軽装兵も，めいめいが盾のもとにうずくまり／大きな石を投げよ，／磨きあげた槍を敵へと投げよ，重装をした者たちの傍らに立ち．

[Tyrtaios, fragment 8]

13 前古典期の交易

資源の偏在は共同体間交易を必然たらしめた．アテナ女神が身をやつしたタボス人の青銅を求めての交易のように，それらは概ね貴族層の主導でなされたであろう．しかしまた，貧困の故に，土地を捨て，あるいは農閑期に交易に従事する人々もいた．植民によるギリシア世界の拡大，交通の活発化はそのような2種類の交易を促進した．そのような中にコロビオスのように僥倖に恵まれて致富する人々も出現した．ギリシア製の奢侈品をエトルスキに輸出してギリシア一の富を謳われたと思われるソストラトスの存在は交易が制度化していったことを示す．前500年頃のものと思われる史料B「アキロドロスの手紙」は古典期に商業裁判ディカイ・アポ・シュンボロンとして定式化されるものの萌芽の存在したことを窺わせる．

A その後コライオスが船主(ナウクレロス)であるサモスの船が，エジプトへ航行中に漂流してこのプラテア島に着いた．サモス人はコロビオスから事の一部始終を聞くと，1年分の食糧を残してやった．そして彼らはその島を発って，東風に吹

ギリシア　前古典期

き流されながらもあくまでエジプトへ行こうと航海を続けた．しかし風はおさまらず，彼らは「ヘラクレスの柱」[1]を通過して，神に導かれてタルテッソス[2]へ着いた．この交易地（エンポリオン）は当時は［ギリシア人の］立ち入らぬ所であったので，帰国後彼らは私たちが確実に知っているどのギリシア人よりも多額の利益を積荷で挙げた．もっとも，アイギナ人ラオダマスの子ソストラトスには及ばなかった．というのは，他に誰も彼と張り合うことができないからだ．

サモス人は利益の10分の1として6タラントンをさいて，アルゴリス製混酒器の様式に似た青銅の器を作らせた．その縁にはグリュプスの首が並んでいた．これをヘラ神殿へ奉納したが，それを支える高さ7ペキュス［約4.2メートル］のひざまずいた姿勢の大きな青銅像3体を据えた．

[Herodotos IV, 152]

1) ヘラクレスの柱はヘラクレスが立てたとされるジブラルタル海峡をはさんで立つ二つの柱．2) タルテッソスはカデスの近くの町で鉱物資源に富む．今日のガダルキビル．

B

［裏］
この鉛板はアキロドロスのもの，その息子とアナクサゴレス宛

［表］
プロタゴラスよ，父はお前に知らせる．父はマタシュスにより不正を加えられている，それというのも彼は彼［アキロドロス］を奴隷にしようとしており，船荷を奪ったのだ．アナクサゴレスのところへ行き，説明しなさい．彼［マタシュス］は彼［アキロドロス］がアナクサゴレスの奴隷であると言い，「私の財産，すなわち男奴隷たち，女奴隷たちそして家々をアナクサゴレスが手にしている」と申し立てている．しかし彼［アキロドロス］は声高に述べて彼［アキロドロス］とマタシュスとの間には何の関係もないと言い，さらに彼［アキロドロス］は自由で彼とマタシュスとの間に何の関係もないと主張している．もし彼［マタシュス］とアナクサゴレスの間に何か関係があるならば，彼ら自身が彼ら自身の間で承知している．このことをアナクサゴレスとその妻に話しなさい．別の伝言をお前に彼［アキロドロス］は告げる．お前の母と兄弟たちを，もしお前がアルビナタイのもとにいるならば，町（ポリス）へ連れていきなさい．そうし

たら船の番人は彼［アナクサゴレス］のところへ行きテュオラへ下るだろう．
[B. Brovo, Dialogues d'histoire ancienne I, 1974, p. 123]

14 スパルタの国制

　前古典期に形成され古典期を通じて維持されたスパルタの政治・社会制度はリュクルゴス体制あるいはリュクルゴスの国制と呼ばれる．リュクルゴスをどの年代に位置づけるかは諸説分れて決し難い．いずれにしてもリュクルゴス体制は長期間にわたって形成された．とりわけ第2次メッセニア戦争によって完全にメッセニアを征服して以降，その支配体制を維持していく必要から一層整えられたもので，前550年頃に完成を見たと言えよう．

　リュクルゴスによって行われた多くの革新の中で，最初の最も重要なものは長老の制度であって，プラトンの言うところでは，これは王たちの増大した主権に混合され，最重要事に対して王と等しい投票権をえて，安全と節度とを供した．というのは［これ以前］国制はどっちつかずの状態にあって，時には王の故に僭主政へ傾き，時には民衆の故に民主政へ傾いたが，28人の長老たちが民主政に抵抗する限りは常に王の側に立ち，他方僭主政が生じぬよう民衆を再び強めたので，この国制は，一種の船のバラストのように，長老の権力を中間に置いて均衡を維持して，極めて堅固な秩序と安定とを得た．（中略）

　この統治形態についてリュクルゴスは大変に熱心であったので，デルフォイからそれについて神託を持ち帰ったが，人々はその神託をレトラ[1]と呼んでいる．それは以下のようである．「ゼウス・シュラニオスとアテナ・シュラニアの神殿を建て，人々を部族とオバイに分ち，アルカゲタイを含め30人をもって長老会を設置し，その時々にバビュカとクナキオンの間でアペッラを開催し，かくて提案し，解散すべし，民衆に反対意見表明権と主権あるべし[2]．」この中で，「人々を部族とオバイに分ち」とは，大衆を部分に分け割り当てることだ．そのあるものを部族とあるものをオバイとリュクルゴスは呼んだ．アルカゲタイと王たちは呼ばれ，「アペッラを開催する」とは民会を開催することだ．それは国制の起源と原因とをピュトの神［アポロン］に帰したからだ．バビュカは現在（ケイマッロス）と，クナキオンはオイヌスと呼ばれている．アリストテレスはクナキオンは川で，バビュカは橋とする．この中間で民会を開いたが，

列柱廊もなく，他に何の施設もなかった．というのは，それらのものは良き評議に資することなく，むしろ大いにそれを妨げるとリュクルゴスは考えたからだ．なぜならば，彫刻や絵画，劇場の舞台の背景や評議会場の華美な屋根を民会に出席した人々が眺めるとき，集まっている人々の心を愚かしくし，空ろな思いでうわつかせるからだ．大衆が召集されたときも，彼らの誰にも議案の提出は許されず，長老と王とによって提案された議案を採決する権限を民衆は有した．その後，しかしながら，大衆が削除と追加とで議案を歪めたり曲げたりしたので，王のポリュドロスとテオポンポスはレトラに次のことを書き加えた．「もし曲った議案を民衆が選びとるならば，長老とアルカゲタイとは民会を退出する権限あるべし．」すなわち，最善のものに抗して議案を歪め変えたというので［民会の決定を］裁可せずに完全に退出し民会を解散するのである．また彼ら王たちは，恐らくテュルタイオスが次の詩句で言及しているように，神がこれを命じたものとして国家を説得したのである．

　　　フォイボスの声に耳を傾け，ピュトから祖国へ神の神託をもたらし，その
　　　言葉を成就した．
　　　評議を始めるべし，神々に敬まわれる王たちが．
　　　彼らはスパルタのいとしい国に心をめぐらす．
　　年老いた長老たち，そして民衆たちが，まっすぐなレトラにそれぞれ従う．

このようにして国家組織をリュクルゴスは混合したが，それでも彼の後の人々は依然として寡頭政が抑制を受けず強力で，プラトンの述べるように，増長して猛り狂っているのを見て，馬銜(はみ)として寡頭政に対してエフォロイの権力をおいた．リュクルゴスの後約130年してテオポンポスが王位にあった時，初めてエラトスとその同僚たちがエフォロスとして任命された．彼は王権を受け継いだ時より小さくして息子たちに引き渡そうとしているとその妻によって非難され，「いや，一層永続するものとすることで，私は王権を強大にするのだ」と言ったとも語られている．実際，王権は過度なところを捨てて，嫉妬とともに危険を逃れたので，メッセニア人とアルゴス人が民衆のために権限を移譲したり緩めようと決してしなかった彼らの王たちになしたことを受けずに済んだ．

　　　　　　　　　　　[Ploutarchos, Lykourgos 5, 6～7 ; 6, 1～7, 2]

1) レトラは一般的には口頭の取り決め，法，条約などを意味するが，スパルタでは憲法的な意味を

持つ．史料中の最初のものを大レトラ，書き加えられたものを追加のレトラと呼ぶが，本来一体のものだと考える説もある．2) テキストに乱れがあるが Budé 版に従う．

15　スパルタの共同食事

　スパルタは古典期最強の重装歩兵軍を誇ったが，その基礎にはスパルタ的教育とスパルタ的生活様式，総称してアゴーゲーがあった．男児は7歳になると親許を離れて共同生活に入り20歳になるまで教育・軍事訓練を受けて，その後30歳まで常備軍として兵舎暮しをした．その後も毎夜，共同食事仲間と過し，連帯を深めスパルタ精神の涵養に努めた．共同食事への参加資格は市民資格の承認を意味し，その意味でも共同食事は重要であった．共同食事の個人の分担分を負担できないとスパルタの市民権を失いヒュポメイオネスという劣格身分に落ちた．スパルタの教育制度については，この他に『リュクルゴス伝』14〜25章，クセノフォン『ラケダイモン人の国制』1〜4章を参看せよ．

　共同食事をクレタ人はアンドレイアと呼ぶが，ラケダイモン人はフィディティアと呼ぶ．（中略）それぞれ15人が集まったが，若干それより少ないか多いこともあった．共同食事仲間は各自毎月大麦1メディムノス，ぶどう酒8クース，チーズ5ムナ，イチジク2.5ムナ[1]，これに加え副食購入のために実に僅かの貨幣を持ち寄った．その他，誰か初穂を供儀に捧げたり，狩をした時にはその一部を共同食事へ送った．というのは，供儀を行っているか狩をしているかして［共同食事に］遅れた時は家で食事を摂ることができたが，他の人々は［共同食事に］出なければならなかったからだ．長い間，人々は共同食事を厳密に維持した．実際，王アギス[2]はアテナイ人を打ち破って遠征から帰還した時，妻と食事を摂ろうと望んで，［共同食事の自分の］取り分を取りに人をやったが，ポレマスコスたちはそれを送らなかった．彼は翌日怒りに駆られて彼のなすべき供儀を行わなかったので，彼らは彼に罰金を科した．

　共同食事へは少年たちも，節制を教える学校へ連れられて行くかのように，しょっちゅう訪れた．そして政治の議論を聞き，自由を教える教師［としての大人］を見て，冗談を言ったりからかっても悪ふざけにならず，からかわれても腹を立てない習慣をつけた．冗談に平気でいること，これもまた大いにラコニア風であると思われていた．我慢できない者は止めるよう頼むことができた．すると，からかっているものはそれを止めた．中に入ってくる1人1人に最年長者が戸口を指して，「あの戸口を通って外へは一言も出て行かない」と言う．

共同食事に加わろうと望む者は次のように資格審査されると言う。共同食事仲間の各自がアポマグダリア[3]を手に取って、召使いが壺を頭に載せて持って来たら、それを黙ってちょうど投票石と同様に投じた、賛成の者はそのままで、拒否する者は強く手で握りしめて。それは、握りしめたアポマグダリアは穴のあいた投票用具の効力を有すからだ[4]。そのようなものが一つでも見つかると、すべての人がお互い気持ちよく一緒にいることを望んで、加入しようとする者を受け容れない。このように審査で退けられた者をカディコスされたと言う。というのは、アポマグダリアを投げ入れる壺がカディコスと呼ばれるからである。ところで料理のうち彼らの間で最も珍重されるのは黒シチューである。そこで肉片を年長者たちは求めたりせず、それを青年たちに譲り、自分たちはこのシチューを注がせて食べる。あるポントスの王がこのシチューのためにラコニアの料理人を買い入れたという話だ。さて、それを味わってみると耐え難いものだった。そこで、料理人は言った。「王様、このシチューはエウロタス川で水浴してから食べなければなりません[5]。」ところで、人々は程よく酒を飲み、松明なしで帰宅する。というのは、灯りをつけて歩くことは、この帰路でも他の場合の道すがらでも、許されないからである。それは、闇夜でも大胆に怖れなく歩くことに慣れるようにするためである。　[Ploutarchos, Lykourgos 12]

1) 1 メディムノスは約 73 リットル、1 クースは約 4.55 リットル、1 ムナは約 604 グラム。 2) アギスは前 427 から前 399 年頃王位にあったアギス 2 世。 3) 手をぬぐうための柔らかいパンの小片。 4) アテナイの法廷の投票用具は青銅製の小円盤で、中心に心棒が通っていて、心棒は中空のものとそうでないものがある。投票方法についてはアリストテレス『アテナイ人の国制』68・69 章を参照。 5) スパルタ教育を受け、質素な生活を送っている人でなければ、おいしく感じないということ。

16　コリントスの繁栄

　コリントスはコリントス地峡の南側にあり、中部ギリシアとペロポネソス半島の陸路を押さえ、東西に良港を有し、交通の要として、早くから商業が発達した。コリントス陶器は、前 8 世紀初めから前 6 世紀半ばにアッティカ陶器に取って代わられるまで、ギリシア世界に広く行き渡った。とりわけ、コリントスの植民市であるシラクサをはじめ西方に膨大な数の陶器が輸出された。コリントス経済は前 7 世紀には多様化し、交易も広範囲に及んでいた。ヘロドトスはコリントス人はギリシア人の中では職人を蔑むことがもっとも少ないと述べている (II, 167)。コリントス陶器の隆盛期がキュプセロスに始まるコリントスの僭主政とほぼ重なることにも注目すべきであろう。

A ところでヘラスがいっそう強大になり，以前にもまして多くの財貨を獲得するようになると，歳入の増加にともなって多くのポリスでは僭主政が樹立された．これより以前は限定された特権を持つ世襲の王政が存在していた．そこでヘラスは海軍を整備しはじめ，ますます富に関心を払うようになった．しかし船に関することを今日のものにもっとも近いものに最初に改造したのはコリントス人であり，また三段櫂船がヘラスで最初に建造されたのもコリントスにおいてであった，と伝えられる．さらにサモス人のためにコリントス人の船大工アメイノクレスが4艘の船を造ったと思われる．彼がサモスに赴いたのは，[その時から数えて]この戦争[1]の終結までほぼ300年である．そして最古の海戦は，私たちの知っているように，コリントス人によってケルキュラ人[2]にたいしてなされ，その海戦から同じ年までほぼ260年である．コリントス人は地峡地帯のポリスに住み，古くから通商の要地[3]を占めていた．ペロポネソス半島の内外のヘラス人は古くは概して海路より陸路を選び，彼らの土地を通って互いに交流していたので，昔の詩人たちによって「富み豊かなる土地[4]」と呼ばれているように，コリントス人は財貨によって強大であった．そしてギリシア人がますます航海をするようになってからは，コリントス人は艦船を擁し，海賊を一掃し，陸海双方で通商基地を提供し，財貨の収入によって強大なポリスを擁すにいたった．　　　　　　　　　　　　　　　[Thoukydides I, 13, 2-5]

1) ペロポネソス戦争のこと．2) 前732年に建てられたと伝えられるコリントスの植民市で，地図（ポリス世界）にはコルキュラと表記されている．3) 通用の要地・通商基地　原語はエンポリオン．4) ホメロス『イリアス』II, 570に「富めるコリントス」とある．

B コリントスは交易地ゆえに富裕であると呼ばれ，地峡[1]に位置し，二つの港を支配し，港の一つはアジアに，もう一方はイタリアに近い．そして，コリントスはこれほどに遠く隔たっている両地域に対して，それぞれからの商品の交換を容易にしている．昔はシケリアに面した海峡が航海が難しかったように，外洋は，とりわけマレイア岬[2]の先の外洋は逆風のために航海が難しい．それゆえに諺に「マレイアをまわると，家のことを忘れろ」といわれる．ともかくも，イタリアからの商人にとっても，アジアからの商人にとってもマレイアへの航海を避け，積み荷をコリントスに降ろすのは望ましいことだった．さらに

陸路でペロポネソスから運び出す品物や運び込む品物にたいする税はかんぬきを握っている人々[3]の手に入った。そして後の時代までこの状態はずっと続き，しかも後のコリントス人にさらに大きな有利な材料が加わった。イストミア競技会もここで開かれ，群衆を引き寄せたからである。

そして，富裕で人数も多く卓抜した一族，バッキアダイ[4]が僭主政を樹立し，200年近く支配を維持し，心置きなく交易の果実を享受した。キュプセロスが彼らを倒し自ら僭主政を建て，彼の家は三代にわたり続いた。この家の富の証はオリンピアにおけるキュプセロスの奉納物，打ち延ばした金でできた巨像である。（中略）

またアフロディテの神殿は大変に富裕で，1,000人を越すヘタイラを神殿奴隷として所有しており，このものたちを男も女も女神に奉納した。そして彼女たちのおかげで市には多くの人々が蝟集し，市は豊かになった。それは，船主は容易にお金を蕩尽したからであり，それゆえに諺に「コリントスへの航海は誰にでもふさわしいものではない」という。　　　　　　[Strabon VIII, 6, 20]

1) 地峡の原語はイストミアであり，イストミア競技会はポセイドンを讃えてコリントスで開催された。2) マレイア岬はペロポネソス半島南部の一番東の岬で，古来難所といわれた。3) コリントス地峡を扼するコリントス人のこと。4) コリントス王バッキスに因むヘラクレスの子孫とされる名門で，1世紀以上コリントスの政治権力を独占した。キュプセロスの僭主政樹立は前657年頃のこと。

17　ドラコンの法

前650年頃から前510年頃，多くのポリスでは成文法が制定され，その制定者は立法者ノモテタイと呼ばれた。ザレウコスやカロンダスと並んでドラコンもその1人であった。彼の制定した法（前621/0年）は後世に血で書かれたといわれるほど苛酷であったが，ソロンが殺人に関する法を除いて廃止したため，その内容はほとんど伝わらない。僅かに殺人に関する法が前409/8年のこの碑文と法廷弁論を介して断片的に残された。

フレアッリオイ区の人ディオグネトスが書記でディオクレスがアルコンであった。評議会と民会が決議した。アカマンティス部族が当番評議部族で，ディオグネトスが書記，エウテュディコスが議長，……ネスが提案した。ドラコンの殺人に関する法を記録委員は記録すべし，法をバシレウスから受け取った後に，石碑の上に。そして王の列柱廊の前に建つべし。契約官は法に基づいて請

負契約を結ばせ，ヘラス財務官が費用を供すべし……

第1アクソン

　そしてもしその意図なくして何人か人を殺害したときは，追放に処さるべし．バシレウスは（自ら殺害した者であれ），殺人を教唆した者であれ，[その者に] 殺人の罪を言い渡すべし．エフェタイ[1]が判決を下すべし．もし [被害者の] 父あるいは兄弟あるいは息子がある場合，このすべての者の合意で和解が行わるべし，ただし反対する者 [があれば，その者の意向] が優先すべし．これらの人がない場合，従兄弟の息子と従兄弟との範囲まで [の親族があれば]，このすべての者が和解を望むならば，[和解が] 行わるべし，ただし反対する者 [があれば，その者の意向] が優先すべし．上記の者が1人としてない場合，[殺害者が] その意思なくして殺し，51人のエフェタイがその意思なくして殺したと判決を下した場合，フラトリア成員[2] 10人が同意するならば，彼は [アッティカへの] 帰国を許さるべし．これらのものを51人は家柄に従って選出すべし．[この法の施行] 以前に殺人を犯した者もこの法(テスモス)に服すべし．殺害者に対してアゴラで従兄弟の息子と従兄弟の範囲まで（の親族）が公告を行うべし．起訴は，従兄弟たち，従兄弟の息子たち，義理の息子，義理の父およびフラトリアの成員たちが一緒に行うべし……殺人の罪あり……51人は……殺人の判決を受けた……もし何人か殺人者を殺害した場合，あるいは殺人の罪ある場合，国境のアゴラ，競技会およびアンフィクテュオニア[3]の神域に立ち入ることがなければ，アテナイ人を殺した者と同一の法に服すべし．エフェタイが判決を下すべし（中略）自由人……そして暴力により不法に強奪しようとする者あるいは連行しようとする者をその場で打ち退けた場合，その殺害に何の咎めもなし（以下略）

[IG I³ 104]

1) エフェタイは指揮者を意味するが，本史料のようにアテナイでは殺人の裁判を行った．2) フラトリアは兄弟団，胞族を意味し，アテナイでは血縁的旧4部族の下部単位で，各3フラトリアに分れたとされるが，きわめて疑わしい．3) アンフィクテュオニアは神殿とその祭祀の維持のための同盟で，隣保同盟あるいは神事同盟と訳され，デルフォイのそれが名高い．

18　前7世紀末のアテナイ社会

　前632/1年のキュロンの僭主政樹立の試みに直面して，アテナイの全市民は村落から

馳せ参じて，キュロン一派をアクロポリスに包囲し，その健在を示した．しかし，その30年ほど後にアテナイは危機的状態を呈していた．それを示すものがこの史料である．その危機の原因，ヘクテモロイの身分規定等は今日も決着のつかない難問である．しかし，非貴族市民層の政治参加要求と，土地の少数者への集中，市民団の奴隷制的分解の危機が当面の問題であったことについては意見の一致がある．

　この後，貴族と大衆は久しく抗争することになった．当時，彼らの国制は他のすべての点で寡頭制的であったが，特に貧民は，自らも子供も妻も富者に隷属していたからだ．彼らはペラタイ[1]とか六分の一[2](ヘクテモロイ)と呼ばれていた．それはこの割合の地代で彼らが富者の畑地を耕したからだ．土地はすべて少数者の手にあり，もし地代を支払わねば，貧者は本人も子供も身体を拘束された．ソロンの時まで，借財はすべて身体を抵当とした．この人が初めて民衆の指導者となったのである．そこで大衆にとって，当時の国制に関する制度のうち奴隷となることが最も耐え難く辛いことだった．しかし他の点でも，彼らは不満がなくはなかった．彼らはいわば［政治の］何物にも与れなかったからである．

〔Aristoteles, Athenaion Politeia 2〕

1) ペラタイの語義は隣人．2) ヘクテモロイは自由な農民が借財によってこの身分に落ちたと解す説と古くからの隷属民とする説を中心にさまざまな説がある．六分の一の解釈も引き渡し分とする多数説と留保分とする少数説がある．

19　ソロンの改革

　ソロンは前594/3年のアルコンとして，かつ調停者として，全権を与えられてアテナイの危機の打開にあたった．彼は非貴族層の政治参加要求には，財産級を制度化することで答えた．つまり，門地に基づく貴族層の政治的権利の独占を廃して，財産に応じて，即ち市民的義務履行能力に応じて市民に政治的権利を与えた．一方経済面の改革は，借財の帳消し，ヘクテモロイと債務奴隷の解放を行ったが，土地再分配の要求は退けた．アテナイ市民の隷属労働が否定されたことで，アテナイはバルバロイの奴隷労働に頼り奴隷制社会への道をたどることになるが，平民層の経済的安定は次代の課題として残された．

　ソロンは政権を掌握した後，身体を抵当とした金貸しを禁止して，民衆を現在，将来ともに自由とし，諸法律を制定し，公私の負債の帳消しを行ったが，重荷を振り落したというので，これを重荷おろし[1](セイサクテイア)と呼んでいる．（中略）
　彼は国制を定め，その他の法律を制定した．アテナイ人はドラコンの法を(テスモイ)，ノモイを

殺人に関するものを除いて用いることをやめた．そして法律を木製回転柱に書き付け，これを王の列柱廊に立て，すべてのものがこの法律に従うことを誓約した．9人のアルコンたちは石の前で誓約し，もしこの法律のうちいずれかに違背したら，黄金の人像を奉納すると宣言した．それ以後今でもそのように彼らは誓うのである．ソロンは法律を100年間不変と定め，次のように国制を整えた．彼は以前もそう分けられていたように，人々を財産評価に応じて4級に，すなわち500メディムノス級(ペンタコシオメデイムノス)と騎士級(ヒッペウス)，農民級(ゼウギテス)，労働者級(テス)に分けた．9人のアルコンや財務官，契約官，11人役，コラクレタイのような重要な役[2]は500メディムノス級，騎士級，農民級から役につくべく定め，財産評価の大きさに応じて各財産級に役を与えた．労働者級に属する者には単に民会と法廷に与らせた．500メディムノス級に属すべき者は自分の土地から固形の物であれ液状の物であれ500石(メトラ)[3]を生産する者で，騎士級は300石を生産する者であるが，ある者によれば，馬を飼育できる者だともいう．その証拠として，人々はこの事実に因んで付けられたかのようなこの財産級の名称と昔の人々の奉納物を挙げる．即ち，アクロポリスにディフィロスの像が奉納されていて，そこには次のように銘が刻まれているから．

　　ディフィロスの子アンテミオンこの像を神々に捧ぐ
　　労働者級から騎士級に変りたるにより．

そして傍らに1頭の馬が立ち，騎士級とはかくのごとくと告げる証拠となっている．しかしながら500メディムノス級と同様に石高に基づいて分けられたというのが，一層合理的であろう．農民級には併せて200石生産する者が属した．その他は労働者級で，いかなる役にも与れなかった．それゆえ今日でも何らかの役に抽籤されようとしている者に，いずれの財産級に属すかと問えば，誰一人労働者級と答えはしないだろう．

ソロンは各部族が予選した人々から役人を抽籤することとした．9人のアルコンへと各部族が10人を予選し，そしてこれらの中から抽籤した．以来今なお各部族が10人を抽籤し，次いでこの中から抽籤する風が諸部族に残っている．ソロンが財産級による抽籤を定めた証拠は，今なお用いられ続けている財務官に関する法(ノモス)である．というのも，この法は財務官を500メディムノス級から抽籤するよう命じている．ソロンは以上のように9人のアルコンについて定

めた．昔は，アレイオス・パゴスの会議が自ら［の権限で］適任者を呼び寄せ審査して，それぞれの役に1年間（任じて）派遣した．部族は従来同様4つあり，部族長(ピュロバシレウス)は4人であった．各部族からトリッテュスは3つに，またナウクラリアは12に分けられた．ナウクラリアの長としてナウクラロスがおかれていて収入[4]と支出を司った．それゆえ今日用いられていないソロンの諸法の中にも「ナウクラロスが徴収すべし」とか「ナウクラロスの金から支出すべし」とか多くの箇所で書かれている．ソロンは各部族100人，都合400人の評議会を作り，アレイオス・パゴスの会議を，従来から国制の監視者であったように，法を擁護する任に当らせた．その他，この会は国事の多くの，また最も重要なことを監督し，科料・懲罰を科す権限を有して不法行為者を匡正し，罰金を科される理由も記さずに罰金をアクロポリスに運び上げ［財庫に収め］た．ソロンが陰謀者の弾劾法(エイサンゲリア)を制定したので，アレイオス・パゴスの会議は国家転覆(デモス)のために徒党を組んだ人々も処罰した．国家がしばしば党争に陥っても，市民達の一部には無関心から成り行きまかせにしているのを見て，この人々に対する特別の法を制定し，国家が党争[5]に陥っているとき二派のいずれかに与して武器を執らぬ者はこれを市民権剥奪に処し国家に与りえぬこととした．

さて役職については以上のようであった．ソロンの国制では以下の3点が最も民主的と思われる．第1に，そして最も重要なのは身体を抵当として金を貸すことの禁止であり，次いで欲する人は何人も不正を受けている人々のために［不正を行う者の］懲罰を求めることができることで，第3は，これによって大衆が最大の勢力を得たというのだが，法廷への審理の回付(エフェシス)[6]である．というのは民衆は投票の主となった時，国制の主となるからである．（以下略）

[Aristoteles, Athenaion Politeia 6, 1 ; 7, 1~9, 1]

1) 重荷おろしは重荷（アクトス）と振る・揺する（セイオー）の造語． 2) P. J. Rhodes, *A Commentary on the Aristotelian Athenaion Politeia*, Oxford, 1981 や村川訳，岩波文庫に従う． 3) メトラは，固形物，即ち穀物の場合1メディムノス，約52リットルととり，液状物，即ちぶどう酒，オリーブ油の場合1メトレテス，約39リットルととる． 4) 原語はエイスフォラであるが，Rhodes の解釈に従う． 5) 党争の原語はスタシス．スタシスは貴族間のそれから寡頭派対民主派のそれまで，ポリスでは頻発し，ギリシア政治史の基本概念である． 6) 民衆法廷への上告制度とする説もあるが，村川訳の解釈に従う．

20 ペイシストラトスの僭主政

　前7世紀後半から前5世紀前半を前期僭主政の時代と呼ぶ。僭主の支配は専制的であったが、一般に僭主政は民衆を支持基盤とし、貴族層を弱体化し、平民層を政治的経済的に強化し、ポリス民主政への道を開いた。アテナイではソロンの改革後、政治の主導権をめぐる党派争いは激化して、3党派の鼎立する時期を経て、ペイシストラトス一族の僭主政に帰着した。この支配は前546年頃に確立し30年余りに及んだ。

　当時3党派があった。一つは「海岸の人々(パラロイ)」の党で、それを率いたのはアルクメオンの子メガクレスで、この派は特に中庸の政体を追求していると思われた。もう一つは「平野の人々(ペディアコイ)」の党であり、寡頭政を求め、彼らをリュクルゴスが指導した。第3は「山地の人々(ディアクリオイ)」の党であり、ペイシストラトスがその領袖に任じられた。彼は最も民主的と思えた。彼らには債権を奪われた者[1]が貧苦のために、生れの純潔でない者[2]がその恐れから加担していた。その証拠には、僭主が倒れた後多くの者が不当に市民権に与っているとして市民表の改正を行ったから。各派は農業を営んでいた土地によって名付けられていた。（中略）

　ペイシストラトスは、既に述べたように、穏健に、僭主的にというよりむしろ市民的に国政を統治した。というのも一般的に彼は博愛で温和で、過失を犯した者には寛容で、更にまた困窮者には仕事のために資金を先に貸与して、農業をして生活して行けるようにした。これは二つのことを目的とした。一つには、彼らをして市域で徒らに時を過させずに田園に分散しておくことを目的とし、適度に暮し向きがよく、自分の仕事に励み、公共の事を考慮する欲求と暇とをもたぬようにすることを目的とした。同時に土地が充分に耕作されれば、ペイシストラトスの収入も増加することとなった。つまり、彼は収穫高の10分の1を徴収したから、そこで村(デモス)ごとに裁判官を置き、自らもしばしば田園に赴き視察して、言い争うものを和解させた。これは彼らが市域に来て仕事をなおざりにしないようにするためであった。（中略）彼は大衆をその統治においてその他の点でも決して苦しめることなく、常に平和を促し静謐に心を配った。そこでしばしばペイシストラトスの僭主政治はクロノスの時代の生活であると評判された。というのは、その後彼の息子たち[3]が跡を継いでから政治は以前よりはるかに乱暴になったからである。すべての評判のうちで最も大きいのは、

その性格が民主的で博愛であったことだ．普段，彼はすべてを法に基づいて統治しようと欲していて，決して自己に利益を供与することがなかった．そしてある時殺人罪でアレイオス・パゴスへ召喚されて，彼は弁明しようと自ら出頭したが，告発者は恐れて現われなかった．このような訳で，彼は長い間（権力の座に）留まり，追放された時も容易にその地位に復帰できた．貴族も平民もその多くは彼に好意を寄せていたからである．すなわち，前者は交際により，後者は個人の仕事への援助により，味方に引き込まれた．双方に対して彼の資質が都合よかったからだ．この頃アテナイ人のもとでは僭主に関する法律は寛大で，とりわけ僭主政樹立に関するものはそうであった．なぜなら，彼らには以下のような法律があったから．「これはアテナイ人の父祖伝来の掟である．<ruby>テスミア</ruby>もし何人か僭主たらんとして立つならば，あるいは僭主政樹立に加担する者あれば，当人もその子孫も市民権剥奪あるべし．」

[Aristoteles, Athenaion Politeia 13, 4～5；16, 2～5；7～10]

1) 債権を奪われた者はソロンの重荷おろしで債権を失った人を指す．2) 生れの純潔でないものはソロンの手工業奨励策で移住してきた人々や解放奴隷を指すと思われる．3) 息子たちは兄ヒッピアスと弟ヒッパルコスで，僭主の地位を継いだヒッピアスは，弟が美少年ハルモディオスを巡るアリストゲイトンとの三角関係のもつれで暗殺された後，過酷な支配に転じた．後二者は後に僭主殺しとして讃えられた．

21　クレイステネスの改革

アテナイの僭主政はスパルタの援助もあって終焉した（前511/0年）が，その後のクレイステネスとイサゴラスによるアテナイの指導権をめぐる争いは，基本的には貴族の党派争いであった．しかしスパルタ王クレオメネスがイサゴラスを支援し，寡頭政樹立の志向を明確にした時，クレイステネスは平民層に自己の支持基盤を求めた．これと愛国主義的感情を支えに改革案が成立し，アテナイの民主政が樹立された（前508/7年）．

このような理由で民衆（デモス）はクレイステネスを信頼していた．今や大衆の指導者となって，彼は僭主政を倒して後4年目，イサゴラスがアルコンの年に，まず全市民を4部族に代えて10部族に分けた．これは一層多くの人々が国政に与れるように，人々を混合しようと欲したからであった．そこで家系を調べようとする者に対して部族を区別するなと言われた．次に四百人評議会の代りに五百人評議会を設けた．各部族から50人であった．従来は［部族ごとに］100人

であった．このように彼は12の部族に組織しなかったが，それは前から存在したトリッチュスに応じて市民を分けることを避けたからである．つまり，従来は4部族から12のトリッチュスがあったから，［もし12の部族に組織すれば］大衆を混合する［目的に］合致しなかったであろうから．彼はまた全国土を幾つかの区からなる30の部分に分け，その10は市域とし，10は沿岸部から成り，10は内陸部から成った．これをトリッチュスと名づけ，各部族に3つのトリッチュスを籤で割り当てた，各部族が三つの地域すべてに与りうるように．そして各区に住んでいる人々を互いの区民としたが，それは父称で呼んでその人が新市民[1]であることを暴くことなく，所属区によって公けに呼ぶためである．これ以後アテナイ人は自らを所属区によって呼んでいる．彼は区長(デマルコス)をおいたが，これは以前のナウクラロスと同じ職務を持った．なぜならば，彼は区をナウクラリア[2]に代えて設置したからである．区のあるものは所在地に因み，あるものはその建設者に因んで名づけた．なぜならば，すべての区が（これまでの）場所と最早必ずしも一致しなくなっていたからだ．彼は各市民が氏族やフラトリアに所属し，神官職につくことを父祖伝来の制に従って許した．部族には100人の予選した祖先(アルケゲタイ)の中から巫女(ピュティア)[3]が選んだ10人を名祖とした．

[Aristoteles, Athenaion Politeia 21]

1) 僭主政打倒後に生れの純潔でないものが市民名簿から排除されたが，その人々に改めて市民権を与えたと解される．2) ナウクラリアはナウクラロス（艦長）の管掌する地域的・人的団体で，旧4部族に各12あり，海軍とその財政を支える単位であった．3) ピュティアはデルフォイの神託を授ける巫女．

22 陶片追放

陶片追放(オストラキスモス)は僭主政の再発を防止する意図で，民会の投票によって指導的人物を10年に渡って追放する制度である．これに類似するものはシラクサのペタリスモスが知られるが，短期間しか用いられなかった（Diodoros XI, 87）．この制度は制定から20年間発動されることがなく，また史料Bは前488/7年の制定とする異説を伝えることから，クレイステネスによる制定を疑う説が一部にある．しかし他の史料は一致してクレイステネスの制定を伝え，これが支持されている．手続きについても，何票を得ると追放されるかについて伝承が分れ，確定しない．

A これら［の改革］が行われたので国制はソロンのそれより著しく民主的

となった。なぜならばソロンの法を僭主政は用いずにこれを消滅させ，別の新しい法をクレイステネスが大衆を目当てとして制定したからである。その中には陶片追放に関する法も制定されていた。（中略）この後12年目にファイニッポスがアルコンの年にマラトンの戦いに勝ち，その勝利の後2年を経て，既に自信を得ていた民衆は初めて陶片追放に関する法を用いた。この法は，ペイシストラトスが民衆指導者（デマゴゴス）として将軍として僭主になったことからして，権勢ある人々に対する疑いによって制定された。最初に陶片追放に処せられたのは彼の親族の1人コルリュトス区の人でカルモス[1]の子ヒッパルコスであった。クレイステネスは彼を追放しようと欲して，彼の故に特にこの法を制定したのであった。なぜならば民衆に常の寛容さを示して，アテナイ人は僭主の友人たちでも内乱時に悪事に加担しなかった人々には国内に住むことを許していた。その指導者でかつ代表者がヒッパルコスであった。すぐ次の年テレシノスがアルコンの時に［前487/6年］，9人のアルコンを，区民によって予選された500人の間から部族ごとに僭主政後初めて抽籤で選んだ。これ以前はすべてのアルコンは選ばれたものだった。そしてアロペケ区の人でヒッポクラテスの子メガクレス[2]が陶片追放にあった。3年にわたってこの法がそれを目的として制定された僭主の友人たちを陶片追放に処してきたが，その後4年目に，他の人々でも，もし強大に過ぎると考えられた人は退去させられた。そして僭主政に関係ない人々の中で最初に陶片追放にあったのはアリフロンの子クサンティッポス[3]であった。　　　　　　［Aristoteles, Athenaion Politeia 22, 1 ; 3〜6］

1) カルモスは僭主ヒッピアスの娘と結婚したらしい。 2) メガクレスは史料20のメガクレスの孫で，史料21の改革者クレイステネスの甥。 3) クサンティッポスは註2のメガクレスの義兄弟で，ペリクレスの父。

B　その第2巻でアンドロティオン[1]は，ヒッパルコスについて，彼は僭主ペイシストラトスの親族で，最初に陶片追放にあった，と述べている。陶片追放に関する法はペイシストラトスの仲間たちに対する嫌疑のゆえにこの時初めて制定された。というのは彼は民衆指導者（デマゴゴス）として将軍として僭主となったからであった。　　　　　　　　　　　　　　　　　［Androtion, FGrH 324F6］

1) 前4世紀前半に活躍したアテナイの政治家で，アッティスという歴史書を書いた。

C クレイステネスは陶片追放法をアテナイへ導入した。それはこのような性格のものであった。数日間［問題を］熟慮した後，市民の誰であれ追放に処さるべき者の名を陶片[1]（オストラカ）に記入し，それを評議会議場の囲いの中へ投じることが評議会の慣行であった。誰にであれ，陶片が200を超えた者は10年間国外に退去することを要した。だが，その財産の収益[2]を享受できた。その後，民会は追放さるべき者に関して陶片が6,000以上という法を定めることを決議した。

[Vaticanus Graecus 1144, fol. 222 rv]

1) オストラカに陶片追放すべき人の名を刻す。 2) 財産の収益　陶片追放は財産の没収を伴わず，本人の身柄だけの追放である。

23　饗宴

饗宴（シュンポシオン）はプラトンの『饗宴』などから知られるように，集った人々が食事を手軽に済ました後で，一緒にぶどう酒を飲みながら，遊び女・芸人が侍るなか，即興の詩作に興じたり，哲学論議にふけるもので，貴族的色彩の濃いものであった。時に政治的陰謀がねられたりして，一般市民にはうさんくさく思われることもあった。しかし，前古典期には貴族戦士が閉ざされた空間で参加者の平等性を維持しながら，全共同体からの分離を表明しつつ，ポリスのエリートとしての集団的一体性を涵養する場であった。前古典期の文化はこの場を彩るものとして創り出された。

みよいまや　床も，そして人みなの手も杯も浄らか。／召使のひとりは　編みあげられた花冠を　われらが頭にかぶせ，他のひとりは　平鉢にいれた馥郁とした香油を　われらにすすめる。／混酒壺[1]は　上機嫌に充ちて立ち，／ほかにも酒の支度はととのい，瓶のなかの，甘く　花と香る美酒は，／これで終い，とはけっして言わぬと約束している。／われらの中央ほどには乳香がその聖い香を送り，／冷たく，甘く，浄らかな水がある。／黄金色のパンは傍らに供され，威厳にみちた食卓は／チーズ　と豊かな蜂蜜の重みにしんぎんし，／中央におかれた祭壇はいちめん花ばなにおおいつくされ，／歌と歓楽は館にみちみちている。／まず　心よき人びとのなすべきことは　敬虔な物語と浄らかな言葉をもって神を讃えまつること。／さて灌奠をおえ，正しいことを実行する力を／与えたまえと祈願したなら，――すなわちこれこそがいちばん手近な祈り――／ひどく年老いているなら別だが，君が供の者なしでも家に帰りつける

なら，／あとはいくら飲んでも，決して間違ったことではない．／だが，人びとのうち讃えるべきは，飲んだあとでも，／記憶と徳への熱き思いのおよぶかぎり　歌い語りをみごとになしとげる人．／ティタンたちやギガスたちやケンタウロスたち[2]の戦い，／つまりは昔の人びとの拵えごと，／あるいはまた凄まじい内戦のことなど——こんなつくりごとに何の益もない——けっして語らずに．／つねに神々にたいして，敬いの念をもつことは善きことである．

[Xenophanes fragment, 1]

[1] 古代ギリシアではぶどう酒を生のまま飲むのは野蛮とされ，水と混ぜたが，混酒壺（クラテル）はその容器．[2] ティタンはウラノス（天）を父としガイア（大地）を母とする一族．クロノスは母の勧めで父の生殖器を切り取り，父の支配権を奪った．その際流れた血が大地に滴って生まれたのがギガス（巨人族）である．ケンタウロスは腰から上が人間で，下は馬身の怪獣．ホメロスでは山野に棲み，野蛮で乱暴な一族として描かれる．

古 典 期

　古典期とは，前5世紀初頭のペルシア戦争に始まり，間にペロポネソス戦争を挟んで，前338年のカイロネイアの戦いをもって終る，200年足らずの時期を指す．
　ギリシア文明は，オリエント文明の辺境に生まれ育った．オリエント世界の覇者ペルシアの侵攻を防ぎきることに成功したギリシア人は，精神的に大いに自信を深め，以後独自の文明を開花させていくこととなる．サラミス海戦からペロポネソス戦争開始までの50年ほどの間は，ギリシア文明の興隆・発展の時期にあたり，特にペロポネソス戦争開始直前の，いわゆるペリクレス時代は，アテナイという一ポリスの発展が頂点に達した時期であるばかりでなく，ギリシア文明全体にとってもその最盛期であったと言える．
　ペルシア戦争以後，海軍国として発展を続けたアテナイにあっては下層市民も軍船の漕ぎ手として軍事的に重要な役割を果した．前462年のエフィアルテスの改革，さらにその直後から活躍を始めたペリクレスによる一連の施策は，そうした下層市民に政治参加への道を開くものであった．ここに成立したいわゆる完全民主政は，前5世紀末葉に二度ほど中断はあったものの，アテナイがマケドニアの支配に屈する前4世紀後半に至るまで続いた．ところで，役職者に手当を支給することを特色とするペリクレスの民主政は，デロス同盟に寄せられる莫大な寄金を財政的基盤としていた．有名なパルテノン神殿もデロス同盟の寄金を流用することによって建てられたものである．ペルシアの再来に備える軍事同盟として出発したデロス同盟は，その当初の性格を次第に変え，前5世紀中葉にはアテナイがエーゲ海一帯を支配するための道具と化してしまっていた．アテナイは駐留軍を置く，役人を派遣する，司法権の一部を取り上げるなどさまざまな手段を用いて，同盟諸ポリスの内政に干渉した．前450年代にはデロス同盟に加盟するポリスの数はおおよそ150ほどに達したが，本来の軍事同盟者として軍船と兵員とを供給していたのは，ほんの僅かのポリスにすぎなかった．アテナイの繁栄はもとより，完全民主政という政体もまた，デロス同盟を通じての他ポリスに対する支配の上に築かれたものであったと言わねばなるまい．

ギリシア　古典期

　既にペルシア戦争以前からギリシア世界において指導的な地位にあったスパルタが，アテナイの発展に不安を感じるようになるのは，時間の問題であったと言うべきであろう．前431年，スパルタ王アルキダモスの率いる軍隊が「全ギリシアの解放」をスローガンとしてアテナイの領域に侵入を開始する．27年の長きにわたって，ほぼギリシア全域を二分して戦われる大戦争が始まった．このペロポネソス戦争とともに，いわゆる「ポリスの衰退」が始まる．

　ペロポネソス戦争の開始にあたってペリクレスが立案した戦略は，アテナイ側の海軍力の優位を生かした籠城策であった．しかし早くも開戦直後から疫病が流行し，アテナイは指導者ペリクレスを失う．彼の後を承けた政治家達はいずれもペリクレスほどの強力な指導力を発揮するまでには至らず，軍事的な観点のみからすれば必ずしも効率の良いシステムとは言い難い完全民主政という政体の負の側面をさらけだすこととなった．殊にシチリア遠征の失敗はアテナイにとって大きな打撃となり，ペルシアからの資金援助を受けて海軍力を調えたスパルタの前に，ついにアテナイは海上でも敗れ去った．前404年，アテナイは全面降伏に追い込まれ，僅かの軍船を残して海軍力を放棄し，デロス同盟も解散して，スパルタの率いるペロポネソス同盟の一員として再出発することとなる．

　さて，ペロポネソス戦争以後しばらくの間はスパルタがギリシア世界を統括する立場に立ったが，スパルタの統治は必ずしもうまくいったわけではなかった．ペロポネソス戦争が終結して10年もたたないうちに再びギリシア世界は戦禍に見舞われることとなる．このコリントス戦争を終結に導いた前386年のいわゆる「大王の和約」はペルシア王のギリシア世界への影響力の増大を如実に表わすものである．その後，前371年のレウクトラの戦いから10年ほどはこの戦いでスパルタを破ったテーベが，そしてさらに海上では前377年の第2次海上同盟結成以来再びアテナイが，ギリシア世界に覇を唱えんと試みたものの，いたずらに争いを繰り返し，疲弊を深めるばかりであった．そしてこの間に，ギリシア世界には戦争に傭兵を用いる風潮が次第に広まり，ポリス社会の大きな特徴の一つであった市民皆兵の原則が崩れ去っていく．このことばかりでなく前4世紀以降，少なくとも，史料に恵まれて比較的よく様子の分かるアテナイでは，これまたポリス社会の特徴であった市民団の排他性あるいは市民権と密接に結び付いた土地所有の面における排他性に僅かながらも変化の兆しが見られはじめる．そしてそれと同時に，経済的には市民団の枠組の外側に新たな発展の動きが見られるようにもなる．フィリッポス2世の軍隊がギリシア世界を席巻しはじめた頃，前5世紀のギリシア世界を牛耳ってきた有力ポリスはいずれもその盛りを越え，社会的矛盾に悩んでいたのであった．

（中村　純）

24 ヘロドトスと『歴史』

　「歴史の父」ヘロドトスはハリカルナッソス（現在のボドルム）の名門に生れた。若くして政争に巻き込まれサモス島に亡命し、その後地中海周辺の地を歴訪したものと見られる。物語的と評される『歴史』には、彼の経歴の産物と見られる民族誌的記述が多く含まれ、そのことが『歴史』の語り口に豊かな膨らみを与えている。ここでは、後の西欧世界に歴史を意味する言葉として定着したヒストリーという言葉を生んだ『歴史』の序の部分、それと、ペルシア王ダリウスがイオニア反乱鎮圧後に送った懲罰軍を、アテナイの人々が重装歩兵の密集隊をもって撃退したペルシア戦争史のハイライトのひとつ、マラトンの戦いについての記述を紹介する。

　本書はハリカルナッソス出身のヘロドトスが、人間界の出来事が時の移ろうとともに忘れ去られ、ギリシア人や異邦人(バルバロイ)の果した偉大な驚嘆すべき事蹟の数々——とりわけ両者がいかなる原因から戦いを交えるに至ったかの事情——も、やがて世の人に知られなくなるのを恐れて、自ら研究調査(ヒストリェー)したところを書き述べたものである。(中略)

　さてアッティカ地方ではマラトンが騎兵の行動に最も好都合であり、かつエレトリアにも至近の位置にあるというので、ペイシストラトスの子ヒッピアスはペルシア軍をこの場所に誘導したのであった。
　これを知ったアテナイ人たちは、彼ら自身も救援のためマラトンに出動した。その指揮に当ったのは10人の大将で、ミルティアデスはその10番目であった。(中略)
　さてアテナイの司令官たちの間では見解が二つに分れ、一方はペルシア軍と戦うには自軍の兵力が少ないという理由で交戦することの不可を説き、ミルティアデスを含む他の一派は交戦すべきことを主張した。司令官たちの見解が二つに割れ、しかも好ましからぬ方の説が勝ちを制する気配となったのであったが、さてこの時10人の司令官のほかに投票権をもつもう1人は、抽籤によってアテナイの軍事長官(ポレマルコス)に選ばれた者で、それというのも往時のアテナイでは軍事長官は司令官と同じ投票権を持つと定められていたからである。(中略)
　ミルティアデスは……カリマコスを味方に引き入れ、かくて軍事長官の賛成

意見が加わったため，交戦の決定がなされたのであった．その後交戦を主張した司令官たちは，自分たちの指揮当番日が巡ってくるごとに，その権限をミルティアデスに譲った．ミルティアデスはその申し出を受けたけれども，自分自身の指揮当番に当るまでは，どうしても戦闘を開こうとしなかった．（中略）

陣立てを終り犠牲の卦も吉兆を示したので，アテナイ軍は進撃の合図とともに駆け足でペルシア軍に向って突撃した．両軍の間隔は8スタディオン[1]を下らなかった．ペルシア軍はアテナイ軍が駆け足で迫ってくるのを見て迎え撃つ態勢を整えていたが，数も少なくそれに騎兵も弓兵もなしに駆け足で攻撃してくるアテナイ兵を眺めて，狂気の沙汰じゃ，全く自殺的な狂気の沙汰じゃと罵った．ペルシア方はアテナイ軍の行動をこのように受け取ったのであったが，一団となってペルシア陣内に突入してからのアテナイ軍は，まことに語り伝えるに足る目覚ましい戦いぶりを示したのである．実際われわれの知る限り，駆け足で敵に攻撃を試みたのはアテナイ人をもって嚆矢とし，またペルシア風の服装やその服装をつけた人間を見てたじろがなかったのもアテナイ人が最初であった．これまでギリシア人にとっては，ペルシア人という名を聞くだけでも恐怖の種となっていたのである．（中略）

このマラトンの合戦において戦死者の数は，ペルシア方が6,400，アテナイ方は192であった．（以下略）　　　　　　　［Herod. I. 1, 102-117（抜粋）］

1) 1スタディオンは約180m．

25　テミストクレスの決議

ペルシア大王クセルクセスはダレイオスの失敗（第1回ペルシア戦争）に学び，万全の準備を整えて陸海軍の連携をとりながらギリシアに侵入した．しかし，テミストクレスの計略にかかり，サラミスの海戦に敗れた（前480年）．テッサリアで冬を過したマルドニオスの残留軍も翌年プラタイアの戦いに敗れ，ペルシアのギリシア征服計画は失敗した．ペルシア戦争はギリシアの政治的独立を守る重要な戦いであり，以後70年近くポリス世界におけるペルシアの影響力をほぼ完全に排除した．他方その勝利は，自由のギリシア人，隷属のバルバロイという奴隷制正当化の論理を発展させることにもなった．

ところで，以下の史料は1958年にトロイゼンの集落のカフェーの建材に用いられていたのを発見されたものである．刻文の時期は字体から前3世紀とされる．そのため，この「テミストクレスの決議」が前480年当時のものだとして，碑文の信憑性を認める

説も強いが，後の文献資料をもとに再構成されたものだとして，信憑性を否定する所説もある．しかし，信憑性を認めると，アルテミシオン―テルモピュライの防禦線の設定以前に，アテナイが全アッティカを放棄し海戦に備える準備をしていたことが窺えて興味深い．

神々．評議会と民会の決議．フレアッリオイ区の人，ネオクレスの子テミストクレスが提案した．ポリスをアテナイの守護神アテナと他のすべての神々に，彼らが国土をバルバロイ[1]から守り防ぐべく委ねるべし．アテナイ人はすべて，そしてアテナイに住む外国人は婦女子をトロイゼン[2]に移すべし，国土の創設者（ピッテウスが守護者であるから）．老人と動産とはサラミスに移す．財務官たちと女神官たちとはアクロポリスに留まり，神々の財宝を守る．残りのすべてのアテナイ人と兵役年齢の外国人とは艤装した200隻の船[3]に乗り，彼ら自身と他のヘラス人の自由のためにラケダイモン人，コリントス人，アイギナ人そして他の危険を共にすることを欲する人々と共にバルバロイを防ぐべし．将軍たちは，翌朝から始めて，アテナイに土地と家屋とを所有し，嫡出子があり，50歳を超えぬ者の間から各船に1人，200人の三段橈船船長を任命して，彼らを船に籤で割り当てる．将軍たちは20歳から30歳までの者から各船に10人の戦闘員(エピバタイ)を，そして4人の弓兵を選出すべし．三段橈船船長を籤で割り当てる時各船の将校(ヒュペレシアイ)を籤で割り当てるべし．他の者たちも船ごとに将軍たちが白い板に記載すべし，アテナイ人は区民名簿から，外国人はポレマルコスの名簿から記載すべし．100人の割で200隊に分けて，その者の名を記し，各隊がどの三段橈船に乗り組むのかわかるように，各隊のためにその三段橈船と船長と将校の名を記載すべし．すべての隊が分けられ，三段橈船に籤で割り当てられたならば，評議会と将軍たちは万能のゼウス，アテナ，ニケ，安全のポセイドンを宥めるべく犠牲を捧げてから200隻全船に乗船さすべし．軍船が乗船を完了したら，100隻をもってエウボイアのアルテミシオンに救援に赴き，100隻はサラミスと他のアッティカ周辺に投錨し，国土を守るべし．すべてのアテナイ人が一致してバルバロイを防ぐよう，10年間追放に処せられている者たち[4]はサラミスに行き，彼らについて民会が何事かを決定するまでそこに留まるべし．市民権喪失者たちは……（以下欠）． [Meiggs-Lewis 23]

1) バルバロイは「理解できない音声で話す人々」で，異邦人を意味するが，ここではペルシア人とその同盟者と理解すべき．2) トロイゼンはペロポネソス半島のアルゴリス半島東端の町．3) 軍事

用の三段橈船. 4) 10年間追放に処せられている者たちは陶片追放にあっている者.

26 デロス同盟の成立

　デロス同盟は，サラミス海戦直後に，対ペルシア攻守同盟として発足した．ペルシア戦争時，反ペルシア連合の盟主的存在であったスパルタに代ってアテナイがデロス同盟の盟主の地位を占めたことについては，ツキュディデスもアリストテレスも，ギリシア連合の指揮をとったスパルタ人パウサニアスの態度が尊大であったために生じた不評判を理由として挙げている．いずれにせよ，デロス同盟盟主の立場を挺子としたアテナイの台頭は後のギリシア世界の歴史に大きな影響を与えることとなる．

A　アテナイ人は，このようにパウサニアース[1]にたいする嫌悪がもとで同盟諸国がアテナイ側に要請したため，指揮権をうけ継ぎ，その第1段階としてペルシア人追討のために，どの加盟国が軍資金，どの国が軍船を供給するべきかをとりきめた．その表向きの理由は，ペルシア王の領土に破壊行為を加え，報復する，ということであった．そのためにはじめてギリシア同盟財務官というアテナイ人のための官職が設けられ，この職にある者たちが同盟年賦金を収納することとなった．年賦金というのは，同盟収入のうち貨幣で納入される部分の名称である．最初の年度に査定された年賦金は460タラントンにのぼった．同盟財務局はデロス島に設置され，加盟諸国の代表会議は同島の神殿において開催されることとなった．　　　　　　　　　　　　　　　　[Thoukydides I, 96]

1) スパルタ王．プラタイアの戦い（前479年）の指揮官．後にペルシア王との内通の嫌疑を受け，失脚．Cf. Thuc. I. 95.

B　この頃民衆の指導者はリュシマコスの子アリステイデスとネオクレスの子テミストクレスで，後者は軍事に精励する点で聞こえ，前者は政治に練達し，正義ということにおいて同時代の人々に優ると思われていた．そこでアテナイ人も1人は将軍として用い，1人は助言者として用いていた．さて2人は政敵ではあったが協力して城壁の再建を監督し，イオニア人を促してラケダイモン人との同盟から離脱せしめたのはアリステイデスであった．彼はパウサニアスのためにラコニア人が不評判となった機会を見て取ったのであった．そこでサラミスの海戦の後3年目にティモステネスのアルコンの年[1]に諸市に最初の年

賦金を課し，イオニア人に対し彼らと同一の敵と友とをもつとの誓約を行ったのも彼であって，その際に人々は鉄塊を海中に投じたのであった．

[Aristoteles, Athenaion Politeia 23, 3～5]

1) 前478/7年．

27　キモンとペリクレス

　マラトンの勇者ミルティアデスを父とし，トラキアに所領を持つキモンは伝統的なタイプの政治家の典型と言ってよい．これに対してペリクレスは，同じく名門の出ではあったが，きわめて合理的な精神の持主でもあった．アテナイは莫大な寄金を集めるデロス同盟の盟主となった．そのデロス同盟を通じてのエーゲ海一帯を覆うアテナイの支配を支えているのは海軍であり，アテナイでは下層市民もまた軍船の漕ぎ手として重要な役割を担っていた．こうした新しい状況に対応するものとしてペリクレスは役職手当の支給をはじめとする新しい政治手法を案出した．彼が開拓した新しい政治手法は後に過激民主派の政治家達の踏襲するところとなる．

　またペリクレスははじめて陪審者に給料を出すこととしたが，これはキモンの富に対抗して民心を得んがためであった．何となればキモンは王者のごとき富を擁し，まず公共の奉仕を華々しく勤め，次いで自分の区の人々を大勢養っていた．すなわちラキアダイ区民の誰でも欲する者は毎日彼の許に赴いて相当な給養を受けることができたし，更にキモンの所有地はみな囲いがなく，誰でも希望者は果実を享受することができるようになっていた．この気前の好さに対してペリクレスは財力の点で劣っていたのでオイエ区の人ダモニデスの忠言に従った．（この人はペリクレスの多くの政策の発案者であると考えられていたし，事実そのために後にオストラキスモスに遭った．）すなわち私財の点では彼は敗れたから大衆に大衆自身のものを与えよと教えられ，陪審者への手当を定めたのであった．その結果常にしかるべき人々よりもむしろ凡俗な人間がこれに選ばれようと熱心に籤を抽くので悪くなったと非難する人もある．

[Aristoteles, Athenaion Politeia 27, 3～4]

28　エフィアルテスの改革

　前462年，エフィアルテスは，おそらくペリクレスの協力を得て，貴族勢力の牙城ア

レイオス・パゴスの会議の実権を剥奪した．これをもって，民会が実質的にも国政の最高機関として機能する，いわゆるアテナイの完全民主政が実現したと言われる．しかし，この改革については，それに言及する史料がきわめて少なく，改革の内容は詳かではない．この事件を機に，親スパルタ派のキモンが失脚し，アテナイとスパルタとの対立は避け難いものとなっていくが，そうしたアテナイの対外政策の転機としての意味合いを重視する説も，なお有力である．

さて民衆の給養は以上のような形で行われた．ペルシア戦役後およそ17年間は，次第に降り坂になったとはいえ，アレイオス・パゴス会員を指導者とする国制が存続した．しかるに大衆が増大して来たとき，清廉にして政治に公正と聞こえた，ソポニデスの子エピアルテスは民衆の指導者となってかの会議を攻撃した．そこで彼はまずかの会議の施政について訴訟を起こし，アレイオス・パゴス会員の多数を除名せしめた．次いでコノンのアルコンの年[1]にこの会議から，それを国制の維持者たらしめていたところの付加的権能をことごとく剥ぎ取り，その一部は500人［の評議会］に，一部は民会と裁判所とに与えた．（中略）そして……エピアルテスもまたその後間もなくタナグラの人アリストディコスによって暗殺された．

[Aristoteles, Athenaion Politeia 25, 1～2, 4]

1) 前462/1年．

29　ペリクレスの市民権法

前451年以降，アテナイでは，市民権取得に際して，父方のみならず母方もアテナイ市民であることが要求されることとなった．この立法の直接の目的については意見の対立があって定かではないが，ポリス市民団の閉鎖的な性格を示すものであることはまちがいない．アテナイが帝国と呼ばれるデロス同盟の帝都として繁栄を謳歌したまさにその時に，この法がアテナイ民会を通過している点にも注意を喚起しておく．

またこの後3年目にアンティドトスがアルコンの時[1]に，市民の増加にかんがみ，ペリクレスの提案により市民たる両親から生まれたものでなければ市民権に与り得ぬと決議した．　　　[Aristoteles, Athenaion Politeia 26, 4]

1) 前451/0年．

30 アテナイ民主政の理想

　前431/30年冬、アテナイではペロポネソス戦争の戦没者に対する最初の国葬が執り行われた。以下に引くのは、その場におけるペリクレスの弔辞の一部である。エフィアルテスの改革以来、さまざまな施策をもってアテナイの民主化を推し進め、特に前443年に政敵メレシアスの子ツキュディデスがアテナイを去った後は事実上政界の第一人者としてアテナイ市民を導き、パルテノン神殿の建立をはじめとしてアテナイの繁栄を誇示することにも怠りなかったペリクレスの自信のほどが窺われる演説と言えよう。稀有の政治家ペリクレスの政治理念を考えるうえでも重要な史料である。

　「われらの政体は他国の制度を追従するものではない。ひとの理想を追うのではなく、ひとをしてわが範を習わしめるものである。その名は、少数者の独占を排し多数者の公平を守ることを旨として、民主政治と呼ばれる。わが国においては、個人間に紛争が生ずれば、法律の定めによってすべての人に平等な発言が認められる。だが一個人が才能の秀でていることが世にわかれば、無差別なる平等の理を排し世人の認めるその人の能力に応じて、公けの高い地位を授けられる。またたとえ貧窮に身を起そうとも、ポリスに益をなす力をもつ人ならば、貧しさゆえに道をとざされることはない。われらはあくまでも自由に公けにつくす道をもち、また日々互いに猜疑の眼を恐れることなく自由な生活を享受している。よし隣人が己れの楽しみを求めても、これを怒ったり、あるいは実害なしとはいえ不快を催すような冷視を浴せることはない。私の生活においてわれらは互いに制肘を加えることはしない、だが事公けに関するときは、法を犯す振舞いを深く恥じおそれる。時の政治をあずかる者に従い、法を敬い、とくに、侵された者を救う掟と、万人に廉恥の心を呼びさます不文の掟とを、厚く尊ぶことを忘れない。

　「われらはまた、いかなる苦しみをも癒す安らぎの場に心をひたすことができる。1年の四季をつうじてわれらは競技や祭典を催し、市民の家々の美しいたたずまいは、日々に喜びをあらため、苦しみを解きながす。そしてわがポリスの大なるがゆえに、あらゆる土地のすみずみから万物の実りが此処にもたらされる。すべての人々が産みいだす幸を、わが国土のめぐみと同様に実らせ味わうことができるのである。

　「また、戦の訓練に眼をうつせば、われらは次の点において敵側よりもすぐれ

ている。先ず、われらは何人にたいしてもポリスを開放し、決して遠つ国の人々を追うたことはなく、学問であれ見物であれ、知識を人に拒んだためしはない。敵に見られては損をする、という考えをわれらは持っていないのだ。なぜかと言えば、われらが力と頼むのは、戦の仕掛や虚構ではなく、事を成さんとするわれら自身の敢然たる意欲をおいてほかにないからである。子弟の教育においても、彼我の距りは大きい。かれらは幼くして厳格な訓練をはじめて、勇気の涵養につとめるが、われらは自由の気風に育ちながら、彼我対等の陣をかまえて危険にたじろぐことはない。これは次の一例をもってしても明らかである。ラケダイモン人はわが国土を攻めるとき、けっして単独ではなく、全同盟の諸兵を率いてやって来る。しかるにわれらは他国を攻めるに、アテナイ人だけの力で難なく敵地に入り、己が家財の防禦にいとまない敵勢と戦って、立派にかれらを屈服させることができる。しかもいまだかつて何人もわれらの総力を相手に戦場で遭遇したためしはない。われらは余力をさいて海軍の操練をおこない、陸上部隊を諸地に派兵しているからだ。たまたま敵勢がわが軍の一小部分と遭遇しこれに勝とうものなら、全アテナイ勢を破ったかの如くに豪語し、敗れればまた全軍に打敗られたかの如くにいう。ともあれ、苛酷な訓練ではなく自由の気風により、規律の強要によらず勇武の気質によって、われらは生命を賭する危機をも肯ずるとすれば、はや此処にわれらの利点がある。なぜなら、最後の苦悶に堪えるために幼少より苦悶に慣れ親しむ必要がない。また死地に陥るとも、つねに克己の苦悩を負うてきた敵勢に対していささかのひるみさえも見せぬ。これに思いをいたすとき、人はわがポリスに驚嘆の念を禁じえないだろう。だがわれらの誇りはこれにとどまるものではない。

「われらは質朴なる美を愛し、柔弱に堕することなき知を愛する。われらは富を行動の礎とするが、いたずらに富を誇らない。また身の貧しさを認めることを恥とはしないが、貧困を克服する努力を怠るのを深く恥じる。そして己れの家計同様に国の計にもよく心を用い、己れの生業に熟達をはげむかたわら、国政の進むべき道に充分な判断をもつように心得る。ただわれらのみは、公私両域の活動に関与せぬものを閑を楽しむ人とは言わず、ただ無益な人間と見做す。そしてわれら市民自身、決議を求められれば判断を下しうることはもちろん、提議された問題を正しく理解することができる。理をわけた議論を行動の

妨げとは考えず，行動にうつる前にことをわけて理解していないときこそかえって失敗を招く，と考えているからだ．この点についてもわれらの態度は他者の慣習から隔絶している．われらは打たんとする手を理詰めに考えぬいて行動に移るとき，もっとも果敢に行動できる．しかるにわれら以外の人間は無知なるときに勇を鼓するが，理詰めにあうと勇気をうしなう．だが一命を賭した真の勇者とは他ならず，真の恐れを知り真の善びを知るゆえに，その理を立てて如何なる危険をもかえりみない者の称とすべきではないだろうか．またわれらは，徳の心得においても，一般とは異る考えをもつ．われらのいう徳とは人から受けるものではなく，人に施すものであり，これによって友を得る．また施すものは，うけた感謝を保ちたい情にむすばれ，相手への親切を欠かすまいとするために，友誼は一そう固くなる．これに反して他人に仰いだ恩を返す者は，積極性を欠く．相手を喜ばせるためではなく，義理の負目をはらうに過ぎない，と知っているからだ．こうしてただわれらのみが，利害得失の勘定にとらわれず，むしろ自由人たるの信念をもって結果を恐れずに人を助ける．

「まとめて言えば，われらのポリス全体はギリシアが追うべき理想の顕現であり，われら一人一人の市民は，人生の広い諸活動に通暁し，自由人の品位を持し，己れの知性の円熟を期することができると思う．そしてこれがたんなるこの場の高言ではなく，事実をふまえた真実である証拠は，かくの如き人間の力によってわれらが築いたポリスの力が遺憾なく示している．なぜならば，列強の中でただわれらのポリスのみが試練に直面して名声を凌ぐ成果をかちえ，ただわれらのポリスに対してのみは敗退した敵すらも畏怖をつよくして恨みをのこさず，従う属国も盟主の徳をみとめて非難をならさない．かくも偉大な証蹟をもってわが国力を衆目に明らかにしたわれらは，今日の世界のみならず，遠き末世にいたるまで世人の賞嘆のまととなるだろう（以下略）．

[Thoukydides II, 37～41]

31　ツキュディデスのペリクレス評価

歴史家ツキュディデスのペリクレスに対する評価は非常に高い．例えば，プラトンやアリストテレスが，完全民主政の推進者ということで必ずしもペリクレスを高く評価し

ないことと比べてみると，これは意外なことと言えるかもしれない．しかし以下の史料を注意深く読むならば，ツキュディデスが政治家ペリクレスのいかなる側面を評価したかは自ずと明らかであろう．ペロポネソス戦争におけるアテナイの敗因についての史家の見方が窺える点も興味深い．

　ペリクレスはこのようにいって，つとめてアテナイ人の自分にたいする怒りを解き，かれらの心情を目前の苦境から遠ざけようと試みた．市民たちは，国事の処理についてはかれの指示に従い，もはや再びラケダイモン人のもとに使を送ろうとはせず，以前にもまさって戦争遂行の意気をさかんにした．しかしながら，個人的には市民らは戦争の被害に苦しんでいた．一般民衆は，本来わずかの蓄財を頼りとしていたものを，それすら奪われ，金持は所有地の家邸や，贅をつくした家財などの貴重な資産を失い，貧者も富豪もひとしく平和が潰え戦時下にあることを，何にもまさる苦痛に思った．そのために，かれら全体が各々ペリクレスに対して抱いた恨は容易なことで収まらず，ついにかれに罰金刑を科することによってはじめて落着いた．しかし，これが群衆心理というべきであろうか，その後まもなくアテナイ人はふたたびかれを指揮官に選び，いっさいの指揮をかれにゆだねた．なぜなら，かれらが早くも個人的な苦痛については無感覚になりつつあったことも一つの理由であったが，一方，一つのポリスとして党派をこえて必要とするものをみたすには，かれこそ最高の適任者であると考えたためである．じじつ平和時におけるポリスの指導者であったあいだは，かれはつねに穏健な政策によってポリスを導き，万全の守りを固めた．そのためにかれの時代にアテナイは最大の勢力を蓄えることとなった．そしてついに戦争状態に入ってからも，ペリクレスは戦時におけるアテナイの力量を正確に見通していたように思われる．かれは開戦後，2年6カ月間生きていた．その死後，かれの戦争経過の見通しは一そう高く評価されるにいたった．かれは，もしアテナイ人が沈着に機をまち，海軍力の充実につとめ，かたわら戦時中は支配圏の拡大をつつしみポリスに危険を招かぬようつとめるならば，戦は勝利に終ると言っていた．しかるに，他の者たちは，すべてこの忠告に反することばかりをしてしまった．戦争遂行とは全く無関係と思われても，己れの名誉心や利得心を満足させうると見れば事をおこした．成功すれば個人的に名誉ないしは利得がえられるが，失敗すればポリスの戦力を破壊するにひとしい政

策を唱えては，アテナイ人自身ならびに同盟諸国の進路をはなはだしく阻害した．この違いの原因は，ペリクレスは世人の高い評価をうけ，すぐれた識見を備えた実力者であり，金銭的な潔白さは世の疑いをいれる余地がなかったので，何の恐れもなく一般民衆を統御し，民衆の意向に従うよりも己れの指針をもって民衆を導くことをつねとした．これはペリクレスが口先一つで権力を得ようとして人に媚びなかったためであり，世人がゆだねた権力の座にあっては，聴衆の意にさからっても己れの善しとするところを主張したためである．たとえば，市民がわきまえをわすれて傍若無人の気勢をあげているのを見ると，ペリクレスは一言放ってかれらがついに畏怖するまで叱りつけたし，逆にいわれもない不安におびえる群衆の士気を立て直し，ふたたび自信を持たせることができた．こうして，その名は民主主義と呼ばれたにせよ，実質は秀逸無二の一市民による支配がおこなわれていた．これに比べて，かれの後の者たちは，能力において互いに殆んど優劣の差がなかったので，皆己れこそ第一人者たらんとして民衆に媚び，政策の指導権を民衆の恣意にゆだねることとなった．このことが禍して，アテナイのごとく大きいポリスを営み，支配圏を持つ男ではとうぜん，数多い政治的な過失が繰返されることとなり，その最たるものがシケリア[1]遠征であった．この失敗は，かれらが敵について致命的な誤算を犯したために生じたものではなく，遠征軍にたいして本国の責任者たちが必要な応援をつづけなかったことが大きい原因をなしていた．かれらは民衆指導権をめぐる個人的な中傷に明け暮れて，遠征軍の攻撃力をいちじるしく鈍らせ，また国内の政治的秩序を覆す最初の契機をつくったからである．しかしながら，シケリア遠征が挫折し，アテナイは海軍力の大半をふくむ諸軍備を失い，内政は今や内乱状態に陥りながらも，なお3年間アテナイ人の抗戦力は衰えなかった．従来の敵にシケリア諸地の軍勢が加わり，さらにアテナイ側同盟の過半は離叛して敵側につき，ついにはペルシア王子キュロスがペロポネソス側に海軍建造の軍資金を与えるに至っても，結局は市民間の内紛が嵩じて内部崩壊を来たすまでは，降伏しなかった．これほどに有りあまる国力をペリクレスは開戦当初すでに知っていたからこそ，ペロポネソス同盟だけを相手の戦であればアテナイ側の勝利はまことに易々たるべきことを，予言してはばからなかったのである．

[Thoukydides II, 65]

1)「シチリア」のギリシア語読み．

32　政体論争

　アケメネス朝2代目の王カンビュセス2世死後の内乱を収拾したペルシアの7人の貴族が，以後どのような政体をもってペルシア帝国を統治していくべきかを議論するという場面が，ヘロドトスの『歴史』に語られている．民主政をよしとするオタネス，寡頭政の利を説くメガビュゾス，そして独裁制を主張するダレイオスの三者三様の議論は，ヘロドトスの生きた前5世紀中葉のアテナイでたたかわされていたであろう政体論議を彷彿とさせる興味深い史料であると言えよう．前6世紀のペルシアで現実にこのような政体論がたたかわされたか否かについては，疑問視する向きも多いが，単なるフィクションとは考えない史家もけっして少なくはない．

　オタネスは，国事をペルシア人全体の処理に委ねるべきであるとして次のように述べた．

　「われらの内の1人だけが独裁者となることは，好ましいことでもなく善いことでもないのであるから，そのようなことはもはやあってはならぬ，というのが私の意見である．諸子はカンビュセス王がいかに暴虐の限りをつくしたかを御承知であり，またマゴスの暴虐ぶりは身をもって知られたとおりだからだ．何らの責任を負うことなく思いのままに行うことのできる独裁制が，どうして秩序ある国制たりうるであろう．このような政体にあっては，この世で最もすぐれた人物ですら，いったん君主の地位に坐れば，かつての心情を忘れてしまう．現在の栄耀栄華によって驕慢の心が生ずるからで，さらには人間に生得の嫉妬心というものがある．この二つの弱点をもつことにより，独裁者はあらゆる悪徳を身に具えることになるのだ．彼にあまたの非道の行為があるのは，一つには栄耀に飽き驕慢の心を起すからであり，二つには嫉妬の念の仕業である．（中略）

　しかし最も重大であるのは私がこれから申すことで，それは独裁者というものは父祖伝来の風習を破壊し，女を犯し，裁きを経ずして人命を奪うことだ．それに対して大衆による統治は先ず第一に，万民同権（イソノミア）という世にも美わしい名目を具えており，第二には独裁者の行うようなことは一切行わぬということがある．職務の管掌は抽籤により，役人は責任をもって職務に当り，あらゆる国

策は公論によって決せられる．

　されば私としては，独裁制を断念して大衆の主権を確立すべしとの意見をここに提出する．万事は多数者にかかっているからだ．」

　オタネスがこのような意見を述べたのに対し，メガビュゾスは国事を少数者の統治（寡頭政治）に委ねるべきことを主張し，次のように述べた．

　「オタネスが独裁制を廃するといったのには私も全く同意見であるが，主権を民衆に委ねよというのは，最善の見解とは申せまい．何の用にも立たぬ大衆ほど愚劣でしかも横着なものはない．従って独裁者の悪虐を免れんとして，狂暴な民衆の暴戻の手に陥るというがごときは，断じて忍び得ることではない．一方は事を行う場合に，行う所以(ゆえん)を自ら知って行うのであるが，他方に至ってはその自覚すらないのだ．もともと何が正当であるかを教えられもせず，自ら悟る能力もない者が，そのような自覚をもち得るわけがないではないか．さながら奔流する河にも似て思慮もなくただがむしゃらにかかって国事を押し進めてゆくばかりだ．それ故に，ペルシアに害心を抱くものは民主政治をとるがよい．われらは最も優れた人材の一群を選抜し，これに主権を賦与しよう．もとよりわれら自身も，その数に入るはずであり，最もすぐれた政策が最もすぐれた人間によって行われることは当然の理なのだ．」

　メガビュゾスが右のような意見を述べると，三番目にダイレオスが自説を披瀝して次のようにいった．

　「私はメガビュゾスが大衆についていわれたことはもっともと思うが，寡頭政治についての発言は正しくないと思う．すなわちここに提起された三つの体制——民主制，寡頭制，独裁制がそれぞれの最善の姿にあると仮定した場合，私は最後のものが他の二者よりも遥かに優れていると断言する．最も優れたただ1人の人物による統治よりもすぐれた体制が出現するとは考えられぬからで，そのような人物ならば，その卓抜な識見を発揮して民衆を見事に治めるであろうし，また敵に対する謀略にしても，このような体制下で最もよくその秘密が保持されるであろう．しかし寡頭制にあっては，公益のために功績を挙げんと努める幾人もの人間の間に，ともすれば個人的な激しい敵対関係が生じ易い．各人はいずれも自分が首脳者となり，自分の意見を通そうとする結果，互いに激しくいがみ合うこととなり，そこから内紛が生じ，内紛は流血を呼び，流血

を経て独裁制に決着する．これによって見ても，独裁制が最善のものであることがよく判る．

　一方民主制の場合には，悪のはびこることが避け難い．さて公共のことに悪がはびこる際に，悪人たちの間に生ずるのは敵対関係ではなく，むしろ強固な友愛感で，それもそのはず，国家に悪事を働く者たちは結託してこれを行うからだ．このような事態が起り，結局は何者かが国民の先頭に立って悪人どもの死命を制することになる．その結果はこの男が国民の讃美の的となり，讃美された挙句は独裁者と仰がれることになるのだ．この事例から見ても，独裁制が最高の政体であることが明らかではないか．（以下略）　　　[Herod. III. 80-82.]

33　デロス同盟の変質

　　成立当初は，ペルシアの再来に備える軍事同盟であったデロス同盟は次第にその性格を変え，ついにはアテナイの海上支配の道具と化す．一般にデロス同盟の金庫がアテナイに移された前454年をもって，デロス同盟の，いわゆる帝国化の年とするが，無論この年に突然アテナイの政策が変化したわけではない．ツキュディデスの筆は，同盟加盟諸市が次第にアテナイの支配に服するに至った事情を冷徹に分析している．Bの史料はアテナイの完全民主政に批判的な筆者の手になる一書からの引用であるが，アテナイの同盟諸市に対する支配のあり方の一端を覗かせて興味深い．

　A　……これらの事件後，同盟から離脱したナクソス人に対してアテナイは兵をすすめ，遂に城攻めにして降伏させた．これはかつて同盟国であったものがその権限を奪われてアテナイの隷属国となった最初の例であるが，これと同じ運命は残余の同盟諸国をも次々に襲うこととなった．

　離叛にいたらしめた原因にはさまざまのものが数えられるが，とりわけ年賦金や軍船の滞納，またときには全面的な参戦拒否などが，主たる契機をなしていた．というのは，アテナイ人は同盟諸国が義務を遂行することを杓子定規に要求し，このような重荷を担ったこともなく，また担う意志もない者たちにたいしては苛酷な強制を課し，同盟諸国を苦しめたからである．またさあらずとも先頃とはちがって，アテナイ人は盟主として一般的にいちじるしく不評判となってきていた．かれらは同盟軍を率いて遠征するときにも特権を行使するようになったので，ますます容易に同盟離叛国に強圧を加えることができるよう

になった．しかし事態を此処にいたらしめた責任は同盟国自身の側に帰せられる．なぜならば，故国から離れることを嫌った多くの同盟諸国の市民らは，遠征軍に参加するのを躊躇し，賦課された軍船を供給する代りにこれに見合う年賦金の査定をうけて計上された費用を分担した．そのために，かれらが供給する資金を元にアテナイ人はますます海軍を増強したが，同盟諸国側は，いざアテナイから離叛しようとしても準備は不足し，戦闘訓練も行われたことのない状態に陥っていたからである．　　　　　　　　　[Thoukydides I, 98～99]

B　同盟諸ポリスについて言えば，アテナイ人は船でそこへ出向いて行って，彼らがそうすると思われている通りに告発をする．彼らは保守派の人々を嫌っている．支配者は必然的に支配される者の憎悪を招き，しかも富裕な保守派の人々は諸ポリスにおいて強力であるから，アテナイの支配が長続きしない，ということを彼らは知っているからである．こうした理由で彼らは，保守派の人々の市民権を剥奪し，その財産を没収し，国外追放にしたり処刑したりする一方で，劣悪な人々の勢力を増大させているのである．アテナイの保守層はと言えば，彼らは同盟者ポリスにおける保守派の人々を守る．諸ポリスにある保守派の人々を守ることは常に彼らにとって善きことであると知っているからである．ある者は言う．同盟諸ポリスが貢税を支払うことができてこそアテナイは強力であるのだ，と．しかし，民主派の人々には，アテナイ市民ひとりひとりが，同盟諸ポリスの富を所有し，同盟諸ポリスの人々は生きていかれるだけのものを得て，離叛を企てる余力もなく働くほうが，よりよいと思われている．
　　　　　　　　　[Pseudo Xenophon, Athenaion Politeia 1, 14～15]

34　海上支配とアテナイ人の生活

　ポリスの市民は本来，基本的に独立自営の農民であった．そしてポリスそのものもまた，自給自足を理想として本来さしたる国庫資金を持たない存在であった．しかし海上の覇者として君臨することによってアテナイの国庫には莫大な資金が貯えられ，アテナイ人の暮しぶりも大きく変化していった．アテナイ人は海上支配という多大な収益が見込める事業を見出したのである．これは下層市民にとっても，うまみのある事業であった．以下の史料が，その間の事情を語ってくれるであろう．

A この後国家がすでに自信を得、また沢山の金が集まったので、彼アリステイデスは人々に覇権に参与し田園を去って市内に住むように勧告した。すなわち出征するにせよ、守備するにせよ、公共の務に従うにせよ、要するにすべての者に生活の途が与えられ、かくして覇権が維持せられるであろうと説いたのであった。人々はこの勧めに従い、同盟の支配権を握った結果、キオス人とレスボス人とサモス人とを除いた同盟者たちに対し今までよりも専制的に振舞った。これら［キオス人以下］はいわば覇権の擁護者たらしめ、その［現在の］国制と支配の存続とを許した。アテナイ人はアリステイデスが提案した通りに多数の者に生計の途を容易にした。すなわち年賦金や租税や同盟者たちから2万人以上の人々が養われたのであったから。何となれば陪審者は6,000人、弓兵は1,600人あり、これに加えて騎士は1,200人、評議会は500人、船渠の守備兵500人、更にアクロポリスの守備兵50人があり、役人は国内のもの約700人に及び、国外に在るもの約700人があったからである。かてて加えて後に戦いを起こしたとき、重装歩兵は2,500、守備船は20、その他抽籤された2,000人を［乗せて］年賦金を運んで来る船があり、更にプリュタネイオンや孤児や囚人の看守があった。これらはことごとく国庫から支給を受けていたのであった。

[Aristoteles, Athenaion Politeia 24, 1〜3]

B 取るに足らないことから言うとすれば、まず第一にアテナイ人は海上支配のおかげで様々な人々と交わり、各種の贅沢を見出した。シチリア、イタリア、キプロス、エジプト、リュディア、ポントス、ペロポネソスあるいは他のどこであれ、その場所における快楽がどのようなものであろうとも、それらすべてのものは海上支配のおかげで1カ所に集められた。そのうえ、あらゆる種類の方言を聞いて、彼らはそれぞれから何程かを取り入れた。ギリシア人は土地土地の方言、暮しぶり、その土地風の衣装を用いる傾向にあるが、アテナイ人はすべてのギリシア人から何かを取り入れ、ギリシア人でない人々からも取り入れて混ぜあわせたものを用いている。アテナイの大衆は、貧しい者がそれぞれに、犠牲を捧げ、盛大な祭を行い、神殿を建て、美しく壮大なポリスを運営していくことは不可能であると知っている。にもかかわらず大衆はそれらのことをする方法を見出した。ポリスは公共の費用で多くの犠牲獣を犠牲に捧げ

る．しかし祭を楽しみ，犠牲獣の割当を受けるのは市民たちなのである．金持ちのうちのある者は，個人用の体育場，浴室，更衣室を持っている．しかしアテナイの市民たちは，彼ら自身が使用するための公共の体育場や更衣施設や公共浴場をたくさん建設した．上層市民よりも下層の人々のほうが，これらのものをより多く享受しているのである．

さらに，ギリシア人および非ギリシア人のうちで，アテナイ人だけが富を所有することができる．かりにあるポリスに船舶用木材が豊富にあるとしても，海の支配者の同意なしにそれをどこへ持ち込むことができるであろうか．またもしあるポリスが，鉄や銅や亜麻を豊富に産するとしても，海の支配者の同意なくしては一体どこへ売り込むことができようか．しかし，これらの品々はまさしく船には必須の品々である．あるところからは木材を，あるところからは鉄を，あるところからは銅を，あるところからは亜麻を，そしてまたあるところからは蜜蠟を，という風に集めねばならない．そのうえ，敵国への輸出は禁じてある．これを破れば海を利用させない．そして私は，労せずして様々な土地の産物であるこれらのすべてのものを海から手に入れることができる．しかも，他のポリスはこれらのもののうちのどれか二つでさえも手に入れることができない．同じポリスが船舶用木材と亜麻とを同時に手に入れることはないのである．亜麻が豊富にあるところは土地が平らで木材が得られない．銅と鉄でさえ，同じポリスには産出されない．単独のポリスが同時に二つないし三つのものを産出するということはなく，あるものはこちらで，そしてあるものはあちらで，という風になっているのである．

[Pseudo Xenophon, Athenaion Politeia 2, 7～12]

35　アテナイによる貨幣・度量衡統一令

以下の碑文は，デロス同盟構成国にアテナイの貨幣と度量衡の使用を強制したアテナイ民会決議である．刻文はアテナイの支配領域の各地から出土した断片から復元されたもので，判読不能の箇所も少なくなく，校訂者による異読も多い．ここでは Meiggs-Lewis のテキストに依り，〈　〉内に訳出した箇所は ATL に依った．最大の難問はこの決議の年代決定で，アテナイの帝国支配の進展具合を知るために重要である．しかし，学説は前440年代初めにおくものから前420年代終りにおくものと，多岐に分れて確定

しない．いずれにしても，貨幣鋳造権はポリスの独立を象徴するものであるから，貨幣鋳造禁止は同盟構成国の主権を弱め，アテナイの支配の強化を意味する．他方，アテナイの経済的利益という動機を余りに強調し過ぎてはならない．

(1) ……諸市の役人たちあるいは……の役人たち…… (2) ヘラス財務官たちは諸市の貨幣鋳造所を記録すべし．もし諸市の貨幣鋳造所が正しく記録されなければ，欲するものは直ちにテスモテタイの［主宰する］民衆法廷へ違犯者たちを告訴すべし．テスモテタイは5日以内に告発者のために被告発者それぞれを提訴すべし．(3) もし諸市の役人以外の者が，市民であれ外国人であれ，決議に基づいて行動しなければ，その者は市民権を喪失し，彼の財産は公けのものとなり，その10分の1は［アテナ］女神のものたるべし．(4) もしアテナイ人の役人[1]がいなければ，決議に［定められて］ある限りのことを各市の役人が遂行すべし．もし彼らが決議に基づいて行動しなければ，この役人たちに対して市民権喪失についてアテナイで告発があるべきこと．(5) ［アテナイの］貨幣鋳造所において，銀を受け取って半分以上を［アテナイ貨に］鋳造し，〈諸市が十分に鋳貨を有すように引渡すべし〉．鋳造所の監督たちは必ず1ムナにつき3ドラクマを［改鋳費用として］徴収すべし[2]．［銀の］残り半分は〈5〉カ月以内に交換さるべし．さもなければ彼らは……処罰さるべし．(6) 交換して手許に残った半分の銀を鋳造し，将軍たちあるいは〈収入役たちに直ちに〉引渡すべし．(7) 引渡されたならば，〈アテナ〉とヘファイストスとに対する〈負債について，決議の行われるべきこと〉．(8) 以上のことについて外国鋳貨を使用しあるいは貸すことを可とするよう提案したり投票に付したりしたら，その者は直ちに十一人役[3]のもとへ告発さるべし．十一人役は死刑をもって判決を下すべし．その者が異議申し立てを行うならば，十一人役は彼を陪審廷へ回付すべし．(9) 伝令使たちを〈民会は〉選び，決議〈に基づいて諸市へ派遣すべし〉，1人は島嶼地区へ，1人はイオニア地区へ，1人はヘレスポントス地区へ，1人はトラキア地区へ．将軍たちはこの者たちにそれぞれその［伝令の］コースを書き留めて派遣すべし．さもなければ，伝令使1人につき各将軍は1,000ドラクマの罰金を課さるべし．(10) 諸市の役人たちはこの決議を石碑に記録して各市のアゴラに建立すべし，［貨幣鋳造所の］監督たちが鋳造所の前に．もしこれらのことを彼らがやろうとしなければ，アテナイ人が遂行すべし．(11) 巡回する伝令

使は彼らにアテナイが求めていることを［なすよう］要求すべし．(12) 評議会の書記は評議会の誓に以下のことを書き加えるべし．もし何人か諸市において銀貨を鋳造し，アテナイ人の鋳貨あるいは重量あるいは容量を用いずに，外国の鋳貨と容量と重量とを用いるならば，私はクレアルコスの提案した以前の決議に基づいてその者に罰金を課し処罰するであろう．(13) 外国貨幣を持つ者は誰でも欲する時はいつでもそれを引渡してこの同じ条件で交換することを得べし．［アテナイ］市は彼に我国の貨幣を代りに与えるべし．各自が自分の貨幣をアテナイへ運び，貨幣鋳造所へ預けるべきこと．(14) ［貨幣鋳造所の］監督たちは個人から引渡された貨幣をことごとく記録し，欲するものが見ることのできるよう，石碑を貨幣鋳造所の前に建つべし．彼らは外国貨幣の総額も記録すべし，銀貨と金貨とを別々に，我国の銀貨の総額を……（以下欠）

[Meiggs-Lewis 45]

1) アテナイ人の役人とはデロス同盟諸市に派遣されている者で，アテナイの帝国化を示す．2) 1ムナにつき3ドラクマは改鋳手数料が3％であることを示し，アテナイは手数料で利益を得てはいないようだ．3) 十一人役は監獄の監督役で，抽籤で選ばれたが，詳しくはアリストテレス『アテナイ人の国制』52章1節．

36　歴史家ツキュディデス

　ツキュディデスはおそらく前460年頃生まれ，ペロポネソス戦争が終結した直後に死んだと見られるアテナイの歴史家である．彼の残したペロポネソス戦争についての記述，『歴史』全8巻は残念ながら未完に終っているものの，厳密な史料批判，事実に即した合理的な解釈などの故に第一級の史料として高く評価されている．しかし，正確さを優先する態度の故に，例えば1年を夏と冬とに分けた年代記風の記述が，記録としての正確さという点では勝るとしても，ヘロドトスにならば見られる物語としての面白さを損なっていることは否めまい．ペルシア戦争史を残した同時代の歴史家ヘロドトスと比較するとツキュディデスの叙述の仕方は著しく「近代的」と言うべきであろう．

　アテナイ人ツキュディデスは，ペロポネソス人とアテナイ人がたがいに争った戦の様相をつづった．筆者は開戦劈頭いらい，この戦乱が史上特筆に値する大事件に展開することを予測して，ただちに記述をはじめた．当初，両陣営ともに戦備万端満潮に達して戦闘状態に突入したこと，また残余のギリシア世界もあるいはただちに，あるいは参戦の時機をうかがいながら，敵味方の陣営に分れていくのを見たこと，この二つが筆者の予測をつよめたのである．じじつ，

この争はギリシア世界にはかつてなき大動乱と化し，そして広範囲にわたる異民族諸国，極言すればほとんど全ての人間社会をその渦中に陥れることにさえなった．

（中略）

他方，政見についての記録はやや事情がことなっている．戦闘状態にすでにある人やまさにその状態に陥ろうとする人が，各々の立場をふまえておこなった発言について，筆者自身がその場で聞いた演説でさえ，その一字一句を正確に思出すことは不可能であったし，また他処でなされた演説の内容を私につたえた人々にも正確な記憶を期待することはできなかった．したがって政見の記録は，事実表明された政見の全体としての主旨を，できうるかぎり忠実に，筆者の眼でたどりながら，各々の発言者がその場で直面した事態について，もっとも適切と判断して述べたにちがいない，と思われる論旨をもってその政見を綴った．しかし，戦争をつうじて実際になされた事績については，たんなる行きすがりの目撃者から情報を得てこれを無批判に記述することをかたくつつしんだ．またこれに主観的な類推をまじえることも控えた．私自身が目撃者であった場合にも，また人からの情報に依った場合にも，個々の事件についての検証は，できうる限りの正確さを期して行った．しかしこの操作をきわめることは多大の苦心をともなった．事件の起るたびにその場にいあわせた者たちは，一つの事件についても，敵味方の感情に支配され，ことの半面しか記憶にとどめないことがおおく，そのためにかれらの供述はつねに食いちがいを生じたからである．また，私の記録からは伝説的な要素が除かれているために，これを読んで面白いと思う人はすくないかもしれない．しかしながら，やがて今後展開する歴史も，人間性のみちびくところふたたびかつての如き，つまりそれと相似た過程をたどるのではないか，と思う人々がふりかえって過去の真相を見凝めようとするとき，私の歴史に価値をみとめてくれればそれで充分であろう．この記述は，今日の読者に媚びて賞を得るためではなく，世々の遺産たるべく綴られた．

（中略）

これらの事件についても，同一の著者，アテナイ人ツキュディデスは，夏・冬の順序にしたがって個々の出来ごとの経過を追い，ついにラケダイモンとそ

の同盟諸国がアテナイ支配圏を潰滅に至らしめ，アテナイの長壁とその港湾ペイライエウスを占拠するまでの経緯を記録したのである．ここに終る大戦の経過年月は通算27年の長きに及んだ．その間には平和条約の介在した期間もあるが，この期間が戦争の名には値しないと考えるものがあれば，それは正当な根拠を欠いている．なぜなら，その期間がはたしてその前後の時期と異っていたかどうか，事実をよく観察してみるがよい．これを平和期間とはとうてい見做しえないことにすぐ気付くであろう．なぜなら，平和条約で定められた領土物件が両国間で全部滞りなく授受されたわけでもなく，またその他にも，マンティネアの会戦[1]，エピダウロス戦争[2]をはじめ，両陣営は互いに幾多の条約侵害行為をおかしてきたし，さらにトラキア地方の同盟諸国は依然として敵対関係を持続し，ボイオティアにいたっては期間10日をもって更新するという休戦協定を結んでいたからである．このような訳であるから，第1期の十年戦争，それに続く猜疑にみちた休戦期間，さらにその後に生じた第2期の戦争を通じての，全体の期間を夏冬の順序で通算すれば，前記のごとく27年の年数をわずか数日上廻ることがわかり，神託予言の類に何らかの信をおく人々も，すくなくともこの事実だけは，予言に正確に合致していることに気付くであろう．じじつ私自身，戦が3・9，27カ年の日月を要するであろうと，開戦以来終る時までつねづね一般に言広められていたのを記憶している．私はこの全期間を通じて，成年に達していたので分別もあり，また，正確に事実を知ることに心を用いつつ，体験を重ねてきた．しかも，アムピポリス方面の作戦指揮後，20年の生涯を亡命生活に過ごすこととなり，その間に両陣営の動きを観察し，とりわけ，亡命者たることが幸いしてペロポネソス側の実状にも接して，経過の一々を一そう冷静に知る機会にめぐまれた．そこで次に，十年戦争後引き続き生じた紛争と平和条約の破棄，そしてその後の戦争の経過を記述することにしたい．

[Thoukydides I, 1; 22; V, 26]

1) 前418年．スパルタ対アルゴス，エリス，マンティネアの戦い．Cf. Thuc. V. 64-75.2) 前419年．アルゴス対エピダウロスの戦い．Cf. Thuc. V. 53 ff.

37 ペロポネソス戦争におけるアテナイ側の戦略

　ペリクレスが疫病で没する2年ほど前，前431年にペロポネソス戦争は始まった．開戦にあたってペリクレスが用意した戦略は，一言で言えば，籠城策であった．ギリシア世界随一の陸軍を擁するスパルタ側との陸上での対決を避け，海上での優位を利用してペロポネソス半島各地を荒らす．少なくとも，前425年のアテナイによるピュロス攻略事件あたりまでは，つまりペリクレスの死後もしばらくの間は，この戦略は有効であった．ところで，ギリシア世界における戦争と言えば，まず重装歩兵の密集隊による戦闘を思い浮かべるのが普通であろう．ペリクレスの戦略はポリスの政治秩序とも密接に結び合ったこの伝統的な戦闘様式を脇に置くものであったことに注目したい．

　「つぎに戦争と彼我の資源については，次の具体的な説明から，われらは敵に勝るとも劣らぬ備をもつことを理解して貰いたい．まずペロポネソス側をみれば，かれらは自作農である．かれらは個人も国も，財貨のたくわえをもたぬ．さらに，国境を接する隣国との紛争の経験はあるが，資金をもたぬため，長期戦や海外戦をおこなったためしがない．ゆえにかれらは軍船に乗組員をそろえることも，陸路ひんぱんに遠征軍を国外に派遣することもできない．これをなそうとすれば，己が畑仕事をなおざりにし，己がなけなしの蓄えを費さねばならず，あまつさえ海を渡る便宜をさえ欠いているからだ．戦の入目は，年々強制的に取立てられる税収入によってではなく，余剰の蓄積によって充当されるもの．自作農らは愚かにも，資金よりも兵隊の頭数を頼りに戦おうとする．五体は戦の危険からも生残る可能性が充分あるが，資金は戦が終るより先に無くなる恐れが多々ある，という理屈だ．とくに，今回の戦は多分そうなるだろうが，予期に反して長期戦になると，ますますその恐れは大きい．ちなみに，ペロポネソス勢と同盟諸兵はただ1回限りの戦闘であれば，全ギリシア人を敵に廻しても優にこれと対抗し得る．しかしかれらと全く別種の装備を有する敵に対してはただ無能というほかはない．なぜならかれらの現在の組織が存続する限り，臨機応変かつ俊敏に事をはこぶに必要な，統合的な作戦の場をもたず，加盟各国は同等の票決権をもち，しかも単一種族からなる編成ではないので，各国己が利益を争う．その結果，何ごとも実をむすばないということに終りがちだ．じじつ一例をあげれば，ある国家群はあるものを救援したいと願っても，他の一群はできるだけ自分たちの負担を軽減したいと望む．そしてようやくの

ことで諸国代表が一堂に会すると，各自己々の利益を追うことに汲々たる有様で，全体にかかわる問題は名目上の扱いをうけるに過ぎない．しかもいずれの代表も，己れの無責任ゆえに全体が害を蒙ることには思をいたさず，むしろ逆に他人といえども己れの利益を先ずおもんぱかるべきであると考え，挙句のはては，いずれもみな自己中心の観点を固執するあまり，同盟全体としては弱体化の一路をたどることにも気付かぬ．

「かれらにとって最大の障害は，軍資金の不足，かれらが遅々としてその調達に手間どっている限り，手も足も出せぬ．しかし戦機は熟せば人を待たぬ．さらにかれらが攻撃の根城をこの地に築く，海軍を揃える，といきまいても恐れるには足りぬ．なぜなら，平時においてすら，相手のポリスに対して攻撃目的の城砦を築くことの難さはたいていではない，いわんや敵地においてをやと言いたい．よしそのようなものを築いても，これに優に対抗しうる城壁がわれらのポリスを守っている．またもし侵入軍が屯所を立てることがあっても，かれらは襲撃をおこなったり脱走を幇助することによって多少の害を耕地に加えるかもしれないが，しかしただそれだけによっては，われらが敵地に船を乗りつけ，攻撃の拠点を築き，わが優勢を誇る軍船によってその拠点を維持しつづけても，われらを阻止することはできない．なぜならば，かれらが陸地から海軍相手の戦をおこなった経験にくらべて，われらが海軍を陸戦に転用する技術的経験ははるかにひろい．またかれらにとって海事に通暁することは容易にかなうわざではない．諸君といえども，ペルシア戦いらい操練に怠りなく努めながら，なおその蘊奥をきわめるにはいたっていない．しかるにかれらは海に親しみのない百姓ども，しかもわれらの艦隊が舳先をつらねて敵の港を閉し，かれらに操練のいとまを与えなければ，どれほどの行動の実をかれらがあげえようか．封鎖をおこなう船隊が少数であれば，かれらは何も知らずにただ数を頼みに，海戦の危険をおかそうとするかも知れぬ．だが多数の軍船に行手を阻まれると，かれらは動くまい．そして操練不足のためますます熟達の機をそがれ，しかるがゆえにまた一そう怯懦となるにちがいない．海軍は技術に依存するという点では他の諸事以上でさえある．そしてこれは無計画にいわば余技として熟練の域に達することをゆるさない，いなこの技術を磨くものは，あらゆる余技を排することすら必要となる．（中略）

「ペロポネソス勢の戦闘条件は以上のべた状態ないしはこれに近いものと私は判断する．これにたいしてわれらの場合は，私が敵方の欠点として指摘した事柄を完全に克服している．のみならずその他にも敵の追従をゆるさぬ有利な条件にめぐまれている．たとえば敵が陸上部隊を率いてわが国を侵略し，われらが軍船を敵地に乗りつけるということになれば，ペロポネソス側は，一部の耕地を失うことによって，われらがアッティカ全土を破壊される以上の損害を蒙ることになる．なぜならば，その代地を得ようとすればかれらはあらたな戦をおこなわねばならぬ．しかしわれらは島嶼や大陸沿岸にある広大な農耕地に頼ることができる．海洋制覇は大きな力の源だ．諸君，考えてみるがよい．われらが島嶼民となった場合，われらほどに捕捉しがたい勢力を擁した例がかつて存在しただろうか．われらの今回の戦略的な狙いは正しくここにあると考えて貰いたい．耕地や家屋敷は敵にくれてやればよい．ただ海の守りと城壁の守りを固くする．家や畑のために怒り狂って，わが軍よりもはるかに多勢のペロポネソス軍にむかって合戦を挑むことがあってはならぬ（なぜなら，勝ってもまたこれにまさる新手の敵と戦うことになる．若し敗れれば，敗北はわれらの勢力源たる同盟国に及び，われらの態勢に破綻をきたす．諸国に懲罰軍を送ることができぬとわかれば，かれらは乱を起すからだ），家や土地の損失をなげかず，人命の損失を惜しまねばならぬ．家や畑から人命は作れぬが，人さえいればものは手に入る．（以下略）　　　　　　　[Thoukydides I, 141～143]

38　シチリア遠征の狙い

　以下に引くのは，ヘルメス像破損事件およびエレウシスの密儀冒瀆事件に連座してアテナイを追われたアルキビアデスが，逃亡先のスパルタで，シチリア遠征の発案者としてこの遠征の目的を説明した部分である．シチリア遠征は無謀な試みであったと見なされることも多い．しかし前424年にスパルタの将軍ブラシダスが，アテナイの食料供給源たる黒海沿岸地方への陸路による攻撃が可能であることを示した以上，アテナイ側も安閑とペリクレスの籠城策のみに頼ってはいられぬ状況にあったことも考慮に入れるならば，必ずしも無謀とばかりは言えないであろう．

　……われらアテナイ勢のシケリア遠征の目的は，先ず出来うればシケリアのギリシア諸邦を攻め降し，それに続いてさらにイタリアの諸邦を征服，最後に

はカルケドン人とかれらの支配圏に挑戦することであった．そしてこれらの諸地が全部か，あるいはその大部分がわが手に陥れば，しかるのちペロポネソスを攻撃しようと計画していた．つまり，新たに征服した地方からの全ギリシア人兵力を味方に従えてこちらに運び，またイベリア人を始めとして，現在かの地方の異民族中，世に最も好戦的と見做されている諸民族をも，傭兵として従える．イタリアにふんだんにある木材を用いて，多数の三重櫓船を建造してわれらの現有船隊に加え，この大船隊によってペロポネソス全周域を海上から包囲するかたわら，陸上部隊を用いて諸都市を陸沿いに襲撃して，あるいは合戦をしかけて奪い，あるいはその領内に砦を築いて降伏させる．かくすればペロポネソスをも易々と戦い破れよう，そしてその暁には，やがて全ギリシアに号令する支配圏をも築こうと，夢にえがいていた．そのため必要な軍資金も糧食も，新たに征服した西方の国々がその土地からふんだんに需要をみたし，本国からの輸送を必要としないであろうとの目算であったので，以上の大計画の一々はいやが上にも容易に実現されうると思われた．　[Thoukydides VI, 90]

39　ヘルメス像破損事件

　アテナイの街角，あるいは富裕な家の入口などにはしばしば，ゼウスの使者として知られ旅人の神でもあるヘルメスの石像が置かれていた．前415年，アテナイが国運を賭けて大々的な準備を整えたシチリア遠征艦隊の出航前夜に，このヘルメス像が一夜にして多数損傷を受けるという奇妙な事件が起った．この事件の犯人，その目的などについては不明とされている．アルキビアデス訴追に至った事件の展開そのものは，太陽を真っ赤に燃えた石と喝破した自然哲学者アナクサゴラスに対する，前450年頃の瀆神罪容疑からソクラテスの処刑に至るまでの一連の事件のなかに位置付けることができる．一部の知識人の間では無神論さえも語られていたギリシア世界の別の一面を垣間見させる事件と言えよう．

　だがそのとき，アテナイ市内にあった石柱像が（ヘルメー）（これは四角柱に細工を施した像であって，土地の習慣によって市民の家の入口や，聖域に，数多く建立されていた），そのほとんどのものが一夜のうちにことごとく，顔面部を打ち壊されるという事件が起きた．その犯人一味については誰も知る者がなかったが，国家より多額の賞金が犯人の首にかけられて捜査がつづけられた．さらに，これに限らずその他にも何らかの不敬瀆神の行為がなされた事実を知っている者

は，市民，他国人，奴隷のべつを問わず，これをすすんで密告した場合には罰をうけない，という旨の附加的な議決がなされた．市民らはこの事件に対して，常ならぬ深刻な気持を抱いた．というのは，これは遠征軍の前途に不吉な兆であると思われたのみか，政変，つまり民主政治の倒壊を狙う陰謀がその裏にあった，と取り沙汰されたからである．

結局，一部の居留民と，側近の従僕らの間から情報が洩れた．とはいえ石柱像(ヘルメー)の一件については依然として不明であったが，これより先に他の神像などが，酒に酔った若者らの悪戯によって破損を蒙ったこと，あわせてかれらが個人の邸内で，不敬にも密儀の祭礼を真似てふざけていることが明らかにされ，そしてこれらの責任の一端はアルキビアデスにも帰されると，言われたのである．アルキビアデスにはかねてより政敵が多く，とくに民衆派の領袖たらんとしていた者らは，かれの為に自分たちの地位が脅かされていると思って憎悪の念を強くしていたので，このときとばかりに密告者の情報を真にうけ，アルキビアデスさえ追い落すことができれば自分らが最有力者たりうると信じ込み，情報を誇張したのみか，密儀の件も石柱像破損もみな，民主政治倒壊を狙う一派の仕業に違いないと騒ぎたてた．そしてこれら一連の行為にはみなアルキビアデスの手が加わっている，その証拠にはといって，かれの日常の生活諸面における，非民主的な乱行一般をことさらに披瀝したのである．

[Thoukydides VI, 27～28]

40 ソクラテス裁判

前399年春，アテネ市民ソクラテスは，大まかな言い方をすれば，瀆神の罪を問われて死刑となった．この事件は，近代世界に見られるような専門の司法官を置かず，数百名以上の陪審員による単純多数決によって，罪の有無，量刑を決めるアテネの裁判のあり方，ひいては，直接民主政という形態を取って，社会の公的な部分全般にわたって，市民権保持者の直接の判断を問うポリス民主政の是非をめぐる議論の格好の素材として，さまざまに論じられている．ペロポネソス戦争の敗北，30人僭主の過酷な施政とこれに反発して起った内乱そして大赦令による和解という歴史的背景の中にこの事件を置いて，この時陪審員の心に去来したと見られるさまざまな想いを探ることなども試みられている．今はただ，評決結果は微妙な数字の均衡を示しており，単なる愚かな大衆の感情に任せた愚行といった認識が適切でないことだけを指摘しておく．

さあ，それでは，最初から出直すことにしようではないか．わたしに対する中傷が，それによって結実し，メレトスも，まさにそれを信ずることによって，この公訴を提起したところの，そのもとの訴えとは，どういうものなのか．そうだ．中傷者たちは，いったいどういうことを言って，中傷をしていたのかが問われなければならない．だから，彼らをちょうど訴人のように見立てて，彼らの宣誓口述書を読み上げてみなければならない．曰く，ソクラテスは犯罪者である，彼は天上地下のことを探求し，弱論を強弁するなど，いらざる振舞いをなし，かつこの同じことを，他人にも教えているというようなのが，まあ，それでしょう．つまりこれは，諸君がまた直接に，アリストパネス喜劇の舞台で，見られたことなのです．(中略)

かくて，わたしの最初の訴人が訴えたことがらについては，以上で，諸君に対する弁明は，一応充分だということにしたい．しかしながら，メレトスという，善良な自称愛国者をはじめとする，後期の訴人に対する弁明が，これから試みられなければなりません．すなわち，もう一度，それでは，これらを別種の訴人と見なして，その宣誓口述書となるものを，別に取上げてみましょう．それは大体こんなふうなものなのです．ソクラテスは犯罪人である．青年に対して有害な破滅的影響を与え，国家の認める神々を認めずに，別の新しい鬼神の類いを祭るがゆえにという，こういうのが，その訴えなのですが，この訴えの各項を，一つずつしらべてみることにしよう．

さて，アテナイ人諸君，わたしを諸君が有罪と票決した，この結果に対して憤慨しないというのは，これには他にもいろいろ，わたしなりの理由はあるが，何よりも，この結果は，わたしには意外ではなかったのだ．それよりはむしろ，双方の投票の結果出てきた数に，大いに驚いているのだ．というのは，わたしはそれが，こんなわずかの差ではなくて，もっと大きな差になるものと思っていたからだ．ところが，今の模様では，ただの30票だけでも，反対の側へ行けば，わたしは無罪になっていただろう．　[Plato Apologia 19b-c, 24b-c, 36a]

41　公共奉仕（レイトゥールギア）

古典期のアテナイでは，富裕な市民および在留外人（メトイコイ）に公共奉仕（レイ

トゥールギア）の義務が課せられた．また，主として戦争の場合など緊急の用に役立てるために臨時財産税が課せられることもあった．公共奉仕のうちでも，特に重いとされる三段櫂船奉仕は，主として軍船である三段櫂船の艤装を行うなど，要するに軍船として使用可能な状態に保ちかつその費用を負担する．合唱隊奉仕は，ディオニュシア祭等での劇の上演に責任を持ち，その費用一切を負担する．その他，以下の史料に見られるとおり，さまざまな公共奉仕があった．公共奉仕を課せられた市民は，自分の他に公共奉仕をなすべき人物がいると考えたならば，その人物と交代することができた．指名された人は，そのまま公共奉仕を果すか，自分を指名した人物と財産を交換するか，あるいはまた法廷に訴えるかすることができた．いずれにしても公共奉仕の義務は富裕者にとっては大きな負担であった．

A　私はテオポンポスがアルコンの年[1]に成人の審査(ドキマシア)を受けた．そして悲劇のための合唱隊奉仕者(コレーゴス)に選ばれ，30 ムナを支出した．2 カ月後にはタルゲーリア祭で 2,000 ドラクマを支出し，男性合唱に勝利を得た．グラウキッポスがアルコンの年[2]には，パンアテナイア祭の大祭でのピュリック・ダンスの踊り手に 800 ドラクマを支払った．そのうえ同じアルコンの年に，ディオニュソスの祭でも男性合唱で勝利を得た．その際には，三脚の壺の奉納をも含めて，5,000 ドラクマを支出した．ディオクレスがアルコンの年[3]には大祭でないパンアテナイア祭で叙事詩の合唱に 300 ドラクマを支払った．その間 7 年にわたって私は三段櫂船奉仕(トリエラールキア)を務め，7 タラントンを支払った．私は以上の支出をしたうえ，祖国を離れてあなたがたのために日々危険に身をさらしもした．しかしながら，一度は 30 ムナの，そしてもう一度は 40,000 ドラクマの臨時財産税(エイスフォラ)を払いもした．アレクシアスがアルコンの年[4]に帰国するとすぐに，私はプロメテウスの祭のための競技奉仕(ギュムナシアルキア)を務め，12 ムナを支出して，勝利を得た．その後，私は少年合唱隊のための合唱隊奉仕者に任命され，15 ムナ以上の支出をした．エウクレイデスがアルコンの年[5]には，喜劇のコンテストでケフィソドロスの喜劇のために合唱隊奉仕者を務め，衣装の奉納をも含めて 16 ムナを支出し，大祭でないパンアテナイア祭では，ピュリック・ダンスの髭のない踊り手のための合唱隊奉仕者を務め，7 ムナを支出した．私はまた，15 ムナを支出して，スニオン岬沖での三段櫂船レースに勝った．さらに，聖地への使者(アレオリア)の役とかアテナ女神の衣などを運ぶ少女達のための奉仕とか他のこれに類した役を務めて，30 ムナ以上の支出をした．もし仮に私が，法に書かれている通りに公共奉仕を務めることを望んでいたならば，これまで数え上げてきた金額の 4 分の 1

の支出ですんだことであろう。　　　　　　　　　　　[Lysias XXI, 1〜5]

1) 前411/10年. 2) 前410/9年. 3) 前409/8年. 4) 前405/4年. 5) 前403/2年.

B　「それでは，そこまで解っていながら，あなたには財産が欠けてはいないと考え，私のほうを，貧困の故に哀れむというのですか．」とクリトブロスが聞いた．彼［ソクラテス］は答えた．「なぜなら，私の財産は私が必要とするものを供給するのに充分であるのに対して，あなたが，それに漬かってしまっている暮しぶりや，あなたの名声のためには，たとえ今あなたが持っているものの3倍あったとしても，私には充分とは思われないからだ．」

「一体どうしてそんなことを言うのですか．」とクリトブロスが聞くと，ソクラテスは次のように説明した．「なぜなら，まず第1に，私の考えでは，あなたは神々に度重なる，それも盛大な犠牲を捧げなくてはならないだろう．思うに，そうしないと，神々も人間どももあなたを許しはしないだろうから．さらに，多くの異国の人を迎えて盛大にもてなすことも，もちろん，あなたの務めである．また，市民を食事に招き，彼らに善行を施さなければならない．そうしなければ，あなたは支持者を失うだろう．そのうえ，国家もまた，あなたに多大な負担を課していることを私は知っている．馬の飼養〔ヒツポトロフイア〕，合唱隊奉仕〔コレーギア〕，競技奉仕〔ギユムナシアルキア〕，それに，保証人を務めること〔プロスタテース〕などである．また，もし戦争にでもなれば，あなたが負担するのは容易ではない三段橈船奉仕〔トリエラールキア〕や臨時財産税〔エイスフオラ〕もまた，あなたに課せられることもわかっている．これらのうちどれかでも充分に果さなかったと判断されたならば，あなたはアテナイの人々によって，彼らのものを盗んだ人を捕まえた時と同じやり方で罰せられることになるだろう．以上の事に加えて，あなたは自分が裕福だと思い，財産を増やすことには無関心で，自分ほど裕福ならば許されると思って，子供じみた行為に心を向けている．その故に私は，あなたが何か取り返しのつかない，ひどいめに遭いはせぬか，苦しい立場に陥りはせぬかと，あなたのことを心配しているのだよ」と．

[Xenophon, Oekonomikos 2, 4〜7]

42　理想的市民像

　以下に引く史料は，前4世紀の前半に書かれたと見られる，アテナイの人クセノフォンの手になる農業経営論の一部である．ソクラテスの対話者イスコマコスは，恐らくクセノフォンの抱く理想の市民像であると考えられる．穏健な考えの持主であったと考えられるクセノフォンの理想を知ることは，当時のギリシア人の考え方を知るための良い手掛かりとなるであろう．

　私［ソクラテス］は言った．「イスコマコスよ，そこまでは私はあなたに従う．つまり君が言うには，労働と良き配慮と鍛錬とが人により善きものを得させるというわけだ．しかし，もうすこし詳しく聞かせてくれたまえ．君はどのような労働によって健康と強さを保持しようとしているのか．どのようにして軍事の訓練をするのか．友人を助けポリスを強くするための余剰の富を生みだすには，どのような配慮をしたらよいのか．」

　イスコマコスが答えた．「ソクラテスさん，私は人を訪ねる場合には，その人がまだ家にいるはずの時刻に起きます．中心市に用事がある場合には，散歩もついでにしてしまいます．中心市になすべきことがない時には，奴隷に馬を畑に引き出しておかせます．そして私は歩いて，畑へ行くのです．ソクラテスさん，これは多分，町で柱廊を歩くよりは有益でしょうよ．畑に着いたら，もし人々がその時私のために何かを植えているとすれば，あるいは土を耕したり，種をまいたり，取り入れをしたりしているとすれば，私はそれぞれのことがどのように行われているか監督し，現状より良いことを何か知っている場合には改善を計ります．その後で，たいてい私は乗馬の練習をするのです．それも出来る限り実戦で必要となる状況に近いかたちで練習をします．つまり斜面も急な坂も溝もちょっとした小川も避けはしないで．しかしその際には馬の足を痛めぬよう出来るかぎりの注意を払います．これが終ると奴隷が，馬にころがりまわる動作をさせてから家へ連れて行きます．町で必要なものがあれば，その時いっしょに運びます．私の方は，走ったり歩いたりして家へ帰り，汗を流します．それから，ソクラテスさん，私は1日を過ごすのに多すぎもせず，少なすぎることもない程度の朝食を取るのです．」

〔Xenophon, Oikonomikos 11, 13～18〕

43 ボイオティアの状況

　前古典期のボイオティアは，テーベが有力なポリスとして政治的主導権を握っていたが，宗教的な絆によって緩やかにまとまるにとどまっていた．しかし，前447/6年にアテナイの支配から解放されると，ボイオティアの諸市は名実ともに連邦を形成し，テーベが盟主としての地位をしだいに確保し，事実上の首都として行動し，軍事指揮権も行使した．連邦は前386年にスパルタによって解体されるまで存続し，連邦のモデルケースとして重要な役割を果たした．史料52の解説も参照のこと．

　その時[1]，ボイオティアの状況は次のようであった．当時，各ポリスには4つの評議会が制定されてあった．そこにはすべての市民が参加できたのではなく，一定の財産を持つ人々が参加できた[2]．これらの評議会のそれぞれが順番に予め集まり，政策について先議し，残りの3評議会に差し回し，全評議会において承認されたことが効力を有した．このように彼らは内政を運営し，ボイオティアの政治は次のように処理された[3]．その地域に住むすべての人々は11の区に分けられ，そのそれぞれが次のようにして1人のボイオタルコスを出す．テーベ人は4人を，市のために2人を，プラタイア人，スコロス人，エリュウライ人，スカファイ人，そして以前はそれらポリスと同盟していたが，テーベに従属しているほかの土地の人のために2人を．2人のボイオタルコスをオルコメノス人とヒュシアイ人は出し，テスピアイ人はエウトレシス人とティスベと一緒に2人を出し，1人をタナグラ人は，そしてまたもう1人をハリアルトス人，レバデイア人そしてコロネイア人が，その1人を各ポリスが順番に送った，同じやり方で，（最後の1人が）アクライフィニオン，コパイそしてカイロネイアから来た．このようにして各区が役人を出した．そしてまたボイオタルコスごとに60人の評議委員を提供し，区は評議委員に日々の費用を支払った．軍隊は各部分に重装歩兵ほぼ1,000人，騎兵100人を（提供するように）義務づけた．簡明に述べると，役人の数に基づいて，共同体は税（エイスフォラ）を払い，陪審員を送り，すべての負担と利益を平等に分担した．以上が全体としての民族（エトノス）の政治編成であった．ボイオティア人の評議会（シュネドリア）と民会（コイナ）はカドメイアに集まった．

[Hellenica Oxylinchia 11, 2-4]

1) その時がいつの時点かはっきりしないが，前386年の大王の和約によって，このパピルスによ

って記述されたボイオティアの制度は解体されたので，これより前．2) 明らかに制度が寡頭政的性格を有していたことを示す．3) はっきりしないが，ボイオティア連盟も構成ポリスと同様に4評議会で構成されたと考えられる．

44　スパルタ社会の変質

　スパルタの政治的安定は，スパルタ国内経済を貨幣経済の影響から遮断し，土地所有の移動・集中を防ぎ，それによってスパルタ市民数の減少を防ぎ，一定数の重装歩兵を確保することにあった．しかし，市民数の減少がペロポネソス戦争中にその徴しを現わし，その後スパルタのギリシア支配の期間に顕著となった．史料Aはスパルタの国外支配体制そのものがリュクルゴス体制を崩していく原因であったことを示している．スパルタ人総督(ハルモスタイ)がその地位を個人的致富に利用し，従属諸ポリスを収奪しているのである．これはやがてスパルタ国内のホモイオイ体制を崩していく．スパルタは土地の売買を禁止，あるいは社会的に抑制していたが，これも崩れ土地の集中が進行する．史料BとCはそれについてのものである．史料BとCが同一の事態に言及したものかどうか議論があり，エピタデウスの法の信憑性を否定する議論もある．しかし，BとCは同一の事態に言及したもので，ペロポネソス戦争後に，さまざまの擬制的方法で進行していた土地の移動を追認・加速したものと考えたい．

A　今日までもリュクルゴスの諸法[1])が変更されぬままであると思うかと，もし何人か私に尋ねたならば，大胆にもそうだと答えることは明らかにないであろう．以前はラケダイモンは［従属］諸ポリスで総督として治め，おもねられて収賄することよりもむしろ国内で適度の財を持ち一緒に暮らすことを選んだということを私は知っている．かつては彼らは金を持つことを知られるのを恐れていたことも知っている．今ではそれを獲得したことを自慢する者がある．かつてはこの故に外国人排除(クセネラシア)[2])を行っていたのであり，外国へ赴くことも禁止されていたが，その目的は市民が外国人と接触して怠惰に満たされることがないようにだということも承知している．しかし今や，指導者と考えられる人々は生涯外国で総督として治めることを切望していることを私は知っている．かつては彼らは指導者であるにふさわしいよう心を配った時もある．今や彼らは支配にふさわしくあろうとするより支配を行うために努力している．それ故，以前はギリシア人はラケダイモン人のもとに赴き，不正を働いていると思われる者たちに対して自分たちを率いていくように乞うた．今は多くの者が彼らが再び支配するのを妨げることを互いに言いかわしている．だが，これらの非難

が彼らに浴びせられていることに驚くには及ばない，なぜなら明らかに彼らはその神にもリュクルゴスの法にも従っていないのであるから．

[Xenophon, Lakedaimonion Politeia 14]

1) リュクルゴスの諸法とは改革者リュクルゴスによって制定されたとされる古典期に行われていたスパルタの法・制度を指す．史料14・15を参照．2) 外国人排除はスパルタの社会体制を維持する伝統的な鎖国主義的政策一般を指すとともに，具体的に個人あるいは特定のポリス市民全体を排除することもある．ペロポネソス戦争前夜，アテナイとその同盟国の市民に適用されていた．

B ひとは財産の不平等に関しても彼らを非難するだろう．というのは，彼らのある者は余りに多くを所有するが，あるものはほんの僅かしか所有しないという事態になっているからだ．このため，土地は少数者の手にある．このことに関しても法律によって拙く規定されている．というのは，そうするのが正しいが，［立法家は］現存の土地を売買することは不名誉なこととした，しかし贈与したり遺贈したりする自由を欲する者に与えた．同じ結果が売買によっても贈与・遺贈によっても必然的に生じるにもかかわらず．そこで，土地全体のほぼ5分の2が女たちのものとなっている，これは多くの女が相続人(エピクレロス)[1]となっているからであり，多大な嫁資を与えるからでもある．しかし，嫁資を全く［許さないか］，あるいは僅かばかりあるいは適度のもの［を許す］とか規定されていた方が一層よかった．ところが現在は，女相続人を［後見人は］その望むもの誰にでも与えることができ，そしてもし遺言せずに亡くなった場合，もし相続人を残したなら，その相続人が［女相続人を］自分の欲するものに与える．そのため国土は1,500の騎兵と30,000の重装歩兵を扶養できるのに，全部で1,000にも達しなかった．そして事実それ自体がこの制度に関して彼らのもとでは欠陥のあることを明らかにしている．というのも，一度の攻撃にこの国は耐ええず，人口不足により滅びたのだ．

[Aristoteles, Politica 1270a 15～34]

1) エピクレロスは被相続人に息子がいない場合の娘を指すが，アテナイでは娘が通常近親男性と結婚し，その間にできた男子が真の意味で被相続人の財産を受け継ぐ．本史料はスパルタではエピクレロスが相続の主体になっていることが示されている．

C 破滅と病的状態の徴しをラケダイモン人の政治制度が示すようになったのは，彼らがアテナイ人の覇権を解体させ，金と銀とで自らを満たして間もな

くのことだった．しかしながら，人々はリュクルゴスが定めた家々の数を相続の際に守り，父親は子供に世襲の土地を遺していったので，その限りで政治制度それ自体と平等とは維持され，他の分野での様々な失敗にもかかわらず国家を支えていた．ところが，ある有力者で，偏屈で怒りっぽい性格のエピタデウスという名の人物がエフォロスであった時，息子といさかいを起して，自らの家産と世襲の土地を自らの欲する者に存命中に贈与することも遺言により相続させることもできるという法案を起草した．この人は，この法を提案して自分の個人的な恨みを満足させたのである．他の人々は貪欲の故に法案を受け容れ可決し，最良の制度を破壊した．というのは，今や有力者たちは正当な資格をもつ人々［血縁の者たち］を相続から排除して，良心の呵責なく他人の財産を獲得した．たちまち富は少数者の手に流れ込み，貧困が国を覆い，立派な行いをするに必要な余暇の喪失や自由の喪失がそれに続き，持てる者たちへの嫉妬と敵意とが伴った．　　　　　　　　　　　　[Ploutarchos, Agis 5, 1〜13]

45　傭兵の活躍

　ギリシアにおいて傭兵が大々的に使用されはじめたのは，コリントス戦争（前395〜386年）の時からであると言われている．以下に引くのは，コリントス地峡を掌握したスパルタ軍とアテナイ軍との間で，前390年に行われた戦闘の描写である．アテナイ側は，ペルタスタイと呼ばれる，小型の丸盾と投げ槍を装備した軽装兵を傭兵として用いていた．軽装兵は，元来，ギリシアの伝統的な戦闘様式のなかではさしたる役目を持たない存在であったが，ペロポネソス戦争以来，その機動性が見直されはじめていた．以下の史料においても，敗走しつつ戦う，軽装兵に特徴的な戦い方がよく表われている．

　コリントスの町の人々やアテナイの重装歩兵部隊の将軍であった，ヒッポニコスの子カリアスやペルタスタイの指揮官であったイフィクラテスは，スパルタ軍を認めて，彼らが多数でもなく，ペルタスタイも騎兵も連れていないのを見ると，ペルタスタイの軍をもって攻撃するのが安全と考えた．というのは，もしも彼らが道に沿って進むならば，無防備の側面に投げ槍の攻撃を受けて壊滅するであろうし，追撃を企てたとしても，敏捷なペルタスタイは容易に重装歩兵の追撃を逃れることができるであろうから．以上のように考えて彼らは軍を進めた．そしてカリアスは町から遠からぬ所に陣を敷き，一方イフィクラテ

スはペルタスタイを率いてスパルタ側の部隊に襲いかかった。さてスパルタ側は投げ槍を浴びせられて、何人かは負傷し、また何人かは戦死したため、盾持ちの奴隷に負傷者を起してレカイオンへ運ぶよう命じた。実際、助かったのはその部隊のなかで彼らだけであった。それからスパルタの指揮官は、最も若い兵士達に敵を追い払うよう命じた。彼らは追撃したが、投げ槍の射程距離分離れたところから重装歩兵がペルタスタイを追うとあっては、1人も捕えることはできなかった。というのも［イフィクラテスが］ペルタスタイに重装歩兵が近づくまでに退却するように命じたからである。そしてスパルタ兵達が各々できるだけ速く追撃しようとしてバラバラになってしまってから本隊に戻ろうとすると、イフィクラテスの手元の兵は反転し、ふたたび正面から槍を浴びせかけ、側面の別の兵は敵の無防備な側面に走りついた。そしてたちまち、最初の攻撃でスパルタ兵を9人か10人倒した。その後、彼らはさらに大胆に攻撃を強めた。スパルタ兵が損害を受け続けているうちに、スパルタの指揮官は、2番目に若い兵士達に追撃を命じた。しかし退却の際、1度目の時よりも多くの兵が倒された。既に最良の兵士達が殺されたので今度は騎兵が加わって、騎兵とともにスパルタ側はふたたび追撃を行った。しかしペルタスタイが逃走した時に、騎兵はうまく攻撃しそこねた。というのも彼らは敵を何人か倒すまで追跡せず、追撃も反転も重装歩兵の追撃軍に合せてしかしなかったからである。何度かこんな風に追撃を試みては損害を受け、スパルタ側は人数も減り、士気も衰えてきたのに対して、アテナイ側はさらに大胆になり、攻撃軍の数も続々と増強された。そこでスパルタ側は意気阻喪して小高い丘の上に集まった。そこは海からは2スタディオンほど、レカイオンからは16〜17スタディオンほど離れた所にあった。それを見て、レカイオンの人々は小船に乗り、丘の反対側に廻った。損害を受け、戦死者をも出しながら、何もなすことができず、そのうえアテナイ側の重装歩兵が進軍してくるのを見て、戦意を失ったスパルタ側は逃走した。彼らのうちの何人かは海に沈み、僅かの者だけが騎兵とともにレカイオンへ逃れた。この一連の戦闘および敗走の間に、スパルタ側は、約250人が戦死した。 ［Xenophon, Hellenica 4, 5, 13〜18］

46 第2次アテナイ海上同盟

　ペロポネソス戦争後，ペルシアはイオニア諸市の支配をめぐってスパルタと対立し，アテナイ，コリントス，テーベなどに資金を援助してスパルタを牽制した．アテナイはこれにより国力を回復した．しかし，スパルタは前386年ペルシアと「大王の和約」締結に成功し，和約中のアウトノミア条項を恣意的に運用しギリシア支配の維持を計った．これに対する反感・敵意の中でアテナイの勢力回復は一層進んだ．前384年夏にはキオスとの永久同盟を結び，第2次海上同盟結成前に，テーベ，ミュティレネ，メテュムナ，ビュザンティオンなどと同盟を結んでいた．第2次海上同盟規約（前377年）は帝国支配につながる行為を行わぬことを慎重に明記していた．しかし，前360年代に入ると，この加盟国の自治尊重は崩れ，同盟は帝国支配へと転化していった．

　ナウシニコスがアルコンの年．パイアニア区の人，ケフィソフォンの子カルリビオスが書記であった．ヒッポトンティス部族の第7プリュタネイアの時．評議会と民会の決議．アトモノン区の人カリノスが議長で，アリストテレスの動議．アテナイ人とその同盟国に神慮めでたく．ヘラス人が自由で自治を有し平和に暮し，安全に彼ら自身のすべての土地を持つことをラケダイモン人が認めるよう，そしてヘラス人と［ペルシア］王が条約［大王の和約[1)]］に基づいて誓約した共通平和が永遠に効力あるよう，民会により投票さるべし．ヘラス人と本土に住むバルバロイと島嶼部の人々は，王のものでない限りのものは，アテナイ人とその同盟者の同盟者たることをもし欲するならば，彼はそうすることを許さるべきこと，なお彼は自由で自治を有し，彼の欲する政体を保持し，駐屯隊を受け容れ役人を迎え入れる必要もなく，貢納を支払う必要もなく，キオス人とテーベ人と他の同盟者にあると同じ条件で［受け容れられる］．アテナイ人とその同盟者と同盟を結んだ同盟者に対して，民会は同盟を結んだ者達の国にあるアテナイ人の手中にある，私的にであれ公的にであれ所有されているものを放棄し，このことについて保証を与えるべし．アテナイ人と同盟を結ぶいずれかのポリスに不都合な石碑がアテナイにもしあるならば，その時役にある評議会が［その石碑を］破壊する権限を有すべし．ナウシニコスがアルコンの年以降，私的にせよ公的にせよ，いかなるアテナイ人も同盟者の国土において家や地片を購入によるにせよ担保としてとるにせよ他のいかなる手段によるにせよ，所有することは許されぬ．もし何人か［そのような財産を］買ったり何にせよあらゆる手段で獲得したり得たりしたなら，同盟者の欲するものは

誰でも同盟者の評議員(シュネドロイ)に訴えることを得べし．評議員はそれを売却し，半分を告発者に与え，残りは同盟者の共有財たるべし²⁾．もし何人か同盟を結んだ者に対して戦争を行う意図で海路にせよ陸路にせよやって来るならば，アテナイ人と同盟者は彼らを海陸で全力を挙げ能力を尽して支援すべし．もし何人か，役人にせよ私人にせよ，この決議に反して，この決議に言われたことの何らかの項目を破棄すべしと提案したり投票に付したならば，その者に市民権の剥奪あるべし，その者の財産は公けのものたるべし，そして10分の1は［アテナ］女神のものたるべし．そして同盟を破った件でその者はアテナイ人と同盟者の間で裁判に付され，その者を死刑かアテナイ人と同盟者が支配する所からの追放によって罰すべし．死刑を判決されたならば，アッティカにおいても同盟者の地においてもその者を埋葬してはならぬ．評議会の書記はこの決議を石碑に刻ませゼウス・エレウテリオス［の像］の傍に建つべし．碑を刻むための費用として60ドラクマを女神の財務官は10タラントン［の基金］から支出すべし．この碑に既に同盟を結んでいるポリスと他の以後同盟者となるポリスの名とを財務官は刻すべし．以上のことを刻すべし，そして民会はテーベへの使節3人を直ちに選ぶべし，彼らはテーベ人を彼らの成しうる善きことを成すよう説得すべし．以下の者たちが選出された．マラトン区の人アリストテレス，アナフリュストス区の人ピュランドロス，コルリュトス区の人トラシュブロス．

　以下の諸ポリスはアテナイの同盟国

　キオス人，テネドス人，ミュテイレネ人，カルキディケ人，メテュムナ人，エレトリア人，ロドス人，ポイエッサ人，アレトゥサ人，ビュザンティオン人，カリュストス人，イコス人，ペパレトス人，Pall……，スキアトス人，……，マロネイア人，……，ディオン人，……，パロス人，O……，……，アテナイ＝ディアデス人，P……．(以下略)

　(本文の左側)

　ケルキュラの民会，アブデラ人，タソス人，トラキア出身のカルキディケ人，アエノス人，サモトラケ人，ディカイオポリス人，アカルナニア人，ケッファレニアのプロンニイ人，アルケタス，ネオプトレモス，イアソン，アンドロス人，テノス人，ヘスティアイア人，ミュコノス人，アンティッサ人，エレッソス人，アストライウス人，ケオス人，イウリス人，カルタイア人，コレシア人，

エライウス人，アモルゴス人，セリュムブリア人，シフノス人，シキノス人，トラキア出身のディオン人，ネオポリス人，ネルロスのザキュントス人の民会

[Tod 123]

1) 大王の和約はスパルタ側の交渉者の名にちなんで，アンタルキダス条約とも呼ばれ，コリントス戦争の講和条約であるが，スパルタ主導のペルシアとギリシアの平和条約で，小アジアをペルシアの宗主権のもとにおいた．2) 以上の諸規定はデロス同盟がアテナイ帝国化した轍を繰り返さないという意思表明である．

47 海上貸付

　　デモステネスの第35番弁論『ラクリトス弾劾』は彼の真作ではない．しかし引用の契約書は実際に存在したものと認められ，前4世紀の残存する典型的海上貸付契約である．古代の海上交易には難破や海賊による略奪などの危険がつきまとった．そのために，資金は短期間高利で貸し付けられた．海上交易に従事するナウクレロスやエンポロスは自己資本（船舶や船荷）を担保に不足資金を借り受け，一方で他の商人に資金を貸し付けた．直接交易に従事せぬ出資者も複数で共同して出資した．こうして海上交易に伴う危険の分散を計ったのである．契約当事者にアテナイ市民も外国人も同じ資格で現われ，書面契約が行われていることに留意したい．しかし，このような契約書の存在にもかかわらず，本弁論では借り手が契約条項を全く守らず裁判となった．

　スフェットス区の人アンドロクレスとカリュストス人ナウシクラテスは，ファセリス人のアルテモンとアポロドロスとに銀貨3,000ドラクマを貸し付けた．[貸付目的は]アテナイからメンデあるいはスキオネへ航行し，そこからボスポロスへ，更にもし望むならば，[黒海]左岸をボリュステネスまで航行し，再びアテナイに戻るためであり，利子は1,000ドラクマにつき225ドラクマである．もし熊の番人星の昇って[1]後ポントスを出航してヒエロンに赴くならば，利子は1,000ドラクマにつき300ドラクマである[2]．担保物件は3,000壺のメンデ産ぶどう酒とし，これはヒュブレシオスが船主である二十橈船でメンデあるいはスキオネから船積みされる．彼らはこの商品を担保とし，これを担保として現に他のいかなる者からも全く金を借りておらず，また追加の借金を今後せぬこと．両人はポントスからの帰り荷の商品[3]を再び同じ船でアテナイへ輸送する[ものとする]．商品がアテナイへ無事運ばれたならば，借手は貸方に対して契約に基づいて20日以内に元利とも全額を返済する，但し同船者たちが[時化のときに]決議一致して船外へ投棄した商品と敵に対して支払われた額は除く

こと．これ以外の損害については何ら免除はない．そして，[借手が] 契約に基づいて元利金を支払うまで，貸方は担保として供された商品を完全に管理する権限を認めらるべきこと．もし定めの期日までに返済しなければ，貸方は担保物件を抵当に入れることを，あるいは時価で売却することを得べし．もし契約に基づいて貸方が受け取るべき金額に不足ある場合は，貸方により，アルテモンとアポロドロスに対する差押えあるべし，陸上のであれ海上のであれ，それがどこにあれ，彼らの他の全財産から．[差押えは] あたかも彼らが敗訴し，あるいは [支払い] 期日を越えた [場合にある] 如くであり，借手のそれぞれ1人によってであれ両者によってであれ [なされる]．更に，もしポントスに入らず天狼星の昇ってから10日間ヘレスポントスに留まり[4]，アテナイ人に対する拿捕権のない場所[5]に荷上げして [捌き]，そこからアテナイに帰航するときは前の年に契約に記した利子を支払うべし[6]．商品を運ぶ船舶が回復不能の災害を蒙った場合も，担保物件が無事ならば，残存物件は貸手の共有たるべし．これらの件に関して，本契約以外に一層有効な契約はなきこと．

　証人．ペイライエウス区の人フォルミオン，ボイオティア人ケフィソドトス，ピトス区の人ヘリオドロス．　　　　　[Pseudo Demosthenes XXXV, 10〜13]

1) 9月中旬に朝東出（heliacal rising）する．2) 利率はそれぞれ22.5％と30％で，航海期間は一般的に2，3カ月であったので，きわめて高率であった．3) メンデ産ぶどう酒を売却し，この収入で購入した商品が新たに抵当となる．4) 7月下旬に朝東出し，暴風の危険がその後10日間ほどあるとされた．5) 当該の国がその構成員にアテナイ市民やメトイコイの商品の没収を認める公示をしていない国の港か．6) 帰港がアテナイの新年（夏至）後，即ち契約の第1年目の終了後になっても利子は変らぬということ．

48　フィリッポス2世とギリシア

　前359年マケドニア王に即位したフィリッポス2世は，アテナイと第2次海上同盟加盟諸市との間で争われた同盟市戦争やテーベとフォキスとの間で戦われた神聖戦争などといったギリシア本土の諸ポリスの争いを利用しながら着々とギリシア世界制覇の事業を進めていった．以下の史料のうち，Aはアテナイの弁論家デモステネスによる，いわゆるフィリッポス攻撃演説の一つから引いた．マケドニアの脅威を説き，ポリス世界の不一致に歯がみする様が読み取れよう．Bは紀元前2世紀の歴史家ポリュビオスが裏切り行為について考察した部分から引いた．ある意味では，時を経た冷静な考察と言えよう．

A 現在ポリスを安心させようとする人々によって，馬鹿げた主張がなされている．その言うところでは，フィリッポスは未だ，かつてのスパルタほどにはなっていない．スパルタは海と陸とのいたる所に君臨し，ペルシア王とも同盟関係にあり，彼らに逆らうものはなかった．しかしアテナイは彼らから身を守りきり，屈服しなかったと言うのだ．しかし私から見れば，多くのことが進歩を遂げ，何事も以前と今とでは同じではない．わけても，戦術ほどに進歩し改善されたものはない．まず第1に，当時はスパルタ人も他の人々も市民からなる重装歩兵軍をもってしかるべき時節に4，5カ月の間侵攻してきて土地を荒らし，再び家に戻って行ったと聞いている．彼らはこのように古めかしく，あるいはむしろポリス市民らしかったので，金銭を用いて事を有利に運ぼうとしたりはせず，フェアーに，そして単純明快に戦った．しかし今や，御存じの通り，破滅の多くは裏切り者のせいであり，戦闘隊形をとった軍隊による戦いから生じたものではない．そのうえフィリッポスが，重装歩兵の密集隊をではなく，軽装兵や騎兵，弓兵隊，傭兵あるいはそれに類する兵を引き連れて，どこへでも好きな所へ率いていくということは，既にお聞きおよびであろう．これらの軍隊とともに，彼は何らか隙を持つ国を襲い，不信の故に誰も国を守ろうと出撃してこなければ，攻城装置を据え付けて，取り囲んで攻める．彼には夏と冬の区別もなく，ことさら取り分けて［戦争をしない時期として］残しておくべき時節もないことは言うにおよばぬ．さてこれらのことすべてを知ったからには，それを充分考慮に入れて，自国に戦禍の及ばぬようにせねばならぬ．かつてのスパルタ人との戦争の素朴さに眼を奪われて，ひどいめに遭うことのないように，充分に内政に心し，軍備を整えて，彼が自領から出て来ないように監視し，決定的な戦いに至らぬよう注意せねばならぬ．アテナイ人諸氏よ，もし我々がなすべきことをする気になりさえすれば，戦争に関して，我等には多くの利点がある．例えば，彼らの国土の大部分は我等が略奪し，荒廃させうる地である．他にも利点は幾万とある．しかし，面と向っての戦いでは，我等よりも彼［の軍］のほうがよりよく鍛錬ができていると見るべきである．

[Demosthenes IX, 47～52]

B デモステネスは多くの点で賞賛されるべき人物であるが，つぎの点で非

難されねばならない．つまり，彼はギリシア人のうちでも最も著名な人々に情容赦なくいわれのない厳しい非難を投げかけているのである．彼は，アルカディアのケルキダスとヒエロニュモスとエウカンピダスはフィリッポスの味方をしたからギリシアの裏切り者であると言っている．メッセニアのフィリアダスの息子たちネオンとトラシュロコス，アルゴスのミュルティスとテレダモスとムナセアス，テッサリアのダオコスとキネアス，ボイオティアのテオゲイトンとティモラス等についても同様である．しかし，これらの人々にはそれなりの理由があって，明らかに正しく行動したのである．アルカディアとメッセニアの人々は特にそうである．というのは，彼らは，フィリッポスにペロポネソスへ侵攻するよう誘ない，スパルタの力を落しめることによって，まず第一に，ペロポネソスのすべての住民を解放し，自由の意識を持たせた．そして次ぎにスパルタ人が勢い盛んな時に，メッセニア人，メガロポリス人，テゲア人，アルゴス人から奪った土地やポリスを取り戻して，文句なしに，それぞれの祖国の隆盛に貢献したのだから．フィリッポス率いるマケドニア人と戦うことを義務とするかわりに，出来るかぎり名誉と栄光に向って進むことは正しかったのだ．もし彼らがフィリッポスと戦っていたならば，祖国にフィリッポスの駐留軍を受け入れ，祖国の法を踏みにじられ，富を増やし力を得る市民の自由と権利を奪われることとなったであろう．その時こそ彼らは裏切り者と呼ばれるにふさわしい．かりに，彼らが祖国の権利を守ろうとし，情勢を異なった風に判断したとしても，アテナイ人にとって有利であることが彼らのポリスにとってもまた有利であるとは考えないとしても，その故にデモステネスが彼らを裏切り者と決め付けてよいわけではない．すべてを自分のポリスにとって有利な尺度で判断し，ギリシアすべてがアテナイに眼を向けるべきだと考え，さもなければ裏切り者呼ばわりする．こうしたデモステネスのやり方は私には誤っているように思われるし，真実からもはるかに遠ざかっているように見える．特にその時ギリシアに降りかかったことは，先のことをよく見通したはずのデモステネスよりもむしろ，エウカンピダスやヒエロニュモス，ケルキダスやフィリアダスの息子たちの方が正しかったことを証明しているように思われる．アテナイ人の方はと言えば，フィリッポスと対立して，その結果，カイロネイアの戦いに敗れるという最大の災難に見舞われたのだ．そして王の度量の大きさと

栄光への愛がなかったならば，その災難はいっそう恐ろしいものであったはずである．それもみなデモステネスの政策ゆえなのだ．しかし，マケドニアとメッセニアにラケダイモン人からの安全と平和がもたらされ，祖国の人々に多くの利をもたらされたのは私が名を挙げた人々のおかげなのだ．

[Polybios XVIII, 14, 1～15]

49 アリストテレスの奴隷論

ここにひいたアリストテレスの奴隷論は，現代人の眼からみるとかなりショッキングなものと言わざるを得ない．この奴隷論，特に「自然による奴隷」という考え方が，新大陸発見以降，アメリカ大陸の旧来からの現地住民にはなはだしい災禍を与えたことも忘れてはなるまい．その上で，観察あるいは調査を基盤に置くアリストテレスの研究方法に鑑みるならば，アリストテレス自身の思想はともかくとして，ここにみられるような奴隷観が，アリストテレスが生きた前4世紀のギリシア世界に生きた人々の奴隷観を窺うための貴重な一素材を提供するものであることはまちがいあるまい．

しかしまず，奴隷と主人の関係について述べることにしよう．それは，生活に不可欠な需用にかかわる事柄をみるためであるが，同時にまた，その関係を知るためには，現今の人びとの判断よりも，もっと適切な捉え方ができるかどうかをみるためでもある．というのは，ある人びとの考えによれば，主人に関する術は一種の知識であって，はじめにわれわれが言及したように，家政の術と，主人の術と，国家指導者の術と，王の術はみな同じであるということになっているからである．また別の人びとの考えによれば，主人として支配するのは自然に反することだという．つまり，一方が奴隷で，他方が自由人であるのはただ慣習によっているだけであって，自然によっては彼らになんの差別もない，それゆえ，それは正しくもない，なぜならそれは強制的だから，というのである．（中略）

それゆえ，主人は奴隷の主人であるだけで［まったき意味の］奴隷のものではない．それに対して，奴隷は主人の奴隷であるのみならず，まったき意味で主人のものでもある．かくして，奴隷の自然本性とは何か，彼の機能とは何かが以上から明らかである．すなわち，人間でありながら，自然によって自分自身のものではなく，他のもののものである者，これが自然による奴隷にほかなら

ない．（中略）

　そこで，魂と身体とが，また人間と動物とが区別されるのと，ちょうどそれだけ［自由人から］隔たっている者たち——およそ肉体の使用がとりもなおさずその働きであるような者たちはこうした状態にあり，彼らから引きだせる最良のものはこの種の使用なのであるが——，こうした者たちが自然による奴隷である．彼らにとっては，さきに述べた身体や動物がまさしくそうであるからには，かの主人的な支配によって支配されるのがよりよいことなのである．なぜなら，他のもののものであることのできる者——このゆえに，事実彼は他のもののものなのであるが——，理知を［彼みずから］持つことはないが，それを理解する程度に理知に与かる者，これが自然による奴隷であるからである．というのは，人間以外の他の動物は，理知でなく，情念に従属するだけだからである．ただ，使用されるという点では，奴隷と動物にあまり差はない．なぜなら双方から——奴隷からと家畜から——得られるものは，生活に必要なものを供給するための肉体の助力だからである．（中略）

　かくして，明らかなことは以下のとおりである．かの意見の対立にはなんらかの理由がある．そして一方の人びとがつねに自然による奴隷であるとはかぎらないし，他方の人びとがつねに自然による自由人であるとはかぎらない．しかしまた明らかなのは，以下のような人びとの場合にはそのような区別が存することである．すなわち，その一方にとっては奴隷であることが，他方にとっては主人であることが有益であり，また正しくさえある場合である．しかも，一方が支配されるのに対して，他方が支配し，したがって主人として振舞うのは，自然本来的な支配の仕方によっていなければならない．それに反して支配が悪しき仕方によるならば，それは双方に対して不利に働く．なぜならば，部分と全体にとって，また身体と魂にとって利益になるものは同じであり，奴隷は主人の一種の部分——主人の身体から離れて存する，生きた部分のごときもの——だからである．それゆえ，奴隷と主人が自然による彼らにふさわしいあり方に従うならば，そこには相互のあいだに有益なことのみならず，また親愛の情も生まれるのである．それに対して，そういうあり方でなく，法の上での力づくの関係にあるならば，そこには反対のことが彼らに起こるのである．（中略）

すなわち，寒冷地に住む諸民族，とくにヨーロッパ地方に住む諸民族は気概に富んでいるが，思考と技術は乏しいうらみがある．それゆえ彼らは民族のうちでも比較的自由でありつづける一方で，国家を組織できず，近隣の民族を支配することができない．他方アジア地方の諸民族は思考と技術の精神はあるけれども，気概に乏しい．それゆえ彼らはつねに支配され，隷属化されている．しかし，ギリシア民族は，地理上両者の中間を占めているように，気質の上でも，両者の要素——気概と思考——を分けもっている．それゆえ彼らは自由でありつづけ，もっともすぐれた国家組織のもとにあるのである．そしてもし彼らが国制の統一を得るなら，すべての民族を支配する能力がある．

[Arist, Politica I, 3～5 ; VII, 7]

ヘレニズム期

　ヘレニズム時代とは、通常アレクサンドロス大王の時代（在位前336～前323年）からローマによるエジプト併合（前30年）までの、およそ300年間をさす。「ヘレニズム」という言葉は「ヘブライズム」に対置されたもので、もともとはギリシア語を用いてギリシア的に思考するという、いわばギリシア精神やその文化に関わる用語であったが、ドイツの歴史家 J. G. ドロイゼン（1808～84年）によってギリシア古典期に続く時代として歴史的な意味が付与された。

　その地域は、主にギリシア本土、マケドニア、トラキア、エーゲ海の島々、小アジア、ペルシア、シリア、メソポタミア、エジプトなど東地中海世界全域であり、初期には遠くインドまで及び、これらの地域にはアレクサンドロス没後の後継者戦争を経て成立したアンティゴノス朝マケドニア、セレウコス朝シリア、プトレマイオス朝エジプトが併立していた。中でもシリア王国が最大版図を誇ったが、前3世紀半ばにはイラン系のパルティア、ギリシア系のバクトリアが独立し、小アジアにおいても前3世紀半ばにアッタロス朝ペルガモン、さらに前2世紀半ばにはユダヤが独立した。

　これらの地域の特に沿岸部には古くからギリシア人による植民都市が建設されており、またヘレニズム諸君主はアレクサンドロスをはじめとして内陸部にも多くのギリシア風の都市を建設した。こうした都市ではギリシア語が用いられ、ギリシア風文化が花開いた。しかし多くの部分を占める現地人住民は、固有の言語を用いて昔からの農村共同体的生活を営み、ギリシア的な文化とはあまり縁のない生活をしていた。このような農村こそが生産の拠点であり、都市の文化を支えたのである。

　ヘレニズム諸国においては農業・手工業・鉱山業などにわたって活発な生産活動が営まれていたが、都市の経済を活性化したのは、これら生産物の取引であった。すでにアレクサンドロスによってアッティカ基準の貨幣が大量に製造されて貨幣経済の広汎な進展が見られ、物資の流通は各地で盛んであった。アレクサンドリア、アンティオキア、ペルガモン、ロドス、デロスなどは当時有数の交易中心地として特に知られていた。通商範囲も広がって遠くインド方面にまで及び、南海貿易路も

開拓されていた．
　このような「居住世界」の拡大は従来のギリシア特有のポリス社会にも影響を与えずにはおかなかった．都市ではギリシア的要素が主流だったとはいえ，外国人との交流が盛んになると非ギリシア的要素が導入され——たとえばセラピス神——異国文化と融合した一種国際的な文化が形成されていった．哲学思想においてもポリスの枠を超えた「コスモポリス」的な思考が新たに中心となった．
　全体として共通の文化的枠内にあったとはいえ，ヘレニズム諸国の政治的な対立・抗争は枚挙にいとまがない．だが何といってもヘレニズム世界に大きな衝撃を与えたのは，ローマの介入・進出であった．まずマケドニアがローマと戦わなければならなかった．初期においては，ローマはギリシア本土の直接支配を望まず，「ギリシア人の自由」を宣言して間接統治を行ったにすぎなかったが，通説によると前146年マケドニアはローマの属州となった．ついで前133年ペルガモン王国がローマに遺贈されて小アジアの一画にもローマの直接支配が及ぶことになる．以後ミトリダテス戦争を経て小アジア全域およびシリアまでも属州化され，前30年エジプトもローマの軍門に下り，ここにローマの東方征服が完了することになった．
　ヘレニズム諸国では，各君主はほぼ例外なくギリシア文化を奨励し，親ギリシア文化政策をとった．エジプトの王都アレクサンドリアには学術研究所（ムセイオン）や大図書館が設けられ，ギリシア古典の蒐集・校訂・研究が行われ，また医学・天文学・幾何学など自然科学の研究も大きく進歩をとげた．このようなギリシア文化愛好の傾向は，辺境の国々——たとえばポントス——においても程度の差こそあれ広く見られたものであった．ヘレニズム文化はギリシア古典文化の模倣といえようが，東方諸国の土着・在来の文化と巧みに融合して新しい段階に達したと言われるべきであって，そこに新しい生命力を見なければならないであろう．
　以上見てきた如く，ヘレニズム世界は時間的にも空間的にも広大であって限られた史料では到底その全容をつくすことはできないし，また訳者一人ではその任をまっとうしえないことは火を見るよりも明らかである．それゆえ以下では訳者の関心が比較的高い分野，すなわちローマとヘレニズム世界との関係を中心とした政治・外交の分野とその周辺を含めたごくわずかの史料を訳出するにとどめざるをえなかったことを最後におことわりしておきたい．　　　　　　　　　　　　（田村　孝）

50 アレクサンドロス大王と東方遠征

　前336年父フィリッポス2世暗殺のあとを受けてマケドニア王となったアレクサンドロスは，父の死後各地に起った蜂起を押えなければならなかった．戦さにいろどられた彼の治世はこうして始まったのである．彼についての主史料であるアッリアノスの『アレクサンドロス大王東征記　付インド誌（上）・（下）』（岩波文庫）は大牟田章氏の手で翻訳が完了しているので，ここではディオドロス[1]をとり上げることにしたい．

A　アテナイではクテシクレスがアルコンで，ローマ人がガイウス・スルピキウスとルキウス・パピリウスとをコンスルに選んだ年[2]のことである．アレクサンドロスは軍隊と共にヘレスポントスめざして進軍し，ヨーロッパからアシアへと自軍を渡した．彼は60隻の軍船でトロイアの土地へと航海し，船から槍を投げて地面に突き立て，マケドニア人の内で最初に船からとび下りた．アシアは槍投げで勝ちとったものとして神々から授かったのだと誇示しながら．それからアキレウスやアイアース，その他の英雄たちの墓所に供物を捧げ，そのほか彼らの栄誉にふさわしいことを行ってお参りをした．彼は従って来ている軍隊の視察を正確に行った．
　マケドニア人歩兵12,000名，同盟兵7,000名，傭兵5,000名が見出され，これら全員にパルメニオンが指揮権を持っていた．オドリュサイ人[3]，トリバッロイ人[4]，イリュリア人[5]が7,000名これに加わっていた．弓兵とアグリアネス人[6]と呼ばれる人々が1,000名おり，かくして歩兵全体で32,000名を数えていた．騎兵ではマケドニア人が1,800騎おり，パルメニオンの子フィロタスの指揮下にあった．テッサリア人も1,800騎でハルパロスの子カッラスが指揮していた．その他のギリシア人あわせて600騎はエリギュイオスの指揮下にあり，トラキア人とパイオネス人との前衛部隊は900騎でカッサンドロスの指揮下にあった．かくして騎兵は総計で4,500騎となった[7]．これがアレクサンドロスと共にアシアへと渡った大軍である．ヨーロッパに残された者たちはアンティパトロス指揮下にあり，歩兵12,000名，騎兵1,500騎であった．

〔Diodoros XVII, 17, 1～5〕

1) シチリア島出身のギリシア人歴史家．前60～前30年頃古代の世界史全40巻を著した．現在その一部が伝わっている．2) 前334/3年．3) トラキア地方に一時強大な力を持った部族．4) ドナウ

川下流地域に居住していたトラキア系部族．5) バルカン半島西岸のイリュリア地方に居住した部族．6) トラキアの西部山岳地帯のトラキア系部族．7) ディオドロスはこう伝えるがここに記された数を合計すると 5,100 騎となる．

B　ペルシア王国の首都であるペルセポリス[1]を，アレクサンドロスはマケドニア人たちにアジア中の都市で最も敵対的なところだと指摘し，略奪のため王宮以外を兵士たちに与えた．この都市は天下で最も豊かで，個々人の家にはずっと昔からあらゆる種類の富があふれていた．マケドニア人たちはすべての住民を殺害しながら，またさまざまな家具やあらゆる種類の装飾品に満ち満ちた民衆の多くの家々を略奪しながら進撃した．そこでは多くの銀が運び出され，黄金も少なからず略奪された．また海の紫で染められたり，黄金の刺繍模様をほどこされたたいへんに高価なたくさんの衣裳は，勝利者たちへの褒賞とされた．大規模で全世界中に知られていた王宮は侮辱され完全に破壊された．

マケドニア人たちはこれらの略奪に1日中ついやしても大部分の者の飽くことを知らぬ欲望を満たすことができなかった．略奪に関する彼らの貪欲があまりにも著しかったので，彼らは互いに争い合ったり，たくさんの略奪品を着服した者たちの多くを殺害したりもした．発見された物のうち最も価値の高いいくつかの物は一刀両断にされ，ために各人が自分の分け前を手にすることができた．ある者は獲物を争って握んだ者の手を怒りに駆られて斬り落した．彼らは女たちを装身具もろとも暴力的にかっさらい，捕虜を奴隷にしてしまった．

この都市の最も高所の城塞にやって来たアレクサンドロスは，その宝庫にあったものを手に入れた．これらはペルシア人を最初に治めた王キュロスからこれに続いてこの時代までに歳入から集められたものであり，銀・金であふれていた．これらには，金を銀に換算すると，120,000 タラントンの価値が見出された．彼はこの財宝の一部を自分と共に戦さの費用のために運んで行こうと望み，また他の一部をスサ[2]に貯えておき，この都市で見張りをつけておこうと思った．彼はバビロンとメソポタミアから，さらにスサからも大量に，荷物用の，また軛に対でつなぐ［運般用の］ラバを送らせた．荷物用のラクダ 3,000 頭をこれらに加えた．そしてこれらすべてを用いて自分の選んだ場所に運び去った．彼は住民たちに対してひどく敵意をいだき，彼らに信頼をおかず，ついにはペ

ルセポリスを破壊してしまおうと望んだ．

[Diodoros XVII, 70, 1〜71, 3]

1) ペルシア帝国の都のひとつ．イラン南部シーラーズの北東約60キロメートルの所に遺跡がある．
2) ペルシア帝国の都のひとつ．ダレイオス1世の建都．イラン南西部のザグロス山脈西麓に遺跡がある．

51 さいはての東方世界から出土したギリシア語史料

　アレクサンドロス大王による東方遠征はギリシア人を中央アジアにまで送り込み，これに伴ってギリシア文化を東方世界へと伝播させる役割を果たした．1966年，アム・ダリヤ（古代名オクソス）川とコクチャ川との合流点アイ・ハーヌムにおけるギリシア系の都市遺跡から，5,000キロメートルも離れたデルフォイの遺跡と関わりのあるギリシア語碑文が出土した（史料A）．この遺跡の古代名は不明である（註1を参照）が，紀元前3世紀中頃アフガニスタン北部にギリシア人によって建てられたバクトリア王国の都市だと考えられている．この都市には大規模な劇場や体操場（ギュムナシオン）があったことがわかっており，ギリシア文化が根付いていたとされている．史料Bは仏教保護政策で有名なマウリヤ王朝のアショーカ王関係のギリシア語碑文である．カンダハル近郊で発見されたこの碑文は，ほぼ同様の内容を記したアラム語（ペルシア帝国の公用語）との二言語碑文で，アショーカ王の徳をたたえている．マウリヤ王国がペルシア人，ギリシア人の双方を含んでいた証拠といえよう．訳出はギリシア語部分によった．

A　アイ・ハーヌム[1]遺跡（アフガニスタン）出土のギリシア語箴言（前3世紀前半）

　古人の賢きことば，有名なる人々のことばが聖なるピュートーの神域[2]に捧げられていた．これらをクレアルコス[3]が注意深く写し取って，はるか遠いキネアスの神域[4]で輝かせるために掲げたのである．

　　子供のときは，規律正しく
　　若きときは，自制の心を
　　大人となったときは，正義の心を
　　老いたときは，よき忠告者に
　　死にのぞんでは，悲しむことなきようにせよ[5]．

[l'Institut Fernand-Courby, Nouveau choix d'inscriptions grecques, Paris, 1971, 37]

1) 現在もっとも詳しい古典古代史の歴史地図 Barrington Atlas of the Greek and Roman World, Princeton Univ. Press, 2000 は，この遺跡を疑問符つきではあるが，古代のアレクサンドレイア・オクシアナ（オクソス川のアレクサンドレイア）ではないかと記している．2) デルフォイの神域をさす．3) 碑文学者ルイ・ロベールはアリストテレスの弟子でペリパトス派の哲人，ソロイ（キュプロス島）のクレアルコスに同定している．4) おそらくはこの都市の創設者，彼を祀る社の前室からこの碑文が見つかった．5) もとのデルフォイの箴言はもっと長いものであった．

B　アショーカ王の二言語碑文[1]（前258年）

10年が過ぎ，ピオダッセス王[2]は信仰心[3]を人々に示した．この時から，王は人々を，より信仰心篤くし，すべてをこの土地で栄えさせた．王は肉食を断ち，他の人々や狩人，王の漁師たちは猟や漁りをやめた．自制の心なき輩がいたならば，できうる限り自らの無節操をやめてしまった．父，母，年長者の言うことを，昔とはちがってよく聞くようになった．すべてにおいてこれらのことを行う者は，将来，より良く有意義に過ごせるであろう．

[D. Schlumberger et al., "Une bilingue gréco-araméenne d'Asoka", Journal Asiatique 1958]

1) この碑文は非ギリシア系国王から発せられたギリシア語碑文という特徴を持つ．しかしながらルイ・ロベールの説くところによると，刻印されたギリシア文字は鮮明で字体も厳密にしっかりと彫られ，あいまいな文字はない．また文章も流麗で下手な翻訳などではなく，知的水準の高いギリシア語に堪能な人物の手になる文章だという．彼はこの碑文のつくられた背後に，カンダハル近郊に住んでいたギリシア語を母国語とする知識人，碑銘彫刻工人を含んだ移民集団を想定している．碑文を初めて紹介したシュランベルジェは，アショーカ王が隣国（セレウコス王朝）の領土内にこの種の碑文を公表するはずがないので，これらギリシア系住民はアレクサンドロスの東征後およそ80年のちにもマウリヤ王朝の帝国内（カンダハル近郊）に住んでいたと考えている．この碑文の発見によって，前305年ごろにセレウコス1世とマウリヤ王朝の始祖チャンドラグプタとの間で合意された国境線はおよそこの辺りであったと考えられるようになった．2) マウリヤ王朝第3代国王アショーカ（在位前268頃〜前232年頃）をさす．ピオダッセス Piodasses は王のサンスクリット語の称号 Priyadarsi に由来すると言われている．3) ギリシア語では eusebeia と表現されるが，サンスクリット語のダルマ（dharma 法）をさす．アショーカ王のダルマはこの碑文にも見られる殺生戒や自制心の涵養，父母年長者への服従などの社会道徳の実践であって，仏法そのものではなく，国家統治の理念であったと言われている．

52　アカイア同盟

ギリシアの古典期の典型的国家形態はポリスであった．しかしこれと並んで，明確な都市的中心を持たず，部族制的諸制度を強く残したエトノス型国家も存在した．ポリスがその空間的狭隘さを克服できず，マケドニアが新しい領域国家を形成して台頭し，ヘレニズム諸国家がその勢力を拡大した時，これに対抗できる可能性を持ったものは，エ

トノス型国家に根ざした連邦であった．アイトリア同盟やアカイア同盟はその代表であった．引用史料はポリュビオスによるアカイア同盟の拡大過程の記述である．彼はアカイア同盟の政治家で，その記述はアカイア同盟を理想化しており，同盟と対立したスパルタやアイトリア同盟等に対しては偏りがある．

　アカイア民族(エトノス)とマケドニアの王家に関しては，手短かに時を溯って見るのも良いだろう．それは後者には完全な破滅が，アカイア人には前述したように，我々の時代に目覚しい勢力の伸長と政治的統一とを見たからだ．過去において多くの人々がペロポネソス人を同一の利益に導こうと試みたが，誰一人として目的を達成しなかった．その理由はそれぞれが共通の自由のためにではなく，彼らの権力のために努力したからである．この企ては我々の時代に大いに進展し完成されたので，友好的な同盟がアカイア人の諸問題を処理するようになったのみか，同じ法と度量衡と貨幣を用い，加えて同一の役人と評議員と裁判官を用いた．概して言えば，ほぼ全ペロポネソスが単一の国家の状態にならないのは，その住民が同じ城壁の内に包まれていないという点のみで，他の点では同盟に関しても国家に関してもそれぞれに同様の制度がある．（中略）私の考えでは，その理由はこうだ．平等とか言論の自由とか要するに真の民主政という制度や原理でアカイア人のもの以上に純粋なものを人は見出せないだろう．その制度はペロポネソス人の間に自発的に加わることを選ぶ人々を見出し，多くの人々を説得と言葉で味方に引き入れた．好機に直ちに無理に加入させられたものたちに関しては，逆に加入を強要された人々が同盟に満足するようにした．その理由は最初からの構成員の誰にもいかなる特権も留保せず，その都度加わる者たちを全く平等に扱ったからだ．同盟は最初に掲げた目的を，この上ない強力な２つの助力者，平等と寛恕を介して，すばやく達成した．それ故，これをペロポネソス人が統一を果し，現在の彼らの繁栄を建てた最初の原因であり理由であると考えねばならない．ところで今私が述べた，これらの原則と国制の特徴は以前からアカイア人の間にあった．（中略）

　当時その政治原則はアカイア人のもとにあったに過ぎない．アカイア人の勢力増大に通じるような語るに足る達成も成功もなかった．アカイア人はその原則にふさわしい政治家を生み出せなかったので，そのような取り組みを見せるものは常にラケダイモン人の力ととりわけマケドニアの力に掩われ妨げられた．

だが，時が来たりてふさわしい政治家を見出した時には，その力を直ちに発揮して，この上なく立派な事業，ペロポネソスの和合を達成した．シュキオンのアラトスをその創始者でかつ全計画の立案者とみなさねばならず，メガロポリスのフィロポイメンはその計画を擁護し完成させた人で，その永続性——少なくとも一定程度の——を保証したのはリュコルタスとその仲間の人々であった．（中略）

上述したように，第124 オリンピアド[1]の頃，彼らは（分裂を）後悔して新たに統一を形成しようとし始めた．これはピュルロスがイタリアに渡った頃だった．そしてまずデュメ，パトライ，トリタイアそしてファライが連合した．それゆえ，これらのポリスの同盟（シュムポリティア）に関する石碑は存在しないのだ．ほぼ5年後アイギオン人は駐留軍を追い払って同盟に参加した．次はブーラ人で，彼らは僭主を殺した．ほぼ同時にカリュネイア人が再加盟した．それは，当時カリュネイアの僭主であったイセアスが，アイギオンから駐留軍が追放され，マルゴスとアカイア人によりブーラの僭主が処刑されるのを見て，自身が四方から今にも戦争をしかけられようとしているのを見て，その支配を捨ててアカイア人による身の完全の保障を受け容れて，ポリスをアカイア同盟に加入させたからであった．（中略）

ところで，最初の25年間既に言及した諸国は同盟を続けた．そして同盟の書記1人と将軍2人を順に選んだ．その後彼らは1人の将軍を選び，彼に全権を委ねることとした．そしてこの名誉ある役に最初についたのはカリュネイアのマルゴスであった[2]．マルゴスが将軍職にあった第4年目にシキュオンのアラトスが，当時僅か20歳であったが，僭主政から祖国を自らの勇気と豪胆さをもって解放し，アカイア同盟に加えた[3]．彼は初めからその政治制度の熱心な讃美者であったから．8年後2度目の将軍に選ばれた時，彼はアンティゴノスが支配していたアクロコリントスを急襲してそれを奪った．そして大きな脅威からペロポネソスの住民を解き放ち，コリントス人を自由にしアカイア同盟に加えた[4]．同じ在職期間に策略によってメガラ人の国を得，アカイア人に加えた．これらはカルタゴ人の敗北の前年に起きたが，この敗北で彼らはシチリアから完全に撤退し，初めてローマ人への貢納支払いに服さざるをえなかった．アラトスは短期間にその企てを大いに進展させ，以後アカイア民族の指導者で

あり続け，彼のすべての企てと行動を唯一の目的に向けた．それはマケドニアのペロポネソスからの撃退，僭主政の解体，各ポリスに共通の父祖伝来の自由を確保することであった．アンティゴノス・ゴナタスが在世中は，アラトスは彼の干渉やアイトリア人の略奪欲に抵抗し続け，双方とも不正にも向う見ずにも一歩踏み出してアカイア民族の分割について相互条約を結んだが，彼は政治家らしくそれぞれの事態に処した．アンティゴノスが没するとアカイア人はアイトリア人と同盟を結び，彼らと共にデメトリオスに対する戦いを立派に戦った．彼らのよそよそしさと敵意とはしばらくは取り除かれ，連帯や友好的な状態が彼らの間に生じた．デメトリオスは僅か10年間王位にあっただけでローマ人のイリュリアへの最初の渡航の頃没したので，当初からアカイア人が追求した目的に好都合な状況の流れが生じた．即ち，ペロポネソスの僭主たちは，いわば彼らには合唱隊長で金主であったデメトリオスの死に意気消沈したからである．さらに，アラトスが彼らに圧力を加えたからである．彼は彼らが僭主政を廃すべきだと考え，説得に応じた者には莫大な贈り物と名誉とを約束し，心を変えぬ者にはアカイア人による一層大きな危険をもって脅かしたので，彼らは急いで彼の要求を容れて僭主政を廃し，自己の祖国を解放し，アカイア同盟に加わった．かくて，デメトリオスが在世中に，メガロポリスのリュディアダスは実に政治家らしく賢明に事の推移を予見し，自らの熟慮に基づいて僭主政を廃してアカイア同盟に加入した[5]．その後アルゴスの僭主アリストマコス[6]，ヘルミオネの僭主クセノン，そしてフレイウスの僭主クレオニュモスが僭主政を廃して，アカイアの民主政に参加した．

[Polybios II, 37, 7〜11 ; 38, 5〜10 ; 41, 11〜15 ; 43, 1〜44, 6]

1) 前284〜前280年． 2) 前255/4年． 3) 前251/0年． 4) 前243/2年． 5) 前235年． 6) 前229/8年．

53　前3世紀後半のスパルタの諸改革

　前371年レウクトラの戦いに敗れ，翌年メッセニアを独立させられて以降，スパルタはギリシアで孤立し，リュクルゴス体制も崩壊し，一弱小ポリスの状態に陥った．史料Aの最初の部分は前240年代アギス即位時のスパルタに言及して，完全市民の総数は僅か700名で，土地所有はそのうち100名に集中していたことを示す．アギス4世（在位

前244〜前241年），クレオメネス3世（在位前235〜前222年），ナビス（在位前207〜前192年）の3人の王のスパルタ改革の試みは，スパルタを軍事的に強化し，スパルタをかつての強大なポリスに再建することを目ざした．具体策は土地を再分配し，不足する市民数をペリオイコイやスパルタ居住の外国人，ナビスの場合ヘイロタイをもって補充することであった．さらに，スパルタ的生活様式の復興が企てられた．クレオメネスとナビスは国内改革には成功したが，国際関係の中で敗れていった．史料A・BとC・Dとでは改革に対する評価が全く異なる．その一因は前二者はアギスとクレオメネスの讚美者であるフュラルコスの著作を基にしているのに対し，後二者の著者ポリュビオスはこの時期のスパルタと敵対したアカイア同盟の構成国メガロポリスの政治家リュコルタスの息子で，自らもその政治家であったことにある．

A そこでスパルタ市民は700人以上は残らず，その内100人ばかりが土地と世襲の土地（クレロス）を所有している人々であった．他の資産もなく市民資格を失った大衆は町にたむろして，国外から仕かけられる戦争を退ける熱意も用意もなく，絶えず現状の変革と革命の時機を窺っていた．それ故に，アギスは市民団を平等にし，その人口を回復することができたらすばらしいことと考えて，人々の気持を尋ねてみた．（中略）

アギスはリュサンドロスをエフォロイにすることに成功すると，直ちに彼を介して長老会成員たちのもとへ法案を提出させた．その要点は以下のようであった．債務から債務ある者たちを解放すべきこと，土地は分割され，ペルレネスの谷からタユゲトス山脈とマレアとセルラシアまでの範囲の土地を4,500の分割地（クレロス）となし，その範囲の外側については15,000の分割地となすべきこと．そして後者をペリオイコイのうち武装自弁可能な者たちに，その範囲の内側についてはスパルタ市民自身に分配さるべし．スパルタ市民［の不足する数］はペリオイコイと外国人（クセノイ）から，自由人にふさわしい教育を受け，殊に身体の強健で，年齢は成年に達している者たちをして満たすべきこと，彼らから400人ごとまたは200人ごとの共同食事団（フィディティア）15組が編成さるべきこと，さらに彼らは祖先たちが行っていた生活慣習（ディアイタ）に従って生活すべきこと．

[Ploutarchos, Agis 5, 4〜6, 1 ; 8]

B この後，まずクレオメネスが財産（ウシア）を中心におき，彼の舅メギストヌスと他の友人たちそれぞれが，次いで残りの市民も皆これに倣ったので，土地は分配された．分割地（クレロス）を彼によって亡命者とされた人々のそれぞれにも割り当て，

政情が平穏になったら全員を帰国させると約束した。市民団をペリオイコイの最も優秀な者たちをもって増強し，4,000の重装歩兵を設けた。そして彼らに短い投槍に代えて両手で長い鉾を用い盾を内側の把手でなく革紐で支えることを教え，自ら若者の教育といわゆる伝統的生活様式に専念した。その大部分は，彼の傍らにいたスファイロスが彼に協力して確立した。速かに人々は体育訓練と共同食事の本来の適切なやり方を復興させ，少数者はやむをえず，しかし大多数の人々は自発的に質素なあのラコニア風生活様式に自ら服した。また，単独支配という名称を和らげるために，自らと共に弟のエウクレイダスを王に任命した。そこで，この時だけスパルタ市民のもとでたまたま一つの家から2人の王が出たことになる。　　　　　　　　　　[Ploutarchos, Kleomenes 11]

C　ラケダイモン人の僭主ナビスは，既に支配をえて3年目である（前205年）が，アカイア人によるマカニダスの最近の敗北により重要な企てを敢えて行うこともなく，長期の抑圧的な僭主政の基礎を据えることに専念した。彼はスパルタに残っている［王家の］人々をすっかり殺害し，富や父祖の名声故に著名な人々を追放し，その人々の財産と妻たちを他の［支持者中］最も傑出した者たちと傭兵たちに分け与えた。後者は大部分殺人者や切り裂き魔や追い剝ぎや押込み強盗であった。それは，概して，瀆神や犯罪の故に祖国に足を踏み入れえぬ類の輩が彼のもとに周到に世界中から集まったからだ。彼は自ら彼らの保護者でかつ王となり，従者や護衛として彼らを用いたので，彼の支配が邪悪さ故に長期の名声をうるであろうことは明らかであった。彼は，上述したことの他に，市民を追放しただけで満足せず，亡命者には安全な場所も安全な避難場も全くなかった。というのも，ある者には追跡者を派遣し路上で殺し，ある者は［亡命先から］帰国した時に殺した。最後に，町々では亡命者のあるものがたまたま住んでいる家のすぐ隣りの家を疑われていない人物を介して借りて，そこへクレタ人［の傭兵］を送り込んだ。彼らは家の壁を破壊して既にある窓から弓を射込んで，亡命者たちを立っている者も横になっている者も自分の家の中で殺した。かくして，気の毒なラケダイモン人には避難場もなく安全な時とてなかった。このようにして彼は彼らの大多数を殺害した。

[Polybios XIII, 6]

D ペロポネソスでラケダイモン人の僭主ナビスがどのような政策を最初から始めたかということ［は既に述べた］，そしていかにして彼が市民を追放し，奴隷たちを解放し，彼らを主人の妻や娘たちと結婚させたかを……（以下略）

[Polybios XVI, 13, 1]

54 エフェーボイ[1]（壮丁）の顕彰

　前4世紀後半から，アテナイでは市民権資格を得ることができると認められた満18歳の男子を2年間兵役につけ，体育と軍事教練などを課して将来の市民としての教育を施した．前3世紀初めには期間が1年に短縮され，体育に重点が移ってアテナイ以外からも富裕な若者が参加し，一種の教養エリートを養成する制度に変っていく．以下の史料（前266/5年）はこの過渡期のものであろう．

　オトリュネ区のニキアスがアルコンの年[2]でアカマンティス部族の第3プリュタネイア[3]の時，アロペケ区のイソクラテスの子イソクラテスが書記を務める．ボエドロミオン[4]月の26日，すなわちプリュタネイアの第26日．民会．主宰政務官(プロエドロイ)の内オイノエ区のレオストラトスの子レオクラテスが票決にかけた．他の同僚政務官(シュンプロエドロイ)と共に．評議会と民会とは決議せり．ペルガセ区のミュンニスコスの子(…ス)トラトスが提案した．メネクレスがアルコンの年[5]，訓練を受けたエフェーボイは，都市(アテナイ)が戦争の折[6]全員が規律を保ち続け，法とコスメテス[7]に従い，その年中ずっと国防の義務を果し，ムセイオンの丘[8]を防衛するべく将軍によって課されたすべての命令を，民会に命令されたかのように，やりとげた．かくて，踏みとどまった他の人々が顕彰されているので，彼らもその勲功ゆえに顕彰されること．神慮めでたく．評議会は決議せり．すなわち，来たるべき民会に主宰を担当する政務官が犠牲式のあとでコスメテスに提案し，これらのことについて討議すること．そして評議会は，メネクレスがアルコンの年にエフェーボイとしての訓練を受けたエフェーボイを顕彰すること，また彼らが民会に対して持ち続けた規律と熱意のゆえに，法の定めるところにより，彼らに黄金の冠を授けること，という評議会の決議を民会に伝えること．また彼らには都市(アテナイ)が主催する競技会で第1列目の席に坐る権利を与えること．また彼らのコスメテスたるケフィシア区のアンティファネスの子アメイニアスも顕彰すること．同じくパイドトリベス[9]たるアカルナイ区のヘオルティオスの子

ヘルモドロスをも顕彰すること．また槍投げ教官たるランプトライ区のストラティオスの子フィロテオスも，投石器教官たるコプロス区のムネシテオスの子ムネシテオスも，書記たるヘルモゲネスと弓射教官たるクレタのソンドロスも．また彼らがエフェーボイたちに対して持ち続けた規律と注意深さのゆえに，彼らにオリーヴの若枝製の冠を授けること．プリュタネイアの書記はこの決議を石柱に刻み，アゴラに建立すること．この石柱のためにかかる費用は財政担当官が支給すること．[以下コスメテスほかの教官の名前および33名のエフェーボイの名前は省略]　　　　　　　　　　　　　　　　　　　　[SIG³ 385]

1) 満18歳になった男子で，将来のアテナイ市民となる候補生．以下の碑文にあるように軍事訓練と兵役についた．デーモス（区）に登録されてはじめて市民として認定された．2) 前266/5年．3) 10部族から50人ずつ毎年選ばれた評議員は，太陰暦の一年を10で割った35～6日間を，一部族からの50人が当番評議員としてつとめを果たした．プリュタネイアとはその当番期間を言う．4) アテナイの太陰暦で第3月．ちなみにアテナイでは，夏至後の初めての新月をもって新年のはじまりとするので，第1月（ヘカトンバイオン月）は今の7月にあたる．5) 前267/6年．6) クレモニデス戦争（前267～前261年）．7) エフェーボイの監督官．8) アクロポリス南西の丘で砦があった．9) 体育教官．

55　ロドスのアテノドロスの顕彰に関するヒスティアイアの決議

　アテノドロスはデロスで活動していたロドス人の銀行家であった（異説もある）．彼はここに見られるように穀物取引にも関与しており，エウボイア北端の都市ヒスティアイアに何かと便宜をはかっており，それゆえこの都市から表彰されている（前230～前220年）．

I　（月桂樹の冠の中に）ヒスティアイアの民会．ペイサゴラスの子アテノドロス．

　アルコンたちは評議会が民会に以下のことを決定するようにと提案した．ロドスの人ペイサゴラスの子アテノドロスは［ヒスティアイアの］民会に対して好意的であり続け，常に援助を必要としている市民には私的に，また都市［ヒスティアイア］には公的に援助を与え，都市［ヒスティアイア］からデロスへと派遣された穀物買付人にも職務の遂行のためあらゆる便宜を熱心にはかり，無利子で金銭を貸し付けた．そして自分自身の利益よりも都市のために役に立つことをまず第一にして，できるだけ早く穀物買付人を［職務から］解放するようにした．そこですべての者は以下のことがわかるのである．すなわち，ヒ

スティアイアの民会はその恩人たちを顕彰すること，そして立派な人物が顕彰されることを知るともっと多くの人々が競って都市に恩を施すことになることが，神慮めでたく．民会は以下の如く決議せり．ロドスの人ペイサゴラスの子アテノドロスを，都市のために彼が施した恩恵のゆえに顕彰すること．また彼の徳とヒスティアイアの民会への恩恵のゆえにオリーヴの若枝製の冠をさずけること．アンティゴネイアの祭典[1]での行列でこの冠を衆人に示すこと．アゴノテテス[2]がこの衆人への公示をとりはからうこと．法の定めに従い，彼本人および子孫に市民権を与えること．また犠牲式のあと評議会や民会の上席への出席権をも与えること．この決議を石柱に彫りつけ，我らのところのディオニュソス[3]の神域とデロスではアポローン[4]の神域に奉納すること．建てる場所をデロスの当局にたずねたうえで，石碑に必要な費用はその時の財務官が与えること．

II

評議会と民会とは決議せり．ポリュブロスの子パルメニオンが次のように提案した．ヒスティアイアの人々に，神域の中のオフェル（……）の像と（……）イキスの像との間に要求された場所を与えること．ヒスティアイアの人々によってアテノドロスに与えられた栄誉の数々が刻印された石碑を奉納するために．クレオステネスの子テオファスが票決に付した．　　　　　[Durrbach, Choix 50]

1) マケドニア王アンティゴノス3世ドソン（在位前229～前221年）を記念した祭典と考えられている．2) 祭典の実行責任者の役職名．3) ゼウス大神とセメレーとの間に生まれた神．もとは植物の生成繁茂の神格であったが，のち特にブドウ樹・ブドウ酒の神格とされ，酒の持つ歓楽と陽気，生殖と繁茂への期待を体現する神となった．4) ゼウス大神とレートーとの間に生まれた神．若々しく美しい青年の姿で表される．もともとは植物の繁茂を司ったが，遠矢を射て疫病をはやらせたりしりぞけたりもし，また予言を下し（神託），音楽・詩歌文芸をも司り，光明そのものの主神でもあった．

56　プトレマイオス朝エジプト初期の外交とプトレマイオス4世

　前304年に始まるプトレマイオス朝は，その初期から外交にも積極的な姿勢を見せた．以下の史料はその概要を伝える有名な箇所である．一般にはプトレマイオス朝が支配地を広げたのは，自国の支配を安泰にするためであったと言われており，実際この時期に王国は盛期を迎えた．なお文中のパンフィリアおよび，アイノス，マロネイア以遠までエジプト領になったという記述については異説もある．

フィロパトルと呼ばれたプトレマイオス[1]は，父親が死ぬと兄弟マガスおよびこれに従う者たちを追い払い，たちまちエジプトの支配権を手に入れた．そして国内の危難からは彼自身の上述の裏切り行為のゆえに解放され，また国外ではアンティゴノス[2]とセレウコス[3]とが死に，政権の後継者たるアンティオコス[4]とフィリッポス[5]とはたいそう若くほとんど子供でもあるという幸運によって危険から解放されると考えた．このため現状を信頼して統治に関することでは祭典ばかりとり行っていた．そして宮廷人やエジプトの内政を管理している者たちには無愛想で気むずかしく接した．また外交を担当している者たちにも無関心で，無視してしまった．前の国王たちはこうしたこと［外交］に，エジプトそのものの支配よりもずっと熱心にかかわっていたのに．すなわち，彼ら［前の国王たち］はコイレー・シリア[6]とキュプロスとを支配していたので，シリアの王たちに海・陸の両方から圧力を加えた．彼らは島々にと同様，アジア中の小王たちに接近した．というのは主要な都市や地域，港をパンフィリア[7]からヘレスポントス[8]までの全沿岸地帯およびリュシマケイア[9]一帯におさえていたからである．またアイノスやマロネイア[10]，その他さらに遠隔地の諸都市を手中にしてトラキアやマケドニアにおける事件にも監視をおこたらなかった．このようにして遠く離れた地域に手をのばし，はるか遠くから自国にまで支配をおし進めたので，彼らはエジプトに関する支配については何ら悩まされることはなかった．このため，当然にも彼らは外国の事件にたいそう熱心に対処した．だが上記の王［フィロパトル］はいかがわしい愛欲と無分別，過度の飲酒癖のゆえに，これらの支配地のそれぞれにほとんど関心を示さず，当然のことながらきわめて短期間の内に彼の生命も支配権もいくたびか陰謀に脅かされた．それらの内の最初は，スパルタのクレオメネスによるものであった．

[Polybios V, 34, 1～10]

1) プトレマイオス4世フィロパトル（在位前221～前205年）．2) アンティゴノス3世ドソン，マケドニア王（在位前229～前221年）．3) セレウコス3世ソテル，シリア王（在位前225～前223年）．4) アンティオコス3世，シリア王（在位前223～前187年）．5) フィリッポス5世，マケドニア王（在位前221～前179年）．6) フェニキア（現レバノン）沿岸の平野部から奥に広がる地域．7) 小アジア南部の沿岸地域．8) 現在のダーダネルス海峡．9) ヘレスポントス北側（すなわちヨーロッパ側）にあった都市．10) リュシマケイアからさらに西のトラキア南岸にあった都市．

57 プトレマイオス2世からミレトスへの手紙

プトレマイオス2世は第1次シリア戦争の折、シリア・小アジア方面を獲得した。ミレトスもこの時期にエジプトと同盟関係に入った。しかしながらクレモニデス戦争[1]においてアテナイがマケドニアに敗れ、マケドニアの勢力が伸張するにつれて小アジアのギリシア都市とエジプトとの同盟関係は危殆に瀕することとなる。この手紙は以上の情勢下(前267～前261年頃)で、エジプトがミレトスを同盟につなぎとめようとして発せられたと考えられている。

プトレマイオス王はミレトスの評議会と民会とに挨拶を送る。以前余は汝らの都市にあらゆる好意を示した。すなわち領土を与え、かつその他のことにも気を配って。というのは我らの父[2]が友好的に汝らの都市をとり扱い、多くのことで汝らに恩恵を施し、厳しくつらい税やある王たちが課した入港税をも汝らから免除したことを知っていたので、これにふさわしいようにしたのである。今、汝らが都市(ミレトス)ならびに我々に対する親善と同盟とを、友好的に保ってきたので――というのは余に、息子やカリクラテスおよび汝らと共にいる［余の］友人たちが、我々に対する好意のしるしを汝らが示していると書いて来ているからなのだが――このことを認め、我々はできうる限り大きな称賛を与え、市民に恩恵を与えて庇護するつもりである。我々は将来も汝らが同じ行動を我々に対してするよう要望するものである。汝らがそのようである時、我々がより一層の注目を汝らの都市に与えることができるためにも。これらのことについて、これ以上はヘゲストラトスに検討するように申し付けてある。我らからの挨拶を送る。さらば。　　　　　　　　　　[Welles, Royal Correspondence 14]

1) 前268/7～前262/1年。クレモニデスはアテナイの反マケドニア派の政治家でプトレマイオス朝と同盟してマケドニアにあたったが、敗れた。2) プトレマイオス1世ソテル(在位前317～前283年)。

58 エジプトにおける製油業の国家独占

エジプト経済の特色は、農業も含めて産業のほとんどすべてが国家の厳重な統制下におかれていたことである。生産から販売までが、王の財務長官(ディオイケテス)以下それぞれの県(ノモス)、郡(トポス)、村(コーメー)にいたるまで、整備された官僚機構によって独占的に管理されていた。その様子が比較的詳しく知られるのは植物油製造部門である。ここでは採油植物の作付け・収穫・製油・販売まで国家の管理下におかれ、植物の秘密栽培や油の密造は厳禁されていた。

以下は前259年の収税法パピルス（植物油製造に関してはcol. 37～72）のごく一部の紹介である。

col. 42（約5行欠）……（3行目）ゴマ・ヒマ・ベニバナを収穫する季節となると、農民たちはノモス長官とトポス長官とに［その旨］知らせるべきこと。ノモス長官もトポス長官もいなければオイコノモス[1)]に。彼らは租税契約権保持者［徴税請負人］を呼ぶべきこと。徴税請負人は彼らと共に耕地に行き、［収穫高を］査定するべし。

現地人農民（ラオイ）およびその他の農民たちは、自分たちの農産物をその種類ごとにまだ収穫しないうちに見積もり、徴税請負人とこの見積もりについて2通の封印された契約書を作成するべきこと。現地人農民は各自がどれほどの土地に各種類別にタネをまいたかを宣誓して書きつけるべきこと。また各々がどれくらい［の収穫を］見積もったかも。そしてこの書類を封印するべきこと。ノモス長官あるいはトポス長官から派遣されて来た者たちも共に封印すべし。

col. 44（約5行欠）……（3行目）王の下賜地にある村落はすべて、その中に搾油所を設けてはならない。

充分な量のゴマ・ヒマ・ベニバナを各作業所に供給すること。

各々のノモスに配属された製油職人たちは、他のノモスへ移動することは許されない。もし誰かが場所を移ったならば、この者たちは徴税請負人やオイコノモス、アンティグラフェウス[2)]による逮捕を免れえぬこと。

誰も製油職人をかくまってはならない。もし誰かがそれと知りつつかくまったり、命じられても［彼を］送りかえさなかったならば、各々の製油職人につき3,000ドラクマ[3)]［の罰金］を支払うべきこと。また件の製油職人は逮捕を免れえぬこと。

col. 47……（10行目）オイコノモスやアンティグラフェウスから任命された者は各都市にいる小売商人や商人の名前を記録すべし。そして彼らに関しては彼らが毎日手に入れて売り出さねばならない油やヒマシ油がどれほどの量かを徴税請負人と共に取り決めるべきこと。……

col. 48（約5行欠）……（3行目）各村落の小売商人や商人たちが取り扱うと契約［合意］しただけの油とヒマシ油とを，オイコノモスとアンティグラフェウスはその月が始まらないうちに各村落に［油の］種類別に充分な量運び込み，小売商人や商人たちに5日ごとに割り当て，もしできるならばその同じ日に代金を受けとるべきこと．もしそれができなくても5日目までには受けとるべきこと．そしてそれを王の金庫に払い込むべきこと．輸送のためにかかる費用は徴税請負契約［の収入］から出されるべきこと．……

col. 49……（16行目）もし誰かがゴマ・ヒマ・ベニバナを何らかの方法で［製油のため］加工しているところを見つけられたならば，あるいは油や（後世の書きこみ：ゴマ油・ベニバナ油・）ヒマシ油を徴税請負人のところからではなくどこか他の場所から購入するのを見つけられたならば，この人物については王が裁きをするであろう．そしてこの人物は徴税請負人に3,000ドラクマ［の罰金］を支払うべきこと．また油と生産物とを没収されるべし．これらはオイコノモスとアンティグラフェウスとによって取り立てられるべし．もし支払えなければ自身の身柄を（……）に引きわたすべし．（以下略）

[J. Bingen, Papyrus Revenue Laws]

1) 県の財務を担当した官僚．歳入を確保するべく農・商・工の諸部門を管理した．2) 県の会計監査を担当し，オイコノモスの不正をチェックする官僚．3) ヘレニズム時代には1ドラクマ＝4.36グラム．史料62の解説も参照のこと．

59　国王アンティオコスのバイトカイケーのゼウス神殿領に関する書簡（年代不詳）

　　この史料はセレウコス朝シリアの王家と王国内の神殿との微妙な力関係を示している．王国内の土地は基本的に王家に属していたが，ある地域に大きな影響力をもつ神殿に付属する土地からの収入に関しては，神殿の運営・維持のためにその神官が自由に用いることができた．従来有力であった説では，セレウコス朝の盛期においては国王権力が強く，神殿領を王家の領土に編入することができたが，衰退期にはもはや王家にその力がなく，この史料にあるように神殿にもとの領土ならびに特権を安堵したと考えられていた．この説によるとこの碑文は前2世紀後半に属することになる．しかし近年の説では，セレウコス朝はむしろ初期の段階で，神官の支持を獲得するために積極的に神殿に領土

を与え，特権を認可していたという．この説に立てば，本史料はセレウコス朝初期に属することになる．現段階ではどちらとも決め手がない．

アンティオコス王の書簡

アンティオコス王[1]はエウフェモス[2]に挨拶を送る．ここに添付された覚書を与えるものとする．汝の実行すべきことについて，書かれているように執り行うべし．

余にバイトカイケーのゼウス神[3]の権限について報告がされた．神の権限のおよぶところは，どこでもすべてこの神に永遠に認められるようにと決定がなされている．すなわち，バイトカイケーの村——この村はアパメイア管区の（……）のムナセアスの孫でデメトリオスの子たるデメトリオス[4]がもっていた——を，前回行われた境界線調査どおりに，所属し存在するもの[5]を含めて，また今年の収穫作物も含めて認められるようにと．ここからの収入は毎月執り行われる犠牲式と神域の名声を高めるべき他のことのために，いつものとおり神によって任命された神官によって消費されるべきこと．毎月15日と30日に開かれる祭典［定期市］[6]は免税たるべきこと．また神域は不可侵たるべきこと．この村は兵士への宿舎提供[7]を免ぜられるべきこと．いかなる反対もなされておらぬので．上述のどれかに違反した者は不敬の咎で有罪たるべきこと．この詔勅は石柱に刻まれこの同じ神域に建てられるべきこと．それゆえ，以上に明らかにされたとおりに事が運ばれるよう，いつもの者［役人］たちに書き送る必要があろう．　　　　　　　　　　　　　[Welles, Royal Correspondence 70]

1) この碑文史料の年代決定ができないので，どのアンティオコス王かは不明．2) 王のこの覚書はバイトカイケーの神殿に直接送られたのではなかった．エウフェモスなる人物が国王と神殿との間に入っていた．王国の役人であったはずであるが，彼の正式な役職は不明である．おそらくはバイトカイケー村を含む管区の長官か．3) バイトカイケーは北シリアの村落．おそらく昔から土着の神を祭る神域があり，のちにギリシア文化がおよんでゼウス神と同一視されたのであろうと考えられている．4) 他に伝えがなく詳細不明．5) 土地および農民，家屋など．6) 祭典で人が集まったところでは必然的に物品の交換がなされ，市になったと考えられる．売上金が免税とされることは，神域にとっては好ましいことであった．7) 通常は兵士の宿泊費用は村落の負担であった．食費のみならず時には小遣い銭や衣服なども支給しなければならず，軍隊の宿泊は村々に大きな犠牲を強いた．

60 ギリシア人の自由

　前3世紀末,東地中海世界ではマケドニア王フィリッポス5世,シリア王アンティオコス3世が共に手を結び,周辺諸国へ勢力を拡大していた.これに脅威を抱いた共和国ロドスとペルガモン王国とはローマ元老院に助力を願い出た.ローマがこれに応えて始まった戦いが第2次マケドニア戦争である.前197年キノスケファライの戦いでローマ軍は勝利をおさめ,前196年に以下の和平条約が結ばれた.

　ちょうどその時[1]ローマから10人の使節がフィリッポスとの和約についての元老院決議をたずさえてやって来た.ギリシアに関することは彼らによって処理されるはずだったのである.この元老院決議は以下の如き内容であった.すなわちアシアやヨーロッパにいるすべてのギリシア人は自由たること,またその固有の法に服すること.フィリッポスによって支配されていた人々や[彼の]守備隊を置いていた都市を,イストミアの祭典[2]の前にフィリッポスはローマ人に引き渡すこと.エウロモス,ペダサ,バルギュリア,イアソスの各都市から,同じくアビュドス,タソス,ミュリナ,ペリントスの各都市から守備隊を引き上げて[これらの都市に]自由を認めること.キオスの解放に関して,フラミニヌス[3]は元老院決議に則った手紙をプルシアスに書くこと,すべての捕虜や逃亡者たちをフィリッポスは同じ時にローマ人に返すこと.同様に,5隻の軽装船と16の漕ぎ座のある大船とをのぞいて,軍船も引き渡すこと.また1,000タラントンを支払うこと.そのうち半額は即刻,あとの半額は税として10年間で.

　この元老院決議がギリシアに広まると,すべての者は勇気づけられ,喜んだ.ただアイトリア人だけは望んでいたものが手に入らなかったので,この決議に不満であり,この決議は事件の解決ではなく,ただ言葉だけの解決にしかすぎないと言って,こきおろした.彼らはこの書状から,それらを聞いた者を混乱させるようなことを把みとっていた.というのは彼らが言うには,この元老院決議にはフィリッポスによって守備隊をおかれている都市について2通りの決定があるとのことなのである.すなわちそのひとつは,フィリッポスが守備隊を引き上げて都市をローマ人に返還することを命じており,もうひとつは守備隊を引き上げたあと都市を自由にするというものであった.自由とされる都市は名前をあげられており,すべてアシアにあった.ローマ人に返還される都市

は明らかにヨーロッパにあった．それらはオレオン，エレトリア，カルキス，デメトリアス，コリントスである．これらのことからすべてに容易に見てとれることは，ローマ人が，フィリッポスから，ギリシアの要となるところを手に入れたこと，そしてこれは支配者の更新であってギリシアの解放ではなかったことである．

　これがアイトリア人によってしつこく言われたことなのである．フラミニヌスはエラテイアから10人の使節と共に出発してアンティキュラへと道をとり，ここからすぐにコリントスへ向けて出航した．この地で彼ら［使節］と共に会議に出席し，すべてのことについて決定をした．アイトリア人の中傷がもっとひどくなり，何人かの間に信じられるようになると，フラミニヌスは会議で次のように指摘しながら口数多くさまざまに発言しなければならなくなった．すなわち，もし自分たちローマ人が本当にギリシア中にあまねく名声を望むならば，またそもそも初めから自分たちが海をわたって来たのは，［自分たちの］利益のためではなくてギリシアの解放のためなのだ，と一般的に全ギリシア人の間に信じさせるのならば，あらゆる場所から撤退し，現在フィリッポスによって守備隊がおかれているすべての都市を解放しなければならないと．その会議に当惑が生じたのは，その他のことに関してローマですでに事前に決定されていたからであり，また10人の使節は元老院からの特別な命令を受けていたからである．だがカルキス，コリントス，デメトリアスに関しては，その統治はアンティオコスのせいで，彼ら［ローマ人］に任されていた．その時々の出来事に目を向け，自分たち［ローマ人］自身の政策に沿ってこれらの都市について決定できるようにと．というのはこの上記の王［アンティオコス］が昔からヨーロッパでの事件に介入しようとしていたのは明らかであったので．それにもかかわらずフラミニヌスは，コリントスを初めからの合意に従ってアカイア人に任せてすぐ自由を与えるよう会議を説得した．そして自身はアクロコリントス，デメトリアス，カルキスの占領を続けた．

　これらのことを決定すると，イストミアの祭典が間近となっていた．ほとんどすべての居住世界から著名人たちが，そこでこれから行われることに期待して集まった．多くの噂が祭典の間にとびかっていた．すなわちローマ人はいくつかの地域と都市とを手放すことはできないであろうと考える者もいたし，ま

た彼らは有名と思われる地域は手放しておいて，あまり知られていないところで同じ役に立つことができる場所を支配しようとしていると考える者もいた．彼らはすぐに互い同士思い思いの考えから自分たち自身でこれらの場所をあげた．人々の間に起った動揺は以上のようであった．多くの者たちが競技のためのスタジアムに集まると，伝令が前に進み出てラッパの合図で群衆を静め，布告を読み上げた．「ローマの元老院とプロコンスルたるティトゥス・クィンクティウス［・フラミニヌス］とはフィリッポス王とマケドニア人とを戦いで破り，コリントス人・フォキス人・ロクリス人・エウボイア人・フティオティスのアカイア人・マグネシア人・テッサリア人・ペッライビア人[4]は自由とし，［ローマの］守備隊もおくことなく，税も課さず，自国の法に従うがよいとした．」すぐにもう初めからもの凄い歓声がわき起り，ある人々は伝令の布告が聞きとれず，またある人々はもう一度聞きたいと望んだ．大部分の者たちは全く信じられず，事態が予想に反するためにまるで夢の中でこの布告を聞いたように思った．すべての者はさまざまの衝動にかられて伝令とラッパ手とが競技場の中央に進んで，もう一度いま伝達したことについて繰り返すようにと大声で促した．これは単にもう一度聞くためだけではなくて，言われたことが信じがたかったので伝達している人物をこの目で確かめたかったのだろう，と私は思う．そこで伝令が中央に進み出て再びラッパの合図で喧噪を静め，先程と同様に同じことを再び公表すると大きな拍手と歓声がどっと起り，今この様子を聞く人々には容易にその光景を想像できないほどであった．この騒ぎが静まると，もはや誰も競技者の話もせず，すべての者が互い同士，あるいは自分自身に話しかけ，あたかも思考を平静に保てなくなったかのようであった．競技会が終ると，あまりの喜びのゆえに彼らはフラミニヌスに感謝のことばを述べようとして［押し寄せ］もう少しで彼を圧死させてしまうところであった．というのは，ある者たちは彼と面と向って顔を合せ，［彼を］解放者と呼ぼうとしたからであるし，またある者たちは彼との握手を望んだので．また多くの者たちが花冠やリボンを投げかけ，ほとんどこの男［フラミニヌス］を粉々にしてしまわんばかりであった．感謝の念が極度に大きかったとしても，ことの重大さに較べれば以上のことはまったく些細なことであると自信をもって言うことができよう．というのも，ローマ人とローマ人を指揮するフラミニヌスとがギリシア

人に自由を与えるという恩恵のためにあらゆる犠牲や危険に耐え，その目的の実現をはかったことはすばらしいことであったから．またこの目的のために適切な方法を用いたことも重要なことであった．すべての内で最も重要なことは，運命から生じる何ものもこの企画に対して障害とならず，すべてのことをこの一時期に行いえたことである．すなわち一片の通達によりアジアおよびヨーロッパに住んでいたすべてのギリシア人が，自由にして，[ローマの] 守備隊もなく，税も課されることなく，自国の法に従うことという具合に．

[Polybios XVIII, 44, 1〜7; 45, 1〜12; 46, 1〜15]

1) 前196年6月初めごろ．2) デルフォイ，オリンピア，ネメアとならぶ，単一ポリスの枠を超えた全ギリシア民族の四大祭典のひとつ．コリントス近郊のポセイドン神を祭った神域を中心に二年に一度開催された．3) ティトゥス・クィンクティウス・フラミニヌス．前198年のコンスル．この時プロコンスルであった．4) コリントス人以外はいずれもボイオティア地方の北方に住むギリシア民族．

61 アパメイアの和約（前188年）

「ギリシア人の自由」が宣言されて第2次マケドニア戦争は終結したが，アイトリア人を中心とした反ローマ勢力は依然として大きな力を持っていた．一方セレウコス朝シリアのアンティオコス3世は，当時東方で最も強力な王であった．以後反ローマ派は彼を頼りとしたが，前192年に始まるアンティオコスとローマとの戦いは，このアパメイアの和約をもってローマの勝利のうちに終ったのである．

条約のひとつひとつは以下のようである[1]．アンティオコス[2]とローマ人とには，彼が合意事項に従って行動する限り常に友好関係があるべきこと．アンティオコス王と彼に従っている者たちは，ローマ人およびその同盟者の敵に自分たちの国土を通過させてはならないし，また彼らに何物をも供給してはならない．ローマ人とその同盟者たちは，アンティオコスと彼に従っている者たちに同じ様にしなければならない．アンティオコスは島々の住人やヨーロッパ全域の人々に対して戦争をしかけてはならない．彼は (……) の[3]都市，土地から撤退すること．[彼の] 兵士たちがたずさえてきた武具を除いて何物も持ち出さないこと．もし何物かを持ち去ったならばその同じ都市にもとどおり返却すること．エウメネス王のところから兵士や他の何物をも受けとってはならない．もしローマ人の占領した都市の出身者がアンティオコスの軍隊の中にいるな

らば，アパメイアでこれらの者たちを元に帰すこと．もしアンティオコスの王国から来た者がローマ人やその同盟者たちのところにいるのならば，望み通りにとどまってもよいし，出発してもよい．ローマ人やその同盟者たちの奴隷をアンティオコスおよび彼に従う者たちは引き渡すこと．捕えた者であれ脱走してきた者であれ，またどこかで捕えて来た捕虜がいるならばその者たちも．アンティオコスは，もし可能ならばカルタゴ人ハミルカルの子ハンニバル[4]およびアカルナニア人ムナシロコス，アイトリア人トアス，カルキス人エウブリダスとフィロン，公に政務官をいただいているすべてのアイトリア人を引き渡し，またアパメイアにいるすべての軍象を引き渡し，これ以上他の軍象を補充しないこと．軍船を艤装・装備もろとも引き渡し，10隻以上の甲板を張った船を所有してはならない．また30以上の橈で航行する船を持たないこと，また戦争——かれが口火を切るのだが——のための軽装船も．カリュカドノス川の河口やサルペドニオンの岬[5]の向うへと航海してはならない．税や使節や人質を運ぶ以外は．アンティオコスにはローマ人により支配されているところから傭兵を集めることおよび逃亡者を迎えることは許されない．アンティオコス王により支配されている地域のロドス人の住居あるいはその同盟者の住居は，戦争前にそうであったように，すべて彼らのものたること．もしアンティオコスが彼らにいくらかの借金があるならば，同じく取り立てが彼にあるべきこと．またもし彼らから何物かが奪われたならば，調査の上で返却さるべきこと．戦争前と同様に，ロドスへと運ばれる品物は免税たるべきこと．アンティオコスが引き渡すべきいくつかの都市を，アンティオコスが誰かに与えているならば，彼は守備隊やこの人物をこれらの都市から撤退させるべきこと．のちにこれらの都市が［アンティオコスのところへと］離脱を決定しても，彼は［これらを］受け入れてはならない．アンティオコスは最良のアッティカ銀貨で12,000タラントン[6]を1年に1,000タラントンを支払いながら今後12年間でローマ人に支払うべきこと．1タラントンはローマの80リブラ[7]より少なくてはいけない．また穀物54万モディウス[8]も．エウメネス王に1年で70タラントンずつ支払いながら今後5年間で350タラントンを支払うべきこと．（……）ローマ人に支払うのと同じ時に．アンティオコス王が見積もったとおり，穀物の代金127タラントンと1,208ドラクマ[9]も．エウメネスはこれを自分の国庫に受けとる

ことで借財返済は充分であるとすること．アンティオコスは，3年ごとに他の者とさしかえて20名の人質をさし出すこと．これらの人質は18歳以下であってはならず，45歳以上であってはならない．もし支払われた金額が上と一致していなければ，翌年に支払われるべきこと．アンティオコスが戦いをしかけてはならないと明記された都市や部族の内いくつかが先手をうって［彼に］戦いをいどんだならば，アンティオコスには応戦することが許される．これらの都市や部族にアンティオコスが支配権をもたず，同盟国にもしないならば，お互い同士に生じた不正行為に関しては裁判に訴えるべきこと．もし両当事国が共通の布告によってこれらの合意事項について何かを加えたり削ったりすることを望むならば，そのようにすることができる．

（中略）

ローマの10名の使節とプロコンスルたるグナエウス[10]とは，アパメイアですべての訴人の言い分を聴いた．そして領土もしくは金銭，その他のことに関する紛争には都市が当事者双方の同意を得て，都市の中で争い事を解決するようにした．彼らがとった処置のすべては以下の如くである．自治都市のうちかつてアンティオコスに税を払ったが，その後ローマに信義を寄せたところすべては免税とした．アッタロスに寄付を支払った都市すべてには，同じ税をエウメネスに納めるよう命じた．もしある都市がローマの友好を裏切り，アンティオコスに同盟して戦いをしたのであれば，アンティオコスによって課されていた税をエウメネスに支払うよう，これらの都市に命令した．ノティオンに住んでいるコロフォン人やキュメ，ミュラサの人々に免税措置をとり，クラゾメナイの人々にドリュムーサと呼ばれる島を与え，ミレトスの人々には神域を復興した．彼らは戦争のために以前ここから立ち退いていたので．キオス，スミュルナさらにはエリュトライと彼らは異なったところへ出向き，戦争の最中に彼らの示した誠意と熱意とに注目して，各々［の都市］がその時欲しがっていた土地や自分たちのものだと思っている土地を与えた．フォカイアの人々に，父祖の国制と以前所有していた領土とを復興してやった．その後ロドスの人々の訴えに耳をかし，テルメッソスをのぞいてマイアンドロス川までのリュキアとカリアとを与えた．エウメネス王とその兄弟に関しては，アンティオコスとの合意事項においてできるだけの配慮をしてやった．すなわちヨーロッパのケルソ

ネソスやリュシマケイア，これらに付属した砦と領土とを与えた．これらをアンティオコスが侵略したのであった．アジアではヘレスポントス寄りのフリュギア，大フリュギア，以前プルシアスが彼からとり上げていたミュシア，リュカオニア，ミリュアス，リュディア，トラッレス，エフェソス，テルメッソスを与えた．エウメネスに与えられた贈物は以上であった．パンフィリアに関しては，エウメネスはタウロスのこちら側を主張し，アンティオコスからの使いの者は向う側と言っていた．彼ら［使節］はどちらとも決めかね，この件については元老院の裁定にゆだねることにした．ほとんどの最重要課題を解決して彼らは陣地をときヘレスポントスへ向った．その途中ガラティアの事態をなお安全にするつもりで． [Polybios XXI, 42, 6〜10；43, 1〜27；46, 1〜12]

1) この条約は元老院から派遣された10名の使節とアンティオコス3世との間で取り決められた．ローマ側についていたペルガモン王エウメネス2世も条約内容の討議に加わっている．この使節は前188年に小アジアのアパメイアに到着した．2) シリア王アンティオコス3世．在位前223〜前187年．3) この条約に関して伝えを残しているリーウィウスによると（Livius xxxviii, 38, 4），アンティオコスは大略のところ，タウロス山脈—リュカオニア地方—ハリュス川を結ぶ線より西側の地域にある都市や村落，砦から撤退しなければならないとされている．4) 前195年ハンニバルは故国カルタゴを離れ，シリアに身を寄せていた．戦争後ビテュニアへ逃れた．5) 小アジア南東部沿岸（東経34度あたり）に注ぐ川とその近くの岬．6) ヘレニズム時代には1タラントン＝26.16キログラム．7) リブラはアスという単位に同じ．1リブラ＝1アス＝327.45グラム．8) 1モディウス≒9リットル（固形状物）．9) ドラクマに関しては，史料58註3ならびに史料62註3を参照のこと．10) グナエウス・マンリウス・ウルソ．前189年のコンスル，前188年のプロコンスル．小アジアに兵を率い，ガラティア人と戦って勝利をおさめた．元老院からの10人委員とともにアパメイアでアンティオコス3世とここにあげた和議条約を結ぶ．

62 アテナイの4ドラクマ銀貨に関するアンフィクティオニアの決議

独立したポリスの証しとして，ギリシアでは各ポリスが独自の通貨を発行していた．この史料は，アテナイの4ドラクマ銀貨を銀4ドラクマの重量（約17グラム）と等価値に扱うべし，と公定交換レートを再確認したものと考えられている．しかしこの時期（前2世紀後半）になぜ改めてこのような告示が出されたのかについては，諸史家の間で意見の一致は見られない．

デルフォイでポリュオンがアルコンの年のダイダフォリオス月[1]の13日，デルフォイへと集まったアンフィクティオニア[2]は決議せり．すなわちすべてのギリシア人はアテナイの4ドラクマ貨幣を銀4ドラクマ［の重量][3]と受けとるべきことと．諸都市に住んでいる者たちのうち誰かが，外人(クセノス)であれ，市民であ

れ，奴隷であれ，また男であれ，女であれ，もし上述の通りに受けとらずまた支払いもしなければ，奴隷はアルコンによって笞打たれ，自由人は銀200ドラクマを支払うべきこと．諸都市のアルコンたちとアゴラノモイ[4]とは，この決議に従わない者たちから公に定められた額の現金を取り立てるよう協力すること．そして取り立てられた現金のうち半額は，違反者を政務官まで連れて来た者の，他の半額は都市のものたること．もし都市や祭典の任務についているアルコンたちが，この決定に違反した者を自分のところへ連れて来た者たちに協力しなかったならば，彼らについてはアンフィクティオニアで裁きがあるべきこと．アンフィクティオニアの法に従って個々に詳しい調査がなされて．同様に，都市や祭典で営業している金融業者［両替商］たちがこの決議に従わないならば，望む者は誰でもこれらの者たちをアルコンたちのところへ連行する権限を有する．もしあるアルコンが連行して来た者に協力しようとしないならば，彼らに対して裁きがあるべきこと．他の者［アルコン］たちに対して明記されたと同様に．各ヒエロムネモノス[5]はこの決議の封印された写しを各々の故国へ持って行くこと．書記はこの写しを全ギリシア人に送ること．また［この内容を］デルフォイの神域内にあるアテナイ人の宝庫[6]に刻みつけること．同様にアテナイのアクロポリスにも．アンフィクティオニアがこれらのことに関して行った措置をすべての人々が知ることのできるように． [SIG³ 729]

1) 11月．2) 隣保同盟あるいは宗教連合．有力な神殿を中心としてポリスや諸種族が結んだ同盟．ここではデルフォイのアポローン神殿を中心に結んだ同盟体．政治・経済・社会等に大きな影響力を持っていた．3) 貨幣は貴金属でつくられたため，貨幣の単位は重量単位と同じであった．ギリシア世界では大きく「アイギナ単位」と「エウボイア・アッティカ単位」とに分かれていたが，アレクサンドロス大王が後者を採用して貨幣を鋳造したことから，ヘレニズム時代にはアッティカ重量単位の銀貨が東地中海世界のいわば共通の貨幣となった．この単位によると，1ドラクマ＝4.36グラムであった．4) 市場監督官．5) 各ポリスなどからアンフィクティオニアの会議に派遣されている代表者．6) デルフォイの神域南端に建てられていた．パロス島産出の大理石で造られたドーリア式の建築物．おそらく前490年のマラトンの戦いによる戦利品の十分の一を基に建設された．現在の建物は20世紀初頭に正確に復元されたもの．

63　デロスにおける交易活動とその国際化

前166年，ローマによって自由港とされ，アテナイの管理下に入ったデロス島は商業交易の一大中心地となった．史料Aはデロスにおける奴隷貿易の隆盛を語っている．Bはプトレマイオス1世によってエジプトで創始され，国家神とされたセラピス神信仰

がデロスに導入された様子を告げている．Bからエジプト起源の神々が信仰されていたというデロスの「国際化」の一面をうかがうことができる．

A　デロスにおける奴隷貿易（前2〜前1世紀）

きわめて多くの者たち［キリキア人海賊］が奴隷の輸出というこの呪われた業務に殺到した．莫大な利益となったので．というのも彼らは簡単に捕えられたばかりか，大規模で豊かな市場がそれほど遠くないところにあったからである．それはデロス島で，ここでは1日に1万の奴隷を受け入れ，また送り出すことができた．かくしてこのことから格言すら生まれた．「商人よ，入港して積み荷を下ろしたまえ．すべて売り切れとなるから．」この原因は，カルタゴとコリントスの破壊[1]ののちローマ人が豊かとなり，多くの奴隷を使用したことにある．こうしたことが容易なることを知ると，海賊たちが群をなして栄えることになった[2]．彼らは略奪ばかりか奴隷貿易にもたずさわったのである．キュプロスの王もエジプトの王もシリア人に敵対していたので，このこと［奴隷貿易］で彼らに協力していた．ロドス人も彼ら［シリア人］に友好的ではなく，それゆえ何の救援もしなかった．同じときに海賊たちは奴隷商人をよそおい，たえずその悪事［略奪と人さらい］を働いていたのである．

[Strabon XIV, 5, 2]

1) 前149〜前146年の第三次ポエニ戦争によってカルタゴは完全に滅ぼされ，コリントスも前146年にアカイア戦争の果てにローマによって完全に破壊された．両都市が滅亡した前146年は，ローマが地中海世界に覇権を確立する基礎となった重要な年である．2) 史料70をも参照のこと．

B　セラピス神[1]信仰の導入（前200年頃）

神官たるアポロニオスは神の命令に従ってこの碑を刻ませた．エジプト人神官の出身であった私の祖父アポロニオスは，エジプトからこの神［セラピス］をたずさえてやって来て父祖伝来の方式通りに神に仕え続け，97歳まで生きたという．私の父デメトリオスが跡を継ぎ，ひき続き神々に仕えた．その信仰のゆえに彼はこの神［の託宣］によって青銅の像をもって顕彰され，［この像は］その神の神室(ナオス)に安置された．彼は61歳まで生きた．私が聖具を受け継ぎ，注意深く神事に献身して来たので，神が夢の中で私に現われ，自分には専用のセラペイオン神殿[2]が奉納されるべきで，これまでのような賃貸家屋であってはならず，自身で建設すべき場所を見つけ，その場所を提示する，とお告げにな

った．そして以下のようになった．その場所は汚物であふれており，アゴラの路地の掲示で売り出されていた．神がお望みになったので購入が完了し，6カ月後に早くも神殿が建立された．何人かの人々が我々や神々に対して陰謀をたくらみ，神域と私とに対して罰金や科料を支払うべし，という訴訟を公に持ち出した時，神は夢の中で我々が勝利するであろうと私にお約束下さった．裁判が終ってみると我々はこの神にふさわしい勝利を得た．我々は神々を称え，神々にふさわしい栄誉を奉げるものである．マイイスタス[3]が神域に関するこの訴訟のために［宗教詩を］書き記している．　　　　　　　[SIG³ 663]

1) もともとはエジプトのオシリス神と聖牛アピスとが合体した神であったが，プトレマイオス1世が新たにギリシア的な神性を加味して以来，急速にヘレニズム世界に受け入れられていった．ゼウス神の風貌をもって表現されることが多かった．大戸千之「ヘレニズム時代における文化の伝播と受容——地中海東部諸地域におけるエジプト神信仰について」(歴史学研究会編『古代地中海世界の統一と変容』青木書店，2000年) 参照．2) セラピス神信仰の中心となる神域．最も知られているものはエジプトのアレクサンドリアにあった．3) 神の徳 (のち意味が拡大して神の奇跡的な行為) を語るアレタロゴス (説明師) であった．

64　ペルガモン王国のローマへの遺贈

　紀元前133年，ペルガモン[1]王国のアッタロス3世が急死した．彼には子供がなく，王国および国民・財産は王の遺言によりローマ市民に贈呈され，都市ペルガモンは自由とされた．王の異母弟アリストニコスは王位を要求し，下層自由人や奴隷を中心とする同志を募ってローマに反旗をひるがえすことになった．これが「アリストニコスの蜂起」である．ローマはこの戦いに勝利をおさめ，前129年，この地に属州アシアを設けた．以後この地域はローマの国庫をうるおすきわめて重要な属州となった．

A　アッタロス3世の死去に伴う都市ペルガモンの決議（前133年）

　アポロドロスの子メネストラトスが神官の時，エウメネイオス月[2]の19日．ストラテゴス[3]たちの提案により，民会は以下の如く決議せり．国王アッタロス・フィロメトル・エウエルゲテス[4]は崩御され，都市［ペルガモン］に王が市民の土地とお認めになった領土をも加えて，われらの都市を自由となしたので，この遺言はローマ人により批准されなければならない．公共の安全のために，以下の人々は民会に示したあらゆる類いの親善のゆえに市民権をわれらと共に持つべし．神慮めでたく．民会では以下の如く決議せり．すなわち以下に記す人々に市民権を与えるべし．在留外人（パロイコイ）の登録簿や，また都市やその周りの領土

に住んでいる兵士の登録簿に記載されている者たちに．同様にマケドニア人やミュシア人に，また砦や旧市に登録されている植民兵たちに，またマスデュエノイ人[5]に，また（……），また砦の守備兵たちに，そして都市もしくはその領土に居住しているか，また財産を持っている他の傭兵たちに．同様に彼らの妻子たちにも．解放奴隷の子孫たちおよび王の奴隷たちは，壮年の者も若者も在留外人(パロイコイ)身分に移されるべし．同様に女奴隷たちも．ただしフィラデルフォス[6]もしくはフィロメトル両王の時代に市場で購入された者，および王のものとなった財産[7]から連れて来られた者たちをのぞく．同様に公共奴隷ものぞく．住民のうち王の最期にあたって都市やその領土を見捨てたり，そこから立ち去った者たちは男も女もすべてその市民としての諸権利を剥奪されるべし．またその各人の財産は都市のものたるべし．（以下略）

[Dittenberger, OGIS 338]

1) 都市ペルガモンを中心とした小アジア西部の王国（前3世紀前半～前133年）．最盛期はエウメネス2世の時代（前197～前159年）．ヘレニズム美術を代表する深浮彫りを施された建築物（「ゼウスの大祭壇」）や彫刻（「瀕死のガリア人」）などで有名．2) 何月にあたるか不詳．3) 都市の将軍職．4) アッタロス3世（在位前138～前133年）．5) これらの外国人は王国内に居住していた植民者と考えられる．6) アッタロス2世（在位前159～前138年）．7) 王に没収された財産．

B アッタロス3世の死に関する元老院決議（前133年後半）[1]

（……）　　　　　　　　　　元老院決議

ガイウスの子たるプラエトル，ガイウス・ポピリウス[2]は（…）月（…）日に元老院に助言を求めた．彼はペルガモンで起った事件について発言し，アシア[3]へと赴くプラエトルたちに，いかなる命令があるのかを提案した．すなわちアシアにおいてアッタロスの崩御までに，歴代諸王によって改変され，認められ，剥奪され，罰を科されたすべてのことは，これらは合法的であること，と．このことについて元老院では，以下の如く決議せり．ガイウスの子たるプラエトル，ガイウス・ポピリウスが発言したことに関して，このことについては以下の如く決議せり．アッタロス王やその他の諸王が改変し，罰を科し，剥奪し，認めたすべてのことは，すなわちアッタロスの崩御した前日までになされたすべてのことは合法的であること．またアシアへと赴くプラエトルたちは，遺言を損なうことなく合法的にとどめおくこと．元老院はすべてかくの如く決

議せり.（以下略） [R. K. Sherk, RDGE 11]

1) 前132年とする説もある．2) 前133年の都市プラエトル．この碑文以外に古典史料には言及がない．3) 旧ペルガモン王国．遺贈後はローマの属州アジア．

C アリストニコスの蜂起（前133～前129年）

スミュルナのつぎは小都市レウカイである．この都市はアリストニコス[1]がアッタロス・フィロメトルの死後，蜂起をしたところである．彼は王家の一族であるとのことで，自身で王国の支配を行おうとしたのであった．だが彼はこの都市から追い出され，キュメ近くの海戦でエフェソス人に敗れて内陸部に向い，多くの無産者や解放を期待した奴隷を速やかに集め，彼らを「太陽の市民たち（ヘリオポリタイ）」[2]と呼んだ．そしてまずテュアテイラに侵入し，ついでアポロニスを手に入れ，次に他の城砦に狙いを定めた．だが長くは持ちこたえられなかった．ただちに多くの都市がこれらの都市に援軍を送り，ビテュニア[3]のニコメデス王，カッパドキア[4]の諸王も援助したので．のち5人のローマ人使節が来，その後コンスル，プブリウス・クラッスス[5]とその軍勢が，さらにその後マルクス・ペルペルナ[6]がこの戦争を終結させた．彼はアリストニコスを生けどりにし，ローマへと送った．この人物は獄中でその生涯を閉じたのである．ペルペルナは病気で死に，クラッススはレウカイ近郊で何者かによる攻撃を受け，戦いの中で倒れた．コンスル，マニウス・アクィリウス[7]が10名の使節と共に到着し，現在にまでなお続いているかたちに属州の政府を整えたのであった．

[Strabon XIV, 1, 38]

1) エウメネス2世の庶子でアッタロス3世の異母弟．ペルガモン王国の遺贈にあたり，王位継承の戦いを起した．2) アリストニコスの勢力基盤であった王国内の下層民と奴隷．この呼称をユートピア思想と関連づける向きもあるが，なぜこのように呼んだのかは不明である．3) 小アジア北西部地域．ビテュニア王国は前3世紀初めに成立．前2世紀には強国となったが，ローマの小アジア進出を見て，前74年に王国はローマに遺贈された．4) 小アジア中部アナトリア高原地域．アリアラテス王朝を名乗る王国がセレウコス朝シリアと攻防を繰り広げていた．前2世紀初めローマの影響下に入った．5) 前131年のコンスル．6) 前130年のコンスル．7) 前129年のコンスル．

65 ローマ人商人の広汎な活動

地中海世界においては，一般に海は陸地を隔てるのではなくて，むしろ結びつけるものであった．特にキュクラデス諸島をはじめ多くの島々の点在しているエーゲ海はその

傾向が強く，すでに古くから活発な商業活動の場を提供していた．ヘレニズム期にも各地にフェニキア，エジプト，イタリア，ギリシアなどさまざまな出自の商人が往来したが，ここではローマ・イタリア系商人の存在を示す史料をデロス島の碑文に求めてみた．いずれも銅像の台座に刻まれた銘文である．

A　ローマ人商人によるプトレマイオス8世の一族に対する顕彰（前127年頃）

アレクサンドリアが占領された時，プトレマイオス・エウエルゲテス[1]神王により恩恵を受けたローマ人の船主と商人たちは，プトレマイオス王と王妃クレオパトラの一族でカリメデスの子ロコスの像を，彼の徳と自分たちに対する恩恵のゆえにアポローン神に奉納する．　　　　　[Durrbach, Choix 105]

  1) 在位前170～前116年．在位期間は長いが，前164年までは兄弟のプトレマイオス6世との共同統治．前144年からは単独統治．

B　異なる出自の商人たちによるテオフラストスの顕彰（前133～前88年）

アカルナイ区のヘラクレイオスの子テオフラストス，もとデロスのエピメレテス[1]．アゴラを整備し，港に波止場をめぐらした．デロスに住むアテナイ人や商人，船主，ローマ人，その他の居住外人たちが彼の徳と善行とのゆえに，また自分たちに対して施された彼の恩恵のゆえに，[この像を]奉納する．

　　　　　　　　　　　　　　　　　　　　　　　　　[Durrbach, Choix 95]

  1) デロス島の統治をするためにアテナイから派遣された政務官．通常1年の任期であった．アテナイやデロスの有力家系の者から選ばれた．かつてアテナイのアルコン職を務めた経験を持つ者も多かった．

C　あるローマ人銀行家の顕彰（前1世紀初頭）

商人たちやテトラゴノス[1]で商いをする人々は，マライウスの子マライウス・ゲリッラヌスの像を，自分たちに対する彼の善行のゆえに，アポローン神，アルテミス神[2]，レートー神[3]に奉納する．彼はローマ人で，デロスにおいて銀行業を営んでいた．エフェソスのメノフィロスの子アガシアスがこの像を作成した．　　　　　　　　　　　　　　　　　　　　　[Durrbach, Choix 138]

  1) 方形のアゴラとも解釈されているが，異説もある．2) ゼウス大神とレートー神との子で，アポローン神と双子の妹神．狩猟，月の女神．3) ティーターン（巨人）神族のコイオスとフォイベーの子．ゼウス大神の寵愛を受けて，アポローン神とアルテミス女神の双子神をデロス島で産んだとされる．

D　ガイウス・マリウスの顕彰（前1世紀初頭）

ガイウスの子，レガトゥス[1]たるガイウス・マリウス[2]を，アレクサンドリアのイタリア人たちは，彼の徳と善行のゆえに顕彰する．エフェソスのメノフィロスの子アガシアスがこの像を作成した．　　　　　[Degrassi, ILLRP 343]

1) 講和や他の外交交渉などの特命を帯びて外国を訪問する元老院身分の使節．2) 前157?〜前86年．ローマ共和政末期の将軍，政治家．騎士身分の出身で名門貴族ではなかったが，無産市民を軍隊に組み入れ（軍制改革），ユグルタ戦争，キンブリ族やテウトニ族との戦いに勝利をおさめて頭角をあらわす．のち前88年にはコルネリウス・スッラと争う．

66　徴税請負人の活動

共和政ローマは，ごく少数の政務官をのぞいて官僚機構を欠いており，海外領からの徴税を徴税（公共事業）請負人とよばれる民間人に委託せざるをえなかった．彼らの活動は特に属州アジアで顕著である．彼らは富裕なローマ市民から出資者を募って組合組織をつくり，書記・会計などの実務スタッフを擁して徴税にあたった．組合は利益をあげて出資者に配当をしなければならず，ほとんど常に適正税額以上を属州民から徴収した．時には属州総督も請負人と手を結ぶことがあった．Cは前61年のアシア総督として任地にあった弟クィントゥスに，兄マルクスが与えた書簡形式をとった小冊子の一節である．D以下に見られる事例はむしろ例外であった．

A　イリオンの神殿領と徴税請負人（前89〜前87年）

民会はルキウスの子ルキウス・ユリウス・カエサル[1]を顕彰する．彼はケンソルとなり[2]，アテナ・イリアス神に聖なる土地を再び付与し，この土地を徴税契約からはずしたので．　　　　　　　　　　　　　　　　　[OGIS 440]

1) 前90年のコンスルとして同盟市戦争を戦う．ローマ市民権をイタリア人に付与する法を通し，前89年のケンソルとして市民名簿の作成にかかったが完成はしなかった．のちミトリダテス戦争の指揮権をマリウスに与えることに反対し，前87/6年マリウスのローマ占領ののち殺された．2) 前89年．

B　エフェソスのアルテミス神殿に属する湖の漁業権について（前2世紀末）

カイステル川の河口の背後にセリヌシア湖[1]と呼ばれる湖が，海から内陸へと広がっている．また別の湖がこれに合流しており，これらは莫大な収入[2]を呈している．国王たちはこの収入を，それは神域に属するものであったが，神からとり上げた．だがローマ人が元通りに神に戻したのである．しかし再び徴税請負人が税を自分たちに支払うようにと強制的に変更した．そこでアルテミ

ドロスが使節となって出かけ,彼が湖[からの収入]を神に返した,と言っている……　　　　　　　　　　　　　　　　　　　　　[Strabon XIV, 1, 26]

1) カイステル川とセリヌシア湖はいずれもエフェソスのやや北側に位置する. 2) 何による収入か(漁業,関税,貿易?)はっきりしないが,おそらく漁業によると考えられている.

C　属州総督と徴税請負人

あなたの善意と熱意とにとって徴税請負人は重大な障害をもたらす.もし彼らと敵対するならば,われらにとって最上のものであり,われわれを通じて国家と結びついている身分を,われらや国家から切り離してしまうことになり,他方すべてのことに彼らの介入を認めてしまったら,われわれが守らなければならない人々が,その安全のみならず,その利益までも失って完全に破滅するのを許してしまうことになるだろう.　[Cicero, ad Quintum Fratrem I, 1, 32]

D　善政を施した属州総督（前94年)[1]

クィントゥス・スカエウォラ[2]は,栄誉が地に落ちるのを,自身の徳を通じて正すことに最も熱心であった.それというのも属州アジアに総督として派遣されるにあたって,友人たちの内で最も信頼のおけるクィントゥス・ルティリウス［・ルフス][3]を副官(レガトゥス)に選び,属州統治について彼と共に協議をしてすべてをとり計らい決定したからである.また随員と自分とにかかった出費のすべてを自分の財産から支払うように決めた.ついで質素・倹約にはげみ,汚れなき正義をもって,かつてこうむった災難から属州を復興させた.彼の前任総督たちはアジア全域で徴税請負人と結託し,属州を不法行為で苦しめていたので,ローマにおける公の裁判で[有罪]判決が下った.

ムキウス・スカエウォラは健全かつ公正に正義をもって政治を行い,属州全域の人々をあらゆる偽りの告発から解放したばかりか,徴税請負人の不法なふるまいを正したのであった.すなわち彼はすべての被害者に公正な裁判を保証し,それらすべてにおいて徴税請負人を有罪として,被害者に銀でその損害を償うよう,徴税請負人に命じたのである.また彼はかつて[他人に]死刑判決を下したとして告発した者たちに死刑を要求した.実際,徴税請負人組織の主任は[奴隷であって],解放されるべく多額のカネを支払い,主人たちと[解放

の] 合意に達していたのだが, [スカエウォラは] この男が解放されない内に死刑を宣告し, 磔にした.　　　　　　　　　　[Diodoros XXXVII, 5, 1〜2]

1) 前97年説もある. 2) ローマ共和政末期の高名な雄弁家, 法律家. 前95年にコンスル. 3) ププリウス・ルティリウスの誤り. Eの註1) を参照.

E　副官フルスのその後

最も高潔な人物たるププリウス・ルティリウス[1]は, プロコンスルたるガイウス・ムキウス[2]の副官としてアシアを徴税請負人たちの不正から守ったので, 騎士身分から嫌悪され, [ローマでの] 裁判が彼らの意のままになったため, 不当取得の判決を受けて追放刑に処せられた[3].　　　[Livius, Periochae 70]

1) ププリウス・ルティリウス・ルフス. 前160年頃の生まれ. 哲学, 法学, 雄弁術を修める. 前109年から翌年にかけてカエキリウス・メテッルスの副官としてヌミディアに赴く. 前105年にコンスル. 2) クィントゥス・ムキウス [・スカエウォラ] の誤り. 3) 前92年の出来事. このときスカエウォラが訴追されなかったのは, 彼自身がすでに名声の高い法律家であり, かつ騎士身分の有力者であったマリウスとつながりがあったからだと考えられている.

F　追放されたププリウス・ルティリウス・ルフスのその後

高潔な人物であったルティリウスに, 彼ら [騎士身分] は不当にも有罪判決を下した. というのは, 彼は (クィントゥス・ムキウスの副官としてアシアにいた時) 賄賂を得たとする騎士身分の陰謀のゆえに, 法廷に連れ出されたからである. 彼らによって彼は罰金刑に処された. 彼 [ルティリウス] は徴税請負人の悪業についてその多くをやめさせたので, 彼ら [騎士身分] は怒ってこれらのことをたくらんだのであった.

ルティリウスは堂々と自己を弁護した. 高潔な人物であれば誰もが言うように, 自分はおとし入れられたのであり, 自分自身のためよりも国家のために深く憂えるのだ, とはっきり述べた. だが彼は有罪判決を受け, ただちに財産を没収された. この没収から特に明らかとなったのは, 彼に出された有罪判決に関して, 彼は罰金を支払う義務は何もないということであった. というのは, 彼がアシアから持ち帰ったと告発者たちが非難した金額よりも, ずっと少ししか [財産を] 所有していないと見られたからである. またこれらすべての獲得財産を正当にして合法的な任期中のものであると照合させたので. このように彼は悪意に満ちた告発をされた. マリウスも彼の有罪の告発を行ったのである.

というのは，この高潔でよく知られた人物は悩みのタネだったので．それゆえ，都市内における事件のなりゆきを見て，彼［ルティリウス］はこのような人々と住むのを拒否し，強制されたのではなかったが町を出立してアシアに戻り，一時期ミュティレネに住んだ．のちにこの都市はミトリダテス戦争で被害を受けたので，スミュルナへと移り，故国への帰還を望みもせず，この地で生涯を終えた．少なくともこの結果，彼は名誉においても富においても不利になることはなかった．というのは，彼にムキウスが多くのものを，またかつて彼と親交のあったあらゆる民衆と王たちとが莫大なものを贈ったので．そのため彼はもとの財産よりもはるかに巨額の富を手に入れたのである．

[Cassius Dio 28, frag. 97]

67 オロポスのアンフィアラオス神殿に関する元老院決議（前73年）

オロポス（ボイオティア地方）にあったギリシアの英雄アンフィアラオスを祭った神殿にスッラは非課税の土地を付与した．だがその後，この土地に課税措置をとろうとした徴税請負人とこれに反対する住民との間に争いが起る．この書簡史料は前73年の元老院決議であるが前86年のスッラの決定とこれに基づいた元老院決議も伝えている．なおこの決議碑文は欠落部分がきわめて少なく，この時代の元老院決議の形式をよく伝えている点でも貴重である．

マルクスの子マルクス・テレンティウス・ウァロ・ルクルスおよびルキウスの子ガイウス・カッシウス・ロンギヌスの両コンスル[1]は，オロポスの政務官ならびに評議会，民会に挨拶を送る．皆様にお変りなければ幸いなこと．われわれはルキウス・リキニウスとマルクス・アウレリウスとがコンスルの年[2]に採択された元老院決議に従い，アンフィアラオス[3]神と徴税請負人との間に起っている争いについて決議したことを貴殿らによく知っておいていただきたいと思う．10月14日，バシリカ・ポルキア[4]にて．この顧問会議[5]には以下の人々が出席していた．アルネンシス区のマルクスの子マルクス・クラウディウス・マルケルス，アルネンシス区のガイウスの子ガイウス・クラウディウス・グラベル，［5名略］，コルネリア区のマルクスの子マルクス・トゥッリウス・キケロ[6]，［7名略］が．オリュンピコスの子でアンフィアラオス神殿の神官であり，以前，元老院により同盟者と呼ばれたヘルモドロスとテオドロスの子ア

レクシデモス, テオテロスの子デマイネトスから成るオロポスの使節が, つぎのように発言をした。[徴税]契約の法においては, ルキウス・スッラが不死なる神々と聖なる神域の保護のために［所有を神殿に］許可した土地は非課税とされ, また本係争が引き起されるもととなった収入をルキウス・スッラはアンフィアラオス神に所属するものとしたので, これらの土地の収入に関しては, 税を徴税請負人に支払わずともよいのである, と。そこでルキウス・ドミティウス・アヘノバルブスが徴税請負人に味方をして次のように発言した。契約の法においては, ルキウス・スッラが不死なる神々と聖なる神域の保護のために許可した土地は非課税とされた。しかし, これらの土地が与えられているというアンフィアラオスは神ではないので, 徴税請負人たちはこれらの土地に課税することができるのである, と。顧問会議の決定に従って, われわれは次のように決定した。ここで決定されたことをわれわれは元老院に持ち出すつもりであり, これを議事録に次のように記録したのである。すなわち, 徴税請負人たちと係争中であるオロポスの土地に関しては, 契約の法に従ってこの土地は非課税とされること。それゆえ徴税請負人はこの土地に課税してはならない。元老院決議に従ってわれわれは決定を下すものである。契約の法においては以下のように非課税とされているようである。「元老院決議もしくはわれらのインペラトル, およびインペラトルたちが不死なる神々や聖なる神域の保護のために用いることを許した土地のほかに, またインペラトルたるルキウス・コルネリウス・スッラが顧問会議の意見に従って不死なる神々と聖なる神域の保護のために用いることを許した土地のほかにも, 元老院が同様と承認したことは, 今後いかなる元老院決議によっても無効とされることはない。」ルキウス・コルネリウス・スッラは顧問会議の意見に従って, 以下のように決定を公にしたようである[7]。「誓いを実現するために, 余はアンフィアラオス神殿に各々の方角に 1,000 プース（歩［フィート］）[8]の土地を付与する。この土地もまた不可侵である。」同様にアンフィアラオス神に, オロポスの都市・領土・港からのすべての収入を, オロポスの人々がアンフィアラオス神に奉納する競技会と犠牲式とのために捧げることとした。同じくその後これらをローマ市民の勝利（ニケー）と支配（ヘーゲモニア）とのために彼らは奉納することになったのだが。以前からローマ市民と友好関係にあったアンフィアラオスの神官でオリュンピコスの子ヘルモドロスの土地［から

の収入]は除いて．このことに関して，ルキウス・スッラ・フェリックスとクィントゥス・メテッルス・ピウスとがコンスルの時，元老院決議があげられたようである[9]．元老院は次の如き語句をもって決議をあげた．「アンフィアラオス神およびその神域に，ルキウス・コルネリウス・スッラが顧問会議の意見に従って与え，許可したすべてのものを，元老院は，同様にこの神に与えられ，許可されるべきであるとした．」このスッラの顧問会議には，国事議事録第1巻[タブレット]の14枚目に名前が出ているのと同じ人々が出席していた．元老院決議が次のように決定された[10]．10月16日．コミティウムにて．議事録作成のために出席していた者は，レモニア区のティトゥスの子ティトゥス・マエニウス，クラウディア区のクィントゥスの子クィントゥス・ランキウス，クィリナ区のガイウスの子ガイウス・ウィセッリウス・ウァロである．これらについてコンスルたるマルクス・ルクルスとガイウス・カッシウスとが決定したので，オロポスの土地と徴税請負人とに関して決めたことを報告した．すなわち，[今までと]同様に，オロポスの土地は契約の法に従って非課税であると考えられ，徴税請負人がこれらに課税してはならぬと考えられる，と．以上国家および彼らの信義に最もふさわしいと思われたので，ここに決議をした．

[R. K. Sherk, RDGE 23]

1) 前73年．2) 前74年．3) ギリシア神話上の人物で，テーバイを攻めたアルゴス方の7人の将軍のひとり（アイスキュロス『テーバイ攻めの七将』）．もともとは神ではなく智勇を兼ね備え予言の術をよくする英雄のひとりであった．4) 会議の行われた場所．5) ここでは両コンスルの側近（いずれも元老院身分）15名が集った会議．一般に共和政期の政務官は政策や方針の決定にあたって，しばしば複数の有為の人物に私的に意見を求めた．あとに出てくるスッラの顧問会議も同様の性格であるが，構成員はもちろん異なる．6) 文人政治家として有名なキケロその人．7) 前86年のスッラ個人の決定．8) プースは足を意味するギリシア語．すなわち歩幅の長さを単位とした．地域によってわずかに差があるが，1プースは約30センチメートル．9) 前80年．10) 前73年．

68　ミトリダテス戦争

属州アシアが建設されると，小アジアの諸王国とローマとの緊張は高まった．中でもポントス国王ミトリダテス6世（在位前120年頃～前63年）は，ローマの東方進出にもっとも激しく抵抗した．すなわち前89～前85年に第一次ミトリダテス戦争，前83～前82年に第二次ミトリダテス戦争，前74～前64年に第三次ミトリダテス戦争が戦われた．だが，彼は前64年にポンペイウスの率いるローマ軍に破れ，ここにローマによる小アジア支配が完成した．史料Aはどちらかといえばローマの側に立って叙述されている．

特にスッラの演説にローマの権力者の考え方をうかがうことができる。史料Bはミトリダテスが決戦の前に自軍の兵士に対して行ったと伝えられる演説の一部である。ここにはローマの支配に抵抗する側の考え方がよく表されている。

A ……ローマ人たちは彼[ミトリダテス]の最初の攻撃と[属州]アジアへの侵入とを知って以来、彼と戦うことを票決した。彼らは都市で飽くことのない党派争いとつらい内戦とにかかずらっていたけれども、イタリアのほとんどすべてがかわるがわる反抗していたのである。コンスルがくじをひき、コルネリウス・スッラ[1]がアジアを統治し、ミトリダテスと戦うことが決まった。だがローマ人たちは彼に持たせる資金がなく、ヌマ・ポンピリウス王[2]が神々への供物のためにとりのけておいたすべてのものを売却することに決めた。当時すべてにわたって欠乏はそれほどであり、他方野望はあらゆる方面におよんでいた。彼[スッラ]はそれらの一部を急いで売り払い、黄金9,000リトラ[3]をかき集めたが、この大戦争のためにこれだけしか与えられなかったのである。

私[著者アッピアノス]が『内乱記』に書いたように、スッラは長い間党派争いのために[イタリアに]引きとめられていた。その間にミトリダテスはロドスに対して多くの船を建造し、サトラップ全員と諸都市のアルコンたちに国家機密として次のように書き送った。すなわち30日間を待ってすべての人々が身近のローマ人やイタリア人をその妻・子供・イタリア出身である限りすべての解放奴隷もろとも攻撃すること、そして殺害して[死体を]埋葬せずにうち捨て、財産をミトリダテス王と彼ら自身とで分配すること、と。彼らを埋葬した者たちや匿った者たちに罰金を科し、密告した者たちや隠れた人々を殺した者たちに報酬を、主人を殺した奴隷に自由を与え、金貸しを殺した債務者に借財を半額にすると彼は宣言した。以上のようにミトリダテスは国家機密としてすべてのところに同時に使者を送った。その日がやって来ると不幸な出来事がアジア中に様々に起った。それらのうちいくつかは以下のようである。

エフェソスの人々はアルテミス神殿に逃げこんでその神像にしがみついている者たちをひきずり出して殺した。ペルガモンの人々はアスクレピオス神殿[4]に逃れて手向かいもせず神像にしがみついている者たちを矢で射た。アドラミュッティオンの人々は泳いで逃げる者たちを海中にまで追いかけて殺し、幼児を海に投げこんだ。カウノスの人々はアンティオコス戦争後ロドスに貢納義務

を負っており，最近ローマ人により解放されたのにウェスタ女神像[5]のある評議会会場に逃れたイタリア人たちをウェスタ女神から引きはがし，まず幼児をその母親の眼の前で殺し，次に母親を，これらのあとに男たちを殺した．トラッレスの人々はおぞましい殺戮者になることを警戒し，パフラゴニアの野人であるテオフィロスをこのために傭った．このテオフィロスはコンコルディア神殿に彼らを連れて行って殺害し，神像にしがみついている者たちの手を切り落した．アシア周辺に住んでいたイタリア人・ローマ人は，男も幼児も女も解放奴隷も奴隷もイタリア系である限り，以上のような運命に遭遇した．これらからきわめて明白なのは，アシアの人々が，ミトリダテスに対する恐怖もさることながらローマ人への憎しみから，以上のことを行ったということである．
（中略）

　ミトリダテス戦争の指揮官としてローマ人により選ばれていたスッラは，その時まずイタリアから5箇軍団といくつかの大隊（コホルス），それに騎兵を率いてギリシアに渡った．すぐに資金と同盟軍［援軍］と物資とをアイトリアとテッサリアから集め，これらが充分であると思ったのでアルケラオス[6]に向うべくアッティカへと渡った．彼が通過するとボイオティアが少数をのぞいてまとまって彼の側に合流し，大都市テーベもローマ人に抗してミトリダテス側に軽々しくついていたが，戦争をしないうちにアルケラオスからスッラに速やかに移ったのであった．彼はアッティカに向って進軍し，軍隊の一部をその都市へとアリスティオン[7]を攻囲するために割き，自分はアルケラオスのいたペイライエウス（アテナイ）へと向った．敵は城壁内にとじこもっていた．城壁はおよそ40ペキュス[8]の高さがあり，大きくて四角形の石で造られていた．これはペリクレスのさせたことであった．彼がペロポネソス人と戦っていたアテナイ人の将軍（ストラテゴス）であった時，勝利の期待をペイライエウスに置いたので城壁をより強固にしたのであった．壁はそれほど高かったがスッラはすぐに城壁にはしごをかけて大攻撃を加えた．しかし大きな損害を受けた．というのはカッパドキア人[9]も全力をあげて彼に対して防戦したからである．その結果彼は疲れ切ってエレウシスとメガラへ退き，ペイライエウス攻撃用の攻城具を建造し，この地［ペイライエウス］に土手を築く用意をすることとなった．（中略）

　［スッラは］アシアを平定すると，イリオス人やキオス人，リュキア人，ロド

ス人，マグネシア人その他の人々に，［ローマ人との］同盟［維持］に報いるために，もしくは彼に味方したがゆえに彼らが苦しむこととなったそれほどの熱意のために自由を許可し，ローマ人の友人として記録した．その他のところには全軍を分けて派遣した．そしてミトリダテスが自由を与えた奴隷たちに，ただちに主人のもとに戻るよう命令した．多くの者はこれに従わず，またいくつかの都市が反抗したので，様々な口実で自由人や奴隷の大量殺人が起った．たくさんの城壁が崩されてアシアは広汎に破壊され，［住民は］奴隷に売られた．カッパドキアに味方した人物や都市は厳しく罰せられ，中でも［ミトリダテスに］こびへつらってローマ人の奉納物を侮辱してとり扱ったエフェソス人が最も厳しくやられた．こののち都市の主だった者たちは決められた日にエフェソスにいるスッラのもとへ揃って来るようにとの布告が出された．そして集まってきた人々に彼は次のように演説した．

「我々はシリア王アンティオコスが汝らを略奪した時，初めて軍隊を率いてアシアに渡って来た．彼を追い払い，ハリュス川とタウロス山脈を支配領域の境界だと彼に申しわたし[10]，その時以来我々に従っている汝らを，征服したのではなくて自治を許したのである．貢納の義務を負わない庇護民として，また我々と同盟を結んだエウメネスとロドス人とに与えたいくらかの領土をのぞいて．この確かな証拠は，ロドス人を告発したリュキア人を我々が［そのロドス人から］解放してやったことである．我々は実際汝らに対してこのようであった．なのに汝らはといえば，アッタロス・フィロメトルが支配権を我々に遺言でゆずった時，アリストニコスと手を組んで我々に対して4年間戦ったのだ[11]．ついにはアリストニコスが捕えられ，汝らのうち多くの者が必要に駆られて，また恐れのために［我々の側に］戻って来るまで．このようであったにもかかわらず，24年にわたって公私の巨額な富と繁栄とを築きあげ，平和とぜいたくのため再び傲慢となり，我々がイタリア周辺の事件にかかりきって忙しい[12]のを利用して，ある者はミトリダテスに救いを求め，またある者はやって来た彼［の戦列］に加わった．あらゆる中で最も汚れたことは，1日ですべてのイタリア人を子供も母親も共に殺すべしという彼の命令に従い，汝らの神々にすがるために神殿に逃げこんだ者の内誰も助けなかったことだ．このため，あるむくいをミトリダテスその人から汝らは受けたのだ．彼は汝らに不信感を抱くよう

になり，汝らの殺害と財産没収に狂奔し，土地の再分配を行い，負債を帳消しにし，奴隷を解放し，僭主を人々の上にすえ，いたるところで陸に海にと略奪を行った．そこですぐに汝らは経験と比較においてどのような主人［ローマ人］のかわりにこんな主人［ミトリダテス］を選んでしまったかを悟ったのである．このような主人が我々から何らかの罰を受けることになったのだ．だが汝ら，すなわち以上のことを行った汝らにも等しく罰を科する必要がある．この罰は汝らが行った罪にみあうことが理にかなっている．だがローマ人は神を汚すが如き虐殺や無分別な没収，奴隷に主人を殺させること，その他あらゆる野蛮な行為を考えたこともない．今もなおギリシア民族とその名，およびアシアでのその栄光を惜しみ，ローマ人に最も好ましい公明正大さのゆえに，汝らにたかだか5年間の税と戦争の費用，すなわち今まで私に必要であった金額と今後残されたことを処理するに必要な金額すべてを直ちに支払うよう命じるものである．私がこれらを都市ごとに，汝らひとりひとりに割り当て，税の［納入］期限を定める．これを守らなかった者たちは敵と見なし罰をもって報いるつもりだ．」このように言うと長老たちに罰金を割り当て，集金のために人を派遣した．

諸都市は物資不足で困り果て，高い利率でカネを借りた．ある都市は劇場を抵当として債権者に出し，またある都市は体育館もしくは城壁・港・その他の公共に属するものを強圧的な軍隊の力の下で抵当に出した．こうしてスッラにカネが集められ，アシアは悲惨のきわみとなった．（以下略）

[Appianos, Mithridateios 22 ; 23 ; 30 ; 61 ; 62 ; 63]

1) 共和政末期ローマの将軍，政治家．旧貴族（パトリキ）家系の出身．マリウスの部下として数々の勲功をたて，前88年コンスルとなる．のちマリウス派と権力争いを演じ，ローマを占領して反対派を追放．前82年から前79年初めまで独裁官（ディクタトル）として権力をふるった．2) ローマ第2代の国王．伝説上の国王であるが，実在したという説も有力．ただし，伝えられているさまざまなエピソード（プルターク『英雄伝』中の「ヌマ伝」を参照）は必ずしも信用しがたい．3) リトラはラテン語でいうリブラ（別名アス）に同じ．1リトラは327.45グラム．4) アスクレピオス神はアポロン神とラリッサの領主の娘コローニスとの子．医術に長けたケンタウロス一族のケイロンに育てられたところから，彼もまた医薬の術にすぐれていたとされる．ペルガモンにはこの神の神域があり，ここでは施療がなされていた．5) ローマの国家神で，竈の火を神格化した女神．女神に仕える巫女は良家の出身で，無垢の処女でなければならなかった．6) ミトリダテスの将軍．7) この時アテナイを支配していたミトリダテス側の僭主．8) 1ペキュスは約45センチメートル弱．9) ポントス王国はもともとカッパドキア王国の一部であった．10) これはアパメイアの和約の内容に合致している．11) 史料64C参照．12) 前91～前87年（主たる戦闘は前90～前89年）のイタリア同盟市戦争をさす．

B「実のところこの戦争はその時すでにローマ人によってミトリダテスに対して始められていた。孤児となった彼[1]から大フリュギアをとり上げた時に。この大フリュギアはアリストニコスに敵対して［ローマに］援軍を送った報酬として彼の父にローマ人が与えたものであり、またセレウコス・カッリニコス[2]が彼の曾祖父たるミトリダテスに嫁資として認めたものである。パフラゴニアから撤退するようローマ人が命じた時、これは別の類いの戦争のことではなかっただろうか。というのも暴力や武力によるのではなく、王家の継絶にあたって遺言による養子縁組で彼［ミトリダテス6世］の父に相続権が生じたのであったから。

「この厳しい命令に従っても彼ら［ローマ人］の心を柔らげることはできず、彼らが日ごとにより厳しくあたるのを防ぐことはできなかったのだ。彼［ミトリダテス6世］からは彼らに何の服従の様子も示されなかったのだろうか。フリュギアもパフラゴニアも彼はあきらめなかったとでもいうのだろうか。（中略）

「実際、以下の国王たちの罪のためではなくて彼ら［国王たち］の権力と尊厳を非難し、彼［ミトリダテス6世］1人に対してではなくて他のすべて［の王］に対しても、彼らはしばしばこのように対処してきたのだ。このようにして彼の祖父ファルナケス[3]を勝手な調査の上仲介してペルガモン王エウメネス[4]の後継者とした。さらにまたエウメネスなのだが、彼の艦隊によって初めてローマ人はアジアに渡ることができたのだし、ローマ軍よりもエウメネスの軍隊のおかげでアンティオコス大王とアジアのガリア人を、またのちにはマケドニアでペルセウスを彼らは破った[5]のであったが、エウメネスその人を敵と見なし、彼にイタリアへ渡ることを禁止したのである。このエウメネスと干戈を交えることはさすがに恥ずべきであると思っていたが、彼の息子アリストニコスとは彼らは戦争をしたのだ。これらの王の内でヌミディア王マシニッサ[6]よりも大きな貢献をした者は誰もいない。ハンニバルに対する［ローマ人の］勝利は彼のおかげであるし、シュファックスの捕縛もカルタゴの破壊も同様である。彼は他の2人のアフリカヌス[7]と共に、第3人目のローマの救済者とされている。しかしながら彼の孫[8]に対して戦争がアフリカで行われた。それはあまりに無慈悲だったので、実際この敗者［ユグルタ］を祖父の記憶に免じて許すことな

ギリシア　ヘレニズム期　　　　　　　　　133

く, 牢に入れ, さらに凱旋式で見せ物にしようとしたのだった.

　「かくて彼ら［ローマ人］はすべての国王に敵対するという法を定めている. これは明らかに, 彼ら自身が名前を聞いて恥ずかしさのあまり赤面するような国王たちを持っていたからである. アボリギネス人の牧人[9], サビーニ人の内臓占い師[10], コリントス人の亡命者[11], エトルリア系の奴隷や出生奴隷[12], あるいはこれらの名前の内では最も著名なスペルブス［高慢］という名前をもった者たちのように[13]. さらにローマ人自身が語っているように, ローマの建設者はオオカミの乳首で育てられたのだ[14]. だからあの国民すべてはオオカミのように血に飢えた気質をもち, 権力と富の獲得に熱心でガツガツしている.

[Justinus XXXVIII, 5, 3～6, 7]

1) この史料はミトリダテス 6 世の演説であるが, 著者ユスティヌスは間接話法 (従って 3 人称) で記している. 2) セレウコス 2 世カッリニコス (前 265 年頃～前 225 年). 3) ファルナケス 1 世 (在位前 185 年頃～前 159 年頃). 4) エウメネス 2 世 (在位前 197～前 159 年). 5) マケドニア王ペルセウス (在位前 179～前 168 年). この戦いは第 3 次マケドニア戦争 (前 171～168 年). なおアンティオコスとの戦争は史料 61 を参照のこと. 6) 前 238～前 148 年. 古代ヌミディア王国創建の国王. ローマの同盟者として大スキピオの信任を勝ち得, 王国の基礎を築く. のちカルタゴ領の支配をもくろむが, カルタゴの抵抗を呼び, これが第三次ポエニ戦争の開始につながった. 7) 大スキピオ (前 236～前 184/3 年) と小スキピオ (前 185/4～前 129 年) をさす. 8) ユグルタ (生年不詳～前 104 年). 9) 伝説上の初代国王ロムルスのこと. 10) 同じく第 2 代国王ヌマ・ポンピリウス. 11) 同じく第 5 代国王タルクィニウス・プリスクスの父デマラトスはコリントからエトルリアへ亡命した人物と伝えられる. 12) 同じく第 6 代国王セルウィウス・トゥッリウス. 13) ローマの最後の王タルクィニウス・スペルブスが最も著名である. 14) ロムルスとレムスの兄弟がオオカミに育てられたというローマ建国にまつわる伝説をふまえている.

69　ディオニュソスの芸人たちの諸特権

　ディオニュソスの芸人とは都市の祭典に参加し, 演劇を上演した役者・歌手・音楽家・詩人たちの総称である. 彼らはしだいに仲間内の固有の法・掟を持つようになり, 一種の職能集団(ギルド)になっていった. 前 3 世紀初めにはアテナイ, コリントス, ペルガモンなどに独自の芸人集団が存在した. 彼らはまたさまざまな特権を認められて身分を保証されていった. このスッラの手紙からは, 彼らが昔通りの特権を安堵され, その旨を記した石碑を建設することが認められている. 史料 A は前 81 年, B は前 84 年頃とされている.

A　　　　　　　　　　　神慮めでたく

　ルキウスの息子でディクタトルたるルキウス・コルネリウス・スッラ・フェリックス[1]はコスのアルコンたちおよび評議会, 民会に挨拶を送る. 余は, 我

らの善良にして高貴で親愛なる人物であり、イオニア・ヘレスポントスのディオニュソスの芸人たちとカテゲモナ・ディオニュソスの芸人たちの連合団体からの使節でもあるラオディケイアのキタラ奏者アレクサンドロスに、汝らのところで最も目立つ場所に石柱を建てることを認めた。その石柱には余から芸人たちに与えられた特権が刻されるべきである。いま彼がローマに使節として派遣され、このことについて元老院決議があげられたので余は汝らに以下のように考慮して欲しい。すなわち、汝らのところに最も目立つ場所が提供され、そこに芸人たちに関する石柱が建てられるようにと。以下に余からの手紙と元老院決議とを書きとめる。（……以下破損）

1) 史料68 A、註1を参照のこと。プルタルコス「スッラ伝」によれば、フェリックス（幸運の人）とは凱旋式の後にスッラ自らがつけた称号である。

B （……）汝らは我々に好意を持っている［ので］、余は汝らに次のことを知っておいて欲しい。すなわち我が顧問会議の意見に従い、ディオニュソス神とムーサの女神[1]たちへの尊崇と汝らの団体の栄光のために、我らの元老院、コンスル、プロコンスルが与えて認めていた特権や名誉、公共事業奉仕義務の免除を、そのまま持つべきだと決定したということを。そしてまさに昔通りに、汝らはあらゆる公共事業奉仕義務や兵役を免除され、いかなる戦時特別税（エイスフォラ）や［その他の］出費を支払うこともなく、［役人への］あらゆる物品供給のためや兵士への宿舎提供のために悩まされることなく、［ローマ人政務官の］旅人を強制的に受け入れさせられることもない。（……以下破損）

[R. K. Sherk, RDGE 49]

1) 詩歌文芸を司る女神で、記憶の女神ムネモシュネーの9人の娘。

70　東地中海の海賊について

　商取引の盛んな地中海は、また海賊の活躍するところでもあった。東地中海の治安維持に大きな力を発揮していたロドスの力が前168年以降衰えると、彼らの活動は一層活発となる。前1世紀にはローマへの穀物輸入すら脅かされ、元老院は海賊討伐を決意するが、海軍力の弱さゆえ目立った効果はあげられなかった。ついにイタリア半島沿岸まで荒らされるに及び、ポンペイウスが起用されることとなる。

……彼ら［海賊］は生計の道と祖国とを戦争のために奪われて皆貧困に落ちこみ，大地のかわりに海から収入を得ることとなった．はじめは小舟やヘーミオリア船[1]で，ついで順次二段橈船や三段橈船で航行し，戦時の将軍のように海賊の首領がこれを率いた．彼らは防備の施されていない都市を攻撃し，他の都市の城壁に穴をうがち，打ちこわし，攻囲して占領し，略奪した．また裕福な人間を身代金獲得のために停泊地に捕虜にしていた．（中略）

……彼らは今や王の如く気取り，自らを絶対的な支配者や大軍隊にも似せており，皆がひとつに力を合わせれば無敵となると思っていた．船やあらゆる武具も製造し，大部分はキリキア[2]の周辺トラケイアと呼ばれるところにいた．この地を彼らは自分たちの共同の係留地あるいは陣地にしていた．彼らは見張り所や山頂，はなれ小島，停泊地を多くの場所に持っていた．また主要な出撃点をこのキリキア周辺としていた．この地は嶮しくて港もなく，高い山の頂にあった．このことから彼らはキリキア人という総称で呼ばれていた．彼らの悪業の始まりはおそらくトラケイア・キリキアの人々の間からであっただろう．彼らにシリア人やキプロス人，パンフィリア人，ポントス人それにほとんどすべての東方諸民族が加わった．彼らはミトリダテス戦争がたいそう長く続くので，それに苦しむよりも何かを行う方を好み，陸のかわりに海を選んだのであった．

かくして，たちまちのうちに彼らはその数何万の多きに達し，東地中海ばかりか「ヘラクレスの柱[3]」までのすべての海域を支配してしまった．というのは，すでに彼らはローマ人の将軍の何人かを海戦で打ち破りさえしたので．その他では，シチリアの総督をもシチリア島そのものの近くで破ってしまった．すでにもう全海域は［海賊のゆえに］航行不可能であり，陸地は商業交易がないため耕作されなかった．都市ローマは彼らの悪業を最も憂えていた．［ローマへの］従属者も海賊に苦しみ，彼ら［ローマ人］も人口が多かったためにひどく飢えていた．だがあらゆる海陸周辺に散った海の男たちの根拠地を打ち破るという仕事は，ローマ人にとって巨大すぎて困難に思えた．（中略）

ローマ人は［これ以上の］損害と不面目とに耐えかね，当時彼らのうちで最も名声の高かったグナエウス・ポンペイウス[4]を法によって3年間，「ヘラクレ

スの柱」より内側の全海域と海から400スタディオン[5]内側に入った陸地に全権を有する司令官に選んだ。彼ら［ローマ人］は，すべての王や支配者，民族，都市にあらゆる面でポンペイウスに援助を与えるよう書き送った。そして兵を召集し，資金を調達することを彼に許可した。同時に彼らは自分たちの兵員名簿から大軍と持っている限りの船を，また6,000アッティカ・タラントン[6]の資金とを送った。このようにこれほどの大軍を征圧するのは巨大にして困難わまりない仕事だと考えていたのである。広大な海に散り，奥まった土地に容易にかくれてしまい，速やかに退き，また予想外に逆襲してくるので。ポンペイウス以前に，これほどの権力をローマ人により与えられて海にのり出した者は誰もいなかった。この時彼には歩兵12万と騎兵4,000の軍隊と，ヘーミオリア船も含めて270隻の船があり，また副官(レガトゥス)と呼ばれた者たちが元老院から25名ついていた。ポンペイウスは彼らの各々に海域を分担させ，船や騎兵，歩兵を与え，各人が自分の分担海域に完全な権力を及ぼせるようにプラエトルのしるしを帯びさせた。彼自身は王の中の王のように彼らを見回り，任命された海域に彼らがいるかどうかを観察した……

ポンペイウスは次のようにすべてをとり行った。まずイベリアと「ヘラクレスの柱」とにティベリウス・ネロとマンリウス・トルクァトゥスとを配置した。またリグリアとケルト［ガリア］の海域はマルクス・ポンポニウスに，リビアやサルディニア，コルシカとこれらに近い島々はレントゥルス・マルケリヌスとプブリウス・アティリウスに，イタリア近海はルキウス・ゲリウスとグナエウス・レントゥルスに任せた。シチリアとイオニア沿岸をアカルナニアまでプロティウス・ウァルスとテレンティウス・ウァロとに見張らせ，ペロポネソスやアッティカ，さらにエウボイア，テッサリア，マケドニア，ボイオティア地方をルキウス・シーセンナに見張らせた。島々やエーゲ海全域およびこれらに加えてヘレスポントスをルキウス・ロリウスに，ビテュニアやトラキア，プロポンティスと黒海入口はプブリウス・ピソに，ヒュキアとパンフィリア，キュプロス，フェニキアをメテッルス・ネポスにゆだねた。このようにプラエトルたちは任されたこと，すなわち攻撃すること，守ること，見張ることができるように手配された。彼らは他のプラエトル［の海域］から逃亡した者を，遠く

まで追跡して［持場を］離れてしまうことなく，また競争のようにぐるぐると回らなくても，捕えることができたのである．掃討作戦は長引きそうであった．彼［ポンペイウス］はすべての部署を航行した．まず西方へは40日間で視察をし，ローマに到着した．ついでブルンディシウムに，さらにブルンディシウムから同じ期間をもって東方へと航行し，速やかな航海・大がかりな装備・畏るべき名声ですべての人々を驚愕させた．その結果，海賊たちは彼に真先に攻撃をかけるか，あるいは少なくとも自分たちに対する作戦が容易ならざることを示そうと望んでいたのだが，すぐに怖じ気づき，攻囲していた都市から海へと逃れ，勝手知ったる山や停泊地へと逃げ込んでしまった．海はたちまちポンペイウスによって抵抗もない内に平定され，海賊はプラエトルたちによってその部署ごとにいたるところで征服された．

彼［ポンペイウス］は，さまざまな種類の軍隊と多くの攻城用具をもってキリキアへと急いだ．嶮しい山々で彼に必要となるにちがいないあらゆる種類の戦闘や攻囲とを予想して．だが彼は何も必要としなかった．というのは，彼の名声と装備とに海賊たちは恐れおののき，もし戦さをしなければ恩情をかけてもらえるだろうと考えた．そこでまずクラゴスとアンティクラゴスという最大の砦にこもっていた連中が，そしてこれらの人々と共に山岳にこもったキリキア人やすべての者たちが次々と武器——一部はすでにでき上っており，他の一部は鍛造中であった——を大量にまとめて引き渡した．また一部はまだ建造中の，他の一部はもう海に浮んでいた船や，これらの船用に集められていた銅・鉄・麻布・ロープ・各種の木材，さらに身代金獲得のためや，鎖につないで働かせるための多くの捕虜をも引き渡した．（中略）

かくして海賊たちとの戦争は，ほとんど考え難いことであるが，ポンペイウスの手にかかるとたいしたことではなくなってしまった．彼は拿捕船71隻，海賊から引き渡された船306隻，都市や砦，その他の軍事上の拠点を120カ所手に入れ，戦闘でおよそ1万名の海賊が殺された．

[Appianos, Mithridateios 92～96]

1) 海賊がよく用いた小型船の一種．2) 地中海南岸の地方．3) 現在のジブラルタル海峡．4) 共和政末期ローマの将軍，政治家．スパルタクスの蜂起を鎮圧するなど，早くから軍人として頭角をあらわした．前70年コンスル．前66年第三次ミトリダテス戦争討伐の軍指揮権を得，前63年までに小アジアからシリアまでをローマ領とした（属州ビテュニア・ポントゥス，同シリア）．前60年

三頭政治の1人．のちガリア遠征から帰国したカエサルと対立．前49年から内乱となる．前48年エジプトに逃れたが，暗殺された．5) 1スタディオンは177.4メートル（アッティカ単位）．6) アッティカ・タラントンは，史料61註6を参照のこと．

ローマ

イタリア道路図

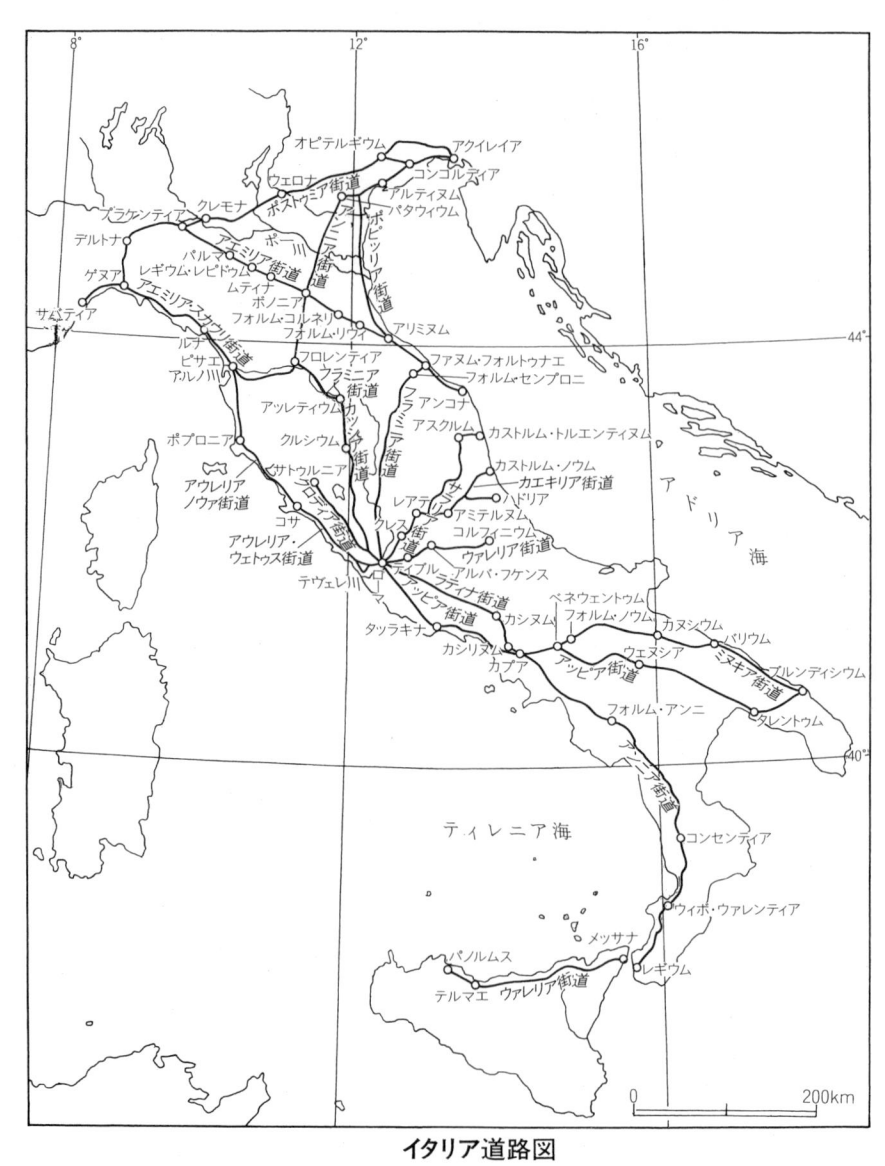

(図説世界文化地理大百科『古代のローマ』朝倉書店に基づく)

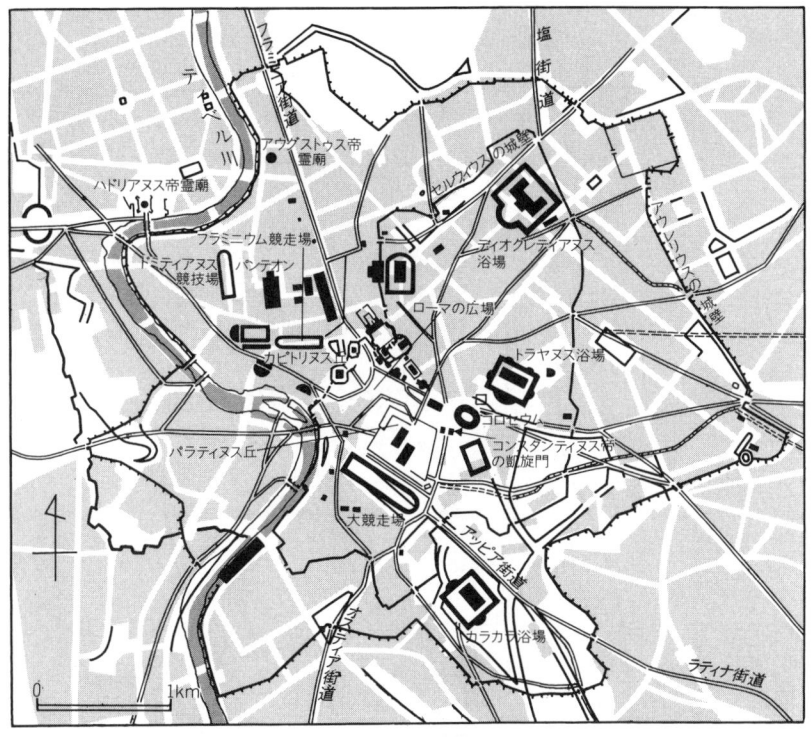

ローマ市街図

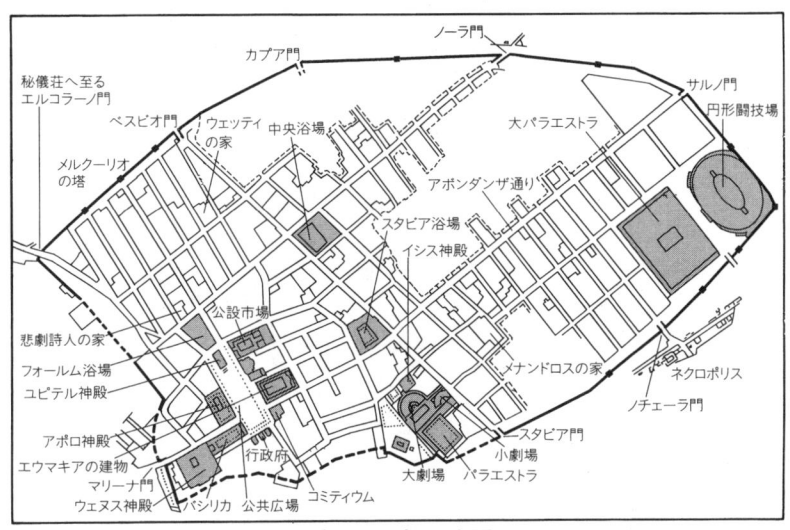

ポンペイ遺跡地図

ゲルマン民族の侵入

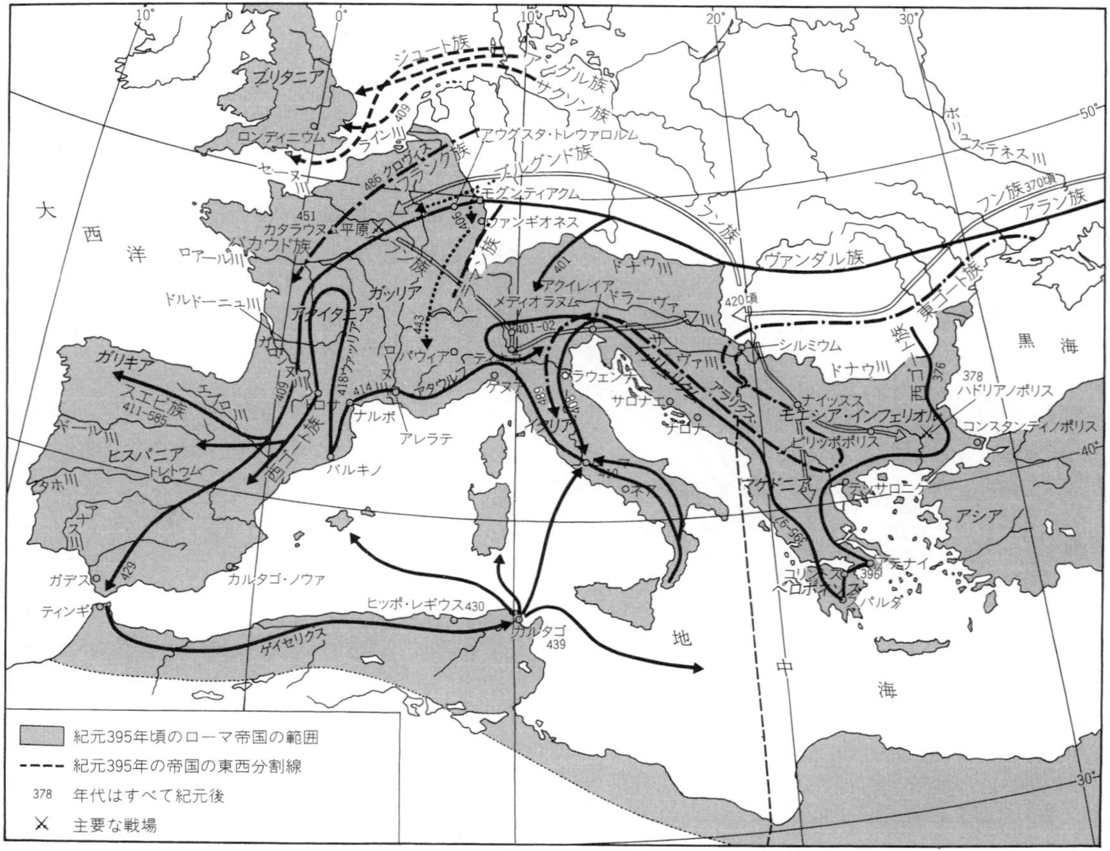

（図説世界文化地理大百科『古代のローマ』朝倉書店に基づく）

共和政期

　古代の伝承によると，ローマはトロイアの英雄アエネアスの血をひく双子の兄弟，ロムルスとレムスによって建設された．共和政末期の古代学者ワッローはこれを，西暦になおして紀元前753年のこととしている．さらに伝承は，ローマがロムルスを含めて7人の王に支配され，彼らによって国制の基が築かれたと伝える．しかし近代の批判的な歴史学はこれらの伝説の信憑性を疑い，ローマは前8世紀か7世紀の初め，エトルリアの影響を受けて建てられたのではないかと考えている．
　伝説上ローマを支配した王のうち，5番目の王（タルクイニウス・プリスクス）と最後の王（タルクイニウス・スペルブス）はエトルリア系の名を持つ．多分ローマはエトルリアの影響下に建設されただけでなく，一時彼らの支配に服したのだろう．しかし前6世紀の終り頃，ローマの貴族はエトルリア系の王を追放し，1年任期の政務官に支配される共和制を敷いた．
　ローマで本格的な歴史記述が始まるのは比較的おそく，紀元前3世紀も終りの頃である．それ以前は，大神祇官が毎年王宮の前に掛けて日々の出来事を記したという板，碑文，口承などでかろうじて歴史的知識が伝達されたにすぎない．従って，共和政初期の歴史を再構成するのは非常にむつかしい作業である．それに対し前3世紀後半から前2世紀初めにかけての歴史は，古代でも質の高さを誇るポリュビオスの史書，あるいはこれに依拠したリウィウスの記述が残り，比較的よくわかっている．共和政最後の半世紀は，キケロ，カエサル，サルスティウスといったラテン散文の巨匠が輩出した時期で，古代史でも最も史料にめぐまれた時代の一つと言ってよい．
　王政の時代ローマには貴族の他，彼らに隷属する庇護民（クリエンテス）と，それ以外の人々をひっくるめた平民（プレブス）がいた．平民は貴族との通婚を認められず，共和政になっても政務官・神官職および司法，軍事指揮権から締め出されていた．彼らがこれらの諸権利を求めて貴族を相手に戦った闘争を「身分闘争」という．それは共和政初期の国制改革を推し進めた原動力でもある．こうして護民官の選出が始まり，成文法が制定された．政務官職や神官職も順次平民に開放されていった．

身分闘争は前3世紀の初めに一応終了する．その結果一部の富裕な平民が従来の貴族と結びつき，新しい支配者層を形成した．身分闘争により生み出されたローマ社会は，その民主政的な外見にもかかわらず，寡頭政的・貴族主義的な本質を残していたのである．

　前3世紀初めは，外交的に見ればローマがイタリア半島中南部の統一をほぼ完了した時期にあたる．ローマはイタリア半島に散在する都市国家や諸部族を征服する過程で，或る場合にはその領土を併合し，住民をローマ市民としたが，多くは相手の独立を認め個別に同盟を結ぶ道を選んだ．その際独自の外交活動を禁止し，内政面での自治を認める代りに軍隊を提供する義務を課すのが常であった．相手によっては更に種々の権利を認めることもあった．

　前3世紀に2回の戦争でカルタゴを破り西地中海を制圧したローマは，前2世紀に入ると矛先を東方に転じ，マケドニア，シリアを下して同世紀中葉には全地中海に渡る大帝国を築きあげた．しかし相次ぐ戦争は国防の中核だった農民層の没落を招き，奴隷を使った大土地経営がイタリア半島に出現を見た．また，ヘレニズム文化やオリエントの宗教が流入してローマ人の考え方に影響を及ぼし，地中海世界から集まってくる富と相俟って彼らの質実な生活習慣を廃れさせた．ローマ人の地位が高くなると，それに反比例してイタリアの同盟者の境遇は劣悪化し，両者の間に軋轢が見られるようになった．さらに，都市国家的なローマの国制は宏大な帝国を統治するには適せず，その矛盾がさまざまの歪みとなって露呈し始めた．

　自営農民層の再建をねらったティベリウス・グラックスの改革，属州支配のあり方を糺し，イタリア人問題の解決をも目指した弟ガイウスの改革が反対派の暴力で挫折すると，ローマは血で血を洗う内乱の時代に入る．この間マリウスの兵制改革により国防と土地問題の解決に一定の方向が打ち出されるが，それは同時に軍隊が有力な将軍の私兵と化す道をひらくものだった．こうしてマリウスとスッラ，ポンペイウスとカエサルといった大将軍が第一人者の地位を求め，ローマの軍隊や地中海原住民の武力を糾合して相争い，これに伝統的な元老院支配の維持を図る勢力の動きがからんでローマの政局は複雑に展開する．そして最後に内乱の勝利者として軍隊と地中海世界の戦士層を自らの手中に収めた人物，それが初代のローマ皇帝といわれるアウグストゥス（オクタウィアヌス）だった．　　　　　　（毛利　晶）

71 都市ローマの建設

　アエネアスの死後，彼の息子アスカニウス（ユールス）はアルバヌス山の中腹にアルバ・ロンガという都を築き，その王となった．アスカニウスの子孫は代々アルバ・ロンガの王位を継承したが，ヌミトルの代になって内紛が起こる．ヌミトルの弟アムリウスが兄を廃位して自ら王位に就き，兄の血統を断つため，彼の娘レア・シルウィアをウェスタ女神の巫女にして結婚の可能性を奪ったのである．しかしレア・シルウィアはマルス神によって懐妊し，ロムルスとレムスの双子を生む．激怒したアムリウスは双子の殺害を命じるが，2人は死を免れ牧人の子として育てられた．長じて自らの素性を知った2人は，アムリウスを殺害して祖父にアルバ・ロンガの王位を返し，自らは乳児の時に遺棄された場所に新しい都（ローマ）を建設したという．ロムルスとレムスの遺棄と都市建設の物語は，リウィウス（史料75）の他，アウグストゥスの時代の修辞学教師ハリカルナッソスのディオニュシオスが著した『ローマ古史』やプルタルコス（史料77）が著した『対比列伝』中の「ロムルスとレムス伝」などで詳しく語られている（この章では史料の訳文に次の括弧を用いている．（　）は原文で挿入的な箇所．〈　〉は原文の読みに疑いがある部分．［　］は訳者の補い）．

　かくしてヌミトルにアルバの国家を託すと，自分たちが遺棄された場所，養育された場所に都市を建設したいという気持ちがロムルスとレムスの心を捉えた．そして実際，アルバ人とラテン人が大勢あり余っていた．それに牧人たちも加わっていた．彼らが皆集まれば，これから建設される都市に比べアルバ［・ロンガ］は小さいだろう，ラウィニウム[1)]は小さいだろう，と容易に期待できるほどだった．ここで，こうした考えを阻止する出来事が起こった．遺伝的病癖とも言える支配欲である．そしてそこから醜い争いが生じる．それは些細なことから始まった．［自分たちは］双子の兄弟であり，年長を敬う心で区別が出来ないので，この土地を守護なさる神々がアウグリウム[2)]によって，新しい都市に名前を与える人物，建設された都市を支配する人物を選び給うようにと，アウグリウムを行うためにロムルスはパラティヌス丘に，レムスはアウェンティヌス丘にテンプルム[3)]を設定する．先ずレムスにアウグリウムが現れたと伝えられている．それは6羽のコンドルだった．既にアウグリウムが報告された後で，ロムルスの前に倍の数［のコンドル］が現れたので，［ロムルスとレムスの］それぞれを，それぞれに従う人々が王と歓呼した．一方の人々は時で先んじたために，他方の人々は鳥の数の故に，王位は［自分たちの棟梁の側に］あ

ると主張したのである。言い争いから，怒りに駆られて殺しあいに至る。その際に，レムスは混乱の中で襲撃を受けて亡くなった。レムスが兄弟を嘲って新しく築かれた市壁を飛び越えた話の方がよく知られている。そして怒り狂ったロムルスは［レムスを］殺し，大声で叱責して「誰か他の者であろうと俺の市壁を飛び越えた奴は，この様な目に［遭うがいい］」と言い添えたと。こうしてロムルスは単独で支配権を獲得する。建設された都市は，建設者の名を取って［ローマと］呼ばれた。　　　　　　　　　　　　　　　[Livius, I, 6, 3-7, 3]

1) アエネアスが建設し，妻ラウィニアにちなんで名付けたという都市。2) ローマ人は，神々が自然現象や動物の動きを通して人間に意思を伝えると考えていた。こうしたものの観察を通して神々の意思を読み解くことをアウグリウムと言う。また，こうして人間に示された神々の意思もアウグリウムと呼ばれる。3) アウグリウムを行う者は，リトゥウスと呼ばれる杖で天と地に目印を設定し，回りを仕切られた観察のための場（テンプルム）を定めた。

72　ローマ・カルタゴ条約

　ローマが共和政の初めにカルタゴと結んだ条約は，銅板に刻まれ，カピトリウムの宝物庫に保管されていた。その後この銅板は失われたが，実際にこれを見たというポリュビオス（史料78の解説参照）のおかげで，その内容を今日でもおおよそ知りうる。ポリュビオスはこの条約が共和政の元年に結ばれたと伝えるが，リウィウスは前348年に初めてローマ・カルタゴ間の友好条約を記している。

　それ故述べれば，ローマ人とカルタゴ人の間の最初の条約[1]は，ルキウス・ユニウス・ブルートゥスとマルクス・ホラティウスが［コンスルだった］年に結ばれる。この2人は王の追放後に選ばれた初代のコンスルで，カピトリウムのユピテル神殿を奉納したのも彼らだ。クセルクセスのギリシアへの渡来から遡ること，30にふた年足りぬ年のことである。この条約を可能な限り精確に解釈して以下に記しておく。というのは，ローマ人の間でも今の言葉は昔のそれ[2]に比して違いが非常に大きいので，最も聡明な人々が注意を集中してやっと一部を判読できるにすぎないのだ。条約はほぼ以下の内容である。「以下の条件でローマ人およびローマ人の同盟者と，カルタゴ人およびカルタゴ人の同盟者に，友好のあるべきこと。ローマ人もローマ人の同盟者も美しい岬の彼方に［船を］進めぬこと。ただし嵐又は敵によって強制された場合はこの限りではない。もし誰か自らの意志に反して上陸をよぎなくされた場合，この者は船

の修繕又は祭儀のために必要な限りの物を除き，何物も買ったり取ったりすることはできない．〈そして5日のうちに立ち去るべきこと．〉交易のために来た者は，使者又は書記が立ち合わない限り目的を達成してはならない．上記の者の立ち合いで売られる物は，リビュア又はサルディニアで売られる限り，売り手に対し支払いが国家によって保証さるべきこと．もしローマ人の誰かがシケリアへやって来れば，そこがカルタゴ人の統治に服す限り，ローマ人の享受するすべて[の権利]は同等であること．カルタゴ人はアルデア，アンティウム，ラウレンティウム，キルケイ，タラキナ[3]の人民に対し，又[ローマに]服属する限り他のラテン人の何人に対しても，不正を加えてはならない．もし或る者が[ローマに]服属していない場合，これらの[ラテン人の]都市に手をかけぬこと．もし奪取した場合は，ローマ人に無傷のままで引き渡すこと．ラティウムに城塞を築かぬこと．もし敵としてその地に侵入して来る場合は，その地で夜を明かさぬこと．」

さて，「美しい岬」とは[4]，カルタゴの前方に北へ向って横たわる岬をさす．カルタゴ人は，ローマ人が断じてこの岬を越え南に軍船を進めるべきではないと考えているが，その理由は私の思うに，ビュッサティス地方やエンポリア[交易所]と呼ばれている小シュルティス地方の地形を彼らが識ることを，その地が肥沃なるが故に望まなかったからだ．そしてもし誰かが嵐もしくは敵により意に反して上陸をよぎなくされ，誰かに祭儀と船の修繕に必要な物を乞い求めるなら，[彼らは]これらを[受け取り]，それ以外に何も受け取るべきではなく，そして上陸した者は5日のうちに立ち去らねばならぬと考えている．カルタゴ，リビュアのうち美しい岬のこちら側全域，サルディニア，カルタゴ人の統治する[限りの]シケリアには交易の目的で船を向けることがローマ人に認められており，カルタゴ人は公正を国家の名において保証することを約束している．この条約から[カルタゴ人は]サルディニアとリビュアについては，自分のものについてのように語っているのが判る．それに対してシケリアについては，シケリアの中でカルタゴ人の支配に服する限りの地域について[のみ]条約を結ぶことで明瞭に区別している．同様にローマも又ラティウムの地だけについて条約を結び，イタリアの残りの地域に言及していないのは，それが彼らの権力に服していなかったからである　　　　　　[Polybius, III, 22, 1〜23, 6]

1) ポリュビオスによると，ローマはこのあと2回カルタゴとの条約を更新した。1回目の年代は不明，2回目は「ピュロスが［イタリアに］渡った時，カルタゴ人がシケリアをめぐる戦争を始める前［前279年］」のことである。2) ローマのフォルム（中央広場）とコミティウムの境で出土したラピス・ニゲル（黒い石）には，このようなアーケイック・ラティンが刻まれている。3) いずれもラティウムの都市。4) τὸ καλὸν ἀκρωτήριον 現在のファリナ岬か。以下のポリュビオスの理解には混乱がみられる。

73　十二表法

　ローマでは紀元前5世紀の中葉に初めて成文法が制定された。これはそれまで慣習的に彼らの生活を規制してきた諸規則をそのまま書き記したもので，12枚の銅板に刻んで公示されたため『十二表法』と呼ばれている。後のローマ人はこの十二表法を彼らの教養の原点に置き，ギリシア人がホメロスの詩を習ったようにこれを諳んじたという。それ故後代の著作に引用されることが多く，原文が散逸してしまった今日でも，おおよその内容を再構成できるのである。

第1表
1. もし［原告が被告を］法廷に呼べば，行くべし。もし行かざる場合は，［原告は］まず証人を呼ぶべし。しかして彼を捕捉すべし。

第3表
1〜4. 認諾債務のため，また既判物に対し，30日［の猶予期間］が正当なものとしてあるべし。しかる後，力を行使することを得。［債務者を］法廷に連行すべし。もし判決を履行せざる場合，あるいは何人もこの者について法廷で保護を申し出ざる場合は，［債権者が債務者を］連れ去るべし。鎖あるいは足かせで縛るべし。15ポンドを上まわらぬ［重さ］で，もし望めばそれ以下［の重さ］で縛るべし[1]。［債務者が］もし望めば，自らの［糧］で生きるべし。もし自らの［糧］で生きざれば，彼を拘束する者が日に1ポンドのパンを与うべし。もし望めば，それ以上を与うべし。

5. もし和解が成立しなければ，［債務者は］60日間鎖につながれていた。この期間3回続けて市の立つ日[2]毎に集会場のプラエトルの所へつれてゆかれ，いくらの返済金を判決により命じられたかが人々に告知された。しかし3回目の市の立つ日には処刑されるか，ティベリス川の彼方，他国へ売られていった[3]。

6. 3回目の市の立つ日に［債権者たちは債務者を］部分に切り分けるべし。

もしより多く、あるいはより少なく切り分けたりといえども、とがめあるべからず．

第4表

2. もし家父［その］家子を3回売り払いし場合は、家子［その］家父より自由たるべし．

第5表

4. もし遺言なく死に、この者に自権相続人[4]もなき場合、最近宗族（アグナトゥス・プロクシムス）[5]が家産を持つべし．
5. もし宗族もなき場合、同氏族員が家産を持つべし．
8. 十二表法はローマ市民の解放奴隷の遺産を、解放奴隷が遺言をせず、自権相続人もなく死んだ場合は庇護主（パトロヌス）のものとしている[6]．

第8表

1b. もし何人か誹謗詩を口にせば、あるいはもし他人に名折れなり恥辱なりをもたらす歌を作れば、［この者を死罪にすべし］．
2. もし［他人の］身体の一部を傷つけ、この者と和解せざる場合は、同害報復のあるべし．
3. もし手あるいは棍棒にて骨を折りし場合、自由人に対しては300、もし［相手が］奴隷なれば150（アス）の罰金刑に服すべし．
12. もし夜中に盗みがなされ、もしこの者［盗人］を殺しし場合、法にかないて殺されしものとすべし．
21. 庇護主（パトロヌス）もし［その］庇護民（クリエンス）を欺きし場合は、呪わるべし[7]．

第9表

1. 例外法規（プリウィレギア）は発議すべからず．
2. 市民の頭格に関しては、最大の民会によらざれば一提議すべからず．

第10表

1. 死者を市内に埋め、もしくは焼くべからず．
4. 婦人は頬を搔くべからず、また葬儀のため哭すべからず．

第11表

1. ［法を起草するための10人委員に国政がゆだねられて3年目のことである］［10人委員は］不公平な法を記した2枚の板を［先に起草した10枚に］付け

加えた．これにより彼らは，他国民にさえ与えられるのを常とする通婚権[8]，これを平民(プレブス)が貴族(パトリキ)との間に持てぬよう，この上もなく過酷な法で定めたのである．もっともこの法は後にカヌレイウスの上程した平民会決議により廃止されたけれども[9]．　　　　　　　　　　　　　　　　　　　[FIR, Bruns]

1)「15ポンドを下まわらぬ［重さ］で，もし望めばそれ以上［の重さ］で」が写本の一致した読み．1ローマ・ポンド＝327.45グラム．2) 8日毎に開かれる定期市の立つ日．3) A. ゲッリウス『アッティカの夜』より．4) 故人の生前中，彼の父権のもとにあった相続人．5) 最も親等の近い男系親族．6) ウルピアヌスの言葉．7)「サケル［地下の神々に捧げられた］たるべし」．8) コヌビウム．ローマ法上完全に有効な結婚を行う権利．9) キケロの『国家について』より．

74　大土地所有の起源

　西洋古代の歴史記述の多くが政治史と軍事史に偏る中で，アッピアノスの『内乱史』第1巻はイタリアの経済と社会の状況を伝え異色である．著者はエジプト出身の属州人で，後にローマ市民権を得て皇帝官吏職も務めた．晩年，多分アントニヌス・ピウス帝の治下 (138～161年) にローマ世界の歴史を編纂する．この中で彼は，ローマが地中海世界を統一する過程を民族および地域別に記述した．共和政最後の100年を扱う5巻 (第13～第17巻) は独自の序文を持ち，『内乱史』と呼ばれている．

　ローマ人はイタリアを戦争によって次々と征服してゆく過程で，［敵対した部族の］土地の一部を没収し都市を築いたり，以前からあった［都市］に自分らの中から入植者を募ったりした．そしてこれらを守備隊の代りとすべく考え出したのである．さて，土地が槍［＝戦争］によって自分らのものとなるたびに，耕地はすぐさま入植者に分割，売却，あるいは賃貸したが，戦争のために荒れ果てた［土地］（しかも特にこれが多かったのだが）は分与する暇がなかったので，毎年の収穫物に課税する条件で，つまり穀物の10分の1，果実の5分の1を徴収することを条件に，希望者に当分の間耕作を許す布告を出した．家畜を飼う者にも，大きな動物と小さな動物[1]に対して税が定められた．そして彼らはこれをイタリア人（この人々を彼らはきわめて粘り強い種族とみなしていた）の繁栄のため，身近に同盟者を持つよう行ったのである．しかし予期に反した結果となった．つまり富裕な者がこの未分割の土地の大部分を手に入れ，そして時とともに，もはや1片たりとも自分から取りあげられることはあるまいと思いあがって，貧民のものであったそれ以外の狭い土地で，自分の［土地］

に隣接するものを，一部は説き伏せて買い上げ，一部は力に訴えて奪い取ることにより，耕地ではなく広大な土地を経営しはじめた．[国家が] 自由人を農務から軍隊へと連れ去ってゆかぬよう，彼らはこのため農夫や牧人を買って使った．この [奴隷] 所有自体もまた，奴隷に兵役義務がないため確実に増え，数を誇るようになったので，彼ら [大土地経営者] に大きな利益をもたらした．以上のことが原因となって有力者は非常に富み，イタリア人は貧困，税，それに兵役によって消耗し，人口が減って足りなくなった．もし彼らがこれら [の害悪] からしばしば猶予されたとしても，土地は富裕な者の手中にあり，しかも彼らは自由人の代りに奴隷を農夫として使ったので，[イタリア人は] 無為に時を過ごすことを余儀なくされた． [Appianus, b. c. 1, 7]

1)「大きな動物」は牛など，「小さな動物」は羊などをさす．

75 リキニウス・セクスティウス法

　ティトゥス・リウィウスはアウグストゥスの時代を代表する散文家．生涯の大半をローマ史の記述に費やす．こうして書き上げられた『建国以来』全142巻は，トロヤの英雄アエネアスがイタリアに来てよりアウグストゥスの養子ドルッススの死 (前9年) に至るまでの出来事を伝える．現存するのは最初の10巻と，21巻から45巻までにすぎないが，ローマの古い時代に関し残存する唯一の通史として，近年その価値が見なおされつつある．

　A 護民官に選出されたガイウス・リキニウスとルキウス・セクスティウスは法案を上程した．どれもパトリキの権力に対抗し，プレプスの利益を図ったものだった．一つは借財に関し，元金から利息として [既に] 支払われた額を差し引き，残りを3年の間に均等割りで皆済すること．二つ目は [個人が占有できる] 土地の広さに関するもので，誰も500 ユゲラ[1]以上の土地を占有してはならぬこと．3番目は，執政武官[2] [選出のため] の民会を開いてはならずコンスル [選出] の [ための民会を開くこと]．そして [コンスルの] 1名はプレプスの中から選出されること [を命じていた]．どれも途方もない内容で，極めて激しい闘争なしには達成されえないものだった． [Livius, VI, 35, 4～5]

1) 1ユゲルム (複数：ユゲラ) は約4分の1ヘクタール． 2) コンスル職権を持つ武官．伝承によると前444年に3名の執政武官が選出されたのが始まり．必要に応じコンスルに代えて選出され，後には同僚数も増加した．

B　同じ護民官，セクスティウスとリキニウスが10回目の再選を果たす．彼らは祭儀を司る10人委員を一部プレプスの中から選出するという法案を通過させた．パトリキが5人，プレプスが5人選出された．この一歩によりコンスル職への道が既に拓かれたように見えた．この勝利に満足したプレプスはパトリキに譲歩して，当面コンスルのことには目をつむり，執政武官が選ばれるのを許した．……

　ウェリトラエの攻囲は依然として続いていたが，これは帰趨が定まらないというより，結末の到来が長びいていると言ったほうがよかった．それを除き国外の情勢はローマ人にとり平穏であったが，ガリア人来襲の噂が突然もたらされ，国家にマルクス・フリウス［カミルス］を5回目のディクタトルに指名するよう迫った．彼はティトゥス・クインクティウス・ポエヌスを騎兵長官に指名した．……ガリア人は［ローマ人に］かつての不幸を思いおこさせ[1)]，大きな恐怖をもたらしたけれども，勝利はローマ人にとって確実でもあり，容易でもあった．何千もの蛮族が戦列で，何千もが陣営を抜かれたあと殺された．他の者は四散して，主にアプリア方面を目指す．遠くまで逃げのびたことにより，また至る所で不安と恐怖が一緒になって彼らをちりぢりに引き離していたので，彼らは敵から身を守った．ディクタトルに対し，父たちとプレプスの合意に基づいて凱旋式が決定される．

　戦争を終えたばかりの彼［カミルス］を，一層激しい騒擾が故国で待ちうけていた．そして大きな争いの中でディクタトルと元老院は折れ，護民官の法案が受け入れられる．かくしてコンスル［選挙のため］の民会が貴族（ノビリタス）[2)]の意向に反して開かれ，その場でルキウス・セクスティウスがプレプスの中から初めて選出される．そしてこれさえ争いの終りではなかった．パトリキが［選挙の結果に対し］承認を拒んだので，事態はすんでのところでプレプスの国外退去（セケッシオ）をはじめとする内乱必至の恐ろしい情勢になった．その時，遂にディクタトルが示した条件により対立が鎮められた．すなわち貴族はプレプスのコンスルに関しプレプスに譲歩し，プレプスは［ローマ］市で法を司るプラエトルを1名パトリキから選出することで貴族に譲歩した．こうして［二つの］身分は長らく続いた敵愾心を捨て遂に和解した．元老院が，もしいつか他の時にそうであったとすれば，［今こそ］不死なる神々の恩寵に感謝を表わすべきだ［と考え］，

「最大の競技祭がおこなわれること，そして［従来の］3日間に［更に］1日加えられることが適当である」と決議した時，プレプスのアエディリスたちはその負担を拒んだので，パトリキの若者たちが，「［自分らも］アエディリスになれる条件で，不死なる神々をたたえるためそれを喜んで引き受けよう」と声をあわせて叫んだ．彼らに対し皆から感謝の言葉がよせられたあと，「ディクタトルは人民にパトリキの間から2名のアエディリスを選出させ，パトリキはその年のすべての民会［の決定］に承認を与えること」という元老院決議がなされた． [Livius, VI, 42, 2〜14]

1) 前387（または前390）年にローマがガリア人によって占拠され，焼き払われたことをさす． 2) ここではパトリキのこと．

76 「分割して統治せよ」

ラテン人戦争（前340〜38年）で勝利を収めたローマは，ラティウムとカンパニアに割拠する都市国家を自らの覇権の下に統合する．その際ローマは，既存の同盟や国家連合を解体し，個々の都市の法的な地位と，ローマとの関係でこれらの都市が享受できる権利および果たすべき義務を，戦争中の功罪に応じて個別に定めた．

ラヌウィウムの人々には市民権[1]が与えられ，彼らの祭儀が返された[2]．但しユノ・ソスピタ女神の神殿と杜だけは，ラヌウィウムのムニキペス[3]とローマ人に共同のものとする条件がついた．アリキア，ノメントゥム，ペドゥムの人々はラヌウィウムの人々と同じ条件で［ローマ］市民団に受け入れられた．トゥスクルムの人々には，彼らが［以前から］持っていた市民権がそのまま認められた[4]．反乱の責任を市民全体の犯罪に帰するのではなく，それは少数の首謀者に対し向けられた．昔からローマ市民であるウェリトラエの人々[5]に対しては，かくもしばしば反乱を起こしたとの理由で厳罰が下された．市壁は破壊され，元老院［有力市民］はウェリトラエから連れ去られてティベリス川の彼方に住まうことが命じられた．もし［彼らのうち］誰かが［ティベリス川の］こちら側で捕えられれば，その者に対して1000アス[6]を越えない額の解放金が課せられること，青銅貨が完全に支払われるまでは，捕えた者は捕えられた者を枷で拘束しておくことが決められた．元老院議員たちの土地には入植者が送り込まれ，これらの人々が登録されることによってウェリトラエはかつての豊

かな人口の面影を取り戻した．アンティウムには新しいコロニア[7]が送り込まれた．その際，アンティウムの人々も望めば入植者としての登録が許される，という条件が付けられた．軍艦がアンティウムから取りあげられ，アンティウムの人々は海［の航行］が禁じられた．彼らに市民権[8]が与えられた．ティブルとプラエネステの人々は，このたび他のラテン人と共に反乱を起こした咎ばかりか，以前にもローマの支配を嫌悪し荒ぶる民族ガリア人と軍事行動を共にしたことがあったが故に，罰として土地［の一部］を没収された．他のラテン人からは，お互いの間でのコヌビウムとコメルキウム[9]，それに彼らの間の集会を奪った．カプアの人々及びフンディとフォルミアエの人々には，［ローマ市での］投票権を伴わない市民権が与えられた．前者は，ラテン人と共に反乱を起こすことを拒否した騎士たち［カプアの貴族層］を称える為，後者は，彼らの領土を走る道が常に安全で，脅威に曝されることがなかった為である．クマエとスエッスラの人々についても，カプアと同じ法的地位を享受すべきことが決められた．アンティウムの人々の船は，一部はローマのドックに曳航され，一部は焼却されるべきこと，フォルムに演台を造り，船の船首で飾るべきことが決議された．そしてその聖別された場所はロストラと呼ばれた．

[Livius, VIII, 14, 2-12]

1) ローマ市民権のこと．ローマ市民権は，投票権も含む完全な市民権と投票権は含まない不完全な市民権があったが，ラヌウィニウムに与えられたのは完全市民権である．2)「昔から営んでいた祭儀を引き続き行うことが許された」の意味．3) ムニキピウム（征服の後，ローマの国家組織に組み込まれた原住民共同体）の構成員．4) 彼らは既に完全なローマ市民権を得ていた．5) ウェリトラエはウォルスキの影響が強い都市だが，かつてローマがこの地に市民を入植させたという伝承があるので，リウィウスはこのように言う．6) ここでは，アスは1ローマ・ポンド（約327グラム）の重さの青銅の塊を指す．7) ローマが国土の防衛の為に入植させたローマ市民で構成された守備隊．8) 恐らく完全なローマ市民権が与えられたと考えられるが，反論もある．9) 法的に有効な結婚を結びうる権利と，法的に保証された取引を行いうる権利．

77 アッピウス・クラウディウス・カエクスとピュロス戦争

ここに訳出した『ピュロス伝』の著者プルタルコスは，ローマ帝政初期に生きた，ギリシアの地方都市カイロネイアの名士．彼は哲学をはじめ当時の学問・文芸に造詣が深く，多くの著作を残した．このうち今日最もよく読まれるのは，有名なギリシア人とローマ人を対にして書いた伝記，いわゆる『対比列伝』だろう．この中で著者は主人公の徳性（あるいは悪徳）を，彼らの行為に即して具体的に記述しようとした．ピュロスと

対になって扱われているローマ人はガイウス・マリウスである．

　それ故彼［ピュロス］は前もって使者を送り，［ローマ人が］条約を結ぶ用意があるかどうか，彼らの心を試すことに決めた．都市［ローマ］を抜き完全に手中におさめることは容易な業ではないし，現在ある兵力ではとてもかなわないが，友好と和平なら勝利をおさめた後の自分にとり名声に資すること極めて大である，と考えたからだ．それ故キネアスが派遣される．彼は［ローマの］有力者と会見し，王からだと言って贈物を彼らの子供や妻に送った．……実際［有力者の］多くは，大きな戦闘に負け，イタリアの住民がピュロスに走ったので，更に大きな軍隊による新たな［戦闘］を恐れていたから，明らかに和平に心をよせていた．当時アッピウス・クラウディウス[1]という著名な人物は高齢と視力障害のため政治活動をやめて引退していたが，その時王からのことが報告され，元老院は和平を決議するつもりだという噂が広まると，じっとしておれなくなって従者に自分をかつぐよう命じ，輿に乗って中央広場を通り元老院議場まで運ばれていった．戸口まで来ると，息子たちが娘婿たちと一緒になって彼を腋の下からかかえ，回りから支えて中につれて入った．元老院は彼を畏れて恭しく沈黙した．

　彼はその場から進み出て言った．「ローマ人諸君，以前私は自分の目におこった不幸を嘆いていたが，今では，盲目に加えて耳も聞こえなければよいのに，そうとはならず諸君の恥ずべき勧告と決議がローマの名声を傷つけるのを聞き，腹立たしく思う．それというのも，諸君が全人類に対し常に言いふらしていた言葉はどこに行ったのか？　"もしかのアレクサンドロス大王がイタリアに到着し，若者の頃の我々や，年も盛りの我らが父たちと一戦を交えたとしたら，今頃彼は無敵と讃えられることなく，敗走するか多分そこで命を落すかして，ローマの名声をたかめる結果に終ったであろう"という言葉は？　しかし，いつもマケドニア人の餌食だったカオニア人やモロッソス人を恐れ，ピュロスを前に震えあがるとは，これが空虚な大言だったことを諸君は証明したも同然だ．このピュロスという奴は，アレクサンドロスのボディーガード[2]風情に用足しや世話をし続けた男で，今も今とてここでギリシア人を援けるというより，彼の地で敵からのがれてイタリア方面までさまよって来たうえ，マケドニアの小さな土地を守るにも十分でなかったこの軍隊で，覇権を我々に申しでているの

だ．それ故，この男を友とすることで厄介払いしようなどとは考えないことだ．そうではなく，もしピュロスが自分の犯した不正を償わないのみか，タレントゥム人やサムニウム人がローマ人を愚弄したという報酬まで得てたち去るとしたら，奴らは誰でも諸君を簡単に制することができると侮り，[助っ人を]招きよせるだろうと覚悟せねばならぬ．」

アッピウスがこのように発言すると，戦争への情熱が彼らの心をとらえた．そこで彼らは，「ピュロスはイタリアから退去したあと，もし望めば，友好と同盟について交渉すること．武器を捨てない限り，ローマ人は力の限り彼と戦うであろう．たとえ彼が戦いで更に1万人のラエウィヌス[3]を走らせようともである」と答えて，キネアスを送り返した．人の語るところによると，キネアスは上記の事を行うかたわら，同時に，[ローマ人の]生活習慣の観察者たるべく，またその政体の長所を見抜くべく努める，という任務を遂行した．そして最良の人々と言葉をかわしたあと，ピュロスにあれこれ報告したが，中でも次のように語ったと言われている．「元老院は私にはたくさんの王の集まりのように見えました．他方民衆について言えば，レルナのヒュドラ[4]の如きものと戦うことになりはしないかと恐れます．というのは，先に戦列に並べられた兵士の2倍が既にコンスルによって集められており，更にその何倍もの数の，武器をとりうるローマ人がひかえているのです」と．

[Plutarchus, Pyrrhus 18, 2 ; 18, 4〜19, 5]

1) 晩年の視力障害の故に「カエクス（盲目の人）」の添え名（コグノーメン）を得る．ローマから南に延びるアッピア街道は，彼が建設した．2) デメトリオス・ポリオルケテスやプトレマイオス1世をさす．3) P. ワレリウス・ラエウィヌスは前280年ヘラクレイアでピュロスと戦って敗れた．4) レルナの沼地に住んでいた伝説上の怪物．多くの頭を持ち，切り落とされても再び生え出たという．

78　ローマ国制の長所

ポリュビオス（前2世紀）は最初アカイア同盟の政治家として活躍したが，ピュドナの戦い（前168年）でマケドニアがローマに敗れると，尋問のため他のアカイアの有力者と共にイタリアへ拉致される．しかし彼はそこでスキピオ・アエミリアヌスの知遇を受け，ローマの貴族層と親しく交わることを得た．彼の『歴史』全40巻は，ローマが地中海世界に覇権を築く時期，第2次ポエニ戦争からローマによるカルタゴ破壊（前146

年)までを扱う.今日完全に残るのは,このうち前史2巻を含む最初の5巻だけである.

[ローマの]国政(ポリテイア)を支配していたのは,私が先にひとわたり述べた三つの要素だった.このように,すべての事がそれぞれこれら[三つの要素]によって公正かつ適切に編成され,運営されていたので,国制(ポリテウマ)は全体として貴族制なのか,民主制なのか,あるいは君主制か,そこに住む人でさえ誰も確信をもって言うことができなかっただろう.そしてこうした体験は当然なのであった.もしコンスルの権限に着目すれば,完全に君主制で王制のように見えた.しかしもし元老院の[権限]に[着目すれば],今度は貴族制[のように見えた].そしてもし民衆の権限に目を向ける者がいたなら,明らかに民主制のように思えたのである.[これら三つの]要素がそれぞれ形をとって[ローマの]国政を支配していたわけだが,それは当時[1]も,また今でもなお少数の点を除き,以下の如くである.

(中略)

[三つの]要素のそれぞれが互いに制御したり協力したりする力は以下のようだが,それらの結合はいかなる状況に対しても適切に機能しうるものなので,これ以上にすぐれた国政のあり方を見つけるのは不可能である.というのは,もし何か共通の外患が迫って彼らに心を合せあい,協力しあうことを強いると,その都度国制(ポリテウマ)の力は非常に強力で効率的になる.その結果,いつも全員が直面する事態に関して,競って考えをめぐらしあうので,必要な事は何もゆるがせにされることがない.また各人が公私を問わず,目の前の目標を達成するため力を合せるので,決定されたことが好機を逸して失敗することもないのである.かくして,この国制の独自性は敵を知らず,決定したことはすべて達成する.さて,再び外患から解放され,幸運と成功から生じた豊潤にひたって幸福を享受する時,そしてよく起ることだが,少しばかりのぼせ上がり,いい気になって傲慢尊大に転じようとする時,そんな時とくに,きまってこの国制が自分自身の中から矯正にむかうのを見ることができる.つまり[三つの]要素のうちどれかが膨張し敵愾心をおこして分以上に力を得ようとする場合でも,たった今述べたようにどの[要素]も絶対的ではなく,それぞれの意図は互いの働きにより抑制され,妨害されうるので,どの要素も膨張せず,尊大にもならないのは明らかである.つまり,どれも一方では攻撃的な衝動において妨げら

れており，他方では最初から隣からくる妨害を恐れているので，今あるがままの状態にとどまるのだ． [Polybius, VI, 11, 11~13; 18, 1~8]

1) ポリュビオスが叙述を中断したカンナエの戦い（前216年）の頃をさす．

79 ポエニ戦争

　第1次ポエニ戦争の史料としては，ローマ側とカルタゴ側の史料を使ったポリュビオスの『歴史』（史料78の解説）が最も重要．第2次ポエニ戦争に関しても彼の歴史は不可欠の史料だが，親ローマの立場に偏るのと，カンナエの戦い（前216年）以降は断片しか伝わらないのが欠点．リウィウス（史料75の解説）は第2次ポエニ戦争の部分が完全に残り，唯一の詳しい通史として重宝だが，彼の使用した史料は必ずしも信憑性が高くないので注意を要する．

A マメルティーニ[1]は上に述べたようにレギオンからの援助を以前から絶たれていたのだが，今述べた理由から今や自分らの事でもひどい痛手をこうむった[2]．そこで或る者はカルタゴ人に救いを求め，我が身と城塞を彼らの手にゆだねようとしたが，別の者はローマ人に使節を送り，都市を引き渡し，彼らとは同族の自分らを援けてくれるよう頼もうとした．援助が理に悖るのは明白なように思えたので，ローマ人は長い間決心がつかずにいた．つまり，少し前にレギオンの人々に対し条約違反をおかした廉で自国の市民を極刑に処したのに，同類の事を，しかもメッサナの町だけではなくレギオンの町に対しても行ったマメルティーニを間髪を入れず援けようと努めるのは，とても言い訳のつかない誤りだった．確かに彼ら［ローマ人］はこれらを一つとして知らぬわけではなかったが，カルタゴ人がリビュア地方のみならずイベリアの大部分を支配下におき，更にはサルディニア海とテュレニア海にある島のすべてに君臨するのを目のあたりにして，もし彼らがその上シケリアをも我が物とすれば，自分ら［ローマ人］をとり囲みイタリアのすべての部分を脅かすこととなり，自分らにとってあまりに厄介で恐ろしい隣人となるのではないかと危惧していた．もしマメルティーニを支援しなければ，［カルタゴ人が］シケリアをすみやかに自分らの支配下に置くであろうことは明白だった．というのは，メッサナが彼らに託され，彼らがこれを手に入れれば，ほとんど全シケリアに君臨していることから見て，彼らはシュラクサエをほどなく奪取せんとしただろう．ローマ

人はこれを予見し、そしてメッサナを見捨てぬことは自分たちにとり必要だし、カルタゴ人にいわばイタリアへ渡る橋をかけるのを許すべきでもないと考え、長い間審議をかさねた。そして元老院はたった今述べた理由から、最後まで提案を承認しなかった。マメルティーニを援けることの不合理に関する事どもは、援助から得られる利益に匹敵するように思えたからである。他方民衆は先の戦争に疲弊し、あらゆる種類の救済策を必要としていたにもかかわらず、コンスルが、戦争が国家にもたらす利益についてたった今述べた事に加えて、各人1人1人にも明らかで大きな利益[3]をほのめかしたので、援軍を送る決定をした。これが民会によって決議されると、彼らはコンスルの1人アッピウス・クラウディウスを将軍に選び、メッサナへの渡航と［マメルティーニ］救援の指令を与えて送り出した。　　　　　　　　　　　　[Polybius, I, 10, 1～11, 3]

1) シュラクサエの僭主アガトクレスに雇われていたカンパニア出身の傭兵たち。2) ミュラエ近郊の戦いでシュラクサエのヒエロンに敗れたことをさす。3) 戦争にともなう略奪をさす。

B ヒスパニアに送られたハンニバルは、到着と同時に全軍［の注意］を自分に引きつけた。古参の兵士たちは、［父の］ハミルカルが若返って自分たちに返されたものと思った。彼らは同じように生き生きとした顔つき、同じように力強いまなざし、同じ顔の表情と輪郭を見つめた。その後すぐ彼は自分の中の父［のイメージ］が人気獲得のため最も小さな理由でしかないようにした。1人の人間の資質が同時に正反対のこと、つまり服従と指揮にこれほど適していた例は決してなかったのである。それ故彼が将軍と兵士たちのどちらにより慕われていたかを判断するのは容易でなかったろう。勇敢かつ精力的に行動をおこす必要のあった場合はいつも、ハスドルバルは誰か彼以外の人に担当させるのを好まなかったし、兵士たちが他の指揮者のもとでこれほど確信を持ち大胆になることもなかった。危険にたち向う際にはこの上もない大胆さ、危険のさ中では最大の思慮を示した。いかなる艱難によっても体は疲れを知らず、精神は打ち負かされえなかった。暑さにも寒さにも同じように耐えた。［摂取する］食物と飲物の量は快楽によってではなく、自然の要求によって決められた。見張り［の時間］と睡眠の時間を昼と夜にあわせることもなかった。仕事をして余った時間が眠りにあてられた。これをさそうのに柔らかい寝所も静けさも必要

なかった．彼が前哨と兵士たちの哨所の間で，兵士のマントをかぶり大地に横たわっているのを多くの人々がしばしば目にした．衣服は同じ身分の者の中で少しも目立たなかったが，武具と馬は際立っていた．騎兵の間でも歩兵の間でも同じように群を抜いて優れていた．[人に]先んじて戦いに赴き，戦いが始まれば最後に[戦場を]去った．途方もない悪徳がこの男のかくも大きなこれらの徳と釣り合っていた．すなわち，非人間的な残忍さ．カルタゴ人の習いに輪をかけた不誠実さ．一片の真実も敬虔さもないこと．神々に対する畏怖の念は皆無であり，誓いを屁とも思わず，神々を恐れ敬う気持はさらさらなかった．これらの徳と悪徳の素質を持った彼は，3年の間ハスドルバル将軍[1]の下につかえた．その際彼は未来の大将軍がしておくべきこと，見ておくべきことを何ひとつのがさなかった． [Livius, XXI, 4, 1〜10]

1) 義父ハミルカルの死後，ヒスパニアのカルタゴ軍を指揮していた．

80 バッコスの密儀に関する元老院決議

バッコス（ディオニュソス）を祭る密儀は既に前5世紀に南イタリアで行われていた．ローマへはエトルリアを介して伝えられたという．元老院は当初この密儀を黙認していたが，参加する者の数があまりに増え，公共の秩序が脅されはじめたと判断すると，或るスキャンダルをきっかけに全イタリアでバッコスの密儀を禁止した（前186年）．この元老院決議の写しと，それに添付されたコンスルの指令を刻んだ銅板が南イタリアのカラブリアで発見されている．

ルキウスの子[クイントゥス・]マルキウスとルキウスの子スプリウス・ポストゥミウスは10月のノナエの日[1]にベロナ神の神殿でコンスルとして元老院に諮問した．[元老院決議文の]起草に立ち合ったのは，マルクスの子マルクス・クラウディウス，ププリウスの子ルキウス・ワレリウス，ガイウスの子クイントゥス・ミヌキウス．

[元老院は]バッコスの密儀に関し[ローマと]同盟関係にある人々に以下のごとく布告さるべきことを決議した．

彼らの何人もバッカナル[2]を持とうと欲せぬこと．バッカナルを持つことが自分にとり必要だと主張する者がもしいるとすれば，彼らはローマの母市係プラエトル[3]のもとに出頭すること．そしてその案件について，彼らの

主張が聴取されたあと我々の元老院が決定すること．但し，その案件が審議される（時）100人を下まわらぬ元老院議員が出席のこと．男性はローマ市民であろうと，ラテン人もしくは同盟者の何人であろうと，誰もバッコスを祭る女性たち［の集まり］に参加を欲せぬこと．母市係プラエトルのもとに出頭し，彼が元老院の意見に従って許した場合はこの限りにあらず．但しこの案件が審議される時100人を下まわらぬ元老院議員が出席のこと．［以上，元老院は］決議した．

　男性は何人も［バッコスの］神官にならぬこと．男性であれ女性であれ何人も運営役(マギステル)にならぬこと．彼らの何人たりとも［バッコスを祭る］団体の基金を持とうと欲せぬこと．何人も男性であれ女性であれ運営役または運営役代理に選ぼうと欲せぬこと．これ以降，互いに誓いをかわしあったり，願をかけあったり，誓約しあったり，約束しあったりしようと欲せぬこと．何人も互いに言質を与えあおうと欲せぬこと．何人もかくれて［バッコスの］祭儀を行おうと欲せぬこと．何人も公的にであれ私的にであれ，都市の外であれ［バッコスの］祭儀をしようと欲せぬこと．母市係プラエトルのもとに出頭し，彼が元老院の意見に従って許した場合はこの限りにあらず．但しこの案件が審議される時100人を下まわらぬ元老院議員が出席のこと．［以上，元老院は］決議した．

　誰も総勢5人以上の男女で祭儀をしようと欲せぬこと．そこに男性が2名以上，（女性は3名以上が）参加を欲せぬこと．但し上記の如く，母市係プラエトルと元老院の意見による場合はこの限りにあらず．

　諸君はこれら［の決議］を集会において3市の日(ヌンデイナエ)を下まわらぬ期間[4]公示すること．そして諸君は元老院の決議を心得ていること——彼らの決議は以下の如くだった．［すなわち］彼らは，もし誰か上記に反して行う者がいたとすれば，この者に対して死罪を問う裁判が行われるべきであると決議した——．そして諸君はこれを銅板に刻み，その板を最も人目につき易い所にとりつけるよう命じること．以上の如くを元老院は妥当だとして決議した．そしてバッカナルについては，もしそれがあれば（そこに何か神聖なもの[5]）がある場合を除く），諸君はこれを上記の如く［この］板が諸君の手に届いてから10日以内に撤去さるべく配慮すること．テウラ人の地にて．　　［CIL I², 581（＝ILS 18）］

　1）10月7日．2）バッコスへの祭儀が行われる場所．3）前367年の改革で設置された政務官職で，

主にローマにあって市民間の訴訟の指揮にあたった．前242年に外人の間の訴訟指揮にあたる外人係プラエトル（プラエトル・ペレグリヌス）職が設置されると，これと区別するために母市係プラエトル（プラエトル・ウルバヌス）と呼ばれるようになった．4) ヌンディナエは8日毎に市の立つ日．テクストの表現を「3回のヌンディナエを含む期間」と理解すれば，17日から31日間．5) 古い祭壇や神像など．

81　カトーのロドス人弁護

　ロドス人はローマのヘレニズム世界進出を助け，その褒賞として領土を拡張されるが，第3次マケドニア戦争（前171〜168年）の時マケドニア王ペルセウスのためにローマとの和平を仲介しようとして，逆にローマ人の不評を買う．このため戦後ローマでロドス人の責任を問う声があり，彼らとの戦争を主張する者も現われるが，カトーらの努力でこの動きは抑えられた．この時カトーがロドス人を弁護して行った演説は，後に彼の史書『起源論』（オリギネス）（現在は散逸）に収録され，今も一部がゲッリウスの『アッティカの夜』という本に引かれて残っている．

　大部分の人は，運が良く事が順調に進み繁栄している時，気持が高ぶり，傲慢さと凶暴さが増大し増加するのが常であることを，私は知っている．従って今の私には，この事がかくも順調に進捗しているものだから，審議の中で我々の幸運をかき乱すような何か不都合な事がおこりはしないか，或いはこの喜びがあまりに野放図な結果になりはしないかが大きな心配の種なのだ．逆境は何を為すべきかを教え論してくれるが，順境は喜びによって［人を］正しい審議と認識から逸らすのを常とする．それ故一層力をこめて私は主張し説得したい．この議題は，我々がこれほどの喜びから自制心をとりもどすまで，数日間先におくられるべきであると．……

　確かに私は考える．ロドス人は，実際に戦われたように我々が存亡を賭けて戦うこと，そしてペルセウス王が敗れることを望まなかったと．しかし，独りロドス人のみがそれを望まなかったのではなく，多くの国民と多くの部族がそれを望まなかったのだ，と私は考える．そして多分，彼らのうち或る者は我々をあなどって，それが起らぬよう望んだのではなかろう．そうではなく，もし我々が一目おく人物が誰もおらず，何でも好きなことをするとしたら，我々だけが支配（インペリウム）する中で我々に隷従することにならぬかと恐れたためだ．自らの自由のためにこうした意見を持った，と私は考える．そしてそれにもかかわらず，ロドス人はペルセウスを一度も公然とは援けなかった．我々は自分ら個人の間

ではいかにずっと用心深く振舞うか，考えてみたまえ．つまり我々は誰でも，もし何かが自分の利益に反して為されると考えれば，それに反して為されぬよう全力をあげて努力するではないか．しかし彼ら［ロドス人］はそれ［自分の利益に反し何かが為されること］を甘受したのだ．……
　我々は今になって，全く突然に，かくも大きな相互の恩恵と，かくも深い友情を放棄するのか？　彼らが為そうと欲したと我々が主張している事，それを我々の方が先に，先を越してしようというのか？……
　彼らに対して激しい攻撃の言葉を口にする人は，こう言う．敵となることを望んだと．一体全体こうした人物がいるだろうか？　諸君の中で，自分自身に関する限り，不正を行おうと欲したと訴えられているが故に罰せられるのが正当だ，と陳述する人物が．誰もいない，と私は思う．すなわち私は，私に関する限り，同意しない．……
　さて何だって？　一体全体以下の法ほど過酷な法があるだろうか？　すなわち曰く，もし誰かそれを為そうと願う者があれば，1,000（セステルティイ[1]）の罰金が課せられるべし．但しこの額は［被告の］家産の半分以下の場合にのみ［有効］．もし誰か500ユゲラ以上［の土地］を所有することを願う者があれば，それだけの罰があるべし．もし誰か［規定］以上の数の家畜を所有することを願う者があれば，それだけが［罰として］支払われるべし，と．実際我々はすべてをもっと多く持つことを願い，そのことは我々にとって懲罰の対象とはならないのだ．……
　しかし，誰かが善い行いを願ったと主張するが故に，そして［実際には］行わなかったにもかかわらず，栄誉を受けるのがもし正しくないとすれば，不正を行ったからではなく，行うことを願ったと言われているが故に，ロドス人にとり不利になることがあろうか？……
　「ロドス人は高慢だ」と彼らは言う．私や私の子供らに対しては口にしてほしくない非難の言葉だ．私としては彼らが高慢なことにしておこう．それが我々に何の関係があるのか？　もし誰かが我々より高慢であれば，諸君はそれで腹を立てるのか？　　　　［Malcovati, ORF², M. Porcius Cato, 163～169］

1) セステルティウス（複数セステルティイ）は銀貨の単位（帝政期には真鍮貨の単位となる）．ローマ人は資格財産額や罰金額を青銅貨の単位であるアスで表示したが，前2世紀にセステルティウ

スで表示するよう変えられた．その際，数字の変更はなかったらしい．もしこの演説が，公式の計算単位の変更以前に行われたのなら「1,000」の後にアスを補わなければならない．

82　グラックス兄弟の改革

　グラックス兄弟の改革に関する一次史料はほとんどが失われてしまった．わずかに農地委員の活動を示す境界石や，彼らの母コルネリアの手紙が一部コルネリウス・ネポス（史料88の解説）の伝記（これ自体断片が残るのみ）に引用されたおかげで残っているぐらいである（史料B）．二次史料の中ではプルタルコス（史料77の解説）の『ティベリウス，ガイウス・グラックス伝』とアッピアノスの『内乱史』（史料74の解説）が比較的詳しく改革の動機と内容，改革をめぐる政争を伝えている．

A　ティベリウスは護民官に選出されるとすぐにこの事[1]に着手した．大多数の人が語るところによると，弁論家のディオパネスと哲学者のブロッシオスが彼を駆りたてたためだという．このうちディオパネスはミュティレーネーからの亡命者であり，もう1人はイタリアの出身でクマエの人であった．彼はローマでタルソスの人アンティパテルの親友となり，この人から哲学書を献呈されるという栄誉を受けている．何人かの人は母親のコルネリア[2]にも責任があると言う．つまり彼女が，「ローマ人は私をいまだにスキピオの義母[3]と呼び，グラックス兄弟の母とはまだ一度も呼ばない」と言って息子たちをしばしば非難したというのである．他の者はまた，スプリウス・ポストゥミウスという者のせいだと言っている．この人はティベリウスと同年輩で，法廷弁論で彼と名声を競っていたが，［ティベリウスが］軍隊から帰って来た時，彼が名声と権勢において［自分より］抜きんでてしまっており，人々の驚嘆の的となっているのを見いだして，大胆で大きな期待を呼びおこす政策を手がけることにより［ポストゥミウスを］打ち負かそうと思ったらしいのである．しかし彼の弟ガイウスはある本の中で次のように書いている．ティベリウスがヌマンティアへ行くためエトルリアを旅していた時，その地に人影がまばらで，耕作や放牧をしているのは外国から連れて来られた蛮族出の奴隷であるのを見て，その時初めて自分たちにとり多くの不幸の始まりとなる政策を考えついたのだ，と．しかし，柱廊や壁や記念碑に書かれた文字で貧民のため公有地を回収するよう彼に要求して，その情熱と野心をもっともたきつけたのは，民衆自身だった．

しかし彼は, 自分1人だけで法を起草したのではなかった. 市民の中でも徳と名声によって並びない人々を相談相手としたのである. その中には大神祇官クラッスス, 法律家で当時コンスル職にあったムキウス・スカエウォラ, ティベリウスの岳父アッピウス・クラウディウスがいた. そしてこれほど大きな不正と貪欲に向けられた法が, これ以上におだやかで穏便な内容で書かれた例はないように思われる. なぜなら, 不従順の罰を受け, 罰金を払った上で違法に利用していた土地を放棄してしかるべき人々に, 補償を受け取った上で不正に所有していた土地を去ることを命じ, 市民の中で援助を必要としている人が[この土地を]受け取るように命じたからである.

[Plutarchus, Ti. Gracchus 8, 4～9, 2]

1) ラエリウスが計画し, 実行できなかった政策. 大土地の占有を制限し, 農民層の再建を目指す. 2) ザマの野でハンニバルを破ったコルネリウス・スキピオ (大アフリカヌス) の娘. 3) コルネリアの娘はスキピオ・アエミリアヌス (小アフリカヌス) の妻となった.

B 私は法にかなった言葉でこう誓いたくも思います. ティベリウス・グラックスを殺した者どもを別にすれば, いかなる敵もお前がこれらの事の故私にかけているほどに大きな辛苦と苦労をかけなかった, と. お前は私が以前持っていた子供たちすべての役割に耐えなければなりませんでした[1]. そして老いた私ができるだけ心を乱さぬよう, 何をするにせよ, それがとりわけ私の気に入ることを願うよう, そして何か重要なことを私の意見に反してするのは忌むよう心を配らねばなりませんでした. とりわけ余命幾ばくもない私のためにです. これほど短い期間も, お前が私に逆らったり国家の転覆を計ったりせぬよう[努めている私を]助けることはできないのですか? 結局のところどうしたら思い止まるのですか? いったいいつになったら私たち一家は狂気から醒めるのでしょうか? いったいいつになったらそれを抑えることができるのでしょうか? いったいいつになったら私たちは難儀に執着することをやめるのでしょうか, [それを自ら] 被り, また [他人に] 惹き起すことを? いったいいつになったら国家を混乱させ動揺させることに恥じ入るのでしょうか? しかしもしそれが全く不可能なことなら, 私が死んだあとで護民官職を求めてください. 私が感じなくなった時, どうぞ何なりと好きなことをしてください.

私が死んだあとでお前は私のために供養し，親（デウス・パレンス）神の名で呼ぶでしょう。生前目の前におられた時にはうち捨てて顧みないでおいた方々に，その時になって神としておとりなしを乞うのをお前は恥ずかしく思わないのですか？　お前がこのことに固執するのを，そしてそれほど大きな狂気がお前の心をとらえることを，あのユピテル神様がお許しになりませんよう。そしてもしお前がかたくなであれば，お前は片時として心の安らぎをえることができないほど大きな苦労を，自分のせいで生涯に渡ってしょいこむことになりはしないか，と恐れるのです。　　　　　　　　　　　　　　　　　　　　　　　[Nepos, fr. 1, 2]

1) コルネリアはセンプロニウス・グラックスとの間に12人の子をもうけたが9人は夭折し，ティベリウスも前133年に反対派によって殺害されている。

83　スパルタクスの反乱

「スパルタクスの反乱」と呼ばれる，古代イタリアで最大の奴隷反乱は，プルタルコス（史料77の解説）の『クラッスス伝』とアッピアノスの『内乱史』（史料74の解説）を除けば，あとは古典の中で断片的に言及されているにすぎない。しかもこれらはみな，反乱を鎮圧した側の反乱像だけを伝えることに注意する必要がある。

同じ頃[1]イタリアでは，興行のためカプアで養成されていた剣奴の1人でスパルタクスというトラキア出身の男が，見せ物の興行のためより自由のためにこそ危険を冒すべきだと言って彼ら[剣奴]のうち70人ばかりを説得し，これらの者と一緒に見張りを襲って逃亡した。このスパルタクスはかつて兵士としてローマ人と戦ったが，捕虜となり，売られて[当時]剣奴たちの中にいたのである。彼は旅人の持っていた杖や短刀で武装すると，ウェスウィウス山へ逃げこんだ。そこで多数の逃亡奴隷と田舎からやって来た自由人を何人か受け入れ，オイノマウスとクリクススという名の剣奴を若頭として近隣を略奪して回った。獲物は公平に分配したので，すぐに多数の人が彼のもとに集まった。……

この後[2]スパルタクスのもとに更に多くの人が馳せ集まり，既に7万の軍隊ができあがった。彼は[これらの人のために]武器の製造を続けさせ，装備を集めさせた。他方[ローマ]市の人々は2人のコンスルに2軍団を託して送り出そうとしていた。……スパルタクスがアペニヌス山脈を抜けアルプスへ，更

にアルプスからガリア人のもとへ急ぐのを見た一方のコンスルは，先を越して逃げ道を断とうとし，もう1人は［スパルタクスを］追跡した．しかしこの男［スパルタクス］は彼ら2人に次々とたちむかい，打ち負かした．……そして［2人の］コンスルがピケヌムの地で再び彼に抵抗した時，それは今一度大きな戦いとなり，ローマ人の敗北はこの時も大きかった．

　この男［スパルタクス］はローマへ向う途上計画を変更した．まだ十分な戦力を持たず，軍隊も全体として兵士にふさわしい武装をえていない（というのも一つの都市も彼らに援助の手をさしのべず，［彼ら自身は］奴隷や脱走兵，それに暴徒だったので）と考えたからである．そこで彼はトゥリイの回りの山と，この都市自体を奪取した．そして金や銀を商人が持ちこんだり，自分の部下が所有するのを妨げた．彼らは鉄と銅だけを高い値で買い，［それらを］持ち込む者に対しては不正を加えなかった．ここから彼らは物資が豊かになり，立派に武装すると，しばしば略奪に出かけた．そして再びローマ人とぶつかり戦闘となったが，この時も優勢で，多くの略奪品を一杯持って帰った．（中略）[3]

　この票決の故[4]クラッススは，戦争の誉れがポンペイウスのものとならぬよう，あらゆる手段を尽してただちにスパルタクスを攻撃しようとした．他方スパルタクスはポンペイウスの先を越そうと思って，クラッススを協約にさそおうとした．彼に無視されたので，戦いによって事を決する覚悟を固めた．そして騎兵が既に彼の手もとに［到着して］いたので[5]，全軍とともに包囲を突破してブルンディシウムに逃れた．クラッススは［これを］追った．スパルタクスはルクルスも（彼はミトリダテスに勝って帰路にあった）ブルンディシウムに着いたことを知り，すべてをあきらめ，この時になっても数の大変多かった軍を率いてクラッススと干戈を交えようとした．かくも多くの人が絶望の淵に立たされた時そうであるように，戦闘は長く続き，かつ激しかった．スパルタクスは投げ槍で腿に傷を受ける．そこで彼は膝を折り，盾を前に向けて構え攻撃してくる敵に防戦したが，遂に彼自身も彼に従う多くの者も包囲され，仆れた．残る彼の軍勢は今や列を乱し，大量に殺戮されていた．その結果彼らの殺された者は数えきれず，他方ローマ人の［殺された者］は1,000人ほどであった．スパルタクスの遺骸は見つからなかった．多くの者が戦闘をのがれ，なお山にたてこもっていた．彼らを追ってクラッススは［山に］登って行った．彼らは自

らを4隊に分け防戦に努めたが、遂に6,000人を除いて全員死んでしまった。生き残った者は捕えられ、カプアからローマまでの道にそってずっと十字架にかけられた。　　　　　　　　　　　[Appianus, b. c. I, 116～120]

1) ローマ人は、スペインでセルトリウスに対し、東方ではミトリダテスに対し、海上では海賊に対し、クレタではクレタ人に対し戦争を行っていた。2) ププリウス・ワリニウスとププリウス・ワレリウスの率いるローマ軍に勝ったあと。3) この間に3年はたつ。ローマは新たに6軍団を募り、これをクラッススにつけてスパルタクス軍追討にむかわせる。クラッススはローマ軍の軍紀を粛清し、イタリア半島西南端のレギウムでスパルタクスを包囲した。4) スペインから帰ってきたポンペイウスをもスパルタクス軍追討に派遣する決議がローマでなされたこと。5) スパルタクスが到来を期待していた増援隊。どこから来たかは不明。

84　大将軍の条件

　　前66年の護民官ガイウス・マニリウスは、ミトリダテスとティグラネスに対する戦争の総指揮権をポンペイウスに賦与する法案を上程した。この法案は同時に、ビテュニア、ポントゥス、キリキアの諸属州をポンペイウスの管轄下に置き、彼に独自の判断で戦争を行い和平を結ぶ権利を認めていた。前年ポンペイウスはガビニウス法によって向こう3年間に渡る海賊討伐のための大権を与えられていたので、マニリウス法が成立すれば、彼の強大な権力は共和政に対する脅威となる、との声も聞かれた。これに対してキケロは、ミトリダテスとの戦争は必要であり、困難な戦争を指揮する人物としては、ポンペイウスをおいて他にいないと主張する。

　何故この戦争は、その種類から［判断して］必要であり、大きさ故に危険であるか、私は十分述べたと思う。残るのは、この戦争の為に選ばれるべき、そしてこれ程重大な案件を任しうる将軍［インペラトル］について語ることだろう。クイリテス諸君[1)]、私は、諸君が勇敢で清廉な人材を沢山持っており、これほど重大な案件とこれ程大きな戦争を誰に任せるべきだと考えて、思案にあぐねる程だと良いのにと思う。しかし現在のところ、当代の人々の栄光のみならず、いにしえの［人々の］記憶を卓越した能力で以て凌いでいるのは、グナエウス・ポンペイウスただ1人なので、この［将軍を選ぶという］ことについて、誰の心であろうと逡巡させうる理由はあるだろうか。私の考えはといえば、以下のごとくである。最上の将軍［インペラトル］には四つのものが内在している必要がある。則ち、軍事に関する知識、卓越した能力［ウィルトゥス］、権威［アウクトリタス］、幸運［フェリキタス］の四つである。……

　最後に幸運に関して（誰も自分自身に関してこれを保障することは出来ない

が，他の人に関してこれを思い起こし語ることは，私たちに可能である），人が神々の領域に属することに関して語る場合に求められるように，おずおずと僅かのことを語らなければならない．私の考えはといえば，以下のごとくである．［ファビウス・］マクシムス[2]や［クラウディウス・］マルケッルス[3]や［コルネリウス・］スキピオ[4]や［ガイウス・］マリウスやその他の偉大な将軍たちに対し命令権が委ねられ，軍隊が任されたのは，単に卓越した能力の為ばかりでなく，よりしばしば幸運の故でもあった．というのも事実何人かの傑出した人物には，荘厳さのために，栄光のために，偉業の成就のために，幸運とでも言うべきものが神慮によって備わっていた．しかし今私たちが問題にしているこの人物の幸運に関しては，「幸運は彼の手中にある」などと言ったりせず，［ただ］過去を思い起こし，将来を望んでいると見られるような，そんな控えめな言葉遣いをしようと思う．不死なる神々が私たちの演説を憎まれたり不快に思われたりすることがないことを願うからである．従って私は声高に褒めそやしたりすまい．彼がどれ程多くの偉業を国の内外で，陸と海で，どれ程の幸運に導かれて成し遂げたかを．市民が常に彼の意向に同意し，同盟国が従い，敵が服従したのみならず，風や嵐さえもが従ったことを．私は極めて手短に以下のように述べよう．不死なる神々がグナエウス・ポンペイウスに与えたもうた程しばしば，それ程数多くの偉業を，不死なる神々から口には出さずとも敢えて願う程に恥知らずな人物は，かつていなかったと．

[Cicero, de imperio Cn. Pompei ad Quirites oratio 27sq. et 47sq.]

1) 演説の中で，聴衆であるローマ市民に対し敬意を込めて呼びかける場合に使われる言葉．2) クイントゥス・ファビウス・マクシムス・ウェッルコスス．トラシメネの戦い（前217年）でローマ軍がハンニバルに敗北した後，ディクタトルに指名された．ハンニバルとの直接の対決は避け，敵の軍隊を消耗させる作戦に徹したため，クンクタトル（遷延家）の渾名を得た．3) マルクス・クラウディウス・マルケッルス．前222年にケルト人の王ウィリドマルスを決闘で殺し，その武具をローマのユピテル・フェレトゥリウス神に奉納した．4) ププリウス・コルネリウス・スキピオ・アフリカヌス・マヨル（大スキピオ）．ザマの野の戦い（前202年）でハンニバルを破り，第2回ポエニ戦争を終わらせた．

85 共和政末期のローマ社会

イタリアの地方都市に生まれたサルスティウスは，前49年に始まるカエサルとポンペイウスの内乱ではカエサル側につき，新設属州アフリカ・ノワ（新アフリカ）の総督

を務めたりしたが，この後政界から引退して歴史記述に専念した．或る陰謀事件を素材にしてスッラ亡きあとの堕落したローマ社会を描こうとした『カティリーナの陰謀』，貴顕貴族(ノビレス)支配の腐敗を告発する『ユグルタ戦争』などの小品が残る．前78年以降の同時代史『歴史』は僅かな断片以外散逸した．

　その当時ローマ人民の支配はまことにもって惨めな状態にあったように思われる．日の上る所から沈む所まですべてが武力によって平定され，ローマ人民の支配に服していた．母市[1)]では，人類が最上のものと考える閑暇と富が押しよせていた．だが市民がいたのである．自分自身と国家を断固として破滅させようとする市民が．というのも，二つの元老院決議をもってしても，かくも多数の中から [誰1人] 褒美にひかれて陰謀を暴露する者がでなかったし，カティリーナの陣営からも唯の1人として離反する者がいなかったのである．かくも重い病が，しかもペストのように大多数の市民の心を蚕食してしまっていた．それに，陰謀に通じていた者だけが常軌を逸した心を持っていたのではない．そもそもすべての平民が革命を求める心からカティリーナの企てを是認していたのだ．まさにそのことを彼らは自らの習性に従って行うようだった．というのも，常に市民の間でなんらの財産も持たぬ者どもはよき人士を嫉み，悪人をほめそやす．古くからの体制を憎み，目新しい事態をしきりに望む．自らの境遇を憎むあまりすべての変革を目指し，混乱と争いによって無思慮にも養われる．貧困であることは失う物がなく気楽だからである．ところで都市 [ローマ] の平民，彼らこそが多くの理由から軽率至極だった．まず第1に，どこででも破廉恥さとあつかましさで際立っていた者ども，同様に，不名誉なことで家産を失った別の者ども，最後に，卑劣な行為や不正な行為により家を追われたすべての者ども，こうした輩が，あたかも [水が] 航跡に流れ込むように，ローマに流れ込んでいたのである．次に多くの者はスッラの勝利を覚えていた．或いは一兵卒から [成りあがって] 元老院議員になったのを[2)]，あるいは王者の如き生活をして一生をおくれるほど富裕になったのを[3)]見ていたので，武器を手にしていれば，自分たちも勝利からこうした物を獲得できようと誰もが期待していた．更に田舎で肉体労働からのあがりによって糊口をしのいでいた若者たちは，公私に渡る賄賂に刺激されて，厭わしい労働より都市の閑暇な生活を好むようになっていた．これらの者や他の者すべてを国家にはびこる悪が養っ

ていたのである．さればこそ，悪弊に染まった貧民どもがだいそれた望みにつられて我が身ほどにしか国家のことを思わなかったとしても，一向驚くに価しない．更に，スッラの勝利により親が追放され，財産が奪われ，自由の権利を制限された者も，実際同じ心で戦争の結果を待ちわびていたのである．これに加えて，元老院の党派以外の党派に属する者は誰でも，自分らの力が劣るより国家が乱れるほうが良いと考えていた．まさにこうした悪が［スッラの勝利後］何年も後に再び市民の間に舞い戻っていたのだった．なぜなら，グナエウス・ポンペイウスとマルクス・クラッススがコンスルの時[4]護民官職権が回復されたあと，若い盛りで荒々しい心を持った青年たちが最高の権力[5]を手にする．彼らは元老院を中傷して平民を扇動し始め，次いで賄賂と甘言で更に一層燃えあがらせ，かくして自身が有名になり，影響力を持つようになった．彼らに対し大部分の貴顕貴族は元老院のためを装って，［実際は］自分らの権勢のために抵抗した．というのは，数語で真実を言い表わすとすれば，その時以来国家を乱した者どもは，立派な名目のもとに（或る者はあたかも人民の権利を守るがごとく，一部の者は元老院の権威が最大であるように）公共の善をみせかけながら，［その実］誰もかれも自分の権力のため争ったのである．彼らには節度もなければ，争いにおける限度もなかった．双方とも仮借なく勝利を利用しようとした．しかしグナエウス・ポンペイウスが海賊退治とミトリダテス戦争に派遣されたあと，平民の力は削られ，寡頭派の権力が増大した．彼らは官職，属州そして他のすべてを掌握した．自身は安全で富み栄え，何の恐れもなく人生をおくり，他の人々を裁判にかけるぞと言って脅かした．自らが官職に就いている間，平民たちをそれだけ一層平穏にあしらえるようにである．しかし事態が流動的になり，革命の希望がでてくるや否や，昔の争いが彼らの心を緊張させた．もし仮にカティリーナが最初の戦闘で勝ったり，互角で引き分けていたとしたら，国家は事実大きな痛手と惨状にあえいでいただろう．そして勝利を手にした彼らも，それを長い間享受できなかったであろう．疲れ果て血の気を失った彼らから，より強い者が覇権と自由をむしり取ることなしには．しかし陰謀に加わらなかった者でも，［戦いが］始まるとカティリーナのもとに馳せ参じた者が何人もいた．彼らの中にフルウィウスという元老院議員の息子がいたが，途中から連れもどされた彼を父は殺すように命じた．

[Sallustius, Bellum Catilinae 36, 4～39, 5]

1) 都市ローマ．2) スッラは元老院の定員を300名から600名に引き上げ，自分の子分たちで補充した．3) リキニウス・クラッススは，スッラのプロスクリプティオで追放された人々の富で財をなした人物の代表例．4) 前70年．ポンペイウスとクラッススは共にスッラの部下だったが，スッラの築いた体制を破壊したのも彼らである．5) 護民官職のこと．

86　原住民とローマの支配

　ポー川以北，ライン川とピレネー山脈にはさまれた地域はケルト人の住む土地で，ローマ時代「ガリア」と呼ばれていた．このうち今日の北イタリアおよび南フランスにあたる地域は早くからローマ人の支配下にあったが，その北では前1世紀に入ってもケルト人の諸部族が独立を保っていた．前58年北イタリア，南フランス，そして今日のユーゴスラヴィア西岸に当る地の総督になったカエサルは，軍を北に進め，8年に渡る戦争でケルト人の諸部族を征服し，その地を属州とした．この間の出来事はカエサル自身の記す『ガリア戦記』（但し第8巻は部下の手になる）に詳しい．

　しかし，アレシアで［ローマ軍に］包囲されていた人々は，味方の援軍［の到来］を期待していた期日が過ぎさり，すべての穀物を食い尽したが，ハエドゥイ族の所で何がおこっているかを知ることができず，集会を開いて自分らの運命の行方について計ろうとした．そしてさまざまな意見が表明され，その或るものは降伏を，或るものは力の残っている間に突撃を提案したが，クリトグナトゥスの演説は，その特異で人倫に悖った残忍さの故に黙過すべきでないと考える．この男はアルウェルニー族の間で最高の家柄に生まれ，大きな影響力を持っていると考えられていた．彼が言うには，「最も恥ずべき隷従を"降伏"という名で呼ぶ連中の主張については，私は何も言うつもりはない．この連中は市民の数に入れられるべきではないし，集会への参加を許されるべきでもない，と私は提案する．私は以下の人々を問題とすべきである，つまり突撃を良しとする人々を．彼らの考えの中にはかつての勇気の面影が残っているらしいことは，諸君が全員一致して認めるところだ．［しかし］一時の間窮乏に耐ええないのは心の弱さであって，勇気ではない．自らすすんで死に身を投ずる者の方が，忍耐強く苦痛に耐える者より容易に見つけだされるものだ．ともあれ，もし我々の生命以外に何の損失もおこらないと見れば，私はこの意見を是認するであろう（［彼らの］品位は私に対しかくも力を持っているのである）．しか

し策をたてるにあたっては全ガリアのことを考慮に入れようではないか。我々の救援に立ちあがらせた全ガリアのことを。8万人の人間が1カ所で殺されたあと，もしほとんどまさに屍の中で干戈を交えることを余儀無くされるとしたら，我々の姻族血族の気持はどんなだと諸君は考えているのか？　諸君を救うため自らの危険をかえりみなかったこれらの人々から諸君に対する援助［の機会］を奪わないでほしい。また諸君のおろかさと軽率さによって，或いは心の弱さによって全ガリアを打ち倒し，終りなき隷従に服させようなどとはしないでほしい。それとも，彼らが［約束の］日に来なかったので，諸君は彼らの信義と意志の強さに疑いを抱いているのか？　それならなぜなのか？　諸君はローマ人があのむこう側の堡塁で連日あくせくしているのは気晴らしのためだとでも考えているのか？　もし道を遮られてどこからも近づけないので，あの人々の報せによって確信することができないのなら，これを彼らの到来が近い証拠と考え給え。これに恐れおののいて奴らは昼も夜も仕事に精を出しているのだ。それでは私の策は何か？　我々の祖先がとても比較にならないキンブリー族やテウトネス族との戦争の時行った事をすることだ。彼らは城塞に追い込まれ，同じような窮乏に強いられても，年齢からみて戦争に役立ちそうもない者どもの体で露命をつなぎ，敵に降伏しなかった。もし我々がこの事を先例に持たなかったとしても，それでも私は［この先例が］自由の故につくられ，子孫に伝えられるのは極めて美しいことと判断するだろう。なぜなら，あの戦争に［このローマ人に対する戦争と］何か似た点があったろうか？　キンブリー族は全ガリアを略奪し尽し，我が国土に甚大な被害をもたらしたが，遂には去り，他の地を求めた。しきたりと法と土地と自由を我々に残してくれたのである。しかしローマ人は，嫉妬心に導かれ，うわさに名だかく戦いに強いことを知るや，これらの人々の土地と部族の中に住みつき，そして彼らに永遠の隷従を課すことを別にすれば，他に何を目指し，何を望んでいるのだろうか？　なぜなら彼らは他の条件のもとでは戦争を行わなかったのだ。もし諸君が遠くに住む民族のもとで行われている事は知らぬとしても，隣のガリア[1]を見てみたまえ。それは属州とされてしまい，しきたりと法を換えられて斧[2]のもとに屈服し，終りなき隷従にあえいでいるではないか。」

[Caesar, De bello Gallico VII, 77, 1〜16]

1) ガリア・ナルボネンシス（今日の南フランスのあたり）をさす．2) ローマの高級政務官の先駆吏が持ち，生殺与奪の権限を象徴する．

87　カエサルへの提言

　　サルスティウス（史料85の解説）の歴史書から弁論およびそこに引用された手紙の部分だけを抜き出して記した中世の或る写本に，それらに続けてカエサルに宛てた国家に関する建白書が2通書き写されている．この2通が実際サルスティウスの筆になるものか，それとも帝政期に書かれた弁論術の習作かは論が分れるが，歴史家の中にはその内容から考えてサルスティウスの真作とする人が多い．もしこれらが真作だとすればここに一部を訳出した第2の手紙は前50（又は51）年，1通目は前46（又は48）年に書かれたと考えうる．

　　私は，父祖から伝え聞いているように，国家(キウイタス)が二つの部分，すなわち貴族(パトレス)と平民(プレプス)に分れていたと信ずるものです．古くは貴族に最大の権威があり，平民には圧倒的に多くの頭数がありました．それ故国家(キウイタス)にしばしば［平民の］国外退去(セケッシオ)がおこり，貴族(ノビリタス)の力は常に削減され，人民の権利は拡大されたのです．しかし平民は次の理由から自由に振舞っていました．つまり，誰の権力も法を超越せず，貴顕の士は富や傲慢さによってではなく，名声と勇敢な行為によって無名の徒に勝っていたからです．どんなに賤しい者も畑や戦場で受けられない誉れはなく，自分にも祖国にも満足しておりました．

　　しかし不手際と貧困のため次第に土地から追い出され，浮浪の生活をよぎなくされるや，彼らは他人の財産を求め，自分の自由を国家(レス・プブリカ)ともども金で他人に譲れるものと考え始めました．かくして，主人であり，すべての民族を支配していた人民は次第に没落し，共通の覇権(インペリウム)に代えて各人が自分のために隷従をつくりだしてしまったのです．そうですからこの大衆は，まず第1に悪習に染まり，次いで様々の行動様式と生活様式に分れてしまってお互いにどうしても一致しないので，国家(レス・プブリカ)を掌握するにはあまりふさわしくないように私には思えます．しかし新しい市民を加えればみな自由に目覚めるだろう，と私は大いに期待するのです．というのは，新市民の中には自由を保持しようという，旧市民の中には隷従にみきりをつけようという配慮が生まれるでしょうから．これらの新市民を旧市民と混ぜて植民都市に入植なさるよう提案申しあげます．かくして軍事力は増強し，平民は良き営みに妨げられ国家に有害なことをする

のをやめるでしょう．

　しかし私は，この計画が実行に移されれば貴顕の人々がいかに激怒し，いかに荒れ狂うかを知らぬわけでも，また気づかないわけでもありません．彼らは，「すべてが根底からくつがえされる．昔からの市民にこの隷従が押しつけられる．要するに，1人のおかげで非常に多くの人々が市民権を手に入れることになると，自由な国家(リベラ・キウイタス)から王政が生じるだろう」と言って憤慨するでしょうから．私はといえば，次のように心の中で信じています．つまり，国家(レス・プブリカ)を害してまで歓心を買おうとする人は悪行を行っているのです．しかし，国家にとり良い事が［同時に］私人にとってさえ有益な場合，それにもかかわらずそれに着手するのをためらうこと，それを私は視野が狭く怠慢なことと評価します．

　　　　　　　　　　　［Sallustius, Epistula ad Caesarem II, 5, 1～6, 2］

88　内乱と騎士

　　コルネリウス・ネポスはローマ共和政末期の文人で，キケロやポンポニウス・アッティクス，それに詩人カトゥルスと親交があった．『編年史』をはじめ少なからぬ著作があったと伝えられるが，現在に残るのは，大カトーとアッティクスの小伝を除けば若干の抜粋だけである．同じ写本で伝承されている将軍たちの伝記は，通常ネポスの作とされるが，有力な反論もある．

　［アッティクスの］父ははやくに亡くなった．彼自身ほんの青年の頃，護民官在任中に殺されたプブリウス・スルピキウス[1]と姻戚関係にあったため，その時の危険からのがれられなかった．というのも，ポンポニウス［・アッティクス］の従姉妹アニキアがスルピキウスの兄弟であったセルウィウスに嫁いでいたからである．かくしてスルピキウスが殺されると，キンナの反乱によって国家(キウイタス)が混乱し，市民の心が，或いはスッラの党派に，或いはキンナの党派に賛同するという具合に分裂したので，品位にかなった生き方をしようとすれば両党派のいずれかに楯突かざるをえないのを見ると，自分の学芸に専心する良い機会だと考え，アテナイに赴いた．しかしそれでもなお，小マリウスが公敵と宣告されると，彼は私財を投じて援け，金でもってその逃亡を容易にしてやった．そして上記の外国生活により家産がいかなる損害も受けないように，そこ［アテナイ］に私財の多くの部分を移した．（以下略）

彼は公的な場では，名実共に最良の人々の側に立つように，しかし政治の怒濤には身を託さぬように振舞った．この怒濤に身をまかす人々は，海の怒濤の中を漂う人々同様に我が身の自由がきかないと考えていたからである．声望からいっても品位からみても自分にひらかれていたにもかかわらず，彼は官職を求めなかった．その理由は，選挙の際かくも贈賄が横行する中で，法を遵守し，父祖の遺風に従って［官職を］求め，手に入れることは不可能だし，市民間の風紀が地に堕ちてしまった以上，国　家のために［官職を］勤めればきっと危険に身をさらすことになると考えたからだ．没収財産の競売には決して近づかなかった．どんな事業の保証人にも請負人にもならなかった．誰をも自分の名で告発しなかったし，原告団に名を連ねたこともなかった．自分の財産のことで法廷に行ったことは一度もなかったし，法廷に訴えられたこともなかった．多くのコンスルやプラエトルのもとで執　事となるよう要請され，引き受けたが，誰が属州に行くのにも随行しなかったし，その栄誉に満足するだけで，家産に資するのを軽蔑した．クイントゥス・キケロ[2]についてアシアへ行くことさえ望まなかった．彼のもとで総督代理の地位を手に入れることができたのにである．その訳は，自分はプラエトル職を務めることを望まなかったのに[3]，プラエトルの随行員となるのは適当でない，と考えていたからだ．この点で彼は，犯罪の嫌疑がかかることも避けていたのだから，単に品位ばかりでなく，心の平安をも守り通していたのである．かくして，彼が恐怖心や下心にではなく，義務感に従うのを見て，すべての人が彼のそうした姿勢を一層高く評価する結果となった．（以下略）

　続いてムティナ[4]で戦争が行われた．「その時彼は大変分別があった」と言えば，必要なだけの賛辞を述べないことになろう．いかなる運命のもとでも動揺したり減じたりすることのない，不変で自然にそなわった善意が霊感と呼びうるなら，彼はむしろ霊感に満たされていたからである．アントニウスは国賊と宣告され，イタリアを去っていった．復権の希望は皆無だった．当時最も力があり数も多かった［アントニウスの］敵だけでなく，彼に反対する人々に追随し，彼を侮辱する中で何か利益を得ようと期待する連中までアントニウスの友人を迫害し，妻のフルウィアからありったけの物を奪い去ることを望み，子供

たちまで抹殺する準備をしていた。

　アッティクスは［マルクス・］キケロと非常に親しく，ブルートゥスの無比の親友だったが，決してアントニウスに危害を加えて彼らの意にそおうとしなかったばかりか，逆に彼の友人が［ローマ］市から脱出するのをできる限りかばい，彼らが必要とする物を与えて援けてやった。実際プブリウス・ウォルムニウスには，親からといえどもそれ以上の事は出て来えないほどの事をしてやった。更にフルウィア自身にさえ，彼女が法廷での争いに忙しく，大きな恐怖に心をさいなまれていた時，真心を尽して仕えたので，彼女が法廷に立つ時は必ずアッティクスを伴い，アッティクスは万事につけ［彼女の］保証人だった。いやそればかりでない。彼女は順境の時一定の期間までに代金を支払う条件で地所を買っていたが，不幸のあと［その代金を払うための］借金ができなくなった時，彼が助けに入り，無利子で，しかもいかなる契約もかわさず金を貸してやった。思いやりがあり，ありがたい人物だとわかってもらえるのが最大の利益と考え，また自分が常に幸運とではなく，人間と友情を結ぶことにしているのを示すためであった。　　　　［Nepos, Atticus 2, 1〜3；6, 1〜5；9, 1〜5］

1) 前88年マリウスと組んで，ミトリダテス戦争の総指揮権をスッラからマリウスへ委譲する法案を上程した。2) 弁論家マルクス・キケロの弟。3) アッティクスのように騎士の家柄の人が政界入りした場合，プラエトル職にまで至ることはそれ程珍しくなかった。4) 今日のモデナ。「ムティナの戦い（前44年12月〜43年4月）」は，アントニウスがデキムス・ユニウス・ブルートゥス，オクタウィアヌス，元老院の連合軍と戦った戦い。

帝政期（元首政期）

　ローマ世界の単独の支配者となったにもかかわらず，前27年オクタウィアヌスは共和政の再建のために非常大権を元老院と民会に返還する姿勢を示した．しかし，元老院の要請によって国政の責任を元老院と分担することになり，ほぼ半数の属州の総督命令権が委ねられた．彼自身は軍隊による警備の必要な属州を統治したので，事実上，全ローマ軍の最高司令官となった．そして，アウグストゥス（尊厳なる者）の称号が与えられる．前23年には，終身の護民官職権と上級コンスル代行権が付与され，前19年にはコンスルの権限と栄誉権が与えられ，ここに国家全体における卓越した実力者の地位が確定したのである．万人を凌駕する権威による元首（プリンケプス）の支配体制の成立であり，この体制は元首政と呼ばれる．長寿に恵まれたアウグストゥスは，様々な国制・軍事上の諸制度を整備したので，皇帝権力の基盤はほぼその治世中に確立したと言える．

　つづくティベリウスは，当初元老院を尊重し財政を引き締め属州の安定化に努めたが，親衛隊長官セヤヌスの誅殺を機に元老院議員の粛清が相次ぎ専制化した．あとを継いだカリグラはヘレニズム・オリエント型の神君政への傾斜を強めたが，狂暴な性格が災いして暗殺された．クラウディウスは，官僚制を整備しつつ行政の伝統に復帰することを努めた．しかし，側近や妃アグリッピナの専横を招いて暗殺された．彼女の連れ子ネロが帝位に就くと，当初，セネカやブルスの補佐に助けられて善政を敷いた．やがて，彼は徐々に専制者の性格を露わにし，母親や側近を暗殺して暴政に傾いたので，反感を招いて自殺に追いこまれた．ここで，5代にわたるユリウス家とクラウディウス家の血をひく者は途絶え，帝位をめぐる内乱期をむかえる．やがて，4人の帝位僭称者のなかから69年フラウィウス家のウェスパシアヌスがこの混乱を収拾した．

　ウェスパシアヌスは，従来の名門貴族には連ならない新興勢力を代表していた．彼は財政の再建，立法権・皇帝裁判権の整備と強化，辺境防衛体制の強化に尽力し，官僚制もより一層の発展をみせた．また，風紀の粛清，属州出身者の元老院への登用に積極的な姿勢を示し，属州の都市化＝ローマ化が推進された．その後を継いだ

長子ティトゥスは、様々な人道的な施策によって民衆の人気も高かったが、善政を実現するには余りにも短い治世にすぎなかった。これに対して、その弟ドミティアヌスが帝位に就くと、厳格で公正な態度を示しながらも、元老院を抑圧し、有力な元老院議員の処刑や財政没収が相次ぐ恐怖政治を敷いたので、反感を招いて暗殺された。ここに、フラウィウス朝も断絶した。
　96年、元老院はネルウァを皇帝に推挙する。いわゆる五賢帝時代の最初に位置する彼はなによりも元老院との協調を旨とし、財政難の克服に努めた。有能な軍人トラヤヌスを養子として後継者に指名したので、以後、最良者の選抜という帝位継承原則が踏襲されるようになった。トラヤヌスは属州出身の最初の皇帝であった。彼の治世には、ダキアなどの併合によって、ローマ帝国の版図は最大に達した。また、元老院の尊重、救貧制度の拡充、貢租の軽減、公共事業の振興などの積極的施策を行って、さまざまな階層の人々から歓迎された。つづくハドリアヌスは、治世の半分を属州の視察旅行にあてたが、官僚制の整備や国境の安定にはことのほか成果をあげている。アントニヌス・ピウスは質実で穏健な性格のとおりに、財政の節約や対外的和平に尽力したので、国民に敬愛された。ストア派の哲人皇帝マルクス・アウレリウスは、国境を越えて侵入する異民族との戦いに多くの時間を費やしながら、官僚機構の推進による保守的な統治を行った。しかし、実子コンモドゥスを後継者に選んだことは、「ローマの平和」にかげりが見え始めていた事態に一層の拍車をかけた。コンモドゥスは元老院と敵対して狂信者的な性格を露わにしたので、暗殺された。
　その死後の混乱のなかから、193年アカリカ出身のセプティミスウス・セウェルスが皇帝となった。彼は、これまでの伝統的秩序に重きをおかず、軍人に対する優遇策を強めて、行政管理機構の軍事的統制を意図した。実子カラカラは、帝国全土の自由民にローマ市民権を付与する勅令を発した。皇帝と軍隊との結びつきが強まるなかで、アレクサンデル・セウェルスは兵士への配慮を怠ったために暗殺されて、セウェルス朝が滅んだ。
　それ以後、いわゆる「軍人皇帝」の時代と呼ばれる混乱期をむかえ、約半世紀の間に26人の皇帝たちが相次いで現われ、ほとんど短期間の統治のうちに殺害された。現地徴募された兵士たちが各々の軍団の指揮者を皇帝として擁立したからである。この時期は、異民族侵入や社会的混乱、経済危機をも伴っていたので、「3世紀の危機」と呼ばれることがある。　　　　　　　　　　　　　　　（本村凌二）

89 神皇アウグストゥス業績録

　カエサルの後継者に指名された養子のオクタウィアヌスは，100年にわたる内乱を収拾して，ローマ国家を世界帝国として再建した．アウグストゥスと尊称された彼自身の手になる遺書の一部をなした業績録の存在は，すでにスエトニウスの記述（『ローマ皇帝伝』アウグストゥス101章）から知られていたが，その原本は，設置されたと推測される帝の霊廟から，もはや失われてしまった．この原本の写しが小アジア内地のアンキュラ（現名アンカラ）の神殿跡で刻まれていることは，16世紀以降，西欧の人々にも知られていた．その後，発見されたギリシア語訳やラテン語碑文の断片によって欠損部分が補われたので，今日，この業績録は，ほぼ完全な形での復元が可能になっている．記録の比類のない重要性のために，「ラテン碑文の女王」として名高い．

　I　19歳にして，余は自らの決意に基づき，自己負担で軍備を整え，それによって，党派の専横[1]に圧迫されていた国家に自由を回復した．このために，元老院はガイウス・パンサとアウルス・ヒルティウスのコンスルの年[2]に表彰決議によって余を元老院議員の身分に選叙し，同時に，意見表明の場合のコンスル格の地位を認め，また，最高指揮権をも付与した．更に，国家がいかなる損傷をも蒙ることがないように，余が法務官代行としてコンスル両名と共に配慮すべきことを命じた．しかし，同年，コンスル両名が戦死すると，国民は余をコンスルに，かつまた国家再建三人委員の1人に選定した．

　V　マルクス・マルケルスとルキウス・アルンティウスがコンスルの年[3]に，余の離京にも在京にもかかわらず，国民と元老院によって与えられた独裁官職を余は受理しなかった．余は，穀物が極度に欠乏した際にも，穀物供給の配慮を免れようとしたことはない．すなわち，数日以内で，余は，差し迫った脅威と危険からすべての自由市民を余の支出と配慮によって救済したのである．その時，毎年更新されるにしても，終身にわたるコンスル職もまた余に申し出があったが，余はこれも受理しなかった．

　XV　余は，父の遺言[4]に従い，ローマの民衆に各々300セステルティウスを，また，余の名において，戦利品より各々400セステルティウスを5度目のコンスルの時[5]に贈与した．更にまた10度目のコンスルの時[6]，余の私財によ

り施物として,各々400セステルティウスを分配し,11度目のコンスルの時[7]には,私費で買い集めた穀物によって12回の穀物配給を行い,また,護民官職権行使12年目[8]に3度目の施物として,各々に400セステルティウスを分配した.これらの余の施物が届いた人の数は,25万人を下ることはない.護民官職権行使の18年目,12度目のコンスルの時[9],首都の民衆32万人に,各々60デナリウスを分け与えた.また,余の兵士たちの植民市においては,5度目のコンスルの時[5],戦利品より各々に1,000セステルティウスを贈与した.この凱旋による施し物を受け取った者は,植民市において,およそ12万人になる.13度目のコンスルの時[10],その頃,公共の穀物配給に与っていた民衆に,60デナリウスを施した.そこには,20万人をいささか越える人々がいた.

XXII 余が開催した剣闘士興行は,余の名において3度,余の息子および孫の名において5度に及び,これらの競技にあって,およそ1万人が戦った.あらゆる地域から招き寄せた競技者による見世物を,余の名において2度,余の孫の名において3度,国民のために余は提供した.余の開催した競技会は,余の名において4度,ほかの公職者の名において23度である.15人祭司団に代って,余自らが主宰者となり,マルクス・アグリッパを同僚として,ガイウス・フルニウスとガイウス・シラヌスのコンスルの時[11]に,世俗の競技会を挙行した.13度目のコンスルの時[10],余は最初のマルスの競技会を開き,その時以後,毎年連続して元老院決議と法に従って,コンスルがこれを開催してきた.アフリカの猛獣との格闘技を,余の名,あるいは余の息子,および孫の名において,円形競走場,広場,あるいは円形闘技場で,国民のために余は26度開催し,これらの際に,およそ3,500頭の猛獣が犠牲となった.

XXXIV 6度目[12],および7度目[13]のコンスル職の年に,余はすでに内乱を終結し,万人の合意に基づいて全権を掌握していたが,国家を余の権限から元老院およびローマ国民の裁定に委ねた.このような余の功績に対して,余は元老院決議によってアウグストゥスの称号を授かり,我家の門柱は月桂樹によって飾られることが公認され,市民の冠が我家の戸口の上に付設され,また,黄金の肖像楯がユリウス議事堂に安置された.元老院およびローマ国民がこれを

余に与えたのは，余の勇気[14]，慈愛，正義，敬虔を称えるためであり，このことは，その肖像楯の碑銘によって明らかである．これ以後，余は権威において万人に優越していることがあっても[15]，権力に関しては，余と共に公職にある同僚達より卓越したなにものをも，保持することはない．

[Res Gestae Divi Augusti 1 ; 15 ; 22 ; 34]

1) 武将たちが割拠して地中海世界の分立抗争が絶えないこと．2) 前43年．3) 前22年．4) カエサルの遺言．5) 前29年．6) 前24年．7) 前23年．8) 前12年．9) 前5年．10) 前2年．11) 前17年．12) 前28年．11) 前27年．14) これに対してキケロの徳目は理知，正義，勇気，節度である．15) 理念としては独裁権力を拒否する．

90　オウィディウスによる世俗の写像

　　アウグストゥス帝時代の詩人オウィディウス（前43～後17年）は紛うことなき天賦の才能に恵まれていた．雄大な国民的叙事詩を詠じたウェルギリウスや格調高く真摯な叙情詩人ホラティウスに比べて，民衆や神々の戯れ事を題材とすることが多かったために，彼は二流詩人の評価を受けることがある．しかし，彼の世界が鋭利な心理分析と適格な性格描写を散りばめながら，軽やかで優雅な筆致で描かれていることは，その類い稀なる才能を示したものと言える．ここで取り上げる『アルス・アマトリア（愛の技術）』は比較的初期の作品であるが，アウグストゥス帝治下のローマ社会における平凡な人々の生き生きとした姿が反映しているのではないだろうか．

　法廷^(フォルム)[1]さえも，――いったい誰が信じられるというのだろうか？　――恋愛に都合がよいところであり，情炎は喧しい法廷にもしばしば見出されるものである．大理石で造られたウェヌスの神殿の下に設けられたアッピアスの像[2]が勢いよく水を噴き上げて空中にまき散らしているようなところでは，弁護人が愛の神の虜になることがたびたびある．他人を庇ってやった者が自分自身を守れないことになる．そこでは雄弁な人でも自分の言葉につまることも珍しくなく，新たな恋愛沙汰が起って，自分自身の弁護をしなければならなくなる．つい先ほどまで保護者[3]であったのに，今では庇護民[4]になりたいというこの男を，そばにある神殿の中から，ウェヌスは笑っている．

　でも，君は，とくに円形劇場で獲物狩りをしてみることだ．この場所こそは，君の願いにとってひときわ実り多いところである．ここでなら愛を語る相手にも，もて遊ぶことのできる相手にも，一度だけ感触を楽しんでみようという相手にも，長く手もとに置きたいと思う相手にも君は会うことができるだろう．

(中略) あかぬけした女性はこのように人の集まる見世物に殺到する．その数が多いために，私の鑑識眼を迷わすことも度重なるほどだ．女たちは見物に来るのだが，自分自身が人の目にさらされるためにも来ているのである．あのような場所は，恥を知る貞淑な女性には害がある．

(中略)

君は，駿馬の競走の機会をものがすべきではない．大群衆を収容しうる競走場(キルクス)には都合のいいことが多い．秘密を語るのに指を使う必要はないし，うなずいて合図を受けとるまでもない．邪魔者がまったくいないのだから，いい女のすぐ隣にすわりなさい．君の脇を相手の脇にできるだけ密着させることだ．それに具合のいいことに，相手が嫌がったにしても，座席の並びが密着させるのだし，座列の定めのおかげで女の子に君は触れざるをえないのだから．

さて，ここで君は近づきになるための話のたねを探すことだ．それには，月並みの言葉で，おしゃべりを始めるのがいいだろう．誰の馬が入って来るかを，熱心に聞いてみることだ．そして，すかさず，彼女が誰をひいきにしていようと，それをひいきにするのだ．さて，神々の象牙像を各々先頭にした競技者の群れの行列がやって来たとき，君は，女神ウェヌスにひいきの拍手をおくりたまえ．

そしてよくあることだが，もしたまたま女の子の膝に埃が落ちたとしたら，指で払い去ってやるべきである．たとえ埃などまったく無いにしても，その無い埃にしろ払ってやりたまえ．どんな口実でもいいから，君の奉仕に都合のいい口実を設けることだ．外套がもしあまりに垂れすぎて地面にくっついていたら，かきあげて，注意深く汚い地面から持ち上げてやりたまえ．たちまち君の心尽くしの報酬として女の子はじっとこらえたまま，彼女の脚が君の目に触れて晒されることになる．そのほかに，あたりを見まわして君たち2人の後に誰が座っていようと，そいつが彼女の柔らかい背中に膝を押しつけたりしないように気を配るのだ．ささやかなことが浮気心を捕えるものである．多くの男たちにとって有効であったのは，座布団をさりげなく手でずらし直してやったことである．さらに，薄い書板で風を送ってやったり，華奢な足の下に踏み台を差し出してやったのも効を奏した．

(中略)

だが，まずものにしようとする婦人の小間使い［女奴隷］を知るように心がけるべきである．小間使いは，君が接近しやすくしてくれるだろう．彼女が女主人のいちばん身近な相談相手となるよう，そして，隠れた戯れ事をよく知り，少なからず信頼できる者になるように気配りすることだ．この女こそ，君は約束したり，頼み込んだりして，手なづけておくのだ．君の望むことは，彼女さえその気になれば，たやすく成し遂げられるだろう．彼女は女主人の気分がよくてものにするのに相応しい時期を選んでくれるだろう．医者もまた治療の時期をはかるものであるが．（中略）しかし，小間使いが塗蠟板[5]のやりとりの仲介をしているうちに，もし，彼女のかいがいしさだけでなく，その容貌をも君のお気に召したならば，まず女主人をさきにものにして，かの付人の方は後にするようにしたまえ．君は情交を小間使いのほうから始めてはならない．（中略）ひとたび小間使いが君と罪を分かち合えば，密告する者はとり除かれるのである． ［Ovidius, Ars Amatoria I, 79～100；135～162；351～390］

1) 裁判はしばしばフォルムやバシリカで開かれた．2) Appius Claudius の水道を利用した噴水 aqua Appia のニンフの彫像．3) 4) 保護者（patronus）は庇護民（clientes）に様々な便宜を施し，庇護民は保護者の傘下にあって協力した．ローマ社会の基本的人間関係．5) 手紙の書板として使われた．

91　紀元33年の金融危機

　ローマ皇帝権力による地中海世界の再編・統合は，軍事・政治の局面のみならず，経済・社会・文化の層位でも進展せざるをえなかった．ライン・ドナウ川沿岸地域からユーフラテス川流域までの広大な土地を領有したローマ人にとって，それ以前の諸地域の様々な通貨に代って，ローマ国家の通貨制度が広い地域にわたってその有効性を発揮していくことは，財の流通が継起する経済世界の統合の前提であった．それのみならず，通貨制度の統一は，その中に生きる人々の意味論的世界の一元化を促すことによって人間の交流の前提でもある．しかし，この過程も，アウグストゥス帝による通貨改革という意識的努力において一朝一夕に実現されたわけではなかった．帝国通貨としてのローマの金貨や銀貨に対する現実の需要がイタリア以外の地域でも高まらなければならなかった．タキトゥスの『年代記』に述べられたティベリウス帝治下の「金融危機」は，このような事態がどのようにして起ったかを物語っている．経済的事象への分析の眼を充分に備えていたわけではない古代人の解説から，われわれはいかなる構造を読みとることができるであろうか．

　XVI　そうしているうちに，告訴人の大群が利息をとって金銭を増殖してい

た者たちに殺到した．彼らは，イタリア本土内における金融貸付と土地所有の制限を規定した独裁官カエサルの法に違反していたが，この法律自体かなり以前から反古になっていた．というのも，公益は私益に遅れをとるからである．確かに，この都において高利貸しの害悪は古来から見られるし，暴動や騒乱の原因となっていることも度々である．このため，道義の退廃がそれほどでもなかった往古にあってさえも規制されていた．実のところ，まず最初に十二表法の認可したところでは「何人たりとも12分の1を越える利息をとって金貸ししてはならない」である．というのも，それ以前は金持ちの欲するままに利息が取り立てられていたのであった．次いで，護民官の提案[1]によって利息は24分の1まで引き下げられる．最終的には，あらゆる債務転換[2]が禁止された．そして，不正に対抗するために，度重なる平民会決議に訴えたのであるが，この種の不正は押さえつけてもその度に驚くべきほどの巧妙な仕掛けで姿を現わすのであった．しかし，これらの法廷を担当していた法務官グラックスは，大勢の者が審理にさらされるのを見かねて元老院で提案せざるをえなかった．議員たちは驚いて（というのも誰もこのような違法行為に身の覚えのない人はいなかったから）元首に慈悲を懇願した．そこで，誰もが法の定めに従って各々の家産会計を処理することができるように，今後1年と6カ月の猶予が与えられた．

XVII その結果，通貨の不足[3]という事態が起る．すべての負債が同時に取り立てられたためであり，さらに，その頃大勢の人々が断罪されていたが，彼らの財産が競売に出されると，銀貨が元首管轄金庫[4]や国庫[5]に退蔵されたままになってしまったからである．この事態に対して，元老院があらかじめ定めていたところは「債権者各々が貸付額の3分の2をイタリアの土地に投資すること」（また，「債務者は負債額の3分の2を直ちに返済すべきこと」）である．しかし，債権者は全額を催促し，催促された者にとって信用の失墜は不相応なことに思われた．このようにして，債務者はまず奔走し，懇願する．次いで，法務官の法廷が甚だしく混雑した．そして，救済策として選ばれたところの土地の売買も反対の結果を生じる．何故なら，債権者たちは全額を土地の購買のために貯えていたからである．売り手が多くなれば，続いて価格の下落が起り，

債務が重いほど，売却するのに苦労を伴う．こうして，多くの者がその資産を取り立てられた．家産の破滅は地位や名声の失墜をも招いた．そこでついにカエサルは援助を申し出た．1億セステルティウスが諸々の銀行に割り当てられ，3年間無利子で借り入れることが可能になった．その場合，借り手は国庫に対し2倍額相当の不動産を担保に入れる必要があった．このようにして信用が回復される．さらに，徐々に個人の貸主も見出されるようになった．しかし，土地の買入は元老院決議の規定どおりにはなされなかった．およそこんなことになるわけだが，当初は厳格であっても，終いには野放し状態になるものである．

[Tacitus, Annales VI, 16〜17]

1) 前345年のこと．2) 利息付きの貸付のことか．3) 背景にはローマの通貨への需要が高まったことがある．4) fiscus．5) aerarium．

92　嬰児遺棄

　古代世界において嬰児遺棄を証言する史料は枚挙の暇もないほど数多い．ローマにおいても，すでに共和政初期の十二表法が奇形児の滅却について規定しており，後代の著作家たちもこの慣習を当然のごとく考えていた．それのみならず，様々な動機から遺棄された多数の嬰児がいたことが推察される．このような嬰児遺棄の実例は，たんに奇異な風習として好事家の関心をそそるだけであってはならない．古代人の人間観・生命観に関わる問題であるとともに，歴史人口動態学上の重要な要因とも重なる論点を含んでいる．

　A　……［ギリシアの人々は］結婚したがらず，結婚しても子供を育てたがらない．せいぜい普通は1人か2人である．というのも子供たちを富裕にしておくためであり……　　　　　　　　　　　　　　　[Polybios XXXVI, 17, 7]

　B　……というのも，貧しい人々が子供を養育しない場合，彼らは適切な程度よりもはるかに劣悪な教育しかほどこすことができなくて，子供が卑屈で粗野になり，あらゆる美徳を欠くことになるのを恐れるからである．彼らは貧乏を最大の悪と考えたので，あたかも重症の難病のように子供がそれを蒙ることが耐え難かったのである．　　　　　　　　　　　[Plutarchos, Moralia 497 e]

　C　……ユリウス・マラトゥスの証言によると，アウグストゥスが生まれる

数カ月前に、ローマの公共の場所に奇怪な現象が起こり、これを占った者は、「造化がローマ国民のために王を孕んでいるのだ」と警告した。元老院は恐慌をきたし、「何人もこの年に生まれた子を養育してはならぬ」という議決を行う。しかし自分の妻が身ごもっていた元老院議員らは、この予言をそれぞれ勝手に自分の家族にあてはめ、さきの議決を国庫[1]に持ちこまぬように工作したという。
[Suetonius, Augustus 94]

1) 元老院議決は国庫に収められたとき有効になる。

D　しかしゲルマニクスに関する評価は死にぎわや死後において、はるかに高まり確固たるものとなった。彼の亡くなった日には、神殿に石が投じられ、神々の祭壇はひっくり返される。何軒かの家からは、家の守護神ラレスの像が道路に投げ捨てられ、妻の生んだばかりの赤子も外へ置き去りにされる。
[Suetonius, Caligura 5]

E　彼女が結婚した男の父親というのがたまたま旅行に出かけるとき、妻に向い、つまりその男の母親に向って、それでなくても沢山の子供をかかえて難儀してるんだから、もし自分の留守に女の子が生まれたら、すぐそのまま殺すように頼みました。間もなく彼女は夫の留守中に女の子を生み落したのですが、母親としての自然な情愛が先立って、夫の命令に服従する気持になれないまま、近所の人に預けて、その子を育てて貰うことにしました。彼女は夫が帰ってきたとき、生まれた女の子は殺してしまったと告げました。
[Apuleius, Metamorphosis X, 23]

F　[アレキサンドリアにある夫が内地の妻に宛てた手紙]
どうぞ子供を大事にしてくださるようにあなたにお願いします。給金をもらったら、直ちにあなたのもとに送りましょう。（アポロナリオンが？）子供を生むことになったとき、男子であればそのままにしておき、女子ならば棄ててください。
[Oxyrhynchus Papyri 744]

G　青果市場のなかの乳塔 [lactaria columna] とは、そこに乳で養われる幼

児を連れてきていたために，そのように呼ばれている．

[Festus, De Verborum Significatu]

H　もし，エジプト人が厩肥より [ἐκ κοπρίας] 子供を拾い上げ，その子を養子としたときは，死亡後4分の1が徴収される．　　　[BGU V § 41]

I　自由人に生まれて遺棄され，その後なに人かに拾われて奴隷として養育された者について貴下の提示した問題は，しばしば取り扱われてきました．

[Plinius Minor, Epistulae X, 66, 1]

93　パンとサーカス

　「パンとサーカス (panem et circenses)」は「ローマの平和」の時代における民衆生活の堕落ぶりを象徴する言葉として世評に名高い．共和政末期以来，土地を失った無産市民たちは大量にローマ市に流れ込むと，穀物の無料給付に与かり，遊惰な日々を剣闘士競技や戦車競走にうつつを抜かして過ごした．これらの食糧，娯楽見世物，公共施設の提供者は富裕市民，元老院貴族，皇帝であった．とりわけ帝政期にあっては皇帝の恩恵行為が重要であった．このようなローマ社会のなかで醸成された慣行から，異国情緒や泰平の世への警句を読みとることも可能であるが，歴史研究の題材としてはそれだけに留まるべきではない．そこには，民衆の日常生活における身分秩序や行動規範といった意識・感性の一面が反映されているのではないだろうか．

A　それ故，あなたは，大盤振舞いと国家の穀物給付で籠絡された民衆が公共への不善に染まらないように，自分たちの仕事をもつことに配慮しなければなりません．（中略）
　以前は無職への補償であった穀物を，自治市や植民市において，軍務を終えて帰国した者たちに給付することもまた公正でありましょう．

[Sallustius, Oratio ad Caesarem VII, 2 ; VIII, 6]

B　かつて権力や勢威や軍事などのすべてに力を注いでいた市民たちも，今では萎縮して，たった二つのことだけに気をもんでいる．パンとサーカスだけを．　　　[Juvenalis 10, 78-81]

C　[トラヤヌス帝という]元首は，確かに舞台，円形競走場，闘技場の役者やほかの演技者たちをなおざりにすることはなかった．というのは，彼は以下のようなことを熟知するところの人であった——ローマの民衆はとりわけ二つの事，つまり穀物と見世物で掌握されること．統治とは生真面目な事と同様に娯楽によって是認されること．生真面目な事態に注意を向けないならばより重大な損失を招き，娯楽に配慮しなければより深い恨みを買うに至ること．見世物に比べれば食糧贈与はそれほど熱心に求められるわけではないこと．そして，食糧贈与によってはただ穀物配給に与かる民衆が各々個々別々に満たされるにすぎないが，見世物では民衆が一団となって懐柔されることである．

[Fronto, Ad Verum, Principia Historiae 17]

D　ローマ市の住民名簿の再調査を街ごとに行う．平民が穀物配給のため，頻繁に仕事を放って出頭する必要のないように，年に3度，4カ月分の配給切符[1]を渡すことに決めた．ところが古い慣例を希望した民衆には譲歩して，毎月，1カ月分の切符を受けとることを再び認めたのである（中略）

しかしある年のこと，大凶作のため窮状を救い難くて，売りに出されていた若い奴隷と，教練師の抱える剣闘士とともに，すべての外国人——ただし医者と教師を除く——と家庭奴隷の一部を都から追放してやっと，穀物の価格が安定したとき，アウグストゥスはこう書いている．

「私は穀物の無料配給という公けの制度を，永久に廃止したい衝動を覚えた．なぜなら，これに依存して畠の耕作が放棄されているのだから．しかしこの衝動を持続できなかった．いずれまた民衆の好意を得るために復活されることは間違いないと確信したからである．」

その後アウグストゥスは，市民と同様，農耕者や穀物輸入業者のことも考慮しながら，この制度を適正に運用したのである．

[Suetonius, Augustus 40；42]

1) tessera frumentaria.

E　剣闘士試合を，ときにタウルス円戯場で，ときに投票場で何度か催した．投票場ではアフリカとカンパニアの両地区から厳選された拳闘士の対決も挿入

された．

　これらの見世物をカリグラは常に主宰したわけではない．ときどき政務官や友人に主宰の役を与える．舞台劇ものべつまくなしに，様々の種類を，各地で催した．ときには，都全体に明かりをともし，夜間の上演もした．

　劇場内でいろいろの土産をばらまき，御菜を詰め合せたパン籠を，1人1人に配った．

　この会食の席で，1人のローマ騎士が，カリグラの真向いにいて，人一倍陽気にがつがつ食べているので，カリグラは自分の分前を廻して与えた．それだけではなく，1人の元老院議員にも，カリグラは同じ理由から辞令を送り，彼を定員外の法務官に指名していた．

　彼は大競走場での戦車競走も，朝から夕方まで催した．その合間に，ときには豹狩りを，ときにはトロイア模擬戦をはさむ．また特別な見世物として，元老院階級の人が，戦車を駆すときだけ，競走場に赤色と緑色の砂を敷きつめたこともある．

　カリグラが突然，戦車競走に出発の合図を与えたこともある．それは，ゲロティウスの家から大競走場の準備を眺めていて，ごく少数の人が近くのマエニウス風の張り出し露台からねだったからである．　　　[Suetonius, Caligura 18]

94 ブリタンニアにおけるボウディッカの反乱

　　カエサルの討伐後1世紀を経て，ブリタンニアの恒久的支配に着手したのはクラウディウス帝（在位41〜54年）であった．ローマ軍団の常駐にもかかわらず，原住部族民は不穏な動きを示した．なかでも，ネロ帝治世には，イケーニー族の女王ボウディッカが反ローマ独立闘争に決起し（61年），多くのローマ人居住集落が掠奪の被害を受けた．ここで取り挙げるタキトゥスの『年代記』などを素材として，これらの反乱の性格をどのように捉えるにしても，ローマ都市文明の恩恵が原住部族民のなかに受容されるのはそれほど容易ではなかったことの一面は理解されるであろう．

XXXI　イケーニー族[1]の王プラスタグスは，長年の豪奢な生活によって世に聞えた人である．遺言では2人の娘とともに，カエサルを相続人に指定していた．このような謙虚な気持ちを表明しておけば，自分の王国と王室が，すべての迫害を逃れ得ると期待したものである．事実は逆となった．王国は百人隊

長から,王室は奴隷から,まるで征服されでもしたように,荒らされた.彼らはまっ先に,王妃ボウディッカを鞭で殴り,娘らを凌辱した.ついで王国全体を贈物として受けとったかのように,イケーニー族のすべての豪族から,祖先伝来の地を没収し王の外戚を奴隷としてとり扱った.

　土着民はこの侮辱を見て,正式に属州に編入されたらさらにひどい虐待を受けるだろうと危懼して,ついに武器をとる.この蜂起はトゥリノバンテス族を謀叛にそそのかした.のみならず,ローマへの隷属にまだめげずに,ひそかに連絡しながら,自由の奪回をねらっていたほかの部族らまでを刺戟する.彼らの憎悪は,とりわけローマの老兵[2]に激しかった.というのも,これより,少し前,老兵がカムロドゥーヌムに入植するため,連れてこられたとき,土着民を捕虜とか奴隷と呼び捨て,家から追い出し畠をとりあげていた.老兵の粗暴な振舞いは,彼らといっしょに生活を送り,似たような無軌道を欲していた現役兵によって,さらにあおられた.

　これに加えて,神君クラウディウスにささげられた神殿[3]が,永遠の圧政の城のごとく見られていた.神殿の祭司に択ばれた原住民は,聖儀を口実に全財産を浪費させられた.しかし植民市には,まだいかなる堡塁も築かれていなかったので,これを破壊することは,さほど困難とは思えなかった.わが将軍は,必要な防備よりも快適な設備を重く見ているうちに,その用意を怠っていたのである.

　XXXV　ボウディッカは,自分の前に娘らを乗せて車を駆り,蕃族の1人1人に近寄ってはこう訴えたものである.「ブリタンニア人は,昔からよく女の指揮の下に戦争をしてきた.しかしいまは,偉大な王家の子孫として,私の王家と富のために戦うのではない.人民の1人として,奪われた自由と鞭でうたれた体と,凌辱された娘の貞節のため,復讐するのである.ローマ人の情欲は,もう私らの体はおろか,年寄の女や処女までも,1人のこらず辱めずにはおかないまでに烈しくなった.しかし神々は私らの正義の復讐を加護している.それが証拠に,敢えて戦いを挑んだローマの軍団兵は全滅した.生き残りは,陣営に隠れているか,退却の機会をねらっているか,どちらかだ.味方の莫大な兵の騒音と鬨にすら立ち向う気力もあるまい.われわれの攻撃の武器に対して

はなおさらのことだ．もし武装者の数を比較するなら，戦争の原因を考えるなら，この戦いにどうしても勝たねばならない．でなかったら死ぬべきである．これが1人の女としての決心である．男らは生き残って奴隷となろうと，勝手である．」

XXXVII　最初の間，軍団兵は自分の位置から動かず，狭隘な入口を砦として固守していた．敵がさらに近く攻め寄せたとき，投槍を確実に命中させて投げ尽したころ，楔状隊形を作って敵を突破する．それと同時に，援軍も突撃する．騎兵は突槍をかざし，歯向う大胆な敵を片端から蹴散らす．その他の敵は背を向けた．退却は困難を極めた．荷車が周囲を取りめぐらし，逃道を塞いでいたからだ．女の斬殺にも手加減を加えなかった．家畜すら投槍を打ち込み，屍の山をいよいよ高くしていた．この日は，往古の偉大な勝利にも匹敵する輝かしい名誉をもたらした．伝えるところによると，殺されたブリタンニア人は，8万を下らなかったという．そしてわが軍の損失は約400人，負傷兵もほぼ同数であったと．

　ボウディッカは，毒をあおいで生涯を終えた．

[Tacitus, Annales XIV, 31 ; 35 ; 37]

1) ケルト部族の一つ．2) 退役兵，入植して定住する．3) 同帝治下ブリタンニア併合（43年）．

95　ネロ帝治下のキリスト教徒迫害とローマ市大火

　ネロ帝がキリスト教徒を迫害した最初の皇帝であることは，後代の教父作家たちによって伝えられている．この迫害に関する同時代史料としてはタキトゥスとスエトニウスが挙げられるが，キリスト教徒迫害とローマ市の大火災を結びつけた記述が見られるのは，前者のみである．もっとも，ネロ帝治世はタキトゥス自身の幼年時代に当るわけであるから，彼が自ら直接に体験したことというより，なにか後の伝聞に依拠しながら，彼自身の観点から修辞的効果をねらった作為が加えられたものであろう．写本のテクストにも混乱が見られ，様々な解釈がなされる名高い箇所であるが，ローマ帝国と新興のキリスト教との最初期の関わりを考えるうえで，この史料はきわめて重要である．

　しかし元首の慈悲深い援助も惜しみない施与も，神々に捧げた贖罪の儀式も，不名誉な噂を枯らせることができなかった．民衆は「ネロが大火を命じた」と

信じて疑わなかった。そこでネロは,この風評をもみけそうとして,身代りの被告をこしらえ,これに大変手のこんだ罰を加える。それは,日頃から忌わしい行為で世人から恨み憎まれ,「クリストゥス信奉者[1]」と呼ばれていた者たちである。この一派の呼び名の起因となったクリストゥスなる者は,ティベリウスの治世下に,元首属吏[2]ポンティウス・ピラトゥスによって処刑されていた。その当座は,この有害きわまりない迷信も,一時鎮まっていたのだが,最近になってふたたび,この禍悪の発生地ユダヤにおいてのみならず,世界中からおぞましい破廉恥なものがことごとく流れ込んでもてはやされるこの都においてすら,猖獗をきわめていたのである。

そこでまず,信仰を告白していた者[3]が審問され,ついでその者らの情報に基づき,実におびただしい人が,放火の罪というよりむしろ人類敵視の罪[4]と結びつけられたのである。彼らは殺されるとき,なぶりものにされた。すなわち,野獣の毛皮をかぶされ,犬に嚙み裂かれて倒れる。[あるいは十字架に縛りつけられ[5],あるいは燃えやすく仕組まれ,]そして日が落ちてから夜の灯火代りに燃やされたのである。ネロはこの見世物のため,カエサル家の庭園を提供し,そのうえ,戦車競技まで催して,その間中,戦車馭者のよそおいで民衆のあいだを歩きまわったり,自分でも戦車を走らせたりした。そこで人々は,不憫の念をいだきだした。なるほど彼らは罪人であり,どんなむごたらしい懲罰にも価する。しかし彼らが犠牲になったのは,国家の福祉のためではなく,ネロ一個人の残忍性を満足させるためであったように思われたからである。

[Tacitus, Annales XV, 44]

1) Christiani ← Christus ← Chrestus ($\chi\rho\eta\sigma\tau\sigma\varsigma$)? 2)「元首属吏」と訳された procurator という肩書に対して,1961年カエサレアで発見された碑文では,ポンテオ・ピラトの肩書は praefectus Iudaeae (ユダヤ州長官) となっている。3) qui fatebantur (信仰を告白していた者／放火を自白していた者)。4) odium humani generis (人類 → 地球 → ローマ支配 → 皇帝権力)。5) 放火罪のためか。

96 ポンペイ——都市生活の諸相

紀元79年8月24日,ベスビオ山の大噴火によって,またたく間に火山礫や火山灰に埋もれた古代都市ポンペイ。18世紀中頃,偶然の機会にこの町が発見され,今日までのところその約8割が発掘されている。劇場・神殿・浴場・バシリカなどの公共施設が並

び建ち，舗装道路・水道も整えられて，ローマ都市の生活文化を充分に開花させた．ローマの富裕階層の保養地として栄え，豪華な住宅が，華麗なる壁画・彫刻・モザイクで飾られていることは名高い．それとともに，反面では，民衆の生活風景を伝える点において比類がないことも忘れるべきではない．というのも，そこには住宅や商店の壁に様々な落書きが残され，それによって，平凡な人々の生の声に接することができるからである．これらの落書きは，絵具で塗られたり，ひっかかれたりしたものである．

A 公職選挙ポスター

(1) マルクス・ホルコニウス・プリスクスを裁判権を有する二人委員[1]として果実商は一致してヘルウィウス・ウェスタレスと共に推薦する．

(2) ガイウス・クスピウス・パンサを造営委員[2]として金細工師は一致して推薦する．

(3) ガイウス・ユリウス・ポリビウスを造営委員としてあなたがたが選出するように私は要請する．彼は充分なパンを得ている[3]．

(4) ガイウス・ユリウス・ポリビウスを二人委員としてラバ追いたちは推薦する．

(5) グナエウス・ヘルウィウス・サビヌスを造営委員としてイシス女神礼拝者団は一致して推薦する．

(6) プロクルスよ，サビヌスを造営委員にしなさい．そうすれば彼は君のために役立つことになるだろう．

(7) ルキウス・スタティウス・レケプトゥスを裁判権を有する二人委員としてあなたがたが選出するように彼の隣人たちは要請する．彼は相応しい人だ．隣人アエミリウス・ケレルがこれを書く．敵意をもってこれを消し去る者は病気になるだろう．

(8) スタティアとペトロニアはマルクス・カセッリウスとルキウス・アルブキウスを造営委員としてあなたがたが選出するように心から切望する．このような市民がいつもこの町におりますように．

(9) マルクス・エピディウス・サビヌスを裁判権を有する二人委員としてあなたがたが選出するように要請する．彼は町の守護者に相応しく，高潔な審判人たるスエディウス・クレメンスの意見でも参事会の同意においても彼の功績と篤実さの故にこの自治体に相応しい人である．この人を選びなさい．

(10) もし，羞恥心が人の世でいくらかでも有益であると考えられるならば，

この点でルクレティウス・フロントこそ公職に充分に相応しい．
(11) ブルッティウス・バルブスを二人委員として精霊崇拝者は推薦する．この人は公庫を守るであろう．
(12) マルクス・ケッリニウス・ウァティアを造営委員としてあなたがたが選出するように私は要請する．深夜飲酒族も一致して彼を推薦する．フロルスがフルクトゥスと共にこれを書く．
(13) ウァティアを造営委員としてこそ泥仲間は推薦する．
(14) アウルス・ウェッティウス・フィルムスを造営委員としてあなたがたが選出するように私は要請する．彼はこの自治体に相応しい．球技選手たちよ，私は彼の選出を要請する．
(15) おお壁よ！ こんなにも多くの落書人の愚行に力をかしたことによってお前はくずれ去ってしまわないのだろうか．
　　　[CIL IV, 202；710；429；113；787；635；3775；3294；768；6626；3702；581；576；1147；1904]

1) 地方都市の最高公職．2) 建物・道路の管理，治安警察．3) 彼は充分なパンを得ている／彼は充分なパンを与える．

B 日常生活

(1) カエサル・アウグストゥスの御子ネロの終身神官デキムス・ルクレティウス・サトゥリウス・ウァレンスによる20組の剣闘士の戦いと彼の息子デキムス・ルクレティウス・ウォレンスによる10組の剣闘士の戦いが4月の8日，9日，10日，11日，12日にポンペイで開催される．公認の野獣狩りがあり，日除も張ってあるだろう．アエミリウス・ケレルが月明かりで単身これを書く．
(2) 市場の開催日——ポンペイにおいて土曜日，ヌケリアにおいて日曜日，アテッラにおいて月曜日，ノラにおいて火曜日，クマエにおいて水曜日，プテオリにおいて木曜日，ローマにおいて金曜日．
(3) 　6日：チーズ1[1)]，パン8，オリーブ油3，ぶどう酒3
　　　　7日：パン8，オリーブ油5，玉ねぎ5，1杯分1，奴隷用のパン2，ぶどう酒2

8日：パン8，奴隷用のパン4，からす麦3

　　　9日：勝利のためのぶどう酒1デナリウス，パン8，ぶどう酒2，チーズ2

　　　10日：……1デナリウス[2)]，パン2，女性のための［パン］8，小麦1デナリウス，きゅうり1，なつめやしの実1，乳香1，チーズ2，ソーセージ1，やわらかいチーズ4，オリーブ油7

(4)　酒神崇拝者いわく「ここのカウンターでは1アスで飲める，もっといいものなら2アス払えば，ファレルヌス酒なら4アス払えば飲める。」

(5)　青銅のポットが店から紛失している。もし，誰か取り返してくれたならば，65セステルティウス[2)]が与えられる。もし，盗人を明らかにして，それで現物を手に入れることができたならば，20セステルティウスが与えられる。

(6)　織工のスケッススは店主の女奴隷のイリスにほれている。あの娘はあいつにその気がない。でもあいつはあの娘にお情けを願っているってわけだ。書いたのはあいつの恋仇さ。あばよ。

　　　（反論）お前さんは嫉妬ではち切れんばかりでいるからといって，水もしたたる粋な伊達男のあら捜しをするな。

　　　（再反論）もう言うことは言ったし，書くことは書いた。お前はイリスにほれているけど，あの娘はお前に無関心さ。

(7)　お前のうわついた顔つきと媚びた目つきを他人の女房からそらせ！　そして，少しは，恥をわきまえた表情をしてみろ！

(8)　恋するものよ，ここに来い。俺はウェヌスのあばら肉を棒で突き破って女神の腰をへなへなにしてやりたい。もし彼女が俺の情けにあふれる胸を突き刺すことができるのなら，何故，俺は彼女の頭を棒で打ちこわすことができないのか。

(9)　私が書くのは愛の神の指示とクピドーの教えである。でも，お前がいないのに神になりたいとすれば，くそくらえだ！

(10)　（売春婦の指示）私は現金2アスであなたのものよ。

　　　[CIL IV, 3884 ; 5380 ; 1679 ; 64 ; 1824 ; 1928 ; 5372. ただし, (2), (6), (7)については, H. Geist, Pompeianische Wandinschriften, München 1936, pp. 98 ; 58 ; 74]

1) なにも表示されない貨幣単位はアス（＝約100円）．2) 1 デナリウス＝4 セステルティウス，1 セステルティウス＝4 アスである．

97　ウェスパシアヌス帝の最高指揮権に関する法律

　ネロ帝の死によって，ユリウス・クラウディウス家が滅びると，相継いで4人の帝位僭称者が登場する内乱の時代を迎えた．それらのなかから最終的に帝国の統一に成功したのは，ウェスパシアヌス帝（在位69～79年）であった．彼の元首としての国制上の権限を青銅板に記した法律がローマで発見されたのは，すでに14世紀中頃にさかのぼる．これによって，冒頭の欠損部分を除き，元首の最高指揮権（imperium）の内容がほぼ今日に伝えられている．これまでの元首との家系上の継がりを持たない皇帝の就任であったので，以前の元首に普通に備わっていることが認められ，さらには，従来の法律の拘束を受けないことが再確認されたわけである．

　神皇アウグストゥス[1]，ティベリウス・ユリウス・カエサル・アウグストゥス[2]およびティベリウス・クラウディウス・カエサル・アウグストゥス・ゲルマニクス[3]に対して認められていたのと同様に，望むところの者との同盟関係の締結が認められるべきこと．

　また，神皇アウグストゥス，ティベリウス・ユリウス・カエサル・アウグストゥスおよびティベリウス・クラウディウス・カエサル・アウグストゥス・ゲルマニクスに対して認められていたのと同様に，彼には，元老院を招集し，議案を自らあるいは委任を通じて提出し，報告と採決によって元老院決議をなすことが認められるべきこと．

　また，彼の発意または同意によって，あるいは指図または委任によって，あるいはその面前において，元老院が開催されるときは，あたかも法によって元老院が招集告示され開催されるかのごとく，あらゆる事柄の規範が有効で遵守されるべきこと．

　また，公職，職権，最高指揮権あるいは高級公務のための候補者にして元老院およびローマ国民に皇帝が推薦した者には，または，帝の支持が与えられたか，約束されている者には，このための民会において，格別の配慮がなされるべきこと．

　また，ティベリウス・クラウディウス・カエサル・アウグストゥス・ゲルマニクスに認められていたのと同様に，ローマ市聖域の前進や拡張は，国家の公

益になると判断した場合，皇帝に対して認められるべきこと．

また，神皇アウグストゥス，ティベリウス・ユリウス・カエサル・アウグストゥスおよびティベリウス・クラウディウス・カエサル・アウグストゥス・ゲルマニクスにあるのと同様に，国家にとって有益でありかつ聖俗公私の事柄の尊厳に相応しいと判断されるのであれば，それらのいずれをも実施する権能と職権が皇帝に認められるべきこと．

また，神皇アウグストゥス，ティベリウス・ユリウス・カエサル・アウグストゥスおよびティベリウス・クラウディウス・カエサル・アウグストゥス・ゲルマニクスが拘束されないと規定された法律および平民会決議について，最高司令官・カエサル・ウェスパシアヌスは，これの法律および平民会決議によって制約されるべきではなく，また，いずれの法や提案にしろ，それに従って神皇アウグストゥス，ティベリウス・ユリウス・カエサル・アウグストゥスおよびティベリウス・クラウディウス・カエサル・アウグストゥス・ゲルマニクスが実行しなければならなかったことについては，そのすべてを実行することが最高司令官・カエサル・ウェスパシアヌス・アウグストゥスに認められるべきこと．

また，この法の提案以前に，最高司令官・カエサル・ウェスパシアヌス・アウグストゥスによって，あるいは，彼の指図や委任に基づく誰かによってなされた処分・取り決め・裁決・命令は，国民または平民の承認で実施されたのと同様に，正当にしてかつ有効であるべきこと．

制裁

もし，誰かがこの法に従って，法律，議案，平民会決議または元老院決議に反して執行したか，執行するならば，あるいはまた，もし，誰かが法律，議案，平民会決議または元老院決議に従って執行すべきことを，この法に基づいて執行しないならば，その者には危害が加えられるべきでなく，またこのことのために，国民になにかを与える必要もなく，また，このことについての訴訟や裁判がその者に対して行われるべきでもなく，更にまた，このことに関してその者に対する訴訟を許可すべきではない． [CIL VI, 936 (=ILS 244)]

1) Augustus 帝（在位 前27～後14年）．2) Tiberius 帝（在位 14～37年）．3) Claudius 帝（在位

ローマ 帝政期(元首政期) 199

41〜54年).

98 マラガの都市憲章

　ローマ帝国の成立とは，別の面から見れば，属州の各地に都市化が進展することでもあった．これらの都市のなかには，自治行政が認められた都市(municipium)や更に特権的地位にある植民市(colonia)などがあって，徐々にその数は増加し続けた．これらの都市ではローマの伝統的都市行政制度が備わり，事情に応じて改められた．1851年，スペインのマラガで発見された都市憲章の断片は，ウェスパシアヌス帝の治世にスペインの諸都市に付与された自治行政の取り決めの内容を伝えるものとして名高い．

候補者の指名について

　LI. もし，立候補の申出がなされなければならない日までに，誰の名においても申し出がないか，あるいは定員以下の少数者の名においてしか申し出がないならば，または，もし，その名において申し出がなされる人のなかで，選挙のためにこの法によって有資格者と見なされるべき人が定員以下の少数者であるならば，その場合，選挙を主催すべき人は，この法によって公職を要求することが認められるであろう人の名前を，この法による定員数に不足する人数が補われるほどの数だけ地面から明白に読むことのできる場所に公示すべきである．このようにして公示された人は，もし，自ら望むならば，その選挙を主催することになる人の前に出て，各々が同じ条件の人を1人だけ指名すべきであり，また，それによって指名された人も，もし望むならば主催者の前に出て，各々が同じ条件をもつ人を1人だけ指名すべきである．この指名がその面前でなされる人は，これらの人すべての名前を地面から明白に読むことのできる場所に公示すべきである．また，彼は，その者自身の名によってこの法に従って公職を求める申し出が所定の期日までになされたかのように，あるいは，その人が自ら進んでその公職を求めだし，この提示を撤回することがないかのように，すべての者について同様に選挙を開催すべきである．

投票について

　LV. この法に従って選挙民会を主催する者は，市民をクリア[1]毎に投票すべく召集しなければならないのであり，一度の召集ですべてのクリアを投票に

呼び出し，それらクリアの各々が別々の囲いの中で銘板によって投票するようにしなければならない．同様に各々のクリアの投票箱には，この都市の市民のなかでそのクリアに所属しない者が3名ずつ投票を見守り数えるように配慮すべきであり，また，このことを果たす前に，彼らの誰もが，信義に基づいて投票数を計算し報告することを宣誓するように配慮すべきである．さらに，主催者は，公職を求める者が各々の投票箱に各々の見張役を置くことを禁じるべきではない．これらの見張役は，選挙民会を主催する人によって任じられる者も，また同様に公職を求める人によって任じられる者も，彼らは，各人見張役として任じられたクリアで各々投票すべきであり，彼らの投票は，各人が各々のクリアで投票したのとまったく同様にして合法かつ有効である．

保護者[2]の選出について

LXI. なに人も，都市参事会の大多数の決議による以外にフラウィウス自治市[3]マラガの市民のための保護者を公式に選んではならないし，いずれの人にも保護者の資格を授与してはならない．この場合，決議がなされるのは，少なくとも3分の2以上が出席し，宣誓者たちが投票によって可決したときである．これに反して保護者をフラウィウス自治市マラガの市民のために公式に選ぶか，ある人に保護者の資格を授与したならば，その者は，1万セステルティウスをフラウィウス自治市マラガの市民の公益のために支払わなければならない．また，この法に反して保護者に選ばれた者あるいは保護者の資格が授与された者は，もはや，このことの故に，フラウィウス自治市マラガ市民の保護者であってはならない．

再建の見通しのない建物は壊されるべきではない．

LXII. なに人も，フラウィウス自治市マラガの市街地およびその市街地に隣接する住宅地において，もし，翌年までに再建するのでなければ，都市参事会あるいは評議員会が彼らの大多数の出席のもとで議決した場合を除いて，いずれの建物についてもその覆いを取りはずしたり，破壊したり，取り壊すように配慮したりしてはならない．これに違反する行為をなした者は，その不動産の値と同等の金額をフラウィウス自治市マラガの市民に支払わなければならな

い．これらの金銭に関しては，この自治市の市民にして，この法に従ってそのように認められる人であれば，欲するなら誰でも，訴訟，請求，訴求してもよい． [CIL II, 1964 (＝ILS, 6089)]

1) 民会（市民総会）における住民構成上の単位．ローマ市のケントゥリアにあたる．2) 都市の保護者は何人いてもよい．3) フラウィウス家のウェスパシアヌス帝によってラテン権を有する自治市となった．

99 性と家族をめぐる二つの世相

ここで取り挙げる諷刺詩人ユウェナリス（60年頃～130年頃）と文人官吏小プリニウス（61年頃～113年頃）は同時代・同世代の人間である．一般的に言えば，諷刺詩が現実をいささか誇張し歪曲した表現に富むのに対して，私人の書簡は，自己の周囲の世界を美化する嫌いがある．そこに描かれた世界は，一方が爛熟し退廃した世相であり，他方は，清く正しい良俗美風の世相である．これら二つの相反する世相は，多くの時代に見受けられるように，さまざまな種類の人間がいたとして片付けられるのであろうか．性を享楽する人もいれば，家族内の睦まじい関係を大切にする人もいたと考えればすむのであろうか．ローマ社会における性と家族をめぐる言説（ディスクール）はいま読み手の理解力を必要としている．

A ユウェナリスの諷刺詩における告発された女

妻の臥す寝台は，いつも言い争いや咎め合いが飛び交う．そこで眠り込むなんてめったにない．彼女は夫を耐えがたく苦しめるのであり，わが子を失った母虎よりも仕末が悪いのだ．というのも，彼女は自分の秘め事を意識しているので，悲嘆に泣きぬれるふりをし，夫の稚児[1]たちをののしり，愛人[2]をこしらえたと言って泣き喚く．彼女の涙は絶えず溢れ出んばかりか，いつも相応しい場面に備えられていて，流し出そうとすればどんなやり方でもそれを待ち受けているのだ．虫けらどもよ，お前はその時それを愛だと信じて有頂天になり，その涙を唇で拭い去ってやる．もし，この嫉妬深い姦婦の綴り箱が開かれたならば，なんたる書きものを，なんたる多くの恋文を読むことになるというのに！でも，彼女が奴隷か騎士の腕に懐かれて横たわっているのを見つけたとしてみたまえ．彼女は言うだろう．「仰言って，仰言って，なにかこの場合の言いわけを，クィンティリアヌス様[3]，お願いです．」姦夫クィンティリアヌスは答える．「わしははまって動けない．あなたが自分で言いなさい．」そこで彼女

は夫に向って言う。「ずっと以前に，これはあなたと同意し合ったことです．あなたは自分の欲することをなし，私も気ままに振舞えないわけではないということでしょう．あなたが喚きたてようと，天と海を引っくり返そうとなさってもかまいません．でも，私は人間なのです．」現場を取り押さえられた女たちほど面の皮の厚いものはいない．彼女たちは，その罪業のために，かえって激怒と逆上に身を委ねるのだ． [Juvenalis 6, 268-285]

1) 別訳・奴隷．2) 愛人としての稚児であるから，同性愛である．別訳・お妾さん．3) 修辞学者としての誉れの高かったクィンティリアヌスを当てこすっている．

B 小プリニウスの夫婦愛

あなたは家族への愛情の模範でいらっしゃいます．そしてあなたの優れた敬愛すべき御兄弟を，彼が懐いたのと等しい温さで愛されました．また彼の娘（カルプルニア[1]）をまるで御自分の娘であるかのように可愛がられ，彼女にたいして伯（叔）母としての気持だけでなく，亡くなった父親の気持をもお示しになっていらっしゃいます．ですから，彼女が父親にふさわしく，あなたを恥ずかしめず，祖父の名を落としめない女性に成長したことをお知りになりますなら，あなたの御喜びが如何ばかり大きいことか，私は疑いを持ちません．彼女は最高に俊敏で，この上なく倹約家です．彼女の私への愛は貞淑のしるしなのです．これらと並んで文学への熱心が加わります．この熱心は私への愛情のゆえに育くまれたものです．彼女は私の作品を持ち，それをくり返して読み，暗記さえいたします．私が近く法廷弁論に立つであろうことがわかると，彼女は何と深い不安におそわれ，私の弁論がすむと，彼女は何という大きな喜びに動かされることでしょう．彼女は人びとを配置して，私がどのような賛同と如何なる喝采をまき起こしたか，如何なる判決をかちえたかを，彼らが彼女に知らせるようにするのです．私が朗読会を催すような時には，彼女は近くのカーテンのかげに聴衆から離れて腰を下ろし，私のかちえる称賛を貪欲なまでの聴き耳を立てて聞き取ろうとします．そればかりか彼女は，私の詩に曲をつけて唄い，それをキタラで伴奏さえ致します．それも誰か音楽家に教えてもらってではなく，愛に導かれてです．愛こそは最高の教師です．こういうわけですから，私は今では絶対確実な希望をもつに至っています．われわれの睦じい仲は

永遠のものに、そして日々より大なるものになるであろう、と。なぜなら、彼女は、私の年齢とか肉体——それらは少しずつ衰え老化してゆくものです——を愛しているのではなく、私の名誉を愛しているからです。あなたの手によって育てられ、あなたの指図によって教育され、あなたの家庭で、純潔なもの、廉直なもの以外は見なかったような彼女、そして最後に、あなたの称賛によって私を愛することに馴れたような彼女には、これ以外のことはふさわしくありません。じっさい、あなたは私の母を御自分の母親のように尊敬しておられましたから、私を少年の時からずっと教育し、ほめて励まし、また私がいま私の妻に思われているような人間になると予言なさるのがいつものことでした。ですから私たち2人はあなたに心から感謝を申し上げます。私はあなたが彼女を下さいましたことを、彼女はあなたが私を与えて下さいましたことを。あなたは私たち2人を大勢の中からお互いに選び出されたかのように結びつけて下さったのです。　　　　　　　　　　　　[Plinius Minor, Epistulae IV, 19]

1) 小プリニウスの3人目の妻。

100　アリメンタ制度——少年少女のための扶養基金

「ローマの平和」の時代には、貧しい少年少女たちの扶養のために基金を設定し、そこからの収益を支給する所謂アリメンタ制度が発展した。これには、公立の基金と私立の基金とが区別できる。皇帝による基金設定はトラヤヌス帝によって大規模に整備された。ローマ市では皇帝金庫からの直接の支出によってほぼ5,000人近い少年が扶養を受けていた。ローマ市以外の都市におけるアリメンタ制度の実態について、最も詳細な内容を伝えるのは、ウェレイアのアリメンタ碑文である。公立の基金設定に関する史料は、ほとんどイタリアに由来する。私立のアリメンタ制度は属州でも発展した。ここでは、公立と私立の各々の例を挙げておく。

A　ウェレイアのアリメンタ制度 (109/12年)

総額1,044,000セステルティウスに達する不動産債務関係[1]。これによって、至高にして最善なる元首[2]・最高司令官・カエサル・ネルウァ・トラヤヌス・アウグストゥス・ゲルマニクス・ダキクスの寛大なる思召に従い、少年少女たちが扶養費を以下のように受け取るように。

　　嫡出男子　245名　月額1人当り　　　　16セステルティウス

			小計（年額）	47,040 セステルティウスになる
嫡出女子	34 名	月額1人当り		12 セステルティウス
			小計（年額）	4,896 セステルティウスになる
庶出男子	1 名	小計（年額）		144 セステルティウス
庶出女子	1 名	小計（年額）		120 セステルティウス

これらの総計は 52,200 セステルティウス，これは上記の元金の 5% の利率[3]にあたる．

ガイウス・ウォルムニウス・メモルとウォルムニア・アルケは彼らの解放奴隷ウォルムニウス・ディアドゥメヌスを通じて，クィンティアクスとアウレリアヌスの農地と，森のあるムレタスの丘を登録した．この区域は，ウァレイア領内のアムビトレビウス区にあり，マルクス・モムメイウス・ペルシクスの所領，サトリウス・セウェルスの所領，公道に隣接している．評価額 108,000 セステルティウス．彼は 8,692 セステルティウスを受け取り，上記の所領を抵当として設定すべきである．（以下略）

(102 年以前からの債務関係)

　同様に，コルネリウス・ガリカヌスによってなされた不動産債務関係は総額 72,000 セステルティウスに達する．これによって，至高にして最善なる元首・最高司令官・カエサル・ネルウァ・トラヤヌス・アウグストゥス・ゲルマニクスの寛大な思召に従って，少年少女たちが扶養費を以下のように受け取るように．嫡出男子，18 名，(月額) 1 人当り 16 セステルティウス，小計 (年額) 3,456 セステルティウスになる．嫡出女子，(月額) 12 セステルティウス．両者の総計は 3,600 セステルティウスになり，上記の総計に対する 5% の利率に相当する．（以下略）　　　　　　　[CIL XI, 1147（=ILS 6675）]

1) 土地を担保とした資金貸付に対する利子支払義務であろう． 2) Princeps O(ptimus) M(aximus)． 3) 共和政末期〜帝政初期のローマ市の利率は通常 6〜10%．

B　タッラキナのアリメンタ制度（2 世紀）

　ガイウスの娘カエリア・マクリナは遺言によって30万セステルティウスでこの記念碑が建立されるように命じた．その装飾と維持のために……セステルティウスを遺した．また同様に，彼女の息子マケルの思い出のために，タッラ

キナの人々に100万セステルティウスを遺した。これは,その金額からの利子収益によって,100人の少年(と100人の少女と)に扶養を目的として,毎月在住少年1人当り5デナリウス,毎月在住少女1人当り4デナリウスを,少年は16歳まで,少女は14歳まで,費用が与えられるためである。かくのごとく,100人の少年と100人の少女が相次いで絶えず受け取るべきである[1]。

[CIL X, 6328 (=ILS 6278)]

1) $5 \times 4 \times 12 \times 100 + 4 \times 4 \times 12 \times 100 = 43,200$ セステルティウス(5%以下になる)。

101 属州行政をめぐるプリニウスとトラヤヌス帝の往復書簡

　　小プリニウスは61年頃に北イタリアのコモの町に生まれ,伯父の大プリニウスの養子となって,堅実な経歴を歩んだ。財務官・護民官・法務官・執政官等を歴任,110年頃には小アジアにあるビテュニア・ポントゥスの属州長官に就任した。彼は,属州長官として勤める間に,統治上の問題点をトラヤヌス帝にたびたび問い合せ,それに対して皇帝の返書が届けられるという形で属州行政の貴重な痕跡を残した。このいわば往復書簡は,小プリニウス『書簡集』の第10巻に収められている。ローマ帝国の属州行政を知るうえで比類ない重要な史料である。ここではそれらのなかから3例を挙げておく。

A

プリニウスからトラヤヌス帝へ

　陛下,その期限が切れてしまった旅券[1]について,それは一般的に有効と見なされるのか,それとも有効であるとすれば,どれくらいの期間であるべきだとお考えなのか,私はあなたの御返書を賜わり,私を逡巡から解放してくださいますようにお願いいたします。なんとならば,それらのどちらの面においても,私は,無知を犯して違法を承認してしまうのか,あるいは,当然のことを害してしまうのではないかと恐れるからであります。

トラヤヌス帝からプリニウスへ

　その期限が消失した旅券は使用されるべきではない。それ故,なによりも余に課さねばならぬことは,すべての属州に対して,要求される以前に,新しい旅券を送付することである。　　　　[Plinius Minor, Epistulae X, 45; 46]

1) diploma. 公用書簡の携帯者,および,郵便用の駅伝馬車を利用しながら旅をする官吏のために認められる。これを携えた者は宿駅に泊まり馬を乗り換えることができた。

B

プリニウスからトラヤヌス帝へ

アミスス市民の自由同盟市[1]は，あなたの厚情の恩恵によって，それ固有の法を享受しています。そこで私に共済組合[2]に関する請願書が提出されましたが，私はそれをこの手紙に添えてお送りいたします。陛下，あなたの御裁決では，なにがどの程度，認められるべきか，あるいは禁止されるべきでありましょうか。

トラヤヌス帝からプリニウスへ

もし，貴下の手紙にその請願書が添えられていたアミスス市民に，同盟関係の特権に基づいて彼らが享受する固有の法に従って，共済組合を結成することが認められているならば，われわれはそれを妨げることはできない。もし，そのような出資金が暴動や非合法集会のためでなく，貧しい者たちを困窮から救い出すために利用されるならば，なおさらのことである。ほかの都市では，われわれの法に拘束されるのであれば，この種のことがらは禁止されるべきである。

[Plinius Minor, Epistulae X, 92 ; 93]

1) civitas libera et foederata. 2) εϱανους = collegium tenuiorum.

C

プリニウスからトラヤヌス帝へ

陛下，ビテュニア人およびポントゥス人が享受しておりますポンペイウス法は，監察官によって都市参事会に登録される人が金銭を差し出すことを命じるものではありません。しかし，あなたの温情によってある都市では法定数以上の人が追加登録を認められましたが，これらの人々は1,000デナリウスあるいは2,000デナリウスを納入しています。そこで，総督アニキウス・マクシムスは監督官によって登録されていた人々にさえ，ほんの若干の都市では各々の事情に応じた額を納入するように命じました。それ故，すべての都市において，今後，都市参事会員として登録される人々の誰もが入会金としてある一定額を差し出さなければならないかどうか，陛下御自身の御判断が待たれるところであります。なぜなら，恒久不変なことは，その言動に永遠さが伴うべき陛下によって決定されるのが相応しいからであります。

トラヤヌス帝からプリニウスへ

 ビテュニアの各々の都市において，都市参事会員に選ばれた者のすべてが参事会員職拠出金[1]を納入すべきかどうか，普遍的原則として決定することは余にはできない．それ故，いつもながら最も安全であるのは，各々の都市の法が遵守されるべきであると余は考える．しかし，むしろ，要請によって[2]都市参事会員に選出される者は，拠出金支払いについて，ほかの者より優遇されてもよいと余は判断する．　　　　　[Plinius Minor, Epistulae X, 112 ; 113]

1) honorarium decurionatus ← honor（公職 or 名誉）．2) inviti（意に反して）ではなく，inviati（招待されて）と読む方に従う．

102　ヴィンドランダの木簡文書

 ローマ帝国の西北辺境にあるハドリアヌスの長城沿いには多くの軍事要塞が設けられていた．そのひとつであるヴィンドランダで，1973年，ゴミ捨て場のような溝が発掘され，木の薄片が見つかった．そこには判読しがたい文字が書かれており，それらはまぎれもなく公私にわたる文書であった．軍事報告，休暇請願書，会計報告などと並んで私用の手紙もあり，紀元100年ごろの辺境地でも中心部と大差のない豊かな生活が営まれていたことが推察される．これらからただちに当時の読み書き能力を云々することはできないにしろ，少なくとも富裕階層の人々は男女を問わず，かなりの読み書き能力があったことが窺われる．

A　クリスピヌス宛のフラヴィウス・ケリアリスによる書簡の草稿

（表面）

 わがクリスピヌスへ．グラッティウス・クリスピヌスが帰っていくので，嬉しいことに私には主人たる貴方様に挨拶する機会が参りました．まことに貴方様は私の主人であり，ご健康と順風満帆を祈念したい方であられます．といいますのも，かかる高い公職にあられるために，私にとりましてはそうするにふさわしいのであります．

（裏面）

 最上の貴人[1]にしてわが統治者たるルキウス・マルケッルスを……．彼は今や……すべき機会と，貴方様の友人たちの……を彼の存在によって与えています．よく存じておることですが，彼の許可によって，貴方様が保護される方々の多くは，貴方様が約束されたごとく彼らが望むことを手に入れています．私

が貴方様に期待していることを満たしていただきたく、また、……貴方様のおかげで軍務期間が快く過ごせるようにご友人をお与えください。この書簡を冬営地であるヴィンドランダから貴方様にしたためております。

[Tab. Vindol. II 225]

1) 最上の貴人＝clarissimus. 元老院身分の人を指す．

B スルピキア・レピディナ宛のクラウディア・セヴェラによる誕生日招待状

クラウディア・セヴェラがわがレピディナに挨拶します。妹よ、9月のイドゥス以前の第3日[1]、私の誕生祝いの日に貴方が私の内に喜んでやって来るようにとお願いします。あなたが来られるならその日はもっと楽しいものになるでしょう。貴方のケリアリスによろしくお伝えください。私のアエリウスと

［別の筆跡で］妹よ、貴方に会うのが待ち遠しい．さよなら、妹よ、わがいとしき魂よ、私が元気でいるように、貴方もごきげんよう。坊やもよろしくと言っています。

［もとの筆跡で］ケリアリスの［妻］スルピキア・レピディナへ、
　　　　　セヴェラより．　　　　　　　　　　　　[Tab. Vindol. II 291]

1) 9月11日．

103　ハドリアヌス帝の属州視察旅行

ハドリアヌス帝（在位117〜138年）が属州の各地をほとんど隈なく巡ったことはつとに名高い．治世20年のうち、実に12年が属州の視察旅行に費やされたのである．しかし、それに関する史料はきわめて乏しく、4世紀に成立した『ヒストリア・アウグスタ（皇帝列伝）』中の「ハドリアヌス伝」にも僅かばかりの記述が見られるにすぎない．第1次旅行（121〜125年）で、ガリア、ゲルマニア、ブリタンニア、ヒスパニア、シリア、小アジア、ギリシア本土、シチリアを歴訪し、第2次旅行（128〜134年）では、北アフリカ、ギリシア、小アジア、シリア、パレスチナ、エジプトを視察して、まさしく、彼はローマ世界を巡回した（orbem Romanum circumiit）のである．これらの視察旅行も細部においては不明な点がはなはだ多く、その年代誌上の再構成も仮説や想像の域を出ないことが少なくない．ここでは、ギリシアをこよなく愛したハドリアヌスの旅行の足跡とエジプト旅行中の不幸な出来事、および文才にも恵まれていたという皇帝の一面を訳出しておく．

この後, [ハドリアヌス帝は] 小アジアと島嶼部を巡回してアカイア [ギリシア] に至ると, ヘラクレスとフィリップス王の範例に倣って, エレウシスの密儀に与り, アテナイの人々に多くの恩恵を施し, 競技会を主宰した. 確かに, アカイアにおいては, 聖なる犠牲式の際に多くの人々が小刀を携行するのがならわしであったが, ハドリアヌス帝がいる場合には誰も武器を身に帯びて参加しないということは遵守されたと伝えられている. その後, シチリアに渡ると, そこでエトナ山に登頂して, 虹のように色とりどりに映えると言われる日の出を見た. それからローマに帰り, 更に (3年後) そこからアフリカに渡ると, この地の属州で多くの恩恵を授与したのである. ほとんどいかなる元首もかくも多くの地域をこのように迅速にかけ巡ることはなかった.
　更には, アフリカの後, [ハドリアヌス帝は] ローマに戻ったが, 直ちに東方に向って出発し, 道中アテナイに至り, そこですでにアテナイ人の町中で彼が着工していた公共建築物, 例えばユピテル・オリンピオスの神殿や自らのための祭壇を奉納した. 同様にして小アジアの旅を続けながら, 自分の名前に因む神殿を奉献したのである. (中略)
　[ハドリアヌス帝は] アラビアを巡った後, ペルシウムに来ると, そこでポンペイウスの墓を壮麗な規模で再建した. ナイル川を航行中に, 彼の寵愛するアンティノウスを失うと, この若者のために婦女子のように泣き濡れた. この件については様々な風聞がある. ある人々は彼がハドリアヌスのために自らの生命を献げたと主張し, またほかの人々は彼の美貌とハドリアヌスの行き過ぎた快楽が示唆するところであると言う. (中略)
詩人フロルス[1]) がハドリアヌス帝に書き送ったところでは,
　　　　「私は皇帝にはなりたくない.
　　　　　ブリタンニ族の間をさまよい,
　　　　　……をこそこそ歩き回り,
　　　　　スキティア[2])の冬を耐え忍ぶのはご免だ.」
返書にいわく,
　　　　「私はフロルスにはなりたくない.
　　　　　居酒屋をさまよい,
　　　　　大衆食堂をこそこそ歩き回り,

丸々太った虫けらどもを耐え忍ぶのはご免だ.」

[Scriptores Historiae Augustae, de vita Hadriani XIII 1~6;
XIV 4~6; XVI 3~4]

1)『ローマ史摘要』の著者およびある対話編の著者と同一人物か. 2) 黒海北岸に住む遊牧民の地方.

104　ローマ人の死生観

　数多く残る墓碑のなかには,韻律をきざむ詩の形をとりながら,この世を去る者の死生観や残された者の悲哀をつづるものも少なくない. 平和と繁栄の世を享受したローマ人の胸に終焉の時はいかなる影となって去来したのだろうか. 労苦も快楽も悲しみも喜びもまたたく間に過ぎ去っていくことを感じながら, 虚無とともに人生の安らぎやおかしみすら語りかける墓碑もある.

A　道行く人よ, 私が語るのはわずかばかりだから, 立ち止まって読んでおくれ.
ここにあるのは美しい女性のほとんど美しくない墓なのです.
その名を両親はクラウディアと名づけました.
彼女は夫を心から愛していました.
二人の子供を産みました. その一人は
地上に残され, もう一人は地下に眠っています.
楽しげに語り, 好ましい足どりでした.
家のことによく配慮しました. 羊毛を紡ぎました.
私はもう語りました. 行きなさい.　　　　　　　[CIL I 1007＝B. 52]

B　幸運は多くの人々に多くのことを約束するにしても,
誰にもそれを果たしてはくれない.
日々刻々と生きなさい.
なぜなら, 何ものも自分のものとなることはないのだから.
　　　　　　　　　　　　　　　　　　　　　　[CIL I 1010＝B. 185]

C　もし美徳と気概にふさわしい財産を私がもっていたならば,

貴方に立派な墓碑をここに建てたことだろうに．
今や死者となれば誰もが同じ事をよく知るのだから，それで充分である．
[CIL VI 15225＝B. 204]

D 愛くるしい女児を嘆き悲しまなければならぬ．
この子はこの世に生れなければよかったのに，
ゆくゆくはとても美しくなるはずの少女が
この世にやって来て，すぐに戻っていくのが
自然の定めであり，両親の悲嘆であるならば．
彼女は半年と8日間生きていた，
それとともにバラが咲き誇り，すぐに散ってしまった． [B. 216]

E 道行く人よ，この墓に小便をかけないでくれ，
ここに蔽われた人間の骨がお願いしているのです．
でも，もし貴方が有難い人なら，[酒を] 混ぜて私に飲ませてくれたまえ．
[CIL VI 2357＝B. 838]

105 夢占い――古代人の心の断片

　古代地中海世界では多くの夢占いの本が書かれている．それだけ夢占いへの関心が高く，その類の書物が広く読まれていた．教養ある家長なら，夢判断についてもひとかどの知識を持っていなければならなかった．人々の多くは夢を見て不安をいだくのだから，それに忠告を与えてやることが望まれたからである．夢を見て不安をいだく人の事例は少なくないが，武将カエサルや歴史家スエトニウスのような教養人でも例外ではなかった．これらの夢判断の指南書は今日ではほとんど散失している．しかし，たったひとつだけほぼ完全なかたちで現存するものがあり，それが2世紀のエフェソス生れのギリシア人アルテミドロスによる『夢判断の書』である．彼は推論によってではなく膨大な事例を整理してこの書をまとめたことを強調する．この古代の書物には精神分析学の祖フロイトも深い関心をよせていたという．これら夢占いの書の叙述は，夢に一喜一憂する古代人の心を生き生きとわれわれに伝えてくれる．

A　スエトニウス『ローマ皇帝伝』におけるカエサルの夢
　財務官のとき，西ヒスパニア属州[1]があたった．その地でカエサルは総督の

命令に従い，巡回裁判で判決を下しつつ，各町をめぐってカデスにやってきたとき，たまたまヘラクレス神殿の中にアレクサンドロス大王の像を見て，自分の非才無能にいかにも愛想をつかしたのごとく長嘆息した．

「私はもうアレクサンドロスが世界を制覇した時の年齢に達したというのに，何一つ世間の記憶に価するようなことをやっていないのだから」と言って．

そこで，さっそく辞任を申し出た，都に帰って，できるだけ早く偉業達成の機会をつかまえようと考えて．ところがその日の夜に見た夢に，彼はすっかり面食らい狼狽した．夢の中で母を手ごめにして辱しめたのだから．

しかし，夢占師どもは，世界の支配が予告されたと解釈し，大望に向けて奮起を促した．「カエサルが自分の体の下に伏さっているのを見た母親とは，すべての母と考えられる大地に他ならぬ」と． [Suetonius, Caesar 7]

1) 「向こう側のヒスパニア」といい，帝政期になるとバエティカとルシタニアに分かれた．

B 小プリニウスのスエトニウス宛て書簡

お便りによれば，貴君は夢に怯えて，何か悪いことが裁判においてふりかかってくるのではないかと恐れておるようですね．貴君の要望するところでは，私がほんの数日の延期をするように，せめて翌日にでもなるべく弁解してくれるようにとのこと．難しいことだが，やってみましょう．というのも「夢もまたゼウス神からやって来るものだから[1]．」といっても，常日頃，貴君は正夢をみるのか逆夢をみるのか，それが問題なのですが．私の判断するところ，貴君が恐れているような夢を私がみたのであれば，それは立派な裁判を予示しているように思われます．かつて私がユニウス・パストルの訴訟を引き受けていたときのことでした．夢のなかで，義母が私の膝に身を投げ出して，そうしないようにと嘆願したのです．当時，私はまだ少壮であったし，しかも百人役法廷[2]に立っていたのだし，国家の最も有力な人物たちを，皇帝の友人たちさえも，敵にまわしていました．これらのいずれもが，かくも不吉な夢の後では，私の気概を打ちのめすことができたのです．それでも，私はやってのけました．かの「最良にして唯一の予兆は祖国を護ることである」を信じていたのです．というのも，何か祖国よりも大事なことがあるとすれば，私には信義であるように思われたからです．裁判は首尾よくいったばかりか，私の弁論は人々の耳

をそばだたせ，名声への扉を開くほどのものでした．こうしたことから，貴君もまた，この例にならって，自分の夢を良いものに解し直すことができるかどうかを検討してごらんなさい．あるいは，誰かひどく慎重な人の訓戒「疑わしきは行うべからず」を安全と思うなら，そのように書き送ってくれたまえ．私は何か手立てを見つけ出し，貴君の係争を貴君が望むときに行えるようにしてみよう．たしかに，貴君には貴君の事情があり，私には私の事情がありました．だから，百人役法廷はいかなる手段でも延期されなかったにしても，なるほど難しいことかもしれないが，できないことではないのです．ごきげんよう．

[Plinius, Epistulae I 18]

1) 何も懸念のない人には未来の禍福を予言する夢が神から贈られる，と考えられていた．2) 声望のある法廷であり，国民全体の利益に関わる訴訟，とりわけ相続訴訟を扱った．

C　アルテミドロス『夢判断の書』

(1)　夢には直示的な夢と比喩的な夢がある．直示的な夢とは，夢に見たことがそのまま現実になるものである．（中略）一方，比喩的な夢とは，あるものを別のもので表現する夢である．この型の夢においては，魂はある出来事を，それのもつ特徴を使って暗示する． [Oneirokritika I, 2]

(2)　耳がたくさん付いている夢は，妻や子供や従僕のような自分のいうことを聞いてくれる者がほしいと念願している人にとっては，良い知らせである．富豪にとっては，自分を迎える大きな声を意味する．そして，耳が美しい形をしていれば歓声，醜い形をしていれば罵声である．一方，奴隷および原告被告を問わず裁判中の人にとっては，凶夢である．奴隷の場合，主人の命令を聞かなければならないような境遇がこの先まだまだ続くだろうし，裁判の場合，原告なら逆に告訴され，被告なら今以上に多くの告訴を突きつけられるだろう．この夢は，今以上に多くの耳が必要だと暗示しているのだ．だが，手工職人にとっては，仕事を注文する声をたくさん聞くことになり，吉夢である． [Oneirokritika I, 24]

(3)　黒い歯，虫歯，破損した歯のある人は，夢でその歯が抜けたら，あらゆる不幸と災難から解放されるだろう．ただし，この夢ののち，老人をなくした人も多い． [Oneirokritika I, 31]

(4) 船に乗って順調に航海する夢は，だれにとっても吉兆だが，嵐に遭遇すれば，危険と絶望の予言である．船が転覆したり，岩に衝突したりして遭難すれば，間違いなく危害をこうむる．ただし，囚われの身となっている人や奴隷は例外で，抑圧者からの解放が期待できる．船は，人を閉じ込めて抑圧する者にたとえられるからだ．　　　　　　　　　　　　[Oneirokritika II, 23]

(5) 夢のなかで見かけた人や出会った人は，男女を問わず，もし友人や恩恵者，あるいはもっと一般的に言って，現在においても過去においても自分に危害を加えたことのない人であれば，故人であれ存命中の人であれ，吉．もし現在または過去において危害を加えたことのある人であれば凶．なぜなら，夢のなかで出会った人は，未来の出来事の象徴として，つまり友人は良いことの，敵は悪いことの象徴として解釈されるからである．

[Oneirokritika IV, 6]

106　東方の密儀宗教

　キリスト教の側から後に「異教」と呼ばれた宗教には，ローマ古来の神々，ギリシア人の神々，オリエント系の神々などがあり，それらの宗教はローマ帝政期の民衆の間にも深く浸透していた．なかでも，東方起源の神々（イシス，ミトラス，キュベレ，デメテル，バッカス等）を崇拝する密儀宗教は，2・3世紀にはローマ帝国の各地で受容され，個人の救済を願う人々の信じるところとなった．キリスト教もこのような東方起源の宗教のひとつとして普及していったのである．ローマ帝政期の宗教史をキリスト教の普及という観点からのみ捉えることが一面的な理解にすぎないことは忘れられるべきではない．以下に挙げる碑文は，それらの神々に献げられた夥しい事例のほんの一部にすぎない．

A　神々の母の命ずるところによって定められた，イダ山[1]の大いなる女神にして神々の母のためのタウロボリウム[2]儀礼の後に，国父たる最高司令官・カエサル・ティトゥス・アエリウス・ハドリアヌス・アントニヌス・アウグストゥス・ピウスとその子供たちの御健勝と植民市ルグドゥヌム[3]の名声のために，アウグストゥス祭礼6人委員[4]にして聖木奉持者たるルキウス・アエミリウス・カルプスは，牡の生殖器を取り出し，それをウァティカヌムから運び出し，祭壇と牡牛の頭部を自己負担で奉納した．その際，祭司クイントゥス・サンミウス・セクンドゥスは聖事15人役[5]より贈られた腕輪と冠によって飾ら

れ，ルグドゥヌムの至聖なる都市参事会は彼を終身祭司職に任命した．アッピウス・アンニウス・ブラドゥアとティトゥス・クロディウス・ウィウィウス・ウァルスとがコンスルの年[6)]に祭壇の場所が都市参事会決議によって定められた．その真夜中の儀式は12月9日に挙行される．

[CIL XIII, 1751 (＝ILS, 4131)]

1) キュベレ女神の称号イダエアに由来する聖山（クレタ島にある）．2)「牡牛の捕獲あるいは殺害」を意味し，浄めのための奉納の儀式である．3) ガリア・ルグドゥネンシスの首都（フランスの現リヨン）．4) IIIIIvir Aug. 5) (sacerdotes) quindecimvirales. 6) 160年．

B 皇帝陛下の御健勝のために，神聖なる社の誉れのために，不敗の太陽神ミトラス[1)]に献げられた神殿を，皇帝陛下の解放奴隷にしてノリクム[2)]の皇帝領家産帳簿係ヒラルスと今上陛下の出納係エピクテトゥスは，その老朽化の故に自己負担で，図像を設けて再建した．最高司令官にして我らが主ゴルディアヌス・アウグストゥスとアウィオラがコンスルの年[3)]，父親リキニウス・マルケッルスの祭司たる時，6月24日に……　　[CIL III, 4800 (＝ILS, 4198)]

1) イラン高原中央部に発する善と正義の神，光の神，太陽神．2) 属州ノリクム（ほぼ今日のオーストリアに相当する）．3) 239年．

107　皇帝領小作人の嘆願書と勅答——北アフリカ属州の場合

　　ローマ帝政期北アフリカの属州は，ローマの穀倉のひとつと称されるほどに穀物生産に富む地域であり，大土地所有制が著しく発展していた．とりわけ皇帝の大所領が広範に見出され，それらの地から1870年以降，四つの所領地に関する4種類のラテン碑文が出土した．ここに訳出したコンモドゥス帝時代の記録は，ブルニタヌス所領地の碑文として名高く，皇帝領の小作人たちが管理人（procurator）と手を結んだ請負人（conductor）の非法な振舞いを皇帝に訴えた文書と，それに対する皇帝の返書とからなっている．自由な小作関係に徐々に賦役の重荷が加わり，小作人の隷属性が強化されてコロナトゥス制へ移行しつつあった段階を示唆する重要な史料である．

　　……（皇帝領管理人が）われわれの敵アリウス・マクシムスのみならず，ほとんどすべての請負人頭と結託して，法規に背き，陛下の財政を危機にさらしてまで度を越して行っていることを御理解いただきたく……，それ故，彼は過去永年の間，われわれが主張や嘆願を重ね，また畏れ多くも陛下の勅令に訴えたにもかかわらず，その調査を忌避しただけでなく，彼が贔屓にしている請負

人頭の、かのアリウス・マクシムスの策略に乗じて、ほしいままに振舞い前記のブルニタヌス所領地に兵士を送り込み、われわれのある者は捕えられて、虐げられたり、ある者は足枷をはめられたり、また、少なからずの者が、ローマ市民[1]であってすら、ムチや棍棒で打たれるように命令したのであります。われわれがこのような報いを受ける口実と言えば、われわれの卑賤なる分際にとってはあまりにも重大にして、かつ明白なる不正を目の当たりにして、陛下の庇護を仰ぐべく率直なる嘆願書にわれわれが訴えたという一事にすぎません。かくのごときわれわれの蒙っている不正の証拠は、以下のような事実から疑いなく判断されうることであります。すなわち……（欠損）……

このため、われわれ哀れなる者どもは、今や再び畏れ多くも陛下の御深慮におすがりすることの止むなきにいたりました。神聖にまします皇帝陛下、それ故、われわれは陛下が援助の手を差しのべられることをお願いいたします。上記のハドリアヌス帝の法[2]の一条項によって剥奪されておりますごとく、皇帝領管理人にも、いわんや請負人頭にも、小作人に対して農作物の分け前あるいは賦役および役畜の提供を増加する権利が剥奪されますように。カルタゴ管区の陛下の文書館にある代官の文書に見られるように、われわれは毎年鋤耕のための2日、除草のための2日、収穫のための2日の賦役を越えて義務を負うことがありませんように、また、このことについていかなる争議もありませんように。もちろん、このことは銅版に刻まれ、われわれの周囲四方の隣人すべてによって拝読されて、昨今に至るまで恒久の慣例として規定され、上記の代官の文書にもそのように確認されているのであります。われわれを助け給え。われわれ哀れなる農民どもは、自分たち自らの手の労働で生計をたてておりますが、管理人との関係において、はなはだしい贈与によって気に入られ、更に、度重なる請負条件の継承を通じて知遇を得ている請負人とは比すべくものもないのでありますから、われわれを憐れみ給い、陛下の神聖なる勅答を以て、われわれがハドリアヌス帝の法と代官の文書に従って負う義務すなわち各人2日ずつの賦役3回以上を提供することがないように御示しいただきたく存じます。もはやこれ以上、陛下の御慈愛によりまして、陛下の御所領地に生まれ育ちました陛下の農民ども[3]が、国庫に属する所領の請負人によって悩まされることがないためであります。

最高司令官・カエサル・マルクス・アウレリウス・コンモドゥス・アントニヌス・アウグストゥス・サルマティクス・ゲルマニクス・マクシムスより，ルリウス・ルクルスおよびほかの関係者へ．所領地管理人たちは，余の訓戒と指令とを熟慮したうえで，各人2日ずつ3回を越える賦役の要求がないように配慮すべきである．確定した規約に反して汝らが不当に要求することがあってはならない．別の筆蹟にて，余は書いた．余は確認した[4]．

騎士身分たる代官[5]様の書状の写し．トゥッサニウス・アリストおよびクリサントゥスより，アンドロニクスへ．ルリウス・ルクルスが自ら提出した文書に対して下されたわれらが主たる神聖なる皇帝の裁決に従って……．

別の筆蹟にて．ご健勝なることをお祈りいたします． 敬具
カルタゴにて，9月12日．

アウレリアヌスとコルネリアヌスとがコンスルの年[6]の5月15日．百姓総代ガイウス・ユリウス・ペロプス・サラプスの配慮にて，目出度くも落成し献納される．   [CIL VIII, 10570 (ILS 6870)]

1) 彼らに対する体刑は正規の裁判手続きを必要とする．2) 別の碑文 (CIL VIII, 25943) より，「荒蕪地ならびに10年間の休耕地に関するハドリアヌス帝の規定」の存在が知られている．3) vernulae et alumni……．4)「余は書いた」は皇帝の書記が書いた内容を皇帝が確認したという署名であり，「余は確認した」はこの署名が皇帝の自筆たることが確認されたことを示している．5) procurator e. v.→ egregius vir（卓越した人）．2世紀ころの肩書．6) 180～83年頃．

108 帝国領内に住む全自由民へのローマ市民権の付与

　212年，ローマ帝国内のすべての住民にローマ市民権を付与する勅法が発せられた．ローマ国家は，ローマ市民権に与らない外人身分をローマ市民権保持者から差別してきたが，様々な過程を通じてローマ市民権保持者の数が増大すると，その実質的な意義は失われ，ここに至ってローマ市民は名実ともに特権的な地位であることを終えた．この勅法については，従来，同時代史料として二つの短い文献記述が残されていたにすぎなかった．しかし，今世紀初頭に発見されたパピルス文書はこの勅法そのものを記録するものと見なされ，この画期的な勅法の存在が確認された．この勅法は制定者カラカラ帝の正式名にちなんで，アントニヌス勅法と呼ばれている．ただし，このパピルス文書は欠損部分が著しいために，特に例外規定の内容をめぐって，さまざまな補足や解釈の試みがなされている．

A 法学者ウルピアヌスの意見

ローマ領内にある人々は[1]アントニヌス帝の勅法[2]によってローマ市民とされた．　　　　　　　　　　　　　[Domitius Ulpianus, Digesta I, 5, 17]

1) 後のユスティニアヌス帝の法典編纂の際に，本来は「ローマ領内にある外人（peregrini）は降服者（dediticii）を除いて……」と書かれていた部分が改竄されている．2) 勅法（constitutio）のほかに告示（edictum），裁決（decretum），指令（mandatum），解答（rescriptum）などがある．

B カッシウス・ディオの伝承

彼［カラカラ帝］はその支配下にあるものすべての人々をローマ人と宣言した．これは名誉を与えるという口実のもとに，実は，外人[1]はこれらの税[2]の多くを納める義務がなかったので，このような手段によってその収入を増加するためであった．　　　　　　　　　　　　　　　[Cassius Dio LXXVIII, 9, 5]

1) peregrini（自由人ではあるがローマ市民権にあずからない人々）．2) 相続税と奴隷解放税．

C アントニヌス勅法 (Constitutio Antoniniana)

皇帝カエサル・マルクス・アウレリウス・セウェルス・アントニヌス・アウグストゥス[1]は宣言する．このたび勝利を収めたる余が，むしろ非難と哀願を取り除くことを望まざるをえないのは，このような勝利に神意を示され，余を安泰に守ってくださったことに対して，不死なる神々に感謝したいためである．従って，もし，外人が余の民のなかに入る毎に彼らを神々への謝恩に導くならば，このように寛大かつ敬虔にして，神々の威光に充分相応しいことをなすると余は信じる．それ故，余は，世界中のすべての外人にローマ市民権を付与するものであり，ただ降伏者を例外としてすべての種族民が市民団の内に[2]とどまることになる．なぜなら，民衆は重荷をすべて分かち合うのみならず，今や勝利に与ることも相応しいからである．さらになお，この勅法は，諸種族が同等の地位にあることになったために，ローマ国民の威光を（増大する）であろう．……

[Griechische Papyri im Museum des Oberhessische Geschichtsvereins zu Giessen, I, 40, col. 1. ただし Abbott Johnson, Municipal Administration in the Roman Empire, No. 192 の読みに従った]

1) カラカラ帝の正式名称．2)「すべての種族民が市民団の内に」はひとつの補い方に従った推読

にすぎない．

109 3世紀の通貨危機

一般に「3世紀の危機」と呼び慣わされている時期には，政治・軍事・経済・社会の様々な局面で確かに混乱した現象が見られた．なかでも，この時期の通貨危機は，3世紀中頃からは破局的様相を呈した．帝国鋳造通貨の品位の下落（貴金属含有量の低下）はすでにネロ帝の頃から見られ，とりわけ銀貨（デナリウス貨）の長期低落傾向は如何ともしがたかった．ここで取り挙げる二つの史料は，3世紀初頭の小アジア都市における通貨の闇市を規制した碑文と，3世紀中頃のエジプトにおける通貨価値の失墜に対する公権力の対処策を示したパピルス文書である．いずれも，古銭学研究の成果を補う貴重な史料である．

A 通貨の闇市への規制（ミュラサ，209/11年）

……最も偉大にして至高なる神にまします我々の主たる皇帝ルキウス・セプティミウス・セウェルス及びマルクス・アウレリウス・アントニヌス（カラカラ）及びポプリウス・セプティミウス・ゲタの善意によるほかに，評議会及び民会の決議に対する修正がなされ効力をもち保持されることは決してあってはならない．評議会及び民会における決議．もし，如何なる仕方であっても，自由人であれ奴隷であれ，両替業務の借請契約者及び銀行[1]業者以外のいずれの者かが通貨を交換したり買ったりした場合，[その者は]市民の希望者から評議会に通報が届けられたならば，その両替商の所へ連れて行かれるべきこと．政務官会議及び評議会において有罪とされた場合，もし差額[2]なしでこれを行っていたならば，貨幣の回収は両替商と勝訴した通報者とがなすべきであり，[その場合に]両替商は保証されたところに従って自分自身でも取り立てる権利を有するのである．もし差額があったならば，自由人は，我々の至高なる神にまします主たる皇帝のこの上なく聖なる国庫に500デナリウスを，都市に250デナリウスを，勝訴した通報者に100デナリウスを支払うべきである．また，貨幣[銀貨?]を強要しているのが見つけられた場合には，両替商に没収されるべきである．奴隷が規定されている如く有罪とされる場合，[その奴隷は]主人から評議会の前で政務官に渡され，50発の苔打ちに処され，徴税官公舎に連れて行かれて，その者自身は6ヵ月間投獄されるべきである．しかし，もし主人

がこれらのことを奴隷にしたくないならば，[彼自ら]上記の科料をこの上なく聖なる国庫と都市と勝訴した通報者とに支払わなければならない．このような通報は政務官会議の書記によって受け取られるべきである．通報が届けられた後には，公告が3日間継続して神聖な公の場所に掲示され，その公告には評議会がそのために招集されることが言明される．もし，政務官や書記が決議された事項の何かを怠ったり，また，評議会員が可能でもあり都市に在住しているのにもかかわらず集まらなかったならば，政務官及び書記は各々が皇帝のこの上なく聖なる国庫に300デナリウスずつを，また，評議会員は……デナリウスずつを支払うべきである．この決議は石柱に刻み込まれ，それは最も衆目の集まる場所たるアゴラに立てられるべきである．凡ゆる時代において認定されるべき法の如く．なんとならば，実際のところ，都市の安寧は自ら公益を侵害したり横領したりする少数者の悪行や不正によって脅かされるのであり，これらの者たちの力によってある種の差額［両替率？］がアゴラに侵入してしまい，[それがために]都市が必要なもの[3]を有するのが妨げられ，また，多くの物が不足し，都市の財源は欠乏するのである．更に，このことの故に皇帝のための租税の流入が遅れるのである．……[皇帝への救済の]要請……我々は生活を維持することができない……悪意のある者たちが物資の流通を混乱させ，貨幣を……貨幣［銀貨？］を……しばしば評議会は法令を……　　　[OGIS 515]

1) トラペザ（主として両替業務）→帝国通貨と地方鋳貨．2) 正規の手数料を超える不当収益のこと．3) 日常必需品，もしくは都市への収益，もしくは貨幣．

B 通貨の受領を拒否する者への勧告（オクシュリュンコス 260年）

オクシュリュンコス郡の監督役たるアウレリウス・プトレマイウスまたの名をネメシアヌスによる布告．役人たちが集会を開き，銀行の両替商に対して皇帝陛下の神聖なる通貨の受け取りを望まぬ[1]ために銀行を閉めてしまった廉で告訴した．このため，以下のごとき勧告を発することが必要となった．すなわち，銀行の所有者すべてに対して，銀行を開き，まったくにせものの模造貨幣を除いてすべての通貨を受け取り両替すべきこと．また，彼らのみならず，いかなる類いであれ商取引に従事する者のすべてに対しても，もし，この勧告に従わないならば，その者たちはかつて属州長官閣下がこれらの人々のために規

定した刑罰の報いを受けると知るべきである．自署．
第1年のハトゥル月の28日．　　　　　　　　［Oxyrhynchus Papyri 1411］

1) 名目価値と実質価値の乖離を意味する．

110　デキウス帝治下のキリスト教徒迫害

　3世紀中葉に至るまで，ローマ国家が，弾圧・迫害にしろ黙認にしろ，キリスト教を一つの宗教として認知し，なんらかの関わりを持つという事態はきわめて稀な偶然の出来事でしかなかった．帝国全土の規模においてキリスト教徒の迫害に乗り出した最初の皇帝はデキウス（在位249〜251年）である．国家宗教の再興・統合のために，帝国全土の住民に神々への供儀が命令された．これに対して，キリスト教徒のある者たちは供儀を拒否して殉教し，またある者たちは棄教した．しかし，実際には，さまざまなやり方でこのような供養の強要をくぐり抜けようとした者も多かった．アフリカの司教キプリアヌスの書簡には，迫害を恐れてこのような供儀の証明としての請願書 (libellus) を買収した者たちについて記されているが，ほとんど同一の形式を持つ請願書の実例がパピルス文書として今日までのところ43例出土している．

A　このようにわれわれが偽らずに語ることを是認したのは，以前のわれわれの手紙であるが，そのなかであなた方に下記のような人々に対するわれわれの見解を白日の下に表明したのである．彼らは忌避さるべき請願書の虚偽の申告によって自らを不実な者[1]として明らかにした人々であり，あたかもこのことによって，かの悪魔の陥れようとする罠を回避しようとしているように思われる．というのも，彼らが忌避されるべき祭壇に近づいた場合に劣らず，この申告だけで供儀遂行を証明された者として見なされたのである．更にまた，これらの請願書[2]を受けて，その場に列席していなかったにもかかわらず，その参列を書き記すように委託されて証言した人々にもわれわれの見解が表明されたのである．　　　　　　　　　［Cyprianus, Epistulae XXX, 3, 1］

1) 不実な者→殉教者の讃美につながる．2) libellus.

B　供儀監察委員の方々へ．
　アウレリア・デーモス，父不明[1]，ヘレナの娘，アウレリオス・エイレナイオスの妻，ヘレネイオン街区民による申告．私はこれまでもずっと神々に供儀を行ってきました．そして今もまたあなた様方の御面前にて，命じられたところ

に従って，犠牲を捧げ，神酒を注ぎ，供物の獣肉を賞味いたしました．私はこの行為をあなた様方が御署名によって証明して下さるようお願いするところであります．

かしこ．

私，アウレリア・デーモスはここに申告いたしました．私，アウレリオス・エレナイオスは彼女の無筆の故にここに代筆[2]いたしました．

私，委員アウレリオス・サベイノスは彼女が犠牲を捧げるのを見届けました．最高司令官・カエサル・ガイウス・メッシウス・クイントゥス・トラヤヌス・デキウス・ピウス・フェリックス・アウグストゥスの初年．パイニ月20日．

[Catalogue of the Greek Papyri in the J. Rylands Library, No. 12]

1) 父なし子（ἀπατωρ）の意で，パピルス文書にはしばしば登場する．嬰児遺棄との関連でも興味深い．2) 読み書き能力を測るための資料にもなる（女性が代筆されることが多い）．

111 アラマンニ族のイタリア侵入

3世紀後半のローマ帝国西部では，ゲルマン民族の活動が盛んになった．それまでは，帝国辺境地帯においてのみ，目立った動きが見られたにすぎなかったが，今やこれらの部族は帝国領土内の深部にまで侵入してきた．なかでもアラマンニ族はアルプスを越えてイタリア本土まで入り込み，首都ローマをも脅かすまでになった．300年間も蛮族の侵入者に遭遇したことがなかったイタリアの人々の驚きは計りしれない．ここでは，このアラマンニ族のイタリア侵入に関する史料を2点だけ挙げておく．ゾシモス（約500年頃の歴史家）は元老院に好意的な立場の根拠からこの出来事を描いているが，ゾナラス（12世紀の歴史家）はガリエヌス帝（在位253～268年）を支持する者の根拠に依って叙述している．

A ガリエヌスがアルプスの向こう側の地域に留まり，ゲルマン人との戦いに没頭している間に，元老院はローマがきわめて重大な危機に陥っていると見なして，首都の兵士を武装し，民衆のうちで優れて強健である人々に武器を配ることさえ辞さず，蛮族より数において勝る軍隊[1]を率いていった．これに恐れをなした敵は，ローマから後退したが，横断していったと伝えられることからして，イタリア全土を荒らしまわった． [Zosimus I, 37, 2]

1) 別伝からすれば30万人以上になる．

B ウァレリアヌスの後,彼の息子ガリエヌスがローマ人の支配権を掌握した.父帝はペルシアに出征中に,イタリアを占拠しようと待ちかまえていた者どもとトラキア[1]を略奪していた者どもに対してガリエヌスを西方に派遣して対峙させた.彼は30万人のアラマンニ族をミラノ郊外において1万人を率いていっただけで打ち負かした.それから,彼はヘルリ族,スキュタイの種族やゴート族にも出撃し,それらを征服した.更にはフランク族とも戦ったのである.　　　　　　　　　　　　　　　　　　　　　　[Zonaras 12, 24]

1) ほぼ現在のブルガリア.

帝政期（専制君主政期）

「3世紀の危機」を収拾してローマ帝国を再建したのは，284年に登位したディオクレティアヌスであった。彼は広大な領土の統治と防衛を2人の正帝と2人の副帝で分担する四分治制をとり，国内治安の回復と辺境の安定化に成功すると同時に，様々な改革に着手した。まず軍事力を倍増して指揮系統を整備すると共に，地方統治の面でも従来の属州とイタリアを細分化して道—管区—州という組織と官僚制を整備し，民政と軍政を完全に分離させた。さらに拡大した軍隊と官僚制を維持するため，新税制（カピタティオ・ユガティオ制）を導入し，また通貨の安定に努力し，301年に最高価格令を発してインフレ抑制を試みた。彼はまたローマの伝統的宗教の再興を望み，キリスト教に対する大迫害を行った。

305年彼が同僚正帝と共に退位すると，再び帝位をめぐる抗争が起きたが，これを収拾したのがコンスタンティヌスであった。彼はディオクレティアヌスの諸改革を継承・整備し，軍事面では野戦機動軍を，財政面ではソリドゥス金貨を創設し，また税収確保のためコロヌスの土地緊縛をはじめ，諸身分・職業の固定化・世襲化を図った。宗教政策では彼は一転してキリスト教に改宗し，様々なキリスト教保護政策を講じた。既にディオクレティアヌス治下，拝跪礼など東方的宮廷儀礼が導入され皇帝の神的地位が強化されていたが，今や公認されたのみならず皇帝の宗教となったキリスト教の側でも，エウセビオスが神寵帝理念を打ち出し，帝権を支えるイデオロギーを提供した。コンスタンティヌスは330年ビュザンティオンの地にキリスト教的装いの新都を開き，ここをコンスタンティノポリスと改名したが，これは帝国の重心が東方ギリシア世界へ移動したことを象徴するものでもあった。

こうしてローマ帝国は，既に3世紀以来その傾向を強めていた，国家的強制を基本原理とする専制的官僚国家へと完全な変貌を遂げたように思われ，この体制は帝政前期の元首政に対し，専制君主政（ドミナートゥス）と呼ばれてきた。しかし，このような「カースト社会」「強制国家」というイメージは法令の実効性を前提として形成されたものであり，社会の固定化をめざす同内容の法令の頻発それ自体が，イメージと実態との乖離を示していると言える。現に近年の研究は，帝政後期にお

ける社会的流動性の高さを明らかにしてきている．このように今日では研究の深化によって，帝政後期に関する様々な「通説」が見直されつつある（詳しくは伊藤貞夫・本村凌二編『西洋古代史研究入門』[東京大学出版会, 1997]の「II G 古代末期」を参照）．

さてコンスタンティヌス死後，帝国を分治した3人の息子は抗争し，やがてコンスタンティウス2世が単独帝となった．彼は父帝の諸政策を継承したが，宗教政策では325年のニカイア公会議で異端とされたアリウス派を支持し，正統派司教たちと対立した．対ペルシア戦に専心すべく，彼は従兄弟ユリアヌスを副帝として帝国西方を委ねた．ガリア防衛に尽力したユリアヌスはコンスタンティウス2世の死で単独帝となるや，異教復興・反キリスト教政策を打ち出したが，ペルシア戦役で戦死してその治世は短命に終った．次いで帝国を統治したウァレンティニアヌス1世は，ライン川国境線の強化に努め西方の安定化に成功したが，弟帝ウァレンスが統治する東方では，フン族の西進に押されて376年ゴート族がローマ領内に移住し，やがて暴徒化した（ゲルマン民族大移動の開始）．ウァレンスは彼らを鎮圧せんとして，378年アドリアノープルの戦いで敗死した．

ウァレンスの後を継いだテオドシウスは，382年ゴート族と同盟を結び，防衛義務と引き換えにトラキア北部への定住と独自の王を戴いての自治を認めた．彼はまた，ニカイア信条が正統教義（カトリック）たることを改めて確認し，これをローマ帝国の国教とした．ローマ市の異教徒元老院貴族層は簒奪帝エウゲニウスを支持してテオドシウスに抗したが，394年フリギドゥス河畔の戦いで敗れ去った．

395年テオドシウスは死に際し，帝国東部を長子に，西部を次子に遺した．こののち全帝国を統治する単独帝は現われず，帝国東部と西部は別個の道を辿っていく．人口・経済力の点で西部に勝っていた帝国東部では，5世紀にはゲルマン勢力の排除に成功し，またキリスト教の教義論争は激しかったが神寵帝理念はほぼ受容され，独自のギリシア的東方世界を形成してなお千年延命していく（ビザンツ帝国）．これに対し，帝国西部ではゲルマン諸族の侵入・定着が相次ぎ，帝権は著しく弱体化した．その中で大土地所有貴族の所領の自立化，中小農民のそれら貴族への従属化はますます進み，またガリアではバガウダエによる騒擾が広がった．政府の税収は涸渇し，軍事力はゲルマン同盟部族への依存度を急速に強めていく．テオドシウス朝の断絶 (455年) は帝国の衰運に拍車をかけ，西帝位にはゲルマン人武将の傀儡帝や東帝が送り込む皇帝が相次いだ．476年ゲルマン人傭兵隊長オドアケルが幼帝ロムルスを廃して帝冠を東帝に返還したことにより，西ローマ帝国は消滅する．そのあとにはカトリック教会，貴族層の自立的大所領，ゲルマン諸王国が残り，やがて東方とは異なる西欧世界を形成していくことになる．

(後藤篤子)

112 地方住民たちの不安

　以下のパピルス文書は紀元3世紀末か4世紀初頭のもので，神託に付された質問を列挙している．その内容・順序に一貫性がないことから，これは一個人の質問ではなく，様々な階層の人々の質問を順序もなく記したものと思われる．各質問には番号が付されている（現存するのは72～92番）が，訳中では省略した．この文書は当時のエジプト住民が抱いていた様々な不安を生き生きと伝えるものとして，高く評価されている．

　私は俸給を受け取るでしょうか．私は赴く所にとどまるでしょうか．私は売られるでしょうか．私は友人から恩恵を得るでしょうか．私に他人と契約を結ぶことが許されているでしょうか．私は子供と和解するでしょうか．私は賜暇[1]を得るでしょうか．私は金を受け取るでしょうか．異郷にいる人は生きているでしょうか．私はその行為から利益を得るでしょうか．私の財産は競売に付されるでしょうか．私は売る手段を見つけるでしょうか．私は思っているものを持ち去るでしょうか．私は財産を強制売却されるでしょうか．私は追放されるでしょうか．私は使節となるでしょうか．私は参事会員になるでしょうか．私の逃亡に終止符が打たれるでしょうか．私は妻と別れるでしょうか．私は毒を盛られたのでしょうか[2]．私は自分の財産を得るでしょうか．

[Oxyrhynchus Papyri 1477]

1) 官吏や特に軍人が一時職務を離れる許可．2) πεφαρμάκωμαι＞τὸ φάρμακον（①薬 ②毒薬）．毒薬の使用は，呪詛板や呪文等とともに，人に害をなすための魔術（黒魔術）の主要な手段であった．

113 ディオクレティアヌスの最高価格令

　3世紀の混乱の中で，諸皇帝は貨幣価値の切下げによって財政難に対処しようとしたが，結果は凄まじい物価騰貴であった．ディオクレティアヌスは通貨改革を行ったが，インフレは止まず，301年諸々の財とサービスに対し最高価格・賃金を定めるこの勅法が，帝国全土に対し発布された．帝国内の各地から，とりわけ東方諸州から，現在までに130片ほどの断片的なギリシア語・ラテン語碑文が出土しており，勅法の相当部分の復原が可能になっている．序文はアカイアからラテン語碑文として出土しており，以下はその序文の抄訳と，千数百項目にも及ぶ最高価格一覧からごく一部を抜粋したものである．

我々が幸運のうちに行った戦争を想起する時，世情が静穏になり最も深遠なる平安のうちに抱かれていること，さらに，そのために大いに奮闘努力されたる平和の恵みのゆえに，不死なる神々および我等が国家の幸運に感謝を捧げてよいであろう。その幸運が確固たるものとして据えられ，然るべく飾られることが，公徳およびローマの威厳・尊厳の望むところである。従って，過去の出来事について義憤にかられ，神々の恩恵により，かの諸蛮族の強奪を殲滅もて鎮圧せし我等は，永遠へと礎を築かれた平穏に，然るべき正義の防壁をめぐらすべきであろう。何となれば，人類を顧みることなく，毎年毎月毎日というにとどまらずほとんど毎時毎瞬，私腹を肥やし増やすことに邁進している狂暴な貪欲をば無制限に燃え盛らす諸事を，もし何らかの自制の理が抑制するならば，また，もし公共の運命がかかる狂暴な放縦を冷静に耐え忍びうるならば……心を合わせた寛容は忌むべき野蛮性と哀れむべき状況を和らげるものなれば，あるいは目をつぶり口を閉ざしておく余地も残されているかに思えよう。しかし，御し難き狂気が唯一欲するのは，公共の必要性に対し区別立てしないことであり，貪欲が燃え盛り，その炎が強奪によって掻き立てられている状況下，貪欲で自制力を欠く者どもにあっては，自発的にではなく必要に迫られてのみ万人の財産を荒らすことを放棄する，ということが一種の信条の如く思われている有様なので，さらに，極貧状態により最も悲惨なる状況を認識するに至った人々にとってはこれ以上目をつぶっていることはできぬので，人類の父たる我等は将来を慮り，正義が調停者として事態に介入すべきであると決した。（中略）

　それゆえ我等は状況の逼迫ゆえに長く望まれていた救済策を急ぎ講じるものであり，しかもそうするに当たり，我等の救済策の介入が時宜を得ぬものなり余計なことと評価されるのではないか，あるいは，これほどの年月にわたる我等の沈黙を自己抑制の範と感じつつも，なおそれに従おうとはしなかった破廉恥漢どものもとでは，むしろ軽い取るに足らぬものと評価されるのではないか，という如き不平に心乱されることはない。

　何となれば，市場で取引されるものであれ諸市の日常活動で取り扱われるものであれ，それら商品において価格の法外さがあまりに広がり，物資の豊富さをもってしても収穫の豊かさをもってしても，野放図な強奪欲を緩和し得ぬと

いうことを知らずにいられる，否むしろ感じないほどに心の鈍い，人間的感覚の埒外にある者が誰かいようか．かかる状況の結果，これらの仕事に携わっている者どもが，常に天体の運行からさえも他ならぬ風や天候を掌握せんと心に決め，将来の実りを期待できるよう幸運なる耕地が天からの雨に潤うことにも，己が邪まさゆえに我慢できぬ，ということは疑い得ない．彼等は他ならぬ天の節度により事物に豊穣がもたらされることを，己が損失と評価する如き輩なのである．しかも，神々の恩恵をも営利に転じ，公共の福利の豊かさをば摘み取り，また不作の年には穀物の放出と小売商の奉仕で恥ずべき取引を行わんと常に努めている者どもは，各々が諸地方民の必要をも充分に満たし得るほどの最大限の富に埋もれていながらも，ささやかな個人財産を漁り，拷問的な利子を得んとする輩であり，彼等の貪欲に制限を課すことこそ，我等が州民たちよ，人間性全般の理が説くところである．

　だが事ここに至れるもやはり，長きにわたった寛容をして遂に行動をとらざるを得なくさせた諸般の理由をば，我等は明らかにすべきであろう．……思うに，何処であれ万民の共同の安寧が我等が軍勢の派遣を求める場所では，各村各町のみならずあらゆる道筋においても，公共の便益に機を見て襲いかからんとする図々しさが利得心に生じ，商品価格を4倍8倍ではなく，人間の言葉の理をもってしてはその価値評価と悪事とを何とも呼び表わし得ぬほどに絞り取り，遂には時としてたった一つの物を売ってもらうことで兵士は恩賜金と俸給とを奪われ，軍隊維持のために全世界が納める税はすべて略奪者たちの憎むべき利益と堕し，その結果，我等が兵士たちは軍務の希望と務め上げた労苦とを自らの手でかかる利益者に引き渡している如くに見え，その事により国家自体に対する略奪者どもは持ちきれぬほどのものを日々奪い去っている，ということを知らぬ者が誰かいようか．

　我等は正当かつ当然のことながら上に論じられたすべての事情に動かされて，……，商品価格そのものを定めるのではなく——何となれば，時として多くの州が希求されし廉価の恵みと言わば一種の豊かさの特権を誇る場合もあるからには，そうすることが正しいとは思われぬからだが——，限界が定めらるるべきだと考えた．……それゆえ，以下に付された概要が示す諸価格が，我等が統べる全世界の遵守により保持さるべきことが決定された．その際，これらの価

格を越える自由は自らには無いことを万人が理解し，かつ物資の供給が豊富であると認められる場所においては，廉価の恩恵——貪欲が制限を付されて静まれば，この廉価の恵みこそ最も配慮さるべきことなれば——が決して妨げられぬようにすること．さらに，諸港に赴き，異郷の諸州を訪れるを習いとする売り手・買い手の間でも，これらの事が行動全般の規制たるべし．（中略）

もし何人かがこの法の規定に反する努力をするならば，かかる不敵さは死刑宣告に服すべきこと．何人も法の苛酷さを思うべきではない．何となれば，節度の遵守により，危険を避ける道は手近に存在するのである．さらに，購買欲により法に反して売り手の貪欲に同調せし者もまた，同じ刑罰に付さるるべし．諸種の食料や日用必需品を所有しながら，この節度の法が定められたのち，それらを隠すべしと考えた者もまた，同種の刑罰を免れざるものとす．法に反して世情を乱す者よりも，物資不足を助長する者に対して，刑罰はより重くあるべきだからである．（中略）

個々の品目のいかなる価格を越えることが何人にも許されざるかは，以下に示される通りである．

I. 小麦　1軍用モディウス[1]　100デナリウス
　　大麦　1軍用モディウス　　60デナリウス

II. ワイン
　　ピケヌム産　　1セクスタリウス　30デナリウス
　　ファレルノ産　1セクスタリウス　30デナリウス
　　並　　　　　　1セクスタリウス　8デナリウス

III. オイル
　　未完熟オリーブのオイル　1セクスタリウス　40デナリウス
　　二級　　　　　　　　　　1セクスタリウス　24デナリウス
　　並　　　　　　　　　　　1セクスタリウス　12デナリウス
　　塩　　　　1軍用モディウス　100デナリウス
　　最高級蜂蜜　1セクスタリウス　40デナリウス
　　二級蜂蜜　　1セクスタリウス　24デナリウス

VII. 賃金
　　農業労働者　食費込　1日　25デナリウス

石切工	食費込	1日	50デナリウス
大工	同上	1日	50デナリウス
パン焼職人	同上	1日	50デナリウス
羊飼	同上	1日	20デナリウス
理髪師	1人につき		2デナリウス
初等教師	生徒1人につき1ヵ月		50デナリウス
ギリシア・ラテン語学者および幾何学者			
	生徒1人につき1ヵ月		200デナリウス
弁論家もしくはソフィスト			
	生徒1人につき1ヵ月		250デナリウス

[De pretiis rerum venalium; S. Lauffer hrsg., Diokletians Preisedikt]

1) 1モディウス＝16セクスタリウス。1セクスタリウス＝0.546リットル。1軍用モディウスは1モディウスの1.3〜1.5倍であったと推測される。

114 最後のキリスト教徒大迫害

ディオクレティアヌス帝治下、キリスト教に対するローマ帝国の最後にして最大の迫害が行われた。Aは302年頃同帝が発したマニ教禁令からの抄訳で、同帝の伝統宗教尊重を物語るもの。Bは大迫害の教唆者をガレリウスとするラクタンティウスの記述であり、これは同時代人に共通する認識であった。C、Dは共にエウセビオス『教会史』からの抄訳で、Cは大迫害の勃発を語り、Dは迫害の実態を伝えている。

A しかし、不死なる神々はその神慮により、良きこと真実なることが、多くの高潔・高貴にして最も賢き人々の英知と協議によりて全きままに是認され決定さるるよう、配慮し計画すべきだと考え給うたのであり、これらのことに対抗・反抗することは神々の認め給うところではない。また古き宗教が新しき宗教[1]により退けらるるべきではなかろう。何となれば、かつて父祖たちにより決せられ定められたままにその立場と方針を保持している諸事を変更することは、犯罪的行為の最たるものだからである。

[De mathematicis, maleficis et Manichaeis; Mosaicarum et Romanarum legum collatio XV, 3, 2]

1) バビロニアでマニ（216〜276年）が創始したマニ教は、3世紀半ばにローマ帝国に伝えられ、エジプトや北アフリカに急速に拡大した。

B 彼［ガレリウス］の母は山の神々の信仰者で，極めて迷信深い女だった．……彼女は毎日のように犠牲奉献の宴を開き，村人たちにその食事を供した．キリスト教徒たちは近寄らず，彼女が異教徒たちと宴を開いている間も，断食と祈りを貫いた．このため彼女は彼等に対する憎悪を抱き，この人々を根絶するよう，自分に劣らず迷信的な息子を女性によくある愚痴で煽り立てた．

それゆえ彼等［ディオクレティアヌスとガレリウス］の間で一冬中協議が持たれ，その間何人も立ち入りを許されず，誰しも国家の最重要事が論じられているものと考えていた．長い間老帝はガレリウスの狂気に抵抗し，世界の平穏が乱され多くの人の血が流されることがいかに破壊的なことか，彼等は喜んで死ぬのが常であること，ただ宮廷人と軍人にこの宗教を禁じれば充分であろうことを指摘した．しかし，彼はこの短慮な男の狂気を直すことはできなかった．そこで友人たちの意見を聞いてみることに決めた．……或る者たちはキリスト教徒に対する自分自身の憎悪から，神々に敵意を抱く者，国家の宗教の敵は根絶さるべしと意見を述べた．違う考えの者たちは，この男［ガレリウス］の欲するところを悟り，怖がって，あるいは機嫌をとろうと思って，その意見に同調した． [Lactantius, De mortibus persecutorum 11, 1〜6]

C それはディオクレティアヌスの治世の第19年目[1]，デュストロスの月[2]——ローマ人に従えばこの月はマルティウスと呼ばれるのだろうが——のことであったが，救い主の御受難の祭が近づいた頃，至る所に勅令が公示された．それは教会の倒壊と諸書の焼却とを命じ，また，もしキリスト教の主張に固執するならば，名誉ある地位を持つ者[3]は公権を奪われ，帝室に仕える者[4]は自由を奪われる旨を宣していた．我々に対する最初の勅令はこのようなものであった．まもなく別の勅令が加わり，あらゆる地域ごとに教会の長たち全員をまず投獄すべきこと，その後にはあらゆる手段を尽くして彼等に供犠行為を強要すべきことが命じられた． [Eusebius, Historia ecclesiastica VIII, 2, 4-5]

1) 303年．2) 3月．3) ホネスティオーレス（元老院議員・騎士・都市参事会員・退役兵）を指すと思われる．4) 帝室の解放奴隷・奴隷．

D 或る者は，他の者たちが取り囲んで無理やり忌むべき不浄な犠牲獣のも

とへ連れて行き，たとえ供犠行為をしなくとも，したものとして釈放された．また呪われたるものに一切近づきもせず触れもしなかった或る者は，他の人々が彼は供犠を行ったと言い立てたので，黙ってその虚言に耐え，立ち去った．半死の状態であった他の者は既に屍であるかの如くに投げつけられ，さらにまた地べたに倒れ伏していた者も両足で遠路を引きずられ，かかる者も自ら供犠を行った者の数に入れられたのであった．或る者は叫び，自分が供犠を拒んだことを大声で証言し，また他の者は救い主の御名への信仰告白を誇りとして，自分はキリスト教徒であると叫んだ．他の者は自分は供犠行為をしなかったし，今後も決してしないと言い張った．にもかかわらず，この者たちは，そのために召集された兵士集団の幾多の手で口を打たれ，顔を頬を殴打されて黙らせられ，力づくで外に追い出された．このようにあらゆる手段を用いても，敬神[1]にとっての敵たちは，目的を達したように見えることに重きを置いたのであった．　　　　　　　　　　[Eusebius, Historia ecclesiastica VIII, 3, 2-4]

1) キリスト教を指す．

115　ガレリウスの寛容勅令

　303年に始まったキリスト教徒大迫害は，帝国西方ではディオクレティアヌスの退位と共に事実上終結したが，東方のガレリウス，マクシミヌス・ダイア領ではなお続いていた．この大迫害を終結させたのが，以下に紹介する有名な勅令である．これは311年4月30日瀕死のガレリウスが，コンスタンティヌス，リキニウス，マクシミヌスとの連名でニコメディアで公示したもので，ラクタンティウス『迫害者の末路』に収録されている．エウセビオス『教会史』VIII, 17, 3〜10にもギリシア語訳が収録されている．

　我等は常に国家の福利のために図っているが，従前はとりわけ，ローマの古法と公の規律に適うよう万事を正さんこと，さらには自らの父祖の道を捨てたキリスト者でさえ健全な精神に復帰するよう配慮せんことを志していた．何となれば，これらキリスト者どもはいかなる訳か我意に取り憑かれ愚昧に捕われて，そもそも彼等自身の父祖が定めたのであろう古き掟に従わず，勝手に欲しいままに遵守すべき法を自らに立て，様々な所に種々の民を集めていたのである．そこで我等は遂に，彼等も古人の掟に復帰すべしとの命令を発したのであるが，この時多くの者は危険に服せしめられ，また多くの者が打ち倒された[1]．

しかし，大多数の者はなお自らの慣わしに固執し続け，しかも神々に然るべき崇拝と祭儀を捧げぬばかりか，キリスト者の神をも顧みぬという有様を呈しているので，我等は我等の最も慈愛深き仁慈[2]への顧慮と，万民に赦しを与えるを常とする我等の慣例に鑑み，この者たちにも進んで我等の宥恕を及ぼし，彼等が規律に反する行動をせぬ限りは，再びキリスト者として存在し，自らの集会所を建てることを許すべしと考えるに至った。裁判官らにはさらに別の書状で遵守事項を指示するであろう。されば，かかる我等の宥恕に応えて，キリスト者も，国家が隈なく安泰に護持され，かつ彼等も自らの居所で安穏に暮らせるよう，我等の，国家の，そして自らの安寧を彼等自身の神に祈願すべきであろう。　　　　　　　　　[Lactantius, De mortibus persecutorum 34, 1〜5]

1) エウセビオスのギリシア語訳では，「打ち倒された」が「苦しめられ，あらゆる種類の死に耐えた」となっている。2) clementia. アウグストゥス以来，ローマ皇帝が備えるべきとされた四徳の一つ。

116　コンスタンティヌスの改宗伝説

　コンスタンティヌスの改宗は西洋史上重要な意義を持ち，その時期と性格については今なお論議されている。ここではキリスト教側史料が伝える，マクセンティウスとの決戦（312年10月28日）前に見た幻による改宗という有名な伝説を紹介する。これを最も詳細に伝えるのは，337〜38年にエウセビオスが著わした『コンスタンティヌス大帝伝』であるが（B. 抄訳），314〜15年頃著わされたと思われるラクタンティウス『迫害者の末路』も，ずっと単純な形ではあるが既に類似の伝説を伝えている（A. 全訳）。

A　コンスタンティヌスは夢で，神の天のしるしを楯面に記し，そうしてから戦闘を始めるよう促された。彼は命じられた通りにして，Xの文字を斜めにし，その頂上を曲げて，キリストを楯面に記した[1]。

　　　　　　　　　　　[Lactantius, De mortibus persecutorum 44, 5]

1) キリストをギリシア語で表記した場合の最初の2文字X（カイ）とP（ロー）の組み合わせである，☧というしるしを記した。

B　これはもし別人が語ったのであれば恐らく容易には信じられなかったであろうが，勝利者たる皇帝自身がこの文を書いている私に対し，ずっと後になって私が皇帝の知己となり交友となる栄を与えられた時に打ち明け，かつ誓い

によってその話を保証したのであるから，誰がこの話には信を置けぬと疑うであろうか。……皇帝が語ったところによると，昼間の既に日が傾いた頃，彼は天高く太陽の上に光り輝いている十字架の勝利の証しを，かつ，それに「汝これにて勝て」という文字が付いているのを，自らの眼で見た。この光景に対する驚愕が，彼と，何処かへ進軍中の彼に従っていてこの奇蹟の目撃者となった兵士全員とを圧倒した。そこで彼はそれについて，この不思議な現象は一体何なのだろうと思い惑った。彼が熟考し，いろいろ思い巡らすうちに，夜が訪れた。すると就寝中の彼のもとに神の子キリストが，天に現われたあのしるしを持って現われ，天に現われたしるしの模像を作り，それを敵との対戦のための守護として用いよと勧めた。　　　　[Eusebius, Vita Constantini I, 28〜29]

117　所謂ミラノ勅令

　一般にコンスタンティヌス帝は313年ミラノ勅令によってキリスト教を公認したとされるが，ミラノ勅令の実在性・起草者・意義については学界でも意見が岐れている。所謂ミラノ勅令とは，313年2月頃ミラノで開かれたコンスタンティヌス・リキニウス会談を踏まえて，同年6月13日リキニウスがニコメディアで公示した文書で，ラクタンティウス『迫害者の末路』に収録されている。エウセビオス『教会史』にもほぼ同内容の文書のギリシア語訳が収録されているが，ラテン語版と比較すると幾つかの大きな相違が認められる。そこで以下の訳文ではラテン語版を主体とし，主な相違点については下線を付して【　】内にギリシア語の訳を示すこととする。なお〈　〉内は，テキストにはあるが何かを補うか削除しなければ意味をなさない語句。

【かつて我等は，宗教の自由は否定さるべきではなく，各自の選択に従って神格に関する事柄に思慮と意志により配慮する権能が各人に対して与えらるべきと考え，キリスト者〈と〉に自らの戒律と宗教への信仰を守るよう命じた。然るに，彼等にかかる権能を与えたその勅書に，明らかに多くの様々な条件が付加されたように思えたので，あるいはその後間もなく，彼等の一部はそのような礼典から遠ざけられたかもしれない。】[1)]

　我，皇帝コンスタンティヌスと，我，皇帝リキニウスとは，幸いにもミラノに会して公共の利益と安寧に関わるすべての事柄を協議したる時，大多数の人々【多くの全体】にとり有益であると我等が考えた他の事柄の中にあっても先ず第一に，神格に対する畏敬を堅持するような事柄が規定さるべきと考えた。

即ち，キリスト者に対しても万人に対しても，各人が欲した宗教に従う自由な権能を与えることである．そのことにより，天におわします神格が何れであれ【何であれ神性と神事に属される存在が】，我等および我等の権威の下に配された万人に対し慈悲深く恩恵的であり得んがためである．それゆえ我等は健全にして最も正しき考慮により，<u>以下の方針が採らるるべきと考えた．即ち，キリスト者の礼典にせよ，自らが自分に最も適していると思う宗教にせよ，それに自らの心を捧げる権能は何人に対しても決して否定さるべきではないと考えた</u>．それは，我等が自由な心からその礼拝に従っているところの<u>最高神格</u>[2)]が【以下の如くに我等の意志を定めた．即ち，キリスト者の礼典や宗教に従う権能，それを選ぶ権能は，何人に対しても否定されてはならず，かつまた各人に対して，その者が自らに適していると考える宗教に自らの心を捧げる権能が与えらるべし，と．それは，神格が】我等に対して万事において，その常なる恩恵と好意とを与え得んがためである．従って以下の事が我等の意に適うものたることを貴官は承知されたい．即ち，<u>かつて貴官の役所に送達された，キリスト者の名に関する書簡に見てとられた諸条件は完全に撤廃され</u>【キリスト者に関して貴官に送達された我等の以前の書簡に含まれていた諸条件は何れも完全に撤廃され，かつ全く不幸にして我等の慈悲にそぐわぬと思われた事柄もすべて撤廃されて】，今や同じ意志，即ちキリスト者の宗教を遵守するという意志を持つ者の各人が，自由にかつ絶対的に，いかなる<u>不安</u>も<u>面倒事</u>【面倒事】もなく，その事を<u>守るべく努める</u>【守る】ということである．我等はこれらの事が貴官に対し完全に知らさるべきと考えた．それにより，我等がキリスト者に対し，自己の宗教を行う自由にして絶対的な権能を与えたことを，貴官が承知せんがためである．この事が我等により彼等に授与されたことを貴官が認識するならば，貴官は，他の者たちにも自己の宗教なり礼典に関する同様に明白かつ自由な権利が，我等の時代の静穏のために許し与えられたことを理解するであろう．それは，各人が自ら選んだものを励行することに自由な権能を持たんがためである．……何れの敬神からも何れの宗教からも何かが我等により……【さて，この事が我等により為されたが，それは何れの敬神についても何れの宗教についても，我等により何かが減じられると思われぬためである．】

さらに我等は加えて，キリスト者の地位のために以下の事が定めらるべきと

考えた．即ち，もし彼等がそこに集うを慣わしとしていた場所，それらに関して既に貴官の役所に送達された書簡に確固たる規定が述べられていたそれらの場所を，或る者たちが以前に我等の帝庫からかまたは誰であれ他の者から購入したと思われるならば，その者たちはそれらの場所を，金銭の受領もいかなる賠償要求もなしに，一切のためらいや曖昧さを捨てて，キリスト者たちに返還すること．贈与により獲得した者たちも，同様にそれらをこれらキリスト者に一層速かに返還すること．なおまた，購入した者であれ贈与により獲得した者であれ，もし彼等が我等の好意から何かを望むのであれば，我等の寛大により彼等にも考慮が与えらるるよう，代官[3]【現地の長官】に申し出ること．今後これらすべてが直ちに貴官の介入【支援】により，いかなる遅滞もなくキリスト者の団体に引き渡さるべし．さらにこれらキリスト者は，そこに集うを慣わしとしていたそれらの場所のみならず，彼等の個々人のではなく彼等の団体，即ち教会【彼等の，即ちキリスト者の団体】の権利に属する他の場所をも所有していたことが知られているので，これらのものもすべて我等が前に述べた法に従って，いかなる曖昧さも異論も一切なくこれらキリスト者に，即ち彼等の団体と集会に返還さるるよう，貴官においては命ぜられたい．むろん上述の方針は遵守されて，それらの場所を我等が命じた如く無賠償で返還した者は，我等の好意から損害賠償を期待しうるものとする．これらすべてのことにおいて我等の命令がより速かに実行さるるよう，貴官は上述のキリスト者の団体に，貴官の最も有効なる介入【強力なる支援】を与えられたい．それは，この事においてもまた，我等の寛大により公共の静穏に利あらんがためである．かく為さるる限り，前述の如く，我等がかくも多くの事柄において経験してきた神の我等に対する恩恵は，永遠に幸いにも公共の至福と共に我等の成功の上に留まるであろう【永遠に確固たるものであり続けるのだから】．

　さらにまた，かかる我等の好意の法の定むるところが万人の知るところとなりうるよう，貴官の布告を付して当書簡を各所に公示し，万人に知らしめられたい．この我等の好意の法が世に知られぬままでいることの無きよう．

　　　　　　　　　　[Lactantius, De mortuis persecutorum 48, 2〜12;
　　　　　　　　　　　Eusebius, Historia ecclesiastica X, 5, 1〜14]

1) ギリシア語版にのみある序文．2) summa divinitas. 本来は新プラトン主義的概念だが，この箇

所については，下位の神々崇拝を通じて拝される最高神格という単神論的概念ではなく，当時これを読む者には，この「最高神格」はキリスト教の神と同定できたであろう，という指摘もある。3) vicarius. ディオクレティアヌスはローマ帝国全体をイタリアも含めて100近くの州 provincia に分け，それらを12（ないし13）の管区 dioecesis にまとめて，道長官 praefectus praetorio の代官に統治させた。

118 コンスタンティヌスのキリスト教保護

コンスタンティヌス大帝はキリスト教会に対しさまざまな保護政策を講じたが，その一端を紹介する。Aは312年11月〜313年1月頃，BもAの後間もなく書かれたアフリカ総督宛書簡で，Aの教会財産返還命令は所謂ミラノ勅令によって，Bのカトリック聖職者の公役免除はテオドシウス法典 XVI, 2, 1（推定発布年313年）と XVI, 2, 2（319年）の勅法により一般化された。Cは司教に民事訴訟に関する裁判権を与えた有名な勅法（推定発布年318年）であるが，その真正性は一部で疑問視されている。Dは教会に遺産相続権を与え，その経済的発展に寄与した勅法（321年）。何れも抄訳．

A もし各都市または他の場所にある，キリスト者の正統（カトリック）なる教会に属するもののうち何かが，現在市民または他の何人かによって所有されているならば，貴官は当書簡受領後，直ちにそれが当該教会に返還さるるようにすべし。それらの教会がかつて所有していたものはそれら教会の権利に返還さるべきことを，我等は既に決しているからである。従って，……庭園であれ家屋であれ，あるいはそれら教会の権利に属する何であれ，すべてが可及的速かに彼等に返還さるるよう努めよ。　　　　　［Eusebius, Historia ecclesiastica X, 5, 16〜17］

B そこにおいて至聖なる天への最高の畏敬が保持されているところの宗教が無視されると，それは国家に甚大なる危難をもたらし，一方その宗教が法により採り入れられ守られるならば，それはローマの名に最大の幸運を，また人類に関わる万事に格別の繁栄をもたらすことが，多くの出来事から明らかであるので――神の恩寵がかく為し給うのであるが――，然るべき聖さとこの法の遵守を以て神の宗教の維持に自らの奉仕を捧げている人々が，その努力に報いられて然るべきだと思われたのである。それゆえ貴官に託された州内において，カィキリアヌスが長たる正統（カトリック）なる教会でこの聖なる宗教に自らの奉仕を捧げている人々，即ち僧侶と呼び慣わされている人々が，今後一切すべての負担[1]より完全に自由たるべく配慮を受けることを，我は欲する。それは，彼等が何ら

かの誤ちや瀆神的逸脱により，神格に捧げらるべき奉仕から引き離されることなく，むしろ何の煩いもなく自己の掟に最大限に仕えんがためであり，彼等が神に対し最大の奉仕を行うならば，国家に対し能う限り最大の貢献をなすであろうと思われるからである． [Eusebius, Historia ecclesiastica X, 7]

1) λειτουργία＝munera. 国家・社会のために市民が果たすべき奉仕義務．後期ローマ帝国の財政は，課税と並んで，国家的・社会的目的に向けての市民とその財産の無償徴発に，その基礎を置いていた．

C 裁判官は自己の責務により以下の事を守るべきこと．即ち，もし司教の裁判に控訴がなされるならば，沈黙が与えらるべきであり，またもし何人かが訴訟をキリスト教の法に移してその裁判に従うことを欲するならば，たとえ訴訟が裁判官のもとで始められていても，彼は聞かるるべきであり，かつ彼等[司教]により裁かれたことはすべて神聖と見做さるべし．

[Codex Theodosianus I, 27, 1]

D 死に瀕したる各人が，財産のうち自らの望むものを，至聖にして畏敬さるべき正統(カトリック)[教会]の集会に遺贈する自由を有すべし．

[Codex Theodosianus XVI, 2, 4]

119 帝政後期の都市参事会員

テオドシウス法典第12巻第1章「都市参事会員について」に収録されている200弱の立法のうち，実に116がその身分からの逃亡を禁じており，従来，身分束縛と負担賦課による都市参事会員層の「没落」は，ローマ帝国が「強制を基本原理とする専制的官僚国家」へと変貌したことを示す最も顕著な徴候の一つとして語られてきた．しかし近年，こうした見方は大きく修正されてきており，また，帝国の存続にとり否定的意義しか持たないとされてきた負担免除特権についても，その意義が再評価されつつある．ここでは，数多い関連立法のうち2点だけを紹介する．Aの発布年については320年，326年，329年の諸説があり，Bは326年発布．いずれも全訳．

A 発布された法は，今後，都市参事会員のいかなる者も，都市参事会員を父として生まれたいかなる者も，また充分な財産を備え，引き受けられるべき公共の負担[1]にふさわしいいかなる者も，聖職者の名と勤めへと逃亡せざるこ

と，そして将来は，財産の点で貧しく，しかも市民の負担[1]に縛られていないとみなされる者が，ただ死亡した聖職者の代わりにのみ，選ばれることを命じている．然るに，我等は，法の公布以前に聖職者の団体に加わった者たちもまた悩まされていることを知った．それゆえ我等は，この者たちがすべての厄介事から解放される一方で，法が公布された後に公共の義務を避けて聖職者の中に逃げ込んでいる者が，この団体からはるかに遠ざけられて都市参事会員とその身分に戻されること，そして市民の義務に服することを命じる．

[Codex Theodosianus XVI, 2, 3]

1)「公共の負担 publica munera」は「市民の負担 munera civilia」あるいは「都市の負担 munera municipalia」とも言い換えられ，国家・社会のために市民が負うべき諸負担の総称．これは「財産に課される負担」と，「精神的配慮と身体労働によって果たされる」べき「個人に課される負担」に大別され，都市参事会員職，また参事会員が就くべき都市政務官職や徴税役等の役職（＝「参事会員の負担」）も，下層市民が果たすべき労務作業などと同様，「個人に課される負担」とされた．

B 我等は諸都市参事会が，出自によって［参事会に］結びつけられていながら，帝国への勤務[1]を嘆願によって自らのために求め，軍隊やさまざまな官庁へと走る者たちによって見捨てられていることを知ったので，すべての都市参事会が以下のように勧告されるよう命じるものである．即ち，在任が20年を越えない者について，出自［による義務］を逃れていたこと，あるいは［参事会員への］指名を蔑ろにして帝国への勤務に身を投じたことを発見したときには，この者たちを都市参事会に引き戻すこと．そして将来は，都市参事会を見捨てて帝国に勤務する者は，その者が出自によ［り束縛されてい］る場合のみならず，負担［を負うの］に充分な資産を所有していながら[2]帝国への勤務に逃げ込んでいる場合や，我等の恩恵によって解放されていた[3]場合もまた，都市参事会へ戻される，ということが遵守さるべきことを知りおくこと．

[Codex Theodosianus XII, 1, 13]

1) militia. 原義は「軍務」であるが，官僚制が未発達だった帝政前期，軍団兵が隊外勤務を命じられて属州総督など帝国行政職の下僚となったことから，しだいに実際の軍隊勤務 (militia armata) のみならず文官職 (militia officialis) をも意味するようになった．2) 元来「個人に課される負担」であった「参事会員の負担」は，何らかの金銭の供出を伴う場合もあり，4世紀末までには家産と結びつけられた負担＝「財産に課される負担」と見做されるようになっていく．3) 皇帝から元老院貴族の称号や帝国官吏の退役称号などの形で，「個人に課される負担」からの免除特権を付与された，の意．そのような特権獲得に際しては，皇帝やその側近・寵臣に至る人的結合関係が重要な役割を果たしていた．

120 背教者ユリアヌス

361年単独のローマ皇帝となったユリアヌスは，約2年の短い治世を通して異教復興に努め，後代「背教者」の名を冠せられた．Aは異教徒皇帝の出現を語るアンミアヌスの記述．ユリアヌス自身は『ミソポゴン』を含む11篇の著作・弁論と80余篇の書簡を残している．ここでは彼の書簡から，あからさまなキリスト教徒迫害には訴えぬものの異教徒優遇を明言した書簡（B）と，彼がキリスト教会の成功の原因を奈辺に見ていたかを示す一節（C）を紹介する．彼はこの観察に立って，異教祭司の道徳化にも努めた．

A 彼［ユリアヌス］は少年時代の最初期より神々礼拝の方に一層心惹かれていたが，次第に成長するにつれ，その行いへの欲求に燃えた．が，多くの事を恐れて，或る種のそれに関係する事々をできる限り秘密裡に行っていた．しかし，恐れられていた諸事が消失した時，欲するところを行える自由な時が自らに到来したことを看取し，胸に秘めていた事を顕わした．そして簡明にして絶対的な布告により，神殿を開き，犠牲獣を祭壇に引いて行き，神々礼拝を再興すべき旨を定めた．そしてこれらの命令の効果を高めるため，意見を異にするキリスト教司教たちを分裂している民衆と共に宮廷に招き，反目を終熄させ，各人が何物にも妨げられず安心して自己の宗教に仕えるようにと丁重に諭した．彼が断固としてかく為したのは，かかる自由が反目を増幅させ，以後は民衆が心を一にすることを心配せずともよいからであった．いかなる獣も大半のキリスト教徒が互いを相食むほどには人間に対して敵対的でないことを，彼は経験から知っていたのである． ［Ammianus Marcellinus XXII, 5, 1～4］

B 神々にかけて余は，ガリラヤ人たち[1])が殺されることも，不当に打たれることも，他の何らかの災厄を受けることも望まぬ．が，神々を畏れ敬う人々が彼等より優先されねばならぬことを断言するものである．何となれば，ガリラヤ人たちの愚かしさによりほとんど何もかもが混乱させられたが，なお神々の恩恵により我々はみな救われているのである．それゆえ，神々および神々を畏敬する人々と諸市とを敬うべきである．

　　　　　　　　　　　　　［Julianus, Epistulae (J. Bidez), no. 83, 376 c～d］

1) キリスト教徒を指す．

C 余が思うに，たまたま貧しき者たちが祭司たちに無視されなおざりにされたままであったので，神々を怖れぬガリラヤ人どもはそれを見てとって慈善行為に専心し，それらの慣わしの見せかけにより，行状の最も悪しき部分を強化したのであった．ちょうど幼児たちを菓子でたぶらかす者たちが，二度三度と与えることで自分の後についてこさせ，家から遠く引き離すや船に放り込んで売り払い，かくして一時は甘く見えたものが以後の全人生を通じて苦渋となってしまう如く，彼等もまた同じやり方で事を始め，彼等の言う愛(アガペー)や厚遇や食卓の奉仕……によって，非常に多くの者たちを無神論[1]へと誘ったのである．

[Julianus, Epistulae (J. Bidez), no. 89, 305 b～d]

1) 異教徒にとっては，共同体を守護してくれる神々への祭儀に参加しない一神教は，神々を蔑ろにする「無神論」であった．「無神論」という非難は最初ユダヤ教徒に向けられ，しだいにキリスト教徒にも向けられた．

121 コロヌス制の発展

帝政後期における「土地に緊縛されたコロヌス」が法的に確認されるのは，332年のコンスタンティヌスの勅法（A）が最初である．ウァレンス帝の勅法（B. 推定発布年371年）は所領主のコロヌス支配の強化（徴税）を伝えると同時に，「土地に緊縛されたコロヌス」と区別さるべきコロヌスの存在を示している．コロヌスの土地への緊縛は強化されていくが（C. 推定発布年393年），逃亡もまた瀕発し，419年の勅法（D）は30年時効を定めている．A・Bは全訳，C・Dは抄訳．

A 何人のもとにあっても，他者の権利に属するコロヌスが発見されたならば，その者は彼［コロヌス］をその原籍地[1]に返すのみならず，その期間中彼に課さるる人頭税にも責任を負うべし．また，逃亡をもくろむコロヌス自身は，奴隷状態にされ鎖に縛らるるが妥当である．それは，自由人に相応しき責務を，奴隷状態の宣告により彼等に果たさしめんがためである．

[Codex Theodosianus V, 17, 1]

1) origo. 課税基礎台帳作成時に，そこに属する労働力として登録された場所．

B 地所の所有権を有する者たちは，その場所で登録されしことが明らかな原籍緊縛コロヌスに関し，自らまたは代理人を通じて強制取立の労を引き受け，納税の義務を果たす責任を認むべし．むろん，いかに小なりとはいえ地所を所

有し，自己の土地で登録され，自らの名で課税基礎台帳に記載されている者は，この規定に与らぬものとする．何となれば，つましき財産を託されし彼等は，従来の徴税人の下でアンノーナ[1]義務を担うのが適当である．

[Codex Theodosianus XI, 1, 14]

1) 4世紀，政府官吏や軍人への給与が原則的に食糧の現物（アンノーナ）と糧秣で支給されるようになったのに伴い，地租も現物で徴収され，「アンノーナ」の語で表された．

C 全トラキア管区で人頭税のケンスス[1]は永久に廃止されたが，土地のユガティオ[2]だけは納めらるべし．而して，担税義務から解放されたるコロヌスに，移動して好む所に赴く権能が許されたかの如くに思われることの無きよう．実際，彼等は原籍の法で拘束さるべきものであり，身分の点では出生自由人と見えるが，しかし彼等が生まれついた土地自体の奴隷と見做さるべきであり，欲する所へ赴いたり居所を変える権能は持たず，所領主が保護者(パトロ―ヌス)としての配慮と主人(ドミヌス)としての権限により彼等の権利を行使すべし．

[Codex Justinianus XI, 52, 1]

1) 農地と農業労働力の課税基礎査定．農地は地味や用途に応じてユガという課税単位に，労働力（土地所有者とその家族，コロヌス，奴隷，家畜）はカピタという課税単位にそれぞれ換算して査定されたが，換算の方法や比率には地域差があった．2) ユガに基づいて課される地租．カピタに基づく人頭税（カピタティオ）とともに帝政後期の租税の基礎をなしたが，両者の組み合わせ方には地域差があった．

D もし原籍に縛られたコロヌスもしくはインクィリヌス[1]が，この30年より以前に所領から逃亡し，沈黙の継続により出生地に返されることがなかったならば，彼あるいは彼を現在たまたま所有している者から一切の濫訴が除外さるべきであり，この年数が将来も守らるることを我等は欲する．もし原籍に縛られたる者がこの30年のうちに，逃亡により逃れたのであれ，自発的にまたは教唆により移動したのであれ，所領から離れ，かつその者の身分について疑い得ぬならば，その者は一切の反駁なく家族と共に速かに出生地に返還さるべきことを我等は命じる．もしその所有権について争われている本人が死去していたならば，その者の子孫はすべてのペクリウム[2]と賃金と共に，……土地の権利に直ちに召喚さるべきことを我等は命じる．

[Codex Theodosianus V, 18, 1]

1) 所領内に借家するが借地を持たず，作男あるいは職人として労働力を提供する者．2) ローマ法では本来，他の誰かの権力に服する者は財産能力を持たないが，家父が家子に，奴隷所有者が奴隷に，自らの所有権に属する財産の一部の管理収益を認めることは可能であった．それは実際上は家子や奴隷のものと見做され，ペクリウム（特有財産）と呼ばれた．

122 ローマ＝アフリカの社会——キルクムケリオーネス

4世紀～5世紀初頭，ドナティズム紛争と複雑に絡み合ったキルクムケリオーネスと呼ばれる下層民の運動が，ローマ＝アフリカの社会を騒がせた．キルクムケリオーネスの実態と運動の性格については長く論議されているが，それらを考える上で重要な史料の幾つかを紹介する．Aは運動の最初期を伝えるカトリック司教オプタートゥスの記述，Bは370～90年に著わされたドナティスト神学者テュコニウスの記述，Cは409～10年頃アウグスティヌスがヒッポのドナティスト司教に当てた書簡，Dは417年頃アウグスティヌスがローマ武官に書き送った書簡からの一節である．

A この種の人々が統一[1]以前に各地を徘徊し，アクシドとファシルが狂気の人々によって聖者たちの指揮官[2]と呼ばれていた頃，誰も自己の財産を安全に所有することはできなかった．債務者の証文は意味を失い，当時，債務履行を要求する自由はいかなる債権者にもなかった．聖者たちの指揮官たるを誇る人々からの手紙に万人が戦慄し，彼等の命令に従うのが遅れると，直ちに狂気の群れが突進してきた．債務者たちは危険な状況に置かれて恐怖に圧倒され，その結果，自分たちが与えるものゆえに懇願されるのが当然であった人々が，死への恐れから卑屈になり，懇願するはめとなった．誰もが最も多額の債務でさえ大急ぎで破棄し，この人々の無法行為から逃れ得たことを儲けと見做すのだった．道路もまた安全ではなかった．乗物から放り出された主人たちは，主人の席に坐った奴隷の前を，奴隷のように走った．この人々の判断と命令によって，主人と奴隷の立場は入れ替ったのだった．[Optatus Milevitanus III, 4]

1) 347年カルタゴで布告されたカトリック・ドナティスト両教会統一勅令を指す．2)「聖者たちの教会」を自称していたドナティスト教会との関連を窺わせる．

B 彼等は他の兄弟と同じ様に生きることはせず，殉教を愛するが如く我とわが身を殺す．それはこの世の生と不自然に離別し，殉教者と呼ばれんがためである．この者たちはギリシア語ではコトピケースと呼ばれ，我々は彼等をラテン語でキルクムケリオーネス[1]と呼んでいるが，それは彼等が農民だからで

ある．彼等は諸州を巡る．それは彼等が，心も体も一にして使徒のように生きるべく，兄弟と一つ所で考えを一にして共通の生活を送ることをよしとするのではなく，前述の如く，いわば自らの魂の救済のために，様々な地を巡って聖者たちの墓を見ることの方をよしとするからである．しかし，彼等にはいかなる恩恵ももたらされないであろう．何故なら，彼等は兄弟と共通の集会を持つことなく，かかる事を行っているからである．

[T. Hahn, Tyconius-Studien, p. 68, n. 1]

1) Circumcelliones. アウグスティヌス (Contra Gaudentium I, 28, 32) はこの名称の由来を，彼等が田舎の納屋 (cella) を巡る (circumire) からと説明している．

C 統一が忌避される．その結果，汝等の宗徒の――汝等の，とは言いたくないからこう言うのだが――不正に対して我々は国家の法を求め，その法自体に抗してキルクムケリオーネスが武装決起することになる．……統一が忌避される．その結果，地主に抗して農民の無謀が煽り立てられ，逃亡奴隷は使徒の教えに逆って主人から離反するのみならず，主人を脅迫すらし，脅迫でも足らず，最も狂暴な攻撃によって略奪することになる．その教唆者，指導者，罪の最たる者は，汝等の宗徒たることを告白するアゴニスティキ[1]なのである．

[Augustinus, Epistulae 108, 6, 18]

1) キルクムケリオーネスはアゴニスティキ（苦悩者）と自称した [Optatus III, 4].

D なるほど，それらの法がカトリックの皇帝がたから送られてくる以前でも，キリストの平和と統一の教えは少しずつ広まっていました．そして，その教えを知り，教えに従うを望み，それが出来た者は，彼等［ドナティスト］の側から改宗して参りました．しかし，その頃彼等のもとでは，狂気の破壊者集団が様々な理由で無辜の人々の平安を乱していました．奴隷が彼等の庇護のもとへと逃れた場合，自らの奴隷を恐れずにすんだ主人がいたでしょうか．……彼等の援助と保護を求める債務者に返済を求めることが，いったい誰に出来たでありましょう．棍棒と放火と眼前に迫る死への恐れから，最も悪しき奴隷の証文でさえ，彼等が自由となって立ち去れるよう破棄されました．彼等の無情なる言葉を無視する者はみな，さらに無情なる笞によって，彼等が命じたこと

を為すよう強制されました．彼等を怒らせた無辜の人々の家は，引き倒されるか焼き払われました．名誉ある地位に生まれ，すぐれた教育を受けた家長たちで，彼等の虐殺をかろうじて免れた者は，引き立てられるか，あるいは碾臼につながれて，あたかも下等な家畜の如く笞打たれながら，それを回すのでした．

[Augustinus, Epistulae 185, 4, 15]

123 都市民の社会生活の一断面

　ローマ帝政中期の頃から一般化してくるコレギア（組合）の多くは職業別に組織されていたが，同職組合的性格よりむしろ成員の社交生活の場という性格が強かった．帝政後期のローマ国家はコレギアを通しての統制経済を強化していくが，社交の場としてのコレギアの機能は続いていた．以下に紹介するのは，プラエネステ市のコレギアが建立した一彫像の台座に刻まれていた碑文で，370年頃のものと推定されている．

　プブリウス・アエリウス・アポルリナリス・アルレニウスは10月29日に生まれ，清廉な生活の習慣と文芸を身につけたが，6月24日18歳であった彼は天に望まれ，肉体の牢獄から解放された．その時彼は，訴訟吏[1]，コルシカ州総督，首都消防長官を務めペルフェクティッシミ[2]であった父プブリウス・アエリウス・アポルリナリスに，プラエネステの領域に隣接する"二つの小屋"と呼ばれる地所を，以下の条件でプラエネステ市のコレギアに与え引き渡すよう頼み，かなえられた．その条件とは，コレギアにもあるいはその権利と団体に属することになる何人にも，いかなる契約によっても［その地所を］譲渡する権能はないが，その地所からの収益で年に2度，上述の両日に会食が催されること，というものである．さらにこれに加え，次のことが自分の意志であると，彼は上述の父親に懇願した．即ち，5,000フォリス[3]相当の果樹園の所有権を彼のために購い，それをコレギアの権利と団体に上述の条件で譲渡することである．かくして上述の理由により，全コレギア成員は上述の地所，および上述の金額で購入された果樹園を所有することとなった．かかる善行により，全コレギア成員は彼のためにトガ着衣像を広場に建てた．　　　　　　[ILS 8376]

1) actor causarum.　2) 官職（騎士級州総督や管区代官など）に基づいて与えられる騎士身分の位階の一つ．3) 4世紀初頭の時点で1フォリス＝12,500デナリであったと推定されるが，その後デナリウスと共に価値は下落している．

124　ゲルマン民族大移動の開始

　フン族の西進に押された西ゴート族は，376年ローマ帝国東帝ウァレンスの許可を得てドナウ南岸のローマ領内に移住したが，食料不足等から暴徒化。トラキア全土を覆ったその暴動を鎮圧せんとしたウァレンスは，378年8月アドリアノープルの戦いで敗死した。ゲルマン民族大移動の開始と言われる事件である。以下は西ゴートのドナウ渡河と暴動の拡大を伝えるアンミアヌス＝マルケルリーヌスの記述からの抄訳で，当時のローマ側の対応に対するアンミアヌス自身の憤慨も窺える。

　これまで見たことのない人種がつい最近，高山からの雪嵐の如く未知の内陸部から襲来し，行く手にあるものを悉く強奪・破壊しているとの噂がゴート人の他の諸族の間に広がると，ゴート人の多数部分は……野蛮性のあらゆる悪名から遠く隔たった居住地を得んとして，いかなる居住地を選ぶべきかを長く協議した結果，トラキアという避難所こそ，地味が極めて豊かであり，かつドナウ下流の大河により，既に外来のマルスの雷光に晒されている地方から隔てられているという二つの理由から，自分たちに適していると考えた。……そこで彼等はアラウィウスを指導者としてドナウ河岸を占拠し，ウァレンスに使節団を送って自分たちを受け容れてくれるよう腰を低くして懇願し，自分たちは静穏に暮らし，状況が求めれば補助軍を提供するであろうと約した。（中略）

　最初の頃，この事実は我々の同朋により軽侮の念をもって受け止められた。と言うのも，かの地方での戦争のことは遠隔の地に住む者にとり，既に終結したか鎮静したものとしてのみ耳にするのが常だったからである。しかし，……外人使節団の到来がその信憑性を確固たるものにすると，かかる事態は恐れられるよりむしろ喜ばれ，熟練の追従者たちは皇帝の幸運を過度に賞め称えた。皇帝の幸運がさいはての地からかくも多くの新兵を連れ来たりて予期していなかった皇帝に与えたのであり，その結果，皇帝は自軍と外来の軍勢を一つにして不敗軍を擁し，州毎に毎年負担される軍員補充に代り，莫大な黄金の山が財庫に加わるであろうというのである。かかる期待のうちに，獰猛なる民を荷車で移送すべく様々な役人が派遣された。そして，ローマ国家の未来の破壊者が誰一人，不治の病で衰弱した者すらも取り残されぬよう，熱心な努力が払われた。……彼等［ゴート人］は数日間昼夜を分たず，幾つかの群れに分れて舟や筏やくり抜いた木の幹に乗り込み，川を渡った。……かくして押し寄せる者た

ちの怒濤の如き熱意により，ローマ世界の破滅が持ちこまれた．（中略）
　まずアラウィウスと共にフリティゲルンが受け容れられ，皇帝は彼等に当座の食糧と耕地が与えられるよう命じた．
　この時期には我々の国境の関門は開けられ，武装者たちの野蛮な群れがエトナ山からの灰の如くに広がり，それは緊迫した困難な時節が軍事改革者，誰かその功績ゆえの名声最も高き人々を求めているような時期だったのだが，あたかも何れか敵意ある神が選んだかの如く，悪評高き人々が一団となって軍隊指揮権を委ねられていた．彼等の上に立つのはルピキヌスとマクシムス，前者はトラキア総司令官，後者は有害な将軍であり，両者は無思慮という点では甲乙つけ難かった．機を見て襲いかからんとする彼等の貪欲さが，すべての災厄の原因であった．……川を渡った蛮族が食糧不足に苦しんでいる時，最も憎むべき将軍たちは恥ずべき取引を考え出し，その貪欲さに能う限りの犬を方々から集めて，奴隷1人につき1匹を与えたのであった．（中略）
　他方，暫く前に渡河を許されたテルィンギ族は，当時まだ河岸付近をさまよっていた．彼等は二重の障害に阻まれていたのだった．即ち，将軍たちの致命的な怠慢により，合意した者たちからの食糧の援助を受けておらず，また邪まな忌むべき取引のために故意に抑止されていたのである．この事がわかると彼等は，差し迫った災厄から身を守るため不忠に転じることを口にした．（中略）
　彼等は……王［フリティゲルン］の助言に同意して，トラキア全土に散らばり慎重に歩を進めた．降服者[1]や捕虜たちは豊かな村，特に豊富な食糧があると言われていた村々を教えた．豪胆者生来の自信に加えて最大の助けとなったのは，夥しい数の同族の者たち，かつて商人に売られた者たちが日々彼等に合流したことであり，最初の渡河で死の瀬戸際に陥った者たちが，飢えのために粗悪なぶどう酒や最も貧弱なパンのかけらと交換した人々も多数加わった．さらに，金脈探しの熟練者たちが，重税の負担に耐えられずに少なからず彼等に加わった．この者たちは……隠された穀物貯蔵所や，現地人の隠れ場所と秘密の避難所を教えて，不案内の土地を彷徨する彼等にとり大いに役立った．

　　　　　　　　　　　　［Ammianus Marcellinus XXXI,
　　　　　　　3, 8；4, 1；4, 3～6；4, 8～11；5, 1～2；6, 5～6］

1) dediticii. 原義は「ローマに無条件降服をした人々」だが，帝政後期にはゲルマン人が何らかの

条件交渉の上で形式的に「降服者」としてローマ領内に受け入れられていたようで，その実態や「同盟 foedus」「同盟部族 foederati」との関係については，今なお論議されている．

125　カトリック＝キリスト教の国教化

　380年2月テオドシウス1世はカトリック＝キリスト教を国家の宗教とする有名な勅法（A）を発し，翌381年1月の勅法（B）ではニカイア信条をカトリックの正統教義と明言して，アリウス派をはじめとする異端諸派を禁じた．ただし，同帝の宗教政策全体の中に位置づけるとこれらは対異端政策であり，彼は当時まだ異教には比較的寛大であった．しかし，391年に及んで帝は異教神殿閉鎖を命じ，392年11月の勅法（C）で遂に異教を全面的に禁じた．何れも抄訳．

A　我等の慈悲深き中庸が統べる万民が，聖使徒ペテロがローマ人に伝えたと，彼以来今に至るまでに浸透した当の宗教が宣しており，かつ教皇ダマスス[1]と……アレクサンドリア司教ペトルスが信奉していることが明らかであるところの宗教に帰依することを，我等は欲する．即ち，使徒の教えと福音の教義に従い，父と子と聖霊の一なる神を，同等の尊厳と聖三位一体のもとに我等は信ずる．この法に従う者がカトリック＝キリスト者の名を帯びることを我等は令ずる．他方，爾余の理性を失いし狂気の者は異端の汚名を受け，彼等の集会所は教会の名を得ず，かかる者どもは先ず神罰に，次いで……我等の熱情の報復に打たるるべしと考える．　　　　　　　［Codex Theodosianus XVI, 1, 2］

1）ローマ司教（在位366～384年）．アリウス派に敵対し，また使徒ペテロに由来するローマ教会の優位を主張した．なお，ここで「教皇」と訳してあるラテン語は pontifex．

B　異端者に対してはいかなる密儀の場所も，甚だ頑迷なる心の狂気を行ういかなる機会も許されざるべし．……あらゆる異端者の群れは非合法集会から閉め出さるるべし．唯一最高の神の御名はあまねく称えらるべきであり，……ニカイア信条[1]の永久不滅なる礼典が堅持さるべし．フォティヌス[2]派という染みによる穢れ，アリウス派の瀆神の毒，エウノミウス派[3]の不信の罪，および創始者の奇怪なる名ゆえに忌むべき諸派の凶兆は，耳に入ることすら許されざるべし．一方，全能の神と神の子キリストを一つの名のもとに，即ち神よりの神，光よりの光として認め信ずる者，……聖霊を否定することで瀆さぬ者，その者にあっては汚れなき信仰に対する理解により全き三位一体の不可分の本質

――ギリシア語の宣言により，正しく信仰する者たちにウシアと呼ばれている本質――が尊重されるところの者，かかる者はニカイア信条の擁護者，カトリック宗教の真の支持者として認めらるべし．……この信仰に献身せぬ者どもは，真の宗教という不当なる名を故意に詐称することを止め，彼等の公然たる犯罪により非難さるべし．この者どもを排除し，あらゆる教会の戸口より完全に遠ざけるべし．何となれば，我等はすべての異端者が都市内部で非合法集会を開くことを禁じるものである． [Codex Theodosianus XVI, 5, 6]

1) 325年の第1回ニカイア公会議で採択された，父なる神と子なるキリストは「ホモウシオス（同一本質）」とする信条． 2) シルミウム司教（在位344～351年頃）．様態論に近いキリスト論ゆえに追放され，376年死去． 3) アエティウス（300年頃～370年頃）やその弟子エウノミウス（325年頃～395年頃）を指導者とする過激アリウス派で，聖父と聖子は「アノモイオス（非相似）」とする．

C 人間や品位のいかなる種類・位階の出であれ何人も，職権を持つ者も官職の栄誉を全うした者も，生まれの巡り合せにより権勢ある者も出自・法的身分・財産の点で卑しき者も，決していかなる場所いかなる都市でも，魂を持たぬ偶像のために無辜の犠牲を屠ってはならぬ．また，より秘やかなる悪行により，火でラール[1]を，ぶどう酒でゲニウス[2]を，匂いでペナテース[3]を拝さんとて，燈明を灯したり香を置いたり花輪を吊してはならぬ．

しかし，もし何人かが供犠を行わんとて敢えて無辜の獣を屠り，呼吸している内臓に伺いを立てるならば，反逆罪の例に従い，罪人は万民に許されたる告発により通報され，たとえ皇帝たちの安寧に反する，あるいはそれに関する事を知ろうとしたのではなくとも，相応の判決を受けるべし．……

しかし，もし何人かが死すべき人間の労働により作られ，限られた寿命しか存続せぬ偶像を，香を置いて拝するならば，また自らが似像を作ったところの諸力を突然恐れて馬鹿げたやり方で……空虚なる偶像に表敬せんとするならば，その者は宗教に対する暴力行為の有罪者として，彼が異教の迷信に仕えた場所たることが判明せし家屋もしくは地所の没収により罰せらるべし．何となれば，香より立ち昇る煙にいぶられしことが判明せし場所はすべて，少なくとも法的にそれが香を焚きし者の所有物たることが証明されたる場合は，我等の帝庫に加えらるべきと我等は考える．しかし，もし誰かが公共の神殿や祠で，あるいは他者の住居や耕地でかかる類の供犠を行わんとしたならば，所有者が知らぬ

うちにその場所が不当に使われたことが判明せし場合は，金25ポンドを罰金として支払わねばならぬ。また，かかる犯罪を見逃す者を，今後は供犠を行いし者と同等の罰が阻止するであろう。　　　［Codex Theodosianus XVI, 10, 12］

1) lar（複数形はlares）．祖先の霊もしくは祖先の埋葬場所の守護霊を起源とすると思われ，各家庭を守るlares familiares，辻を守るlares compitales，道や旅人を守るlares viales，国家全体を守るlares praesitesなど，種々の守護神として崇拝されていた。2) genius．男性，特にその生殖能力を守る霊．家父のゲニウスは各家庭でlares familiaresと共に祀られ崇拝された．3) penates．家の食糧貯蔵所の守護霊を起源とし，lares familiaresと共に，各家庭の守護神として崇拝された．また，国家全体の守護神Penates Publiciとしても，ウェスタ神殿で崇拝されていた．

126　ウィクトリア女神祭壇論争

382年ローマ帝国西帝グラティアヌスは，ローマ元老院からのウィクトリア女神祭壇撤去をはじめ一連の反異教措置を講じた．同帝死後の384年，シンマクスはその撤回を求めてウァレンティニアヌス2世の御前で請願演説を行ったが(A)，そこには当時のローマの異教徒貴族層の心情が反映されている．これを知ったミラノ司教アンブロシウスは取り急ぎウァレンティニアヌス2世宛に書簡を送り(B)，次いで請願演説の写しを入手して反駁の論を張った(C)．この反論の前にシンマクスの請願は効を奏さなかった．何れもかなり長文であり，以下はその抄訳．

A　それゆえ我々は，国家に長い間益してきた諸宗教の秩序をお返し下さるようお願いするものであります．……ウィクトリア女神の祭壇を必要としないほどに蛮族と友好的関係にある者など，誰かおりましょうか．……［女神の］神性(ヌーメン)に対して名誉が拒絶されるにしても，少なくともその御名(ノーメン)には名誉をお返し下さいますよう．陛下がたの永遠性はウィクトリア女神に多くを負っておりますし，今後さらに多くを負うことになるでしょう．（中略）

　誰にも自己の習慣，自己の祭儀がございます．神々の御心は，諸市に様々な祭儀を守護者として配されたのです．生まれ出づる者に各々の魂が与えられる如く，諸国民に各々の運命を律する守護神が与えられるのです．さらに御利益の問題が加わります．御利益こそが人間にとり最も神々を近しいものにしているのです．と申しますのも，理性がすべて見えざる闇の中にある時，幸運な事柄についての記憶と実例以外の何から，より正しく神々についての知識が得られましょうか．ですから，長い年月が諸々の祭儀に権威を与えるのであれば，それほどの年月に対して信義が守られるべきであり，我々は父祖に従うべきで

あります……。

　今，女神ローマが傍らに立ち，次のように語りかけていると考えてみましょう。「最良の元首にして国父たる陛下がたよ，敬虔なる祭儀が我にかく年を取らせたなれば，わが老齢を敬い給え。我はそれを悔まざるものなれば，我に父祖伝来の儀式を使わせ給え。我は自由の身なれば，わが慣わしに従って生きることを許し給え。この敬神が世界をわが法の下に結集させ，この祭儀が市壁よりハンニバルを，カピトリウム丘よりセノネース族[1]を撃退せり。然るに，我はこの老齢の身を非難されるために今まで生き長らえしか。定めらるべきと思われている事がいかなるものか，我もしかと見届けよう。されど，老齢の身での矯正は時機遅きに失した屈辱的なことなり。」

　それゆえ我々は父祖の神々，我々を守り給う神々に平穏をとお願いするものであります。万人が何を拝しようとも，それは一つであると考えるのが正しいことです。我々は同じ星々を仰ぎ見ます。天は万人に共通であり，同一の世界が我々を取り巻いております。各人がいかなる叡智に従って真理を追求しようと，それは問題ではありませんでしょう。かくも偉大なる神秘にただ一つの道から到達することは不可能なのですから。……

　ウェスタの巫女[2]たちの特権が奪われたことが，陛下がたの聖なる国庫にとっていかなる利益となりましょう。（中略）解放奴隷たちは遺産を受け取りますし，遺言による正当な利益は奴隷にも拒まれてはいません。ただ高貴な巫女たちと，運命を決定する宗教儀式を司る者たちだけが，相続によって獲得された土地から締め出されるのでしょうか。……

　私がただ宗教のためにだけ論じていると思われませんよう。ローマ国民の災厄はすべてこの種の行為から生じたのです。（中略）

　もはや国家のものではない宗教の経費に対し公金の支出が拒まれたのだと言う者もいるでしょう。善良なる陛下がたにおかれましては，かつて公有財産から或る人々に対し与えられた物であっても法的には帝庫に帰属すると思われる，などとはお考えになりませんよう。何故なら，国家は個々人から成り立っているのですから，国家の手を離れる物は再び個々人の所有物となるのです。（中略）

　すべての宗派の神秘的なる守護力，とりわけかつて陛下がたの父祖を授けた

守護力をして，陛下がたの御慈悲に恩恵を与えさせ給え．それらの神々をして陛下がたを守らせ給え．我等をしてそれらを拝ませ給え．

[Symmachus, Relationes III, 3 ; 8～11 ; 13～15 ; 18～19]

1) カエサル時代，セーヌ川流域に居住していたケルト部族．リウィウスによれば，その一部が北イタリアのアドリア海沿岸に移住し，前390年（ポリュビオスによれば前387年），リンゴネース族と共にカピトリウム丘を除くローマ市を占領・略奪した．2) ウェスタは炉火の女神．フォルム・ローマーヌムのウェスタ神殿では，国家の永続を象徴する聖火が6人の処女によって守られ，これらウェスタの巫女たちは国費で扶養される上，様々な社会的・法的特権を与えられていた．

B ローマの支配下にある万人が地上の支配者にして元首たる陛下がたのために戦う如く，陛下がたは全能の神と聖なる信仰のために戦っておられます．何故なら各人が真の神，即ち万物を統べ給うキリスト教徒の神を真に拝さぬ限り，救済は確保され得ないからです．何となれば，この神こそ心底から崇めらるべき唯一真なる神なのです．聖書にある如く，異教徒の神々はダイモーン[1]なのですから．（中略）

我等の血を流すこととなると決して物惜しみしなかった彼等が，教会の建物をも破壊した彼等が，損害について苦情を申し立てるのですか．最近ではユリアヌスの法[2]により，論じ教えるという共通の権能を我等に拒んだ彼等が，自分たちに特権を与えよとさえ懇願しています．しかもそれらの特権とは，キリスト教徒をもしばしば欺いてきたものなのです．と申しますのは，少なからぬ人々が，或る者たちは無知ゆえに，或る者たちは国家の要求が負わせる苦悩を逃れんがために，それらの特権の罠に落ちることを欲したのであり，すべての人が強い心を備えている訳ではありませんので，キリスト教徒皇帝の御世にあってさえ非常に多くの者が棄教したのでした．（中略）

民事訴訟であれば相手方に反論の権利が保証されます．これは宗教に関する問題ですので，司教たる私が訴えます．……もし何か他のことが定められるならば，司教たる私どもには冷静にそれを受けとめ，眼をつぶることなどできません．陛下は教会においでになることはできましょう．が，そこには聖職者はおりますまい．さもなくば，陛下に対峙する者が一人いるだけでしょう．

[Ambrosius, Epistulae XVII, 1 ; 4 ; 13]

1) 本来は超自然的・神的な力を意味するギリシア語．プラトンは神と人間との中間者と位置づけ，弟子のクセノクラテスは善良なダイモーンと邪悪なダイモーンの存在を論じた．キリスト教神学で

は天使が善良な仲介者の機能を担い，ダイモーンはもっぱら邪悪さと結びつけられた。2) ユリアヌスは362年6月17日に発した勅法（その一部は Codex Theodosianus XIII, 3, 5 に収録）で，キリスト教徒がギリシア・ローマの文学や哲学を教えることを禁じた。この法は彼の死の翌年に取り消された（Codex Theodosianus XIII, 3, 6）。

C　どうか異教徒たちの説くところを思い返し吟味してみて下さい。彼等はもっともらしい立派なことを口にしてはいますが，真理の力を持たぬことを弁護しているのです。彼等は神を語りながら，偶像を拝しているのです。（中略）

女神ローマは彼等に別の言葉で語りかけています。「汝は何故日々虚しく流される無辜の獣の血で我を汚すのか。戦勝の栄光は羊の内臓ではなく，戦士の強さにこそ依るもなり。（中略）過ちが［我に］後悔の念を抱かせ，老いの白髪は恥ずべき血の紅に染まれり。我は老齢の身ながら，全世界と共に改心することを恥じぬ。……自らを改めることのできぬ老齢をこそ恥ずべきであろう。称賛さるべきは年齢の老いに非ずして，人格の老成なり。より良き状態に変ることは何ら不名誉なことに非ず。（中略）」

キリスト教徒は答打たれ法の保護外に置かれ処刑さるべしと命じた時ほど，彼等が我々に大きく貢献したことはございません。……我等は不正により，窮乏により，刑罰により成長してきました。彼等はと言えば，自分たちの祭儀は利益なくしては存続しえぬと考えています。……彼は言います。ウェスタの巫女たちに免税特権を返せ，と。無償の処女性が存在しうると信じ得ぬ者たちは，そう語るがよいでしょう。（中略）

教会は信仰以外には何物も所有していません。その信仰がこれらの収益，これらの利益を生み出すのです。教会の所有物は困窮者のための支出です。彼等は数えてみるがよいでしょう。諸神殿が何人の捕虜を買い戻したか，どれほどの扶助を貧しき者に与えたか，何人の亡命者に生きるための援助を与えたかを。（中略）

父祖たちの祭儀は遵守さるべきだと彼は言います。万事は古えの頃からより良き状態へと進歩してきた事実はどうなるのでしょう。（中略）

彼等はこの祭壇をローマ市の元老院議場，即ち大多数の者たちがキリスト教徒として集う場所に設けるよう請願しているのです。

[Ambrosius, Epistulae XVIII, 2 ; 7 ; 11 ; 16 ; 23 ; 31]

127　暮らしの中の「異教」

　キリスト教の公認・国教化でローマ帝国が一気呵成にキリスト教化したわけではなかった。古代に生きる庶民にとって魔術は近しいものであった。イギリスのバース（古代名アクァェ・スリス）はローマのミネルウァ女神と同一視されたケルトの女神スリスの聖泉で有名で，呪詛を刻した薄い鉛板が多数出土している。Ａはその一つで，キリスト教への言及等から年代は4世紀後半と推定されている。Ｂは，伝統宗教が根強いローマ市の元老院貴族の一員であったプラエテクスタトゥス（384年没）とその妻パウリナ（385年没）を記念する墓碑（387年建立。現在，ローマ市のカピトリーノ博物館蔵）の碑文。

Ａ （表）[1]異教徒[2]であれキリスト教徒であれ，男であれ女であれ，少年であれ少女であれ，奴隷であれ自由人であれ，マトゥティナの息子である（？）私アンニアヌスから，私の巾着から銀貨6枚を盗んだ者が誰であれ，女主人たる女神様，どうかそいつから［私の銀貨を］取り立てて下さい。そいつが何らかの欺瞞により私に……（？）を与えていたとしても，褒美ではなく，私をこんな目に合わせたそいつの血を，そいつに負わせて下さい（？）[3]。

　（裏）[4]ポストゥミヌス，ピッソ，ロキンナ，アラウナ，マテルナ，グンスラ，カンディディナ，エウティキウス，ペレグリヌス，ラティヌス，セニキアヌス，アヴィティアヌス，ウィクトル，スコティウス，アエッシクニア，パルトゥッカ，カッリオピス，ケレリアヌス。

[R. S. O. Tomlin, "The Curse Tablets," in: B. Cunliffe ed., The Temple of Sulis Minerva at Bath, Vol. 2, no. 98]

1) 10.5×6.0 cm の鉛板の一面には，呪詛文が最初から最後まで逆綴法で書かれている。 2) seu gen(tili)s seu Ch(r)istianus. gentilis は帝政後期，キリスト教徒が「異教徒」を指して用いた語だが，トムリンも言うように，ここではキリスト教徒との対比で使われており，この語の使用だけで呪詛者をキリスト教徒と断定することはできない。 3) トムリンの英訳は if through some deceit he has given me..., and do not give thus to him, but reckon as(?) the blood of him who has invoked this upon me. 彼は，「そいつが何らかの欺瞞により」以下の文について，相手の対抗呪詛を相手方にはね返す，厄除けの呪文である可能性を示唆している。ここでは8行目の dona を，トムリンのように dono（与える）の命令形ではなく，donum（贈物，褒美）の複数対格と解釈して訳を試みた。 4) 裏には容疑者の名が，個々の名前について逆綴法で列挙されている。18の名前のうち八つはケルト系の個人名と思われる。

Ｂ　冥界の神々へ。ウェッティウス・アゴリウス・プラエテクスタトゥス。鳥卜官，ウェスタ神祇官，ソル神祇官[1]，聖事15人役[2]，ヘルクレス祭司，リベ

ルとエレウシスの秘儀の入信者，ヘカテ祭司(ヒエロファンタ)，セラピス神殿番(ネオコロス)，タウロボリウム[3]挙行者，父の中の父[4]．国事にあっては勅任クァエストル[5]，母市係プラエトル，トゥスキア＝ウンブリア州総督，ルシタニア州総督，アカイア州総督，ローマ市長官，元老院により使節として派遣されること7回，イタリア＝イリュリクム道長官2回，正規コンスル予定者[6]．および卓越した女性たるアコニア・ファビア・パウリナ．ケレスとエレウシスの秘儀の入信者，アイギナ島でヘカテの秘儀に入信，タウロボリウム挙行者，ヘカテ女祭司．この者たちは婚姻で結ばれて40年を共に生きた．

（墓碑の右側面に）ウェッティウス・アゴリウス・プラエテクスタトゥスが妻のパウリナへ．パウリナよ，真実と貞潔を共に知り，諸神殿に献身する神々の友たる貴女は，自分より夫を，夫よりローマを優先し，慎み深く，信頼でき，心身共に汚れなく，万人に親切で，ペナテースに仕え，暖かい――（欠損）――．

（墓碑の左側面に）ウェッティウス・アゴリウス・プラエテクスタトゥスが妻のパウリナへ．パウリナよ．私たちの心の共有によって，慎み深さの火付け役，貞潔の絆，汚れなき愛，天で種蒔かれた信頼である貴女に，私は心の秘密を打ち明けてきた．貴女は，婚姻の床を親愛の情に満ちた貞潔な絆に結びつけて下さった神々からの贈物．母の情愛で，妻の愛らしさで，姉妹の絆で，娘の慎ましさで，そして何という大きな信頼で私たちは友人たちと結びついていることか．年齢を重ねることの利で，[自分たちの婚姻は]神々に捧げられるべきだという合意で，永遠の誠実で率直な和合で，貴女は夫を支え，愛し，称賛し，尊敬してくれた．

（墓碑の背面に）両親の光輝は私に，当時でさえ私が夫[たる貴方]に相応しいと思われたという以上のことを与えてはくれませんでした．そうではなくすべての光や栄誉は，アゴリウスよ，夫の名なのです．高貴な出自である貴方は，心の廉直さ，振る舞い，そしてまた熱意で，祖国を，元老院を，そして妻を照らしてくれ，それらによって美徳の頂点に達したのです．と言うのも貴方は，その人たちには天の門が開かれているような賢人たちの労苦により[ラテン語・ギリシア語]どちらの言語で産み出された何であれ，達人が作った詩歌であれ，よどみない文章で発表されたものであれ，読もうと取り上げた時より素

晴らしいものにしてしまうのです．でも，それらは些細なことです．敬虔な密儀入信者である貴方は，入信の秘儀によって知ったことを心の秘所に隠し，識者として神々の多様な神性を崇拝し，人々と神々を［貴方と］共に知り貴方に忠実な妻を，慈悲深くも仲間として神聖な儀式に加えてくださるのです．何故ここで官職の栄誉や権勢，そして人々の誓約によって懇請される種々の喜びを語るべきでしょう．貴方は常々それらを移ろいやすい些細なことと考え，神々の祭司として［祭司が額に巻く］髪ひもゆえに気高いという評判を得ていらっしゃるのですから．夫よ，貴方は知識という贈物により，汚れなく貞潔な私を死の運命から解き放ち，諸神殿へ連れて行き，神々に仕える者として捧げます．貴方を証人として私はすべての秘儀に入信するのです．貴方はディンデュモス山の女神［＝キュベレ］とアッティスの女祭司［たる私］に，敬虔な仲間として牡牛の秘儀［＝タウロボリウム］で栄誉を与えてくれます．貴方はヘカテの女祭司［たる私］に三重の秘儀を教え，ギリシアのケレスの密儀に相応しくなるようにしてくれます．あなたのお蔭で，万人が私は幸福だ，私は敬虔だと誉めてくれます．何故なら，貴方自身が世間中に私が善良だと広めて下さるのですから．無名の私が万人に知られているのです．と言いますのも，貴方を夫に持つ私が，どうして受け入れられないなどということがあり得ましょう．ローマの母親たちは私に手本を求め，子孫が貴方に似ていると，彼等は素晴らしいと考えます．或る時は男性たちが，或る時は女性たちが，貴方が師として与えて下さった種々のしるしを望み，是認してくれます．今やこれらのことを奪われて，悲しみで一杯の妻［たる私］は衰弱しています．神々が私より長生きしてくれる夫を与えて下さっていたなら，幸せでしたのに．でも，やはり私は幸せです．何故なら，私は今，貴方のもので，これまでも貴方のものでしたし，じきに来る死の後も貴方のものですから． ［CIL VI, 1779（＝ILS 1259）］

1) pontifex Solis. アウレリアヌス帝（在位270〜275年）が不敗太陽神（Sol Invictus）をローマ市に導入した際，創設した神官団．以後，伝統的な神祇官はウェスタ神祇官として知られるようになった．2)「シビュラの予言書」を管理し神託を得るべく参照する，共和政期以来の同僚団．3) タウロボリウムについては，史料106Aの註2を参照．4) ミトラス信徒の7位階中の最高位階「父」の中でも，最上位の者．5) quaestor candidatus. 帝政前期には皇帝に特別に任命されたクァエストルの称号であったが，4世紀後半までには皇帝による任命や実際の政治的役割を伴わない名誉称号と化していた．6) プラエテクスタトゥスは死去した384年に，翌年の正規コンスルの1人に選ばれていた．

128　410年の衝撃とその後

　410年8月アラリック王麾下の西ゴートが3日間にわたり「永遠の都」ローマを占領・掠奪した事件は，異教徒・キリスト教徒を問わず全ローマ世界を震撼させた．Aはベツレヘムで事件の報に接したヒエロニムスの悲歎．この衝撃の中で再燃した異教徒のキリスト教攻撃に応えてアウグスティヌスは『神国論』を著わすが，その攻撃を歴史的に論駁する任はオロシウスに託された．Bは彼の『異教徒に反論する歴史7巻』（417年）から，410年の事件とその後の経緯，ローマとゲルマンの融合に関する記述の抄訳．

　A　……突然私のもとにパンマキウスとマルケルラの死，ローマ市の包囲，多くの兄弟姉妹の永眠の報がもたらされました．そして私はあまりの衝撃に打ちひしがれ，昼も夜も万人の救済に関すること以外は何も考えられず，聖人たちの捕虜状態のうちに私自身も捕われていると思い，もっと確かなことがわからぬ限りは口を開くこともできないという状態で，その間も不安に心塞がれ希望と絶望の間を揺れ動き，他の人々の不幸に苦悩しています．実際，全地上で最も輝かしい光が消え，ローマ帝国の頂きが切り落された時，より正確に言うならば，この一つの都市のうちに全世界が滅びた時，「私は黙して語らず，卑下し，良きことについても沈黙を守った．……」（以下略）

　　　　　[Hieronymus, Commentaria in Ezechielem I, prologus]

　B　アラリックは目前に迫り，恐怖におののくローマを包囲し，混乱させ，侵入した．が，次のような指示が最初に与えられていた．即ち，もし誰かが聖所に，とりわけ聖使徒ペテロとパウロのバシリカ[1)]に避難したならば，まずこの者たちが傷つけられず安全であるようにせよ，その上でさらに，戦利品にかつえている者たちに能う限り流血を控えよ，という指示である．（中略）

　かくしてローマ市建設より1164年目の年，アラリックによるローマ市侵入が起きた．……その侵入の際，テオドシウス帝の娘にしてアルカディウス・ホノリウス両帝の妹たるプラキディアは，アラリックの親族アタウルフに捕えられ妻とされたが，それはあたかも神の裁定によりローマが言わば特別な保証・人質として彼女を引き渡した如くであり，彼女はこの様に蛮族の王という最も強力なる夫と結びつくことで，国家にとり大きな益をなしたのだった．（中略）

　彼［アタウルフ］は度々耳にされ，また彼の最期が証明している如く，非常

に熱心な平和の支持者で，ホノリウス帝に忠実に仕え，ゴートの兵力をローマ国家を守るために用いることの方をよしとした．実際，私自身ナルボの或る人……がパレスティナの町ベツレヘムで至福なる司祭ヒエロニュスに語るのを聞いたのだが，その人はナルボでアタウルフと極めて親しく，彼が非常に意気軒昂として活力に溢れ上機嫌である時に語るのが常であった事柄を，しばしば彼の口から厳粛なる確認のもとに聞き知ったという．即ち，彼は最初ローマの名を抹消し，全ローマ帝国をもっぱらゴートだけの帝国とし，俗な言い方をすれば，かつてロマニアであったものをゴティアと呼び，実際そう成し，また今やアタウルフがかつてのカエサル・アウグストゥスの存在となることを切望した．が，多くの経験により，ゴート人はその御し難い粗野さゆえに決して法に従うことはできぬし，また法なくしては国家は国家に非ざるからには，国家に対し法を禁じるべきでもないとわかると，彼はとにかくも，ゴートの軍勢によりローマの名を全き状態に復し，かつ高めたという栄誉を自らに求め，ローマの変革者たり得ぬ以上，後世の人々によりローマ復興の祖と思われることの方を選んだのだ，と．

[Orosius, Historiarum adversum paganos libri VII,
VII, 39, 1 ; 40, 1〜2 ; 43, 3〜6]

1) バシリカとは元来，長方形の一辺から半円形アプスが張り出している形を典型的プランとする，種々の用途向けの大規模公共建築物．キリスト教を公認したコンスタンティヌスは大勢の信徒を収容できるバシリカ式の教会を各地に建立した．ヴァティカンの聖ペテロのバシリカもその一つ．オスティア街道沿いの聖パウロのバシリカは4世紀末の建立．

129　5世紀前半のガリア社会

マルセイユの司祭であったサルウィアヌスの著『神の支配について』(440年頃)は，当時覆うべくもないローマの衰退とゲルマンの優勢を前に，道徳性で勝るゲルマンと堕落したローマを対比し，ローマの支配の不公正を厳しく糾弾して，ゲルマン侵入こそ神の正義の証左と断じる．以下では古代末期のガリア社会についての貴重な史料である同書から，ローマの圧政，バガウダエの徒，パトロキニウムの形成を叙した有名な箇所を抄訳で紹介する．

かくする間も貧困者は略奪され，寡婦は歎き，孤児は踏みつけられ，遂には彼等の多くが，それも卑しからざる出自の者たち，自由人たるに相応しい教育

を受けた者たちが，国家の抑圧の苦痛で死ぬことのなきよう敵のもとへ逃れ行くほどである．彼等は明らかにローマ人のもとでの蛮族的な非人間性に耐えられず，蛮族のもとにローマ的な人間性を求めるのである．そして自分たちが避難していった先の人々がいかに習慣の点で異なり言語の点で違っていようと，また言うなれば肉体や粗野な着衣の悪臭そのものの点でも異なっていようと，それでもローマ人の中で荒れ狂う不正に耐えるよりは，蛮族の中にあって異なる習俗を耐えることの方を選ぶのである．かくして至る所で，あるいはゴート人のもとへ，あるいはバガウダエ[1)]のもとへ，あるいは各地を支配している他の蛮族のもとへと彼等は移り行き，移ったことを後悔しない．何故なら，彼等は自由という外見の下で捕われの身であるよりは，捕虜という外見の下で自由に生きることを欲するのである．かくして，かつては大いに尊重されたのみならず高い代価で購われもしたローマ市民たるの名は，今や進んで投げ棄てられ忌避され，無価値というにとどまらずほとんど忌むべきものとさえ思われている．多くの人々が，それも栄誉ある人々，高貴な人々，彼等にとりローマ人たる身分は最高の光輝と栄誉であったはずの人々が，それにもかかわらず今ではローマの不正の残酷さゆえに，ローマ人たるを欲しないまでに追いこまれてしまったということ以上に，ローマの不正をよく証明しうるものがあろうか．……

　ここでバガウダエについて語りたい．彼等は悪辣で残酷な裁判官に略奪され，痛めつけられ，殺されたのであり，ローマ的自由の権利を失ったのち，ローマ人という名の名誉さえも失った者たちである．……我々は自分たちが犯罪者としてしまった人々を，叛徒と呼び無頼漢と呼んでいるのだ．と言うのも，我々の不正，裁判官の邪悪，国税の名を私利私益のために転用し，課税を己れの利益とする輩の財産没収と強奪以外の何事によって，彼等はバガウダエとなったというのか……．そしてかくの如くして，裁判官の盗賊行為に首を絞められ殺された人々が，ローマ人たることを許されないがゆえに蛮族の如くに生き始めるのである．彼等はかつての状態にとどまることを許されなかったがゆえに，かつてと異なる生き方に甘んじ，今や自由を完全に失ったと考えたがゆえに，せめて生命を守ることを余儀なくされたのだ．(中略)

　この者たち［哀れな担税者］にとっては敵の方が徴税人より寛大である．彼等が税の圧力を避けるべく敵のもとへ逃れるという事実自体が，このことを示

している。だが実際，このこと自体がいかに苛酷で非人間的であろうと，もし万人が平等に共同で耐え忍ぶなら，重さも辛さもこれほどではなかろう。より耐え難く懲罰に値することには，万人の重荷を万人が支えているのではなく，それどころか富める者の支払うべき税が貧しき者にのしかかり，より強き者の重荷をより弱き者が担っているのだ。そして彼等が担いきれない理由は，哀れな者たちの重荷が彼等の能力を上回っているからという以外にない。（中略）

彼等［ローマ領に残る貧しい担税者］は保護し守ってもらうべく有力者に自らを委ね，自らを富裕者への降服者とし，言わば彼等の権利と支配下に移る。……苛酷でひどいことには，彼等［有力者］はこのような仕方で貧しき者を保護するように見えながらも実は強奪しているのであり，このようにして哀れな者を守りながら，実は守ることで一層悲惨にするのである。何故なら守られていると見える人々は皆，守られる前に自らのほとんど全財産を保護者に引き渡す。かくして，父が保護を得るために，息子は遺産を失う。親の保護は子の赤貧により購われる。見るがよい。これが有力者の与える援助と保　護なのだ。
<small>パトロキニア</small>

[Salvianus, De gubernatione dei V, 21〜26；28；38〜40]

1)「バガウダエ」については，ガリアの被抑圧民（中小農民・コロヌス・奴隷）による反体制運動という見方が通説であったが，近年では，自分たちを保護してくれる上位権力が不在の状況で，在地権勢家に保護とリーダーシップを求めた自衛運動，という見方が有力になってきている。

130　禁欲主義と聖人崇拝

　古代末期のキリスト教世界で重要性を増してきたのは，禁欲主義と聖人崇拝であった。Aのヒエロニムスの記述は，初期キリスト教時代から禁欲主義の種々の系譜があったことや，4世紀末にも禁欲主義をめぐる多様な考え方があったことを示している。5世紀が生んだ最も有名な聖人の一人が柱頭行者シメオン（390年頃〜459年頃）だった。キュロス司教テオドレトス（在位423年〜460年頃）は教会史等の他に，シリアの禁欲修道者（女性3人を含む）についての著作を残しており，B・Cはその中のシメオンに関する記述からの抜粋。

A　実際，私たちはマルキオンやマニカエウス［＝マニ］の教えに従って結婚を貶めてはいない。また，エンクラティタイ[1]の創始者であるタティアノス[2]の誤謬に捕らわれて，あらゆる性交が不純だと考えてはいない。彼は結婚のみならず，食されるべく神が創造された食物をも非難し退ける。私たちは大邸宅

には金や銀の器のみならず，木製や陶製の器もあることを知っている．そして，パウロが建築家として据えたキリストという土台の上に，或る人々は金，銀，宝石で家を建て，他方，或る人々は干し草，木，藁で家を建てることも³⁾．私たちは知らないわけではない，「結婚は尊ばれるべきもの，婚姻の床は汚れなきもの」⁴⁾と．私たちは「産めよ，増えよ，地に満ちよ」⁵⁾という神の最初の指示を読んでいる．しかし，私たちは結婚を受容するのではあるが，結婚から生まれる処女性の方をより好む．金が銀より貴重であるなら，銀が銀ではなくなるだろうか．あるいは，根や葉，茎や穂より，果実や作物が好まれるなら，それが木や畑への侮辱だろうか．木から果実が，茎から作物が生まれる如く，結婚から処女性が生まれるのだ．［中略］

彼［ヨウィニアヌス⁶⁾］は言う．一度キリストにおいて洗われた処女と寡婦と妻とは，他の所業に違いが無いならば，同じ価値を有すると．彼は，全き信仰を持ち洗礼において生まれ変った者たちは，悪魔によって打倒され得ないことを証明しようと努める．第三に彼は，食物を断つことと，それを感謝しつつ受け取ることの間には，何ら違いは無いと言う．第四で最後のことは，天の王国では，自分の洗礼を守るすべての人に，同一の報いがあるということだ．

[Hieronymus, Adversus Jovinianum 1, 3]

1)「節制主義者」の意で，厳格な禁欲主義を実践した諸集団の総称．2) シリア東部出身．ローマ市で改宗後，172 年頃帰郷し独自の学校を開く．3)「コリントの信徒への手紙 一」3, 10-13 を参照．4)「ヘブライ人への手紙」13, 4. 5)「創世記」1, 28. 6) ミラノ出身の修道士で，厳格な禁欲主義の誇示を批判する論考を 390 年代前半に著わして，ローマ司教シリキウスやミラノ司教アンブロシウスらから論難された．

B そこで彼［シメオン］の評判は至る所に広がり，あらゆる人々が，即ち近隣の者たちのみならず，何日もかかる道のりを隔てた人たちもが押し寄せた．或る者たちは身体が麻痺した人々を連れ来たり，また或る者たちは病人に健康を請い求め，また或る者たちは父親になることを懇請し，自分たちが自然からは得られなかったものを彼から得ようと嘆願したものだった．そして，［それを］得て願いがかなった者たちは欣喜雀躍して帰って行き，自分たちが得た恩恵を触れ回り，彼等よりはるかに多くの嘆願者を送り出した．こうして，あらゆる所から万人が到来し，すべての道は川の如くになり，あらゆる所からの流

れを受け入れる人海がその場所に凝集するのを，目にすることができるのである．と言うのも，我等の帝国全土の住民のみならず，イスマエル人[1]やペルシア人，ペルシア人に従属するアルメニア人，イベリア[2]人，ホメリタイ人[3]や彼等より内陸にいる人々もまた，流れこんでくるのだ．西の果てに住む多くの者たちも到来した．スペイン人やブリトン人や彼等の間に住むガリア人だ．イタリアについてまで語るのは，余計なことだろう．と言うのも，この人物は偉大なるローマで大評判になっていて，あらゆる店の入り口で小さな彼の肖像が，彼等［店の住民］に或る種の守護とそれゆえ安全を与えるものとして，石柱の上に置かれているほどだ，と言われている．

こうして数えきれない人々が来訪し，すべての者たちが［シメオンに］触れて彼の獣皮の衣服から何らかの祝福を手に入れようとしたので，彼は最初はこの度を過ごした尊崇を馬鹿げたことと考えていたが，その後この事態が与える苦痛に耐えられなくなり，柱の上に立つことを考えついて，最初は6ペーキュス，次に12ペーキュス，さらに後には22ペーキュス，そして今では36ペーキュス［の柱］が切り出されるよう命じた．と言うのも彼は，天へと飛び立ち，この地上で時を過ごすことから解き放たれたいと願っているのだ．

[Theodoretos, Historia Religiosa, XXVI, 11-12]

1) シリア砂漠に住んでいたアラブ系の遊牧民族．2) ここではイベリア半島ではなく，黒海とカスピ海の間の地域．3) アラビア半島南東部の住民．

C と言うのも，ちょうど何か燭台の上に置かれている如く，この最も輝かしい光明 ［シメオン］ は太陽のように光線を四方八方に放っていた．そして前述したように，イベリア人が，アルメニア人が，ペルシア人がやって来て，聖なる洗礼の恩恵を受けるのを目にすることができた．イスマエル人は一時に200人や300人，時には1,000人という群れをなして到来し，大声をあげて父祖伝来の誤謬を捨て，この偉大なる光明者の御前で彼らが畏怖していた偶像を打ち砕き，アフロディテー[1]の密儀——彼等は始めから，そのダイモーン[2]への崇拝を受け入れていたのだが——と訣別し，聖なる秘儀の恩恵を受け，この神聖なる口から発せられる法を受け入れて父祖伝来の慣習に別れを告げ，野生のロバやラクダといった食物を完全に放棄した．

[Theodoretos, Historia Religiosa, XXVI, 13]

1) 恐らく，Dea Syria とも呼ばれたシリアの女神アタルガティス Atargatis を指す．2) 史料126B の註1を参照．

131　5世紀後半の一ガリア貴族の心情

　シドニウス・アポルリナーリスの詩歌集・書簡集は5世紀後半のガリア社会や貴族層の動向・心情を伝えて貴重である．Aは自領に籠りローマ帝国から乖離していく貴族の姿と，シドニウス自身のローマ礼賛の念，Bは彼の反ゲルマン感情，Cは古典的教養への愛着とその衰退への憂慮を示している．470年彼はオーヴェルニュの中心地クレルモンの司教となる．翌年には西ゴートによる同市の攻囲が始まり，475年西ローマ政府はプロヴァンスと引き換えに孤立したオーヴェルニュを西ゴートに割譲した．ガリアにおけるローマ支配の事実上の終焉である．Dは講和締結直前に和平交渉を補佐していた司教たちの1人に，Eは締結後に別の司教に当てた書簡である．何れも抄訳．

　A　私がこの手紙をしたためる唯一そして最も重要な理由，それは貴殿を家領での平穏な生活の深みから引っ張り出して，帝国官職の職務をお引き受けになるよう呼びかけることです．（中略）無気力な絶望が貴殿をして異郷の地へ赴くことを恐れさせているのです．もっとも元老院議員層出自の者……が一度，それも若い時に，法の在所・文芸の養育所・高位高官の集う所・世界の頂き・自由の故郷を見たとして，それを異郷の地に行ったと言いうるならばの話ですが．この全世界に類なき都市においてはただ蛮族と奴隷だけが他所者なのですから．（中略）奮起して下さい．そして安楽な閑暇によって萎え弱まった貴殿の精神をもっと偉大な事へと高めて下さい．貴殿のような出自の者にとって，己れ個人を高めることが所領を耕すことに劣るとでもいうのですか．

[Sidonius Apollinaris, Epistulae I, 6, 1～3]

　B　何ゆえに貴殿は私にフェスケンニアの詩[1]を愛するウェヌスのために詩歌を詠めなどと命じられるのか．長髪の一群の只中に置かれ，ゲルマンの言葉を耐え忍び，酸っぱい臭いのするバターを髪になすりつけた大食漢のブルグンド人の歌に陰鬱な顔で拍手を送っているようなこの私に．

[Sidonius Apollinaris, Carmina XII, ll. 1～7]

1) 婚礼で歌われる卑猥な詩．フェスケンニアはエトルリアの古い小市で，そのような風習で有名だ

ったらしい.

C　貴殿[1]はモーゼル川の水を飲みながらもティベル川の水を吐き出します. 蛮人たちに交って暮らしつつもバーバリズム[2]は御存知ありません. ……それゆえローマの言語の栄光, それがなお何処かに存在するとしての話ですが, その栄光はベルギカやラインの地ではとっくに消失してしまったにもかかわらず, なお貴殿において生き続けているのです. そして貴殿が御健勝で語り続けられる限りは, たとえその辺境地帯でラテンの法は滅びてしまったとしても, ラテンの言葉は揺ぎはしません. ですから私は消え失せんとする文学の足跡が, とにかくも貴殿の高貴なる胸のうちに残っていることを大いに喜ぶものです. そしてもし貴殿が頻繁な読書によってその足跡を守り続けられるならば, 貴殿は日を追うごとに, 人間が獣に優る如く, 教養ある者は無教養な者に勝るということを納得なさるでしょう. 　　[Sidonius Apollinaris, Epistulae IV, 17, 1〜2]

　　1) この書簡の名宛人はトリーアの有力者アルボガストで, 4世紀末に西ローマ政府で権勢をふるったフランク人将軍アルボガストの子孫. 2) barbarismus. 特に話し方や発音の誤り・粗野さ.

D　私は西ゴート王[1]が……ローマの市壁よりもむしろキリストの法を待ち伏せしようとしているのではないかと恐れ始めています. カトリックという名への言及が彼の口や胸にあまりに不愉快な味を残すらしいので, 猊下は一体彼にとって種族の長たると宗派[2]の長たるとどちらが大なのか訝しがられるでしょう. (中略) 猊下がたを通して両国間の協定と諸条項がもたらされます. それゆえ, 司教叙任権を容認されることにより我々が, ゴートの領域の境界線内に封じ込められることになるガリアの人々を, たとえ同盟によっては保持できぬにせよ信仰によって保持できるようにすることを, 和平の主要な一致点として下さい. 　　[Sidonius Apollinaris, Epistulae VII, 6, 6; 10]

　　1) エウリック王 (在位466〜484年). スペイン侵攻に続き, ガリアではゴートの勢力圏をロワール・ローヌの線まで拡大すべく侵攻を開始していた. 2) アリウス派を指す.

E　我々の奴隷状態が他の人々の安全の代償とされたのです. 悲しいかな, 昔を想起すれば, かつて自らを敢えてラティウムの人々の兄弟と呼び, トロイアの血をひく民と見做していた, このオーヴェルニュ人たちの奴隷状態が. 最

近のことを語るならば，独力で共通の敵の前に立ちはだかったは彼等，繰り返し市壁の中に閉じ込められてもなおゴート人を恐れることなく，むしろ逆に陣営にいる襲撃者どもに恐れられたは彼等なのです．……彼等は国家への愛ゆえに，蛮族に［管轄］州を与えていたセロナートゥス[1]を法の手に引き渡すことを恐れはしませんでした．然るに国家には，有罪を宣せられた彼を死刑に処す勇気さえほとんど無かったのです．窮乏，炎，剣，疫病，屍の血糊で脂光りする剣，飢えで痩せ細った戦士への報いがこれなのですか．……我々の献身へのこれらの試煉，これほどの試煉に対して，見捨てるなどということが為されたのですか．おお願わくば，この有益でもなく名誉にも値しない条約を恥じ給え．（中略）今なお包囲され戦い飢えることが必要とあらば喜んでそうしましょう．……しかし，何ゆえに度を越した悲しみへの手綱を緩めるのでしょう．……猊下がたが我々の最期を救い得ないならば，せめて熱心な祈りによって，その自由が死なんとしている民が生き残れるようにして下さい．亡命者たちに土地を，捕虜となる者に身請金を，異郷に逃れ行く者には旅費をお与え下さい．

[Sidonius Apollinaris, Epistulae VII, 7, 2〜6]

[1] 469年時点でおそらくガリア南部を管轄する管区代官の地位にあり，その親ゴート政策ゆえにシドニウスらガリア貴族層により反逆罪で告発された（Sid., Ep. II, 1; V, 13）．

年　表

西暦	事　項	著　作　家
前1900頃	ギリシア人の祖先，バルカン半島へ侵入	
1800頃	クレタ，エーゲ海を支配，最盛期を迎える	
1600頃	ギリシア本土でミケーネ時代が始まる	
1450頃	ギリシア人，クレタへ進出	
1400頃	クノッソスの王宮が破壊される	
1260頃	トロイア7A市の破壊	
1200頃	「海の民」の活動．ドーリス人の侵入	
1100頃	ギリシア本土で鉄器の使用が始まる	
1000頃	小アジア西岸への植民が始まる	
814	カルタゴの建設	
8世紀	ギリシア各地にポリス成立	ホメロスの叙事詩
776	第1回オリンピア競技	
753	伝承によるローマ建国の年	
750頃	地中海・黒海沿岸への植民が始まる	
725頃	第1次メッセニア戦争(スパルタのメッセニア征服)	
700頃	スパルタでリュクルゴスの改革	ヘシオドス
682	アテナイに任期1年のアルコン職が成立	
650頃	第2次メッセニア戦争．ヘイロタイ体制の確立．このころ重装歩兵戦術成立	
632	アテナイでキュロンの反乱	
621/0	アテナイでドラコンの立法	
7世紀末	エトルリア人がローマを支配する(〜6世紀末)	サッフォー，アルカイオス
594	アテナイでソロンの改革(〜593)	
550頃	スパルタ，ペロポネソス同盟を結成	
546頃	ペイシストラトス，アテナイに僭主政を確立	
539	キュロス，バビロニアを征服(アケメネス朝ペルシア帝国の成立)	
509頃	ローマで共和政の成立	
508	アテナイでクレイステネスの改革	
500	イオニア反乱が起る(〜494)	
495	ローマで聖山事件	
494	ローマで平民会，護民官の設置	
490	第1回ペルシア戦争．マラトンの戦い	
482	ラウレイオン銀山で大鉱脈の発見	

前480	第2回ペルシア戦争．テルモピュライの戦い．サラミスの海戦	
479	プラタイアの戦い	
477	デロス同盟（第1次アテナイ海上同盟）の結成	
464	スパルタに大地震．ヘイロタイの反乱起る（第3次メッセニア戦争 ～458）	アイスキュロス (525～456)
462	アテナイでエフィアルテスの改革	
454	デロス同盟金庫のアテナイ移転（同盟のアテナイ帝国化）	アナクサゴラス (500頃～428頃)
451	アテナイでペリクレス提案による市民権法の成立	ソフォクレス (496頃～406)
450頃	ローマで「十二表法」の制定	
449	カリアスの和約（ペルシア戦争の終結）	ヘロドトス (484頃～420頃)
445	ローマでカヌレイウス法の制定	
432	アテナイ，パルテノン神殿の完成	
431	ペロポネソス戦争（～404）	
429	アテナイでペスト流行．ペリクレスの病死	エウリピデス (485頃～406頃)
421	ニキアスの平和	
415	アテナイのシチリア遠征（～413）	ソクラテス（469～399）
411	アテナイに400人の寡頭派政権成立（～410）	ツキュディデス (460頃～400頃)
404	アテナイの降伏．三十人僭主による支配（～403）	
399	ソクラテスの処刑	
396	ローマ，ウェイイを攻略	リュシアス (459頃～380頃)
395	コリントス戦争（～387）	
390/387	ケルト人，イタリアに侵入し，ローマを焼く	
389/378	ローマ，ウェイイの旧領に4トリブスを設置	アリストファネス (445頃～385頃)
386	大王の和約．ペルシアの介入でコリントス戦争終結	
377	第2次アテナイ海上同盟の結成	
371	レウクトラの戦い．スパルタを破りテーベが台頭	
367	ローマでリキニウス＝セクスティウス法の成立	
362	マンティネイアの戦い．エパミノンダス戦死	
359	フィリッポス2世，マケドニア王に即位（～336）	
357	アテナイ，同盟諸市と戦争（～355）	
346	アテナイ・マケドニア間にフィロクラテスの平和	イソクラテス（436～338）
343	第1次サムニテス戦争（～341）	プラトン（429～347）
340	ラテン戦争（～338）	クセノフォン
338	カイロネイアの戦い（マケドニアのギリシア制覇）	(428頃～354頃)
	ローマ，全ラティウムを制圧	イサイオス（420頃～350）
337	フィリッポスの指導下にコリントス同盟の結成	アリストテレス
336	フィリッポスの暗殺．アレクサンドロスの即位	(384～322)
335	アレクサンドロス，ギリシアの反乱を鎮圧	デモステネス（384～322）
334	ペルシア遠征の開始．グラニコス川の戦い	
333	イッソスの戦い	

年表

前332	アレクサンドロス,シリア・ユダヤ・エジプトを征服	
331	ガウガメラの戦い	
330	ペルセポリスの破壊.対ペルシア報復戦争の終結	
327	アレクサンドロスのインド遠征(〜325)	
	第2次サムニテス戦争(〜304)	
323	アレクサンドロス死去.「後継者」戦争始まる	
312	ローマで非土地所有者を全トリブスに分散登録させる	
304	ローマで非土地所有者のトリブス指定を,都市の4トリブスに限る	ピュロン(360頃〜270)
301	イプソスの戦い(アレクサンドロスの遺領の分割)	メナンドロス(342〜291)
298	第3次サムニテス戦争(〜290)	エピクロス(342〜271)
287	ローマで,ホルテンシウス法の成立	ゼノン(336〜264)
282	ローマ,ギリシア人植民市タレントゥムと開戦	
280	アカイア同盟の結成	
	エピロス王ピュロス,タレントゥムに味方してイタリアに侵入(〜275)	
276	ヘレニズム3王国の確立	
272	タレントゥム降伏	
264	第1次ポエニ戦争(〜241)	カリマコス
244	スパルタ王アギス4世の改革(〜241)	(305頃〜240頃)
241	第1次ポエニ戦争終結	アポロニオス
237	ローマ,サルディニア・コルシカを奪取	(295頃〜?)
227	ローマ,シチリアとサルディニアを最初の属州とするスパルタ王クレオメネス3世の改革(〜222)	
222	セルラシアの戦い.スパルタ軍の壊滅	
218	第2次ポエニ戦争.ハンニバルのイタリア侵入	
216	カンナエの戦い.ハンニバル,ローマ軍を全滅させる	
214	第1次マケドニア戦争(〜205)	
202	ザマの戦い.スキピオがハンニバルを破る	ファビウス・ピクトル
201	カルタゴの降伏で第2次ポエニ戦争終結	
200	第2次マケドニア戦争(〜196)	
197	ローマ,スペインに2属州を設置	プラウトゥス
196	フラミニヌス,コリントスでギリシアの自由を宣言	(254頃〜184頃)
192	シリア戦争(〜189)	
182	ケルティベリア戦争(〜178)	大カトー(234〜139)
171	第3次マケドニア戦争(〜168)	ポリュビオス
168	ピュドナの戦い	(200頃〜118)
154	ルシタニア戦争(〜136)	テレンティウス
149	第3次ポエニ戦争(〜146)	(190頃〜159)
146	ローマ,コリントスを破壊.マケドニアを属州とする ローマ,カルタゴを滅ぼし,属州アフリカ設置	

前135	第1回シチリア奴隷反乱（〜132）	
133	ペルガモン，ローマに遺贈される．ローマではティベリウス・グラックスの改革	
132	ペルガモンでアリストニコスの反乱（〜129）	
129	旧ペルガモン領に属州アシアの設置	
123	ローマで，ガイウス・グラックスの改革	
112	ユグルタ戦争（〜106）	
111	ローマで，前111年の土地法成立	
107	ローマの将軍マリウスの兵制改革	
105	アラウシオの戦い．ゲルマンのキンブリとテウトニ，ローマ軍を全滅させる	
104	マリウス，連年コンスルとなり（〜100），ゲルマン人に勝利．第2回シチリア奴隷反乱（〜101）	
91	イタリア同盟市戦争（〜88）	
88	イタリア諸市の自由民にローマ市民権の付与．スッラのローマ進軍．第1次ミトリダテス戦争（〜85）	
83	第2次ミトリダテス戦争（〜82）	
82	スッラ，ローマで独裁官となる（〜80）	
80	セルトリウスのスペイン支配（〜72）	
74	第3次ミトリダテス戦争（〜64）	
73	スパルタクスの反乱（〜71）	ポセイドニオス
67	ポンペイウスが特別命令権を得て海賊を掃討	(135頃〜51)
64	ポンペイウスの東方平定．ビテュニア=ポントゥス州，シリア州を設置．セレウコス朝シリア滅ぶ	ウァロ（117〜27）カトゥルス（84〜54）
60	カエサル，ポンペイウス，クラッススによる第1回三頭政治	キケロ（106〜43）カエサル（100〜44）
58	カエサル，ガリアを征服（〜51）	ルクレティウス（99〜55）
49	カエサル，ルビコン川を渡り，ローマに進撃	
48	ファルサロスの戦い．ポンペイウスの敗北	サルスティウス（86〜35）
47	クレオパトラ，エジプト女王となる	
44	カエサルの暗殺	
43	オクタウィアヌス，アントニウス，レピドゥスによる第2回三頭政治	ウェルギリウス（70〜19）
42	フィリッピの戦い．元老院派のブルトゥスら敗北	ホラティウス（65〜8）
31	アクティウムの海戦．オクタウィアヌス，アントニウス・クレオパトラ連合軍を破る	
30	オクタウィアヌス，エジプトを征服．プトレマイオス朝滅ぶ	ストラボン
27	オクタウィアヌス，アウグストゥスの尊称を受ける	(64/3〜後23頃)
27	（ローマ帝政の始まり）	リウィウス（59〜後17）
4頃	イエス生まれる	プロペルティウス
後6	ユダヤ，ローマの属州となる	(54/47〜16頃)

年　表

9	トイトブルクの森で，ウァルス麾下のローマ軍，ゲルマン人アルミニウスに敗れ全滅	(43～後17)
14	アウグストゥス死去．ティベリウス即位（～37）	ウィトルウィウス
30頃	キリストの処刑	『建築十書』(25頃)
43	ローマ，ブリタンニアを併合	セネカ（前4頃～後65）
54	ネロ，ローマ皇帝に即位（～68）	ペトロニウス（？～後66）
61	ブリタンニアでボウディッカの反乱	大プリニウス
64	ローマ市の大火．ネロのキリスト教徒迫害	(23頃～79)
66	第1次ユダヤ戦争（～73）	クィンティリアヌス
68	ネロ自殺	(35頃～100頃)
69	ウェスパシアヌスの即位．四帝乱立の時代を収拾	ヨセフス（37/8～100頃）
70	ティトゥス麾下のローマ軍，エルサレムを破壊	マルティアリス
77	アグリコラのブリタンニア・カレドニア遠征	(40頃～104頃)
79	ベスビオ火山の噴火．ポンペイの埋没	プルタルコス
96	ネルウァ即位．五賢帝時代始まる（～180）	(46頃～120頃)
101	トラヤヌス帝によるダキア戦争（～106）	タキトゥス
117	トラヤヌス帝，アルメニア・メソポタミアを併合．ローマ帝国の版図は最大となる	(55/6頃～113以後) 小プリニウス
132	第2次ユダヤ戦争（～135）	(61頃～113頃)
162	ローマ，パルティアと戦う（～166）	ユウェナリス
165	ローマ帝国で疫病の大流行（～167）	(60頃～130頃)
166	マルコマンニ戦争（～180）	スエトニウス
180	マルクス・アウレリウス帝死去	アッピアノス
193	セプティミウス・セウェルス，部下の軍隊に擁立されてローマ皇帝となる	フロント（100頃～166頃） アリスティデス
212	カラカラ帝，帝国の全自由民にローマ市民権を与える（アントニヌス勅法）	(117か129～181以後) アプレイウス
224	ササン朝ペルシア興る	(123頃～？)
235	軍人皇帝時代始まる（～284）	ゲッリウス
250	デキウス帝によるキリスト教徒迫害始まる	(130頃～180頃)
251	デキウス帝，対ゴート戦で戦死	テルトゥリアヌス
259	アラマンニ族，ガリア・イタリアに侵入（～261）	(160頃～220以後)
	ポストゥムス，ガリアに分離帝国（～268）	カッシウス・ディオ
260	ウァレリアヌス帝，ペルシア軍に敗れ捕虜となる	(150頃～235)
267	ヘルリ族，ギリシアに侵入	オリゲネス
272	アウレリアヌス帝，パルミュラを攻め滅ぼす	(185頃～254頃)
285	ディオクレティアヌス帝，マクシミアヌスを第二正帝とし，帝国西部の統治を委ねる	キプリアヌス (200頃～258)
286	マクシミアヌス，ガリアのバガウダエの乱を鎮圧	プロティノス
293	帝国の四分統治制始まる	(205頃～270)
301	ディオクレティアヌス帝の最高価格令	
303	キリスト教徒への最後の大迫害始まる	

305	ディオクレティアヌス・マクシミアヌス両帝の退位	
311	ガレリウス帝の寛容勅令	
312	コンスタンティヌス, マクセンティウスを破り, ローマ帝国西部の覇者となる	
313	いわゆるミラノ勅令	ラクタンティウス
324	コンスタンティヌス帝, ローマ帝国再統一を実現	(240頃〜320頃)
325	ニカイア公会議で, アリウス派が異端とされる.	エウセビオス
330	コンスタンティヌス, ビザンティウムに遷都し, 同市をコンスタンティノポリスと改称	(260頃〜339頃)
360	「背教者」ユリアヌス帝 (〜363)	アウソニウス
375頃	ゲルマン民族大移動の開始	(310頃〜394頃)
378	アドリアノープルの戦い. ウァレンス帝, ゴート族に敗死	アンミアヌス・マルケリーヌス(330頃〜395頃)
380	テオドシウス帝, カトリック派キリスト教を国教化	アンブロシウス
382	ゴート族, ドナウ南岸に定住	(339頃〜397)
392	テオドシウス帝, 異教を全面的に禁止	シンマクス
395	テオドシウス帝死去. 西ゴート族, ギリシアに侵入	(340頃〜402)
402	スティリコ, アラリック王麾下の西ゴートを破る	ヒエロニムス
406〜407	ヴァンダル, アラン, スエビ諸族, ガリアに侵入	(342頃〜420)
410	アラリック王麾下の西ゴート, ローマ市を掠奪	オロシウス『異教徒に反論する歴史』(417)
418	西ゴート王国の建国 (〜507)	
429	ヴァンダル, スペインからアフリカへ渡る	アウグスティヌス
439	ヴァンダル, カルタゴを占領. ヴァンダル王国の建国 (〜534)	(354〜430) 『テオドシウス法典』
451	カタラウヌムの野の戦い. ローマ・ゲルマン連合軍, アッティラ王麾下のフン族を撃退	(438)
452	フン族, イタリアに侵入	
453	アッティラ王死去	サルウィアヌス
455	ガイセリック王麾下のヴァンダル, ローマ市を掠奪	(400頃〜470/80)
475	将軍オレステス, 西帝ネポスを廃し, 息子ロムルスを西帝位に擁立	シドニウス・アポルリナーリス
476	ゲルマン人傭兵隊長オドアケル, 幼帝ロムルスを廃す	(430頃〜480/90)
480	ネポスの殺害. ローマ皇帝位はコンスタンティノープルにのみ残る	ボエティウス (480頃〜524)
486	フランク王国の建国	カッシオドルス
488	東ゴート王テオドリック, イタリアに西進	(490頃〜583頃)
493	イタリアに東ゴート王国建設さる (〜540)	ゾシモス『ヒストリア・ネア』(500頃)
527	ユスティニアヌス, ローマ皇帝となる	

用 語 解 説

[G] ギリシア史上の用語．[R] ローマ史上の用語．

アウグストゥス (Augustus) [R]
　尊厳なる者．オクタウィアヌスに与えられた称号．それ以後は，皇帝の称号として用いられている．

アエディリス (aedilis) [R]
　按察官，造営官．ローマの公職の一つで，公共建築・競技会・市場などの監督にあたった．

アゴラ (agora) [G]
　本来集会，特に民会をさし，更に民会開催の場，市場を意味する．

アルコン (archōn) [G]
　一般的にはポリスの主要な行政官．アテナイでは，狭義には筆頭のアルコン．広義にはこれに加えバシレウス，ポレマルコス，6人のテスモテタイをさす．

アレイオス＝パゴスの会議 (hē tōn Areopagitōn boulē) [G]
　この名称は集会の地がアレスの丘であることに由来する．貴族政期アテナイの中心機関．古典期は，殺人事件や宗教関係の事件の裁判を行った．

按察官　→アエディリス

インペラトル (imperator) [R]
　最高司令官．インペリウムを保持した最高位の軍事指導者．そこから凱旋将軍の称号，および皇帝の世襲の称号に転じている．

インペリウム (imperium) [R]
　覇権，命令権，最高指揮権．ローマ国家の最高公職者たちのみが保持した至上の諸権限の総体．

エイスフォラ (eisphora) [G]
　多くのポリスで知られる特別財産税．アテナイの場合，国家財政窮乏のため戦費捻出等を目的に，広い層の市民・メトイコイに課せられた．

エピクレロイ (epiklēroi) [G]
　嫡出の男子がない場合家産を継承する女子．しかし，スパルタを除き，家産の処分権はなく，家の存続のために直系の孫を設けることが主たる役割．

エフォロイ (ephoroi) [G]
　スパルタの最高位の役人．民会で選出され，1年任期の5人の同僚制．

王 →バシレウス
解放奴隷（libertus）[R]
　奴隷身分から解放された者．自由身分であったが，解放主とは主従関係にあった．
カエサル（Caesar）[R]
　オクタウィアヌス・アウグストゥスが養父カエサルを襲名したことから，皇帝の称号として用いられている．
管理人　→プロクラトル
居留民　→メトイコイ
ギリシア同盟財務官　→ヘレノタミアイ
クァエストル（quaestor）[R]
　財務官．国庫の財政を担当する公職者．最高公職者・属州総督の下で軍事・司法事務を代行することもあった．
クリエンテス（clientes）[R]
　庇護民．被護民．生活の様々な局面でパトロヌスの保護を仰ぎつつ，彼に対する誠実な義務を遂行するという主従関係で結ばれていた．
元首　→プリンケプス
ケンソル（censor）[R]
　戸口総監．定員2名，任期1年半．人口・財産調査，風紀取締りなどを担当する．
護民官（tribunus plebis）[R]
　平民トリブーヌスともいう．平民の生命・財産を守るための拒否権をもった公職で，その身体は神聖不可侵とされた．定員10名，平民会議長．
コロニア（colonia）[R]
　ローマ人の植民活動によって建設された特権都市．そこでは多くの人々がローマ市民権に与った．後には，名誉称号化した．
コンスル（consul）[R]
　執政官．統領．定員2名，任期1年．行政・軍事上の最高の責任者であった．このため，ローマの年号はコンスル両名の並記で表わされる．帝政期には任期も短縮されて，名誉職化していった．
最高司令官　→インペラトル
在留外人，在住外人　→メトイコイ
自治市　→ムニキピウム
将軍　→ストラテゴス
植民市　→コロニア
造営官，造営委員（都市の）　→アエディリス
属州総督 [R]
　前236年のシチリア属州の設置後，属州の行政を司った．元老院属州総督と皇帝属州総督（知事）があった．

ストラテゴス（stratēgos）［G］
　将軍．古典期アテナイでは10人いて，民会で直接選出され，重任・再任が可能で，軍事指導者としてのみならず，政治指導者として重要であった．

戦時特別税　→エイスフォラ

長官　→プラエフェクトゥス

徴税請負人（publicani）［R］
　共和政ローマは官僚機構の未発達のための海外領の徴税が公共事業を請負に出したが，これを請け負った者．

長老会（gerousia）［G］
　スパルタの貴族制的評議会．王2名と60歳以上の徳を基準に選ばれた28名の長老から成る．

ディクタトル（dictator）［R］
　独裁官．ローマ共和政期の最高位の公職．内政・軍事上の非常事態にのみ任命され，任期6カ月を越えることはなかった．共和政期末には，古制を逸脱して，無制約の大権を掌握する終身の公職となる場合があった．

テスモテタイ（thesmothetai）［G］
　アテナイのアルコン．6人から成り，その責務は主として法に関するもの．

トリエラルキア（triērarchia）［G］
　レイトゥルギアの一形態．三段橈船の維持のために富裕者に課された．

二人委員（duoviri）［R］
　地方都市の最高公職．ローマ国制のコンスル2名の同僚制に倣った都市行政機構の最高責任者であった．

年賦金（phoroi）［G］
　デロス同盟の軍船提供国を除く構成国が負担したもの．その額はアテナイが同盟国の国力に応じて査定した．

バシレウス（basileus）［G］
　王．貴族政期のバシレイス（複）は貴族と看做できる．アテナイでは，9人のアルコンの1人で，主として宗教的事項と関連した．

パトリキ（patrici）［R］
　ローマ共和政期の血統貴族．プレプス（平民）と身分的に区別され，パトリキ氏族は最も由緒正しい貴族と見なされた．

パトロヌス（patronus）［R］
　保護者．クリエンテスの生命・財産の保全に配慮する主人であると共に，彼らの義務・支持を期待することができた．

庇護民　→クリエンテス

評議会（boulē）［G］
　市民団のために国家の日常業務を遂行．アテナイではクレイステネスの設けた500人の

評議会．民会への議案を準備し，民法を主催し，その決定を遂行．
プラエトル（praetor）［R］
　法務官．国務長官．コンスルに次ぐ公職で，司法行政を担当する．属州の拡大と共に，定員は漸増し，共和政末期には10名を越えた．
プラエフェクトゥス（praefectus）［R］
　長官，総監．皇帝直属の最上級官吏．
プリンケプス（princeps）［R］
　ローマ市民の第一人者．元首．共和政の伝統を尊重しつつ，事実上の独裁者となった皇帝．
プレブス（plebs）［R］
　平民．共和政初期にはパトリキと厳格な身分上の区別があったが，徐々に政治的権利を獲得していった．後には，たんに下層市民の意味で用いられている．
プロクラトル（procurator）［R］
　管理人．主として財務行政を担当する皇帝直属の官吏．
プロコンスル（proconsul）［R］
　コンスル代理．外政中にコンスル任期が満了後もインペリウムの一時的保持を許された．やがて属州統治の責任者となった．
ヘイロタイ（heilōtai）［G］
　スパルタの隷属農民．スパルタ市民の世襲地を耕し，一定の貢納を納めた．生殺・解放こ権限は国家にあった．
ヘクテモロイ（hektēmoroi）［G］
　アテナイの隷属農民．生産物の6分の1を主人に引き渡し，これを怠納すると奴隷とされた．
ヘラス財務官　→ヘレノタミアイ
ペリオイコイ（perioikoi）［G］
　"周辺に住む者"の意．アルゴリス，クレタ，テッサリア等に見られた．スパルタのそれは，内政上の自治権をもつ自由人であるが，スパルタに従属した．
ヘレノタミアイ（kellēnotamiai）［G］
　デロス同盟の貢税（年賦金）を管理するアテナイの役人．最初は10人の同僚団で，民会の命令で資金を支出した．
法務官　→プラエトル
保護者　→パトロヌス
ポレマルコス（polemarchos）［G］
　将軍．アテナイでは9人のアルコンの1人．マラトンの戦頃まで実戦の指揮をしたが，その後はストラテゴスに代られ，主として外国人関係の裁判を司った．
ムニキピウム（municipium）［R］
　自治市．外交・軍務を除いて完全な地方自治権を保持した．しかし，皇帝権力の強化は

地方自治行政を有名無実化する傾向があった．

メトイコイ (metoikoi) [G]
　自由身分の移住外国人と解放奴隷を包摂する身分．アテナイでは人頭税（メトイキオン）や軍役等を課せられたが，政治的権利は有さない．

臨時財産税　→エイスフォラ

レイトゥルギア (leitourgia) [G]
　公共奉仕．古典期アテナイの富裕市民・メトイコイに課せられた公的負担．

レガトゥス (legatus) [R]
　代官，代理人，使節，副官．

参考文献

I 古典史料邦訳

アイリアノス,松平千秋・中務哲郎訳,『ギリシア奇談集』,岩波文庫,1989
アウグスティヌス,服部英次郎訳,『告白』上・下,岩波文庫,1976
アウグスティヌス,服部英次郎訳,『神の国』全5冊,岩波文庫,1982〜91
アウグスティヌス,『アウグスティヌス著作集』1〜(30),教文館,1979〜
アッリアノス,大牟田章訳,『アレクサンドロス東征記およびインド誌』本文篇・註釈篇,東海大学出版会,1996
アッリアノス,大牟田章訳,『アレクサンドロス大王東征記 付インド誌』上・下,岩波文庫,2001
アテナイオス,柳沼重剛訳,『食卓の賢人たち』1〜(5)〈西洋古典叢書〉,京都大学学術出版会,1997〜
アプレイウス,呉茂一・国原吉之助訳,『黄金のろば』上・下,岩波文庫,1956〜57
アポロドーロス,高津春繁訳,『ギリシア神話』,岩波文庫,1953
アポロニオス,岡道男訳,『アルゴナウティカ―アルゴ船物語』,講談社文芸文庫,1997
アリストテレス,『アリストテレス全集』1〜17,岩波書店,1968〜73
アリストテレス,山本光雄訳,『政治学』,岩波文庫,1961
アリストテレス,村川堅太郎訳,『アテナイ人の国制』,岩波文庫,1980
アリストテレス,戸塚七郎訳,『弁論術』,岩波文庫,1992
アリストテレス,池田康男訳,『天について』〈西洋古典叢書〉,京都大学学術出版会,1997
アリストテレス,中畑正志訳,『魂について』〈西洋古典叢書〉,京都大学学術出版会,2001
アリストテレス,朴一功訳,『ニコマコス倫理学』〈西洋古典叢書〉,京都大学学術出版会,近刊
アリストテレス,牛田徳子訳,『政治学』〈西洋古典叢書〉,京都大学学術出版会,2001
アルキメデス,佐藤徹訳・解説,『方法』,東海大学出版会,1969
アルクマン他,丹下和彦訳,『ギリシア合唱抒情詩集』〈西洋古典叢書〉,京都大学学術出版会,近刊
アルテミドロス,城江良和訳,『夢判断の書』,国文社,1994
アンティポン・アンドキデス,髙畠純夫訳,『弁論集』〈西洋古典叢書〉,京都大学学術出版会,2002
イアンブリコス,佐藤義尚訳,『ピュタゴラス伝』,〈叢書 アレクサンドリア図書館 第四巻〉,国文社,2000
『イソップ寓話集』,中務哲郎訳,岩波文庫,1999
イソクラテス,小池澄夫訳,『弁論集』1〜(2)〈西洋古典叢書〉,京都大学学術出版会,1998〜
ウィトルウィウス,森田慶一訳,『建築書』〈東海大学古典叢書〉,東海大学出版会,1969

参考文献

ウェルギリウス,泉井久之助訳,『アエネーイス』上・下,岩波文庫,1976
ウェルギリウス,岡道男他訳,『アエネーイス』〈西洋古典叢書〉,京都大学学術出版会,2001
ウェルギリウス,河津千代訳,『牧歌・農耕詩』,未来社,1994
エウセビオス,秦剛平訳,『教会史』1～3,山本書店,1986～88
エピクテトス,鹿野治助訳,『人生談義』上・下,岩波文庫,1958
エピクロス,出隆訳,『エピクロス—教説と手紙』,岩波文庫,1959
『エリュトゥラー海案内記』,村川堅太郎訳注,中公文庫,1993
オウィディウス,藤井昇訳,『恋の手ほどき—惚れた病の治療法』,わらび書房,1984
オウィディウス,中村善也訳,『変身物語』上・下,岩波文庫,1981～84
オウィディウス,高橋宏幸訳,『祭暦』〈叢書 アレクサンドリア図書館 第一巻〉,国文社,1994
オウィディウス,樋口勝彦訳,『恋の技法』,平凡社,1995
オウィディウス,木村健治訳,『悲しみの歌—黒海からの手紙』〈西洋古典叢書〉,京都大学学術出版会,1998
カエサル,近山金次訳,『ガリア戦記』,岩波文庫,1964
カエサル,国原吉之助訳,『ガリア戦記』,講談社学術文庫,1994
カエサル,国原吉之助訳,『内乱記』,講談社学術文庫,1996
ガイウス,船田亨二訳,『法学提要』,有斐閣,1967
伝カリステネス,橋本隆夫訳,『アレクサンドロス大王物語』〈叢書 アレクサンドリア図書館 第七巻〉,国文社,1994
カリトン,丹下和彦訳,『カイレアスとカッリロエ』〈叢書 アレクサンドリア図書館 第十一巻〉,国文社,1998
ガレノス,種山恭子訳,『自然の機能について』〈西洋古典叢書〉,京都大学学術出版会,1998
キケロ,『キケロー選集』1～(12),13,14,岩波書店,1999～
クイントゥス,松田治訳,『トロイア戦記』,講談社学術文庫,2000
クセノフォン(クセノポーン),田中秀央・山岡亮一訳,『家政論』,生活社,1944
クセノフォン(クセノフォーン),佐々木理訳,『ソークラテースの思い出』,岩波文庫,1953
クセノフォン(クセノポン),松平千秋訳,『アナバシス』,岩波文庫,1993
クセノフォン(クセノポン),根元英世訳,『ギリシア史』1～2〈西洋古典叢書〉,京都大学学術出版会,1998
クセノフォン(クセノポン),松本仁助訳,『小品集』〈西洋古典叢書〉,京都大学学術出版会,2000
スエトニウス,国原吉之助訳,『ローマ皇帝伝』上・下,岩波文庫,1986
ストラボン,飯尾都人訳,『ギリシア・ローマ世界地誌』,龍渓書舎,1994
スパルティアヌス他,南川高志訳,『ローマ皇帝群像 I』〈西洋古典叢書〉,京都大学学術出版会,近刊
セクストス・エンペイリコス,金山弥平他訳,『ピュロン主義哲学の概要』〈西洋古典叢書〉,京都大学学術出版会,1998
セクストス・エンペイリコス,金山弥平他訳,『学者たちへの論駁』〈西洋古典叢書〉,京都大

学学術出版会，近刊

セネカ，樋口勝彦訳，『幸福なる生活について』，岩波文庫，1952
セネカ，茂手木元蔵訳，『怒りについて』付「神慮について」，岩波文庫，1980
セネカ，茂手木元蔵訳，『人生の短さについて』ほか二篇，岩波文庫，1980
セネカ，茂手木元蔵訳，『道徳論集（全）』，東海大学出版会，1989
セネカ，茂手木元蔵訳，『道徳書簡集（全）』，東海大学出版会，1992
セネカ，茂手木元蔵訳，『自然研究（全）』，東海大学出版会，1993
セネカ，大西英文他訳，『悲劇集』1～2〈西洋古典叢書〉，京都大学学術出版会，1997
ゼノン他，中川純男訳，『初期ストア派断片集』1～(3)〈西洋古典叢書〉，京都大学学術出版会，2000～
タキトゥス，国原吉之助訳，「アグリコラ」（『タキトゥス』〈世界古典文学全集〉，筑摩書房，1965)
タキトゥス，国原吉之助訳，『年代記』上・下，岩波文庫，1981
タキトゥス，泉井久之助訳，『ゲルマーニア』，岩波文庫，1979
タキトゥス，国原吉之助訳，『同時代史』，筑摩書房，1996
タキトゥス，国原吉之助訳，『ゲルマニア　アグリコラ』，ちくま学芸文庫，1996
ディオゲネス・ラエルティオス，加来彰俊訳，『ギリシア哲学者列伝』上・中・下，岩波文庫，1984～94
ディオドロス，飯尾都人訳，『ディオドロス神代地誌』，龍渓書舎，1999
ディクテュス・ダーレス，岡三郎訳，『ディクテュスとダーレスのトロイア戦争物語―「トロイア戦争日誌」と「トロイア滅亡の歴史物語」』，国文社，2001
テオフラストス，森進一訳，『人さまざま』，岩波文庫，1982
テオフラストス，大槻真一郎・月川和男訳，『植物誌』，八坂書房，1988
デモステネス，北嶋美雪他訳，『デモステネス弁論集』3～4〈西洋古典叢書〉，京都大学学術出版会，近刊
テレンティウス，木村健治他訳，『ローマ喜劇集』5〈西洋古典叢書〉，京都大学学術出版会，近刊
トゥキュディデス，久保正彰訳，『戦史』上・中・下，岩波文庫，1966～67
トゥキュディデス，藤縄謙三訳，『歴史』1～(2)〈西洋古典叢書〉，京都大学学術出版会，2000～
ネポス，山下太郎・上村健二訳，『英雄伝』，〈叢書　アレクサンドリア図書館　第三巻〉，国文社，1995
パウサニアス，馬場恵二訳，『ギリシア案内記』上・下，岩波文庫，1991～92
パウサニアス，飯尾都人訳，『ギリシア記　全巻』，龍渓書舎，1991
ヒポクラテス，小川正恭訳，『古い医術について』，岩波文庫，1963
ピロストラトス，戸塚七郎他訳，『哲学者・ソフィスト列伝』〈西洋古典叢書〉，京都大学学術出版会，2001
パエドルス・バブリオス，岩谷智・西村賀子訳，『イソップ風寓話集』〈叢書　アレクサンドリア図書館　第十巻〉，国文社，1998

ピンダロス,内田次信訳,『祝勝歌―断片選』〈西洋古典叢書〉,京都大学学術出版会,2001
フィロゲロス,中務哲郎訳,『フィロゲロス―ギリシア笑話集』〈叢書　アレクサンドリア図書館　第五巻〉,国文社,1995
フィロン,秦剛平訳,『フラックスへの反論他』〈西洋古典叢書〉,京都大学学術出版会,2000
プトレマイオス,中務哲郎訳,『プトレマイオス地理学』,東海大学出版会,1986
プラトン,『プラトン全集』1～15,別巻1,岩波書店,1974～78
プラウトゥス,木村健治他訳,『ローマ喜劇集』1～4〈西洋古典叢書〉,京都大学学術出版会,2000～02
プリニウス,中野定雄他訳,『プリニウスの博物誌』,雄山閣出版,1986
プリニウス,大槻真一郎責任編集,岸本良彦訳,『プリニウス博物誌』〈植物篇〉・〈植物薬剤篇〉,八坂書房,1994
プリニウス,國原吉之助訳,『プリニウス書簡集―ローマ帝国一貴紳の生活と信条』,講談社学術文庫,1999
プルタルコス,河野与一訳,『プルターク英雄伝』1～12,岩波文庫,1952～56
プルタルコス,村川堅太郎編,『プルタルコス』上・中・下,ちくま学芸文庫,1987～88
プルタルコス,戸塚七郎訳,『モラリア』(1)～2,(3)～(5),6,(7)～(12),13,14〈西洋古典叢書〉,京都大学学術出版会,1997～
プルタルコス,河野与一編訳,『プルターク「倫理論集」の話』,岩波書店,1964
プルタルコス,柳沼重剛訳,『饒舌について』,岩波文庫,1985
プルタルコス,柳沼重剛訳,『愛をめぐる対話』,岩波文庫,1986
プルタルコス,柳沼重剛訳,『似て非なる友について』,岩波文庫,1988
プロティノス,田中美知太郎監修,『プロティノス全集』1～4,別巻1,中央公論社,1986～88
ヘシオドス,松平千秋訳,『仕事と日』,岩波文庫,1986
ヘシオドス,廣川洋一訳,『神統記』,岩波文庫,1984
ペトロニウス,国原吉之助訳,『サテュリコン―古代ローマの風刺小説』,岩波文庫,1991
ヘロドトス,松平千秋訳,『歴史』上・中・下,岩波文庫,1971～72
ボエティウス,畠中尚志訳,『哲学の慰め』,岩波文庫,1938
ホメーロス,呉茂一訳,『イーリアス』上・中・下,岩波文庫,1953～58
ホメロス,松平千秋訳,『イリアス』上・下,岩波文庫,1992
ホメーロス,呉茂一訳,『オデュッセイアー』上・下,岩波文庫,1971
ホメロス,松平千秋訳,『オデュッセイア』上・下,岩波文庫,1994
ホラティウス,鈴木一郎訳,『ホラティウス全集』,玉川大学出版部,2001
ホラティウス,藤井昇訳,『歌章』,現代思潮社,1973
ポリュアイノス,戸部順一訳,『戦術書』〈叢書　アレクサンドリア図書館　第六巻〉,国文社,1999
ポリュビオス,竹島俊之訳,『世界史』1～(3),龍溪書舎,2002～
ポンペイウス・トログス,(ユスティヌス抄録),合阪學訳,『地中海世界史』〈西洋古典叢書〉,京都大学学術出版会,1998
マルクス・アウレリウス,神谷美恵子訳,『自省録』,岩波文庫,1956

マルクス・アウレリウス，水地宗明訳，『自省録』〈西洋古典叢書〉，京都大学学術出版会，1998

マルティアリス，藤井昇訳，『マールティアーリスのエピグランマタ』上・下，慶應義塾大学言語文化研究所，1973〜1978

ユウェナーリス，藤井昇訳，『サトゥラエ―諷刺詩』，日中出版，1995

『ユークリッド原論』，中村幸四郎他訳・解説，共立出版，1971

ユスティニアヌス，江南義之訳，『「學説彙纂」の日本語への翻訳』1，2，信山社出版，1992

ヨセフス，新見宏・秦剛平訳，『ユダヤ戦記』1〜3，山本書店，1975〜81

ヨセフス，秦剛平訳，『アピオーンへの反論』，山本書店，1977

ヨセフス，秦剛平訳，『自伝』，山本書店，1978

ヨセフス，秦剛平訳，『ユダヤ古代誌』1〜6，ちくま学芸文庫，1999〜2000

リュシアス，細井敦子他訳，『リュシアス弁論集』〈西洋古典叢書〉，京都大学学術出版会，2001

ルキアノス，内田次信訳，『ルキアノス選集』〈叢書　アレクサンドリア図書館　第八巻〉，国文社，1999

ルフス，谷栄一郎他訳，『アレクサンドロス大王伝』〈西洋古典叢書〉，京都大学学術出版会，近刊

『ホメーロスの諸神讃歌』，沓掛良彦訳註，平凡社，1990

『ギリシア抒情詩選』，呉茂一訳，岩波文庫，1952

『ギリシア・ローマ抒情詩選』，呉茂一訳，岩波文庫，1991

『四つのギリシア神話―「ホメロス賛歌」より』，逸身喜一郎・片山英男訳，岩波文庫，1985

『ギリシア喜劇全集』1，2（アリストパネス，メナンドロス），高津春繁他訳，人文書院，1961

『ギリシア思想家集』（デモステネス，イソクラテス他）〈世界文学大系63〉，筑摩書房，1965

『ギリシア悲劇全集』1〜4（アイスキュロス，ソポクレス，エウリピデス），呉茂一他訳，人文書院，1960

『ギリシア悲劇全集』1〜13，別巻（アイスキュロス，ソポクレス，エウリピデス，断片），岩波書店，1990〜92

『原典新約時代史』，蛭沼寿雄他編訳，山本書店，1976

『ソクラテス以前哲学者断片集』I〜V分冊，別冊，ディールス・クランツ編，内山勝利他訳，岩波書店，1996〜1998

『古代ローマ喜劇全集』1〜5（プラウトゥス，テレンティウス），鈴木一郎他訳，東京大学出版会，1975〜79

『ローマ恋愛詩人集』，中山恒夫訳，国文社，1985

『西洋法制史料選I　古代』，創文社，1981

『LEX XII TABULARUM―12表法原文・邦訳および解説』，佐藤篤士，早稲田大学比較法研究所，1969

『聖書』，日本聖書協会，1955

『聖書外典・偽典』，教文館，1976

『新約聖書外典』〈聖書の世界　別巻3　新訳I〉，講談社，1974

『使徒教父文書』〈聖書の世界　別巻4　新訳II〉,講談社,1974
『聖書―新共同訳』,日本聖書協会,1987
『新約聖書』全5巻,新約聖書翻訳委員会訳,岩波書店,1995～96
『キリスト教教父著作集』1～,教文館,1987～
『ナグ・ハマディ文書』I～V,荒井献他訳,岩波書店,1997～98

II　概説・研究書

合阪学,『ギリシア・ポリスの国家理念』,創文社,1986
青柳正規,『古代都市ローマ』,中央公論美術出版,1990
青柳正規,『皇帝たちの都ローマ―都市に刻まれた権力者像』,中公新書,1992
青柳正規,『トリマルキオの饗宴―逸楽と飽食のローマ文化』,中公新書,1997
青柳正規責任編集,『古代地中海とローマ』〈世界美術大全集　西洋編5〉,小学館,1997
浅香正,『クレオパトラとその時代』,創元社,1974
浅香正,『ローマ文明の跡を訪ねて』,吉川弘文館,1975
浅香正,『ポンペイ―古代ローマ都市の蘇生』,芸艸堂,1995
浅香正編,『ローマと地中海世界の展開』晃洋書房,2001
R. アヌーン・J. シェード,藤崎京子訳,『ローマ人の世界』〈知の再発見双書60〉,創元社,1996
荒井献編,『パウロをどうとらえるか』,新教出版社,1972
粟野頼之祐,『出土史料によるギリシア史の研究』,岩波書店,1950
P. アンダーソン,青山・尚樹・高橋訳,『古代から封建へ』,刀水書房,1984
安藤弘,『古代ギリシアの市民戦士』〈人間の世界歴史3〉,三省堂,1983
安藤弘編,『叙事詩の世界』,新地書房,1992
J. Y. アンプルール,周藤芳幸監訳,『蘇るアレクサンドリア―地中海文明の中心都市』,河出書房新社,1999
E. イェシュタード,浅香正訳,『ローマ都市の起源』,みすず書房,1983
石川勝二,『古代ローマのイタリア支配』,渓水社,1992
一柳俊夫,『古代ギリシア法思想史研究』,御茶の水書房,1990
出隆,『ギリシアの哲学と政治』,岩波書店,1943
逸見喜一郎,『古代ギリシャ・ローマの文学』,放送大学教育振興会,1996
伊藤貞夫,『古典期のポリス社会』,岩波書店,1981
伊藤貞夫,『古典期アテネの政治と社会』,東京大学出版会,1982
伊藤貞夫・秀村欣二,『ギリシアとヘレニズム』〈世界の歴史2〉,講談社,1976
伊藤貞夫・弓削達編,『古典古代の社会と国家』,東京大学出版会,1977
伊藤貞夫・弓削達編,『ギリシアとローマ―古典古代の比較史的考察』,河出書房新社,1987
伊藤貞夫・本村凌二編,『西洋古代史研究入門』,東京大学出版会,1997
伊藤貞夫,『古典古代の歴史』,放送大学教育振興会,2000
伊藤正・桂正人・安永信二編,『古代地中海世界―古代ギリシア・ローマ論文集』,清水弘文堂,1993

伊藤正,『ギリシア古代の土地事情』, 多賀出版, 1999
井上智勇,『ローマ経済史研究』, 弘文堂, 1948
井上智勇,『初期キリスト教とローマ帝国』, 創文社, 1973
今井宏,『古代のローマ水道―フロンティヌスの「水道書」とその世界』, 原書房, 1987
岩井経男,『ローマ都市制度史研究』, 水星舎, 1988
岩井経男,『ローマ時代イタリア都市の研究』, ミネルヴァ書房, 2000
岩片磯雄,『古代ギリシアの農業と経済』, 大明堂, 1988
岩崎允胤,『ヘレニズムの思想家』〈人類の知的遺産10〉, 講談社, 1982
G. ヴァルテル, 山崎庸一郎訳,『ネロ』, みすず書房, 1967
G. ヴァルテル, 橘西路訳,『ジュリアス＝シーザー』, 角川文庫, 1971
A. ヴァローネ, 広瀬三矢子訳,『ポンペイ・エロチカ』, パルコ出版, 1999
R. E. ウィッチャリー, 小林文次訳,『古代ギリシアの都市構成』, 相模書房, 1980
R. ウィルケン, 三小田敏雄他訳,『ローマ人が見たキリスト教』, ヨルダン社, 1987
J. J. ヴィンケルマン, 中山典夫訳,『古代美術史』, 中央公論美術出版, 2002
A. ウェイゴール, 古川達雄訳,『皇帝ネロ』, 角川文庫, 1970
P. ヴェーヌ, 鎌田博夫訳,『パンと競技場―ギリシア・ローマ時代の政治と都市の社会学的歴史』, 法政大学出版局, 1998
K. V. ヴェーバー,『アッテカの大気汚染　古代ギリシア・ローマの環境破壊』鳥影社, 1996
M. ウェーバー, 渡辺金一・弓削達訳,『古代社会経済史―古代農業事情』, 東洋経済新報社, 1959
M. ウェーバー, 世良晃志郎訳,『都市の類型学』, 創文社, 1964
J. P. ヴェルナン, 吉田敦彦訳,『ギリシア思想の起源』, みすず書房, 1970
J. P. ヴェルナン, 及川馥・吉田正敏訳,『眼の中の死』, 法政大学出版局, 1993
F. W. ウォールバンク, 吉村忠典訳,『ローマ帝国衰亡史』, 岩波書店, 1963
F. W. ウォールバンク, 小河陽訳,『ヘレニズム世界』, 教文館, 1988
W. ヴォルフ, 友部直訳,『古代地中海世界の美術』〈西洋美術全史1〉, グラフィック社, 1979
内田芳明,『アウグスティーヌスと古代の終末』, 弘文堂, 1961
内田芳明,『マックス　ウェーバーと古代史研究』, 岩波書店, 1970
A. G. ウッドヘッド, 丹藤浩二訳,『権力の本質』, 渓水社, 1975
M. ウルス＝ミエダン, 高田邦彦訳,『カルタゴ』, 白水社文庫クセジュ, 1996
H. G. ヴェンダーリヒ, 関楠生訳,『迷宮に死者は住む・クレタの秘密と西欧の目覚め』, 新潮社, 1975
M. A. エディー, 桑原則正訳,『海のフェニキア人』〈ライフ人類100万年〉, タイムライフブックス, 1977
R. エティエンヌ, 阪田由美子・片岡純子訳,『ポンペイ・奇跡の町―蘇る古代ローマ文明』〈知の再発見双書10〉, 創元社, 1991
R. エティエンヌ・F. エティエンヌ, 松田廸子訳,『古代ギリシア発掘史』〈知の再発見双書46〉, 創元社, 1995
江南義之,『ローマ法・市民法研究』, 白桃書房, 1990

M. エリアーデ,荒木美智雄・中村恭子・松村一男訳,『世界宗教史』1〜4,筑摩書房,1991〜98
M. エル＝アバディ,松本慎二訳,『古代アレクサンドリア図書館—よみがえる知の宝庫』,中公新書,1991
E. J. オーウェンズ,松原國師訳,『古代ギリシア・ローマの都市』,国文社,1992
大澤武男,『ユダヤ人とローマ帝国』,講談社現代新書,2001
太田静六,『ギリシア神殿とペルシア神殿』,角川書店,1994
太田秀通,『共同体と英雄時代の理論』,山川出版社,1959（増補版1968）
太田秀通,『ギリシア世界の黎明』〈ユーラシア文化史選書〉,吉川弘文館,1965
太田秀通,『ミケーネ社会崩壊期の研究—古典古代論序説』,岩波書店,1968
太田秀通,『スパルタとアテネ』,岩波書店,1970
太田秀通,『古代文明の発見—ヘレニズム・ヘブライズム以前』,講談社現代新書,1970
太田秀通,『ポリスの市民生活』〈生活の世界歴史3〉,河出書房新社,1975
太田秀通,『東地中海世界—古代におけるオリエントとギリシア』,岩波書店,1977
太田秀通,『テセウス伝説の謎—ポリス国家の形成を巡って』,岩波書店,1982
太田秀通,『ギリシアとオリエント』,東京新聞出版局,1982
太田秀通,『奴隷と隷属農民—古代社会の歴史理論』増補版,青木書店,1988
大戸千之,『ヘレニズムとオリエント—歴史の中の文化変容』,ミネルヴァ書房,1993
大貫隆,『福音書と伝記文学』,岩波書店,1996
大牟田章,『アレクサンドロス大王—〈世界〉をめざした巨大な情念』,清水書院,1976
大類伸監修,林健太郎・堀米庸三編,『ダリウスとアレクサンダー大王』〈世界の戦史2〉,人物往来社,1966
大類伸監修,林健太郎・堀米庸三編,『シーザーとローマ帝国—世界帝国の建設』〈世界の戦史3〉,人物往来社,1966
岡道男,『ホメロスにおける伝統の継承と創造』,創文社,1988
岡道男,『ギリシア悲劇とラテン文学』,岩波書店,1995
小川英雄,『ミトラス教研究』,リトン,1993
小川正廣,『ウェルギリウス研究—ローマ詩人の創造』,京都大学学術出版会,1994
W. F. オットー,辻村誠三訳,『神話と宗教—古代ギリシャ宗教の精神』,筑摩書房,1966
W. F. オットー,西澤龍生訳,『ディオニューソス—神話と祭儀』,論創社,1997
G. S. カーク,辻村誠三・松田治・吉田敦彦訳,『ギリシア神話の本質』,法政大学出版局,1980
M. カーザー,柴田光蔵訳,『ローマ私法概説』,創文社,1979
З. Л. カザケヴィチ,一柳俊夫編訳,『古典期アテナイの市民・非市民・奴隷』,御茶の水書房,1995
片岡輝夫編,『古代ローマ法研究と歴史諸科学』,創文社,1986
L. カッソン,田畑賀世子・野中春菜訳,『古代の旅の物語—エジプト,ギリシア,ローマ』,原書房,1998
P. カートリッジ,橋場弦訳,『古代ギリシア人—自己と他者の肖像』,白水社,2001

金子史朗,『ポンペイの滅んだ日,ベスビオをめぐるジオドラマ』,原書房,1988
P. カーペンター,松島道也訳,『パルテノンの建築家たち』,鹿島出版会,1977
川島重成,『ギリシア悲劇の人間理解』,新地書房,1983
川島重成,『「イーリアス」ギリシア英雄叙事詩の世界』,岩波書店,1991
川島重成,『「オイディプース王」を読む』,講談社学術文庫,1996
川島重成,『ギリシア悲劇,神々と人間,愛と死』,講談社学術文庫,1999
川島清吉,『トルコ・ギリシアの古代文明』,吉川弘文館,1983
川島清吉,『古代ギリシア植民都市巡礼』,吉川弘文館,1993
P. ガーンジー,松本宣郎・阪本浩訳,『古代ギリシア・ローマの飢饉と食糧供給』,白水社,1998
L. カンフォラ,竹山博英訳,『アレクサンドリア図書館の謎―古代の知の宝庫を読み解く』,工作舎,1999
H. C. キー,土屋博訳,『初期キリスト教の社会学』,ヨルダン社,1988
祇園寺信彦,『共和政期ローマの国家と社会』,雄松堂出版,1999
H. D. F. キトー,向坂寛訳,『ギリシア人』,勁草書房,1966(新版1980)
S. ギーディオン,前川道郎・玉腰芳夫訳,『建築・その変遷 古代ローマの建築空間をめぐって』,みすず書房,1978
E. ギボン,村山勇三訳,『ローマ帝国衰亡史』1~12,岩波文庫,1951~59
E. ギボン,中野好夫他訳,『ローマ帝国衰亡史』1~10,ちくま学芸文庫,1995~96
F. キュモン,小川英雄訳,『ミトラの密儀』,平凡社,1993
F. キュモン,小川英雄訳,『古代ローマの来世観』,平凡社,1996
A. グウィン,小林雅夫訳,『古典ヒューマニズムの形成―キケロからクインティリアヌスまでのローマ教育』,創元社,1974
沓掛良彦,『サッフォー―詩と生涯』,平凡社,1988
B. クック,細井敦子訳,『ギリシア語の銘文』〈大英博物館双書,失われた文学を読む5〉,學藝書林,1996
久保正彰,『ギリシャ思想の素地―ヘシオドスと叙事詩』,岩波新書,1973
久保正彰,『OVIDIANA ギリシア・ローマ神話の周辺』,青土社,1978
久保正彰,『「オデュッセイア」伝説と叙事詩』,岩波書店,1983
久保正彰,『西洋古典学―叙事詩から演劇史へ』,放送大学教育振興会,1988
久保正彰,『ギリシア・ラテン文学研究』,岩波書店,1992
K. グリーン,本村凌二監修,池口守・井上秀太郎訳,『ローマ経済の考古学』,平凡社,1999
P. グリマール他,長谷川博隆他訳,『ユリウス・カエサル』,小学館,1984
P. グリマル,高田康成訳,『キケロ』,白水社文庫クセジュ,1994
P. グリマル,沓掛良彦・土屋良二訳,『ローマの愛』,白水社,1994
P. グリマル,北野徹訳,『ローマの古代都市』,白水社文庫クセジュ,1995
P. グリマル,青柳正規・野中夏実訳,『都市ローマ』,岩波書店,1998
P. グリマル,鈴木暁訳,『セネカ』,白水社文庫クセジュ,2001
B. C. クールズ,中務哲郎他訳,『ファロスの王国』I, II,岩波書店,1989

参考文献

P. クルセル, 尚樹啓太郎訳, 『文学にあらわれたゲルマン大侵入』, 東海大学出版会, 1974
J. J. クールトン, 伊藤重剛訳, 『古代ギリシアの建築家―設計と構造の技術』, 中央公論美術出版, 1991
呉茂一編, 『ローマとポンペイ』, 講談社, 1968
呉茂一, 『ギリシア神話』, 新潮社, 1969
呉茂一, 『アクロポリスの丘に立って―ギリシア文学閑話』, 新潮社, 1976
A. クレリシ・A. オリヴェジ, 高田邦彦・石川勝二訳, 『ローマ共和政』, 白水社文庫クセジュ, 1969
S. クレス＝レーデン, 河原忠彦訳, 『エトルリアの謎』, みすず書房, 1965
P. クロッシュ, 有田潤訳, 『ギリシア古典文化入門』, 白水社文庫クセジュ, 1961
W. ケラー, 阪本明美訳, 『エトルリア―ローマ帝国に栄光を奪われた民族』, 祐学社, 1990
M. ゲルツァー, 長谷川博隆訳, 『カエサル』, 筑摩書房, 1968
K. ケレーニイ, 高橋英夫訳, 『神話と古代宗教』, 新潮社, 1972
K. ケレーニイ, 『ギリシアの神話―神々の時代』, 中公文庫, 1985
K. ケレーニイ, 『ギリシアの神話―英雄の時代』, 中公文庫, 1985
K. ケレーニイ, 岡田素之訳, 『ディオニューソス―破壊されざる生の根源像』, 白水社, 1993
K. ケレーニイ, 岡田素之訳, 『医神アスクレピオス―生と死をめぐる神話の旅』, 白水社, 1997
A. W. P. ケムブリヂ, 土屋光司訳, 『デモステネス―其の生涯と希臘衰亡史』, 三邦出版社, 1942
高津春繁, 『古典ギリシア』, 筑摩書房, 1946
高津春繁, 『ギリシアの詩』, 岩波新書, 1956
高津春繁, 『ギリシア民族と文化の成立』, 岩波書店, 1950
高津春繁, 『ギリシア・ローマ神話辞典』, 岩波書店, 1960
高津春繁, 『ホメーロスの英雄叙事詩』, 岩波新書, 1966
高津春繁, 関根正雄, 『古代文字の解読』, 岩波書店, 1969
高津春繁, 『ギリシア文学論集』, 筑摩書房, 1975
古代学協会編, 『西洋古代史論集』1～3, 東京大学出版会, 1973～78
『古代史講座』全13巻, 学生社, 1973～78
小玉新次郎, 『パルミラ―隊商都市』, 近藤出版社, 1970
小玉新次郎, 『隊商都市パルミラの研究』, 同朋舎出版, 1994
T. コーネル・J. マシューズ著, 平田寛監修, 小林雅夫訳, 『古代のローマ』, 朝倉書店, 1985
木庭顕, 『政治の成立』, 東京大学出版会, 1997
F. M. コーンフォード, 大沼忠弘・左近司祥子訳, 『トゥーキューディデース』, みすず書房, 1970
B. コンベ＝ファルヌー, 石川勝二訳, 『ポエニ戦争』, 白水社文庫クセジュ, 1999
斎藤忍随, 『アポローン―ギリシア文学散歩』, 岩波書店, 1987
B. サイモン, 石渡隆司訳, 『ギリシア文明と狂気』, 人文書院, 1989
F. C. サヴィニー, 小橋一郎訳, 『現代ローマ法体系』(全8巻) I～IV (以下続刊), 成文堂,

1993～2001

桜井万里子,『古代ギリシアの女たち―アテナイの現実と夢』,中公新書, 1992
桜井万里子,『古代ギリシア社会史研究―宗教・女性・他者』,岩波書店, 1996
桜井万里子,『ソクラテスの隣人たち―アテナイにおける市民と非市民』,山川出版社, 1997
桜井万里子・本村凌二,『ギリシアとローマ』〈世界の歴史 5〉,中央公論社, 1997
桜井悠美,『古代ギリシアにおける女と戦争』,近代文芸社, 1998
佐藤篤士,『古代ローマ法の研究』,敬文堂, 1975
J. サルヴィオリ,井上智勇・大牟田章訳,『古代資本主義―ローマ経済史に関する研究』,創文社, 1965
澤柳大五郎,『ギリシアの美術』,岩波新書, 1964
澤柳大五郎,『ギリシア神話と壺絵』,鹿島出版会, 1966
澤柳大五郎,『ギリシア美術裸稿』,美術出版社, 1982
澤柳大五郎,『パルテノン彫刻の流轉―エルギン・マーブルズ』,グラフ社, 1984
澤柳大五郎,『アッティカの墓碑』,グラフ社, 1989
澤柳大五郎,『ヘゲソの鼻』,みすず書房, 1996
澤柳大五郎,『アクロポリス』,里文出版, 1986
柴田光蔵,『ローマ裁判制度研究―元首政時代を中心として』,世界思想社, 1968
柴田光蔵,『ローマ法概説』,玄文社, 1983
島創平,『初期キリスト教とローマ社会』,新教出版社, 2001
島田誠,『古代ローマの市民社会』,山川出版社, 1997
島田誠,『コロッセウムからよむローマ帝国』,講談社, 1999
霜田美樹雄,『キリスト教は如何にしてローマに広まったか』,早稲田大学出版部, 1980
A. N. シャーウィン゠ホワイト,保坂高殿訳,『新約聖書とローマ法・ローマ社会』,日本基督教出版局, 1987
G. シャルク,角信雄・長谷川洋訳,『ローマ建国の英雄たち―神話から歴史へ』,白水社, 1997
S. シュタイングレーバー編,『死後の礼節,古代地中海園の葬祭文化(紀元前 7 世紀～紀元後 3 世紀)』,東京大学出版会, 2000
H. ジャンメール,小林真紀子・福田素子・松村一男・前田寿彦訳,『ディオニューソス―バッコス崇拝の歴史』,言叢社, 1991
新保良明,『ローマ帝国愚帝列伝』,講談社, 2000
C. スカー,青柳正規監修,月村澄枝訳,『ローマ皇帝歴代誌』,創元社, 1998
C. スカー,吉村忠典監修,矢羽野薫訳,『ローマ帝国』〈地図で読む世界の歴史〉,河出書房新社, 1998
鈴木一郎,『ホラティウス　人と作品』,玉川大学出版部, 2001
周藤芳幸,『ギリシアの考古学』,同成社, 1997
周藤芳幸,『図説ギリシア・エーゲ海文明の歴史を訪ねて』,河出書房新社, 1997
周藤芳幸・村田奈々子,『ギリシアを知る事典』,東京堂出版, 2000
I. F. ストーン,永田康昭訳,『ソクラテス裁判』,法政大学出版局, 1994

B. スネル，新井靖一訳，『精神の発見』，創文社，1974
B. スネル，新井靖一訳，『詩と社会　社会意識の起源に対するギリシア詩人の影響』，筑摩書房，1981
N. スパイヴィ，『岩波世界の美術　ギリシア美術』，岩波書店，2000
関隆志，『パルテノンとギリシア陶器』，東信堂，1996
M. セール，高尾謙史訳，『ローマ―定礎の書』，法政大学出版局，1997
C. セルトマン，藤井昇訳，『古代の女たち』，冨山房，1973
G. タイセン，荒井献・渡辺康麿訳，『イエス運動の社会学』，ヨルダン社，1981
G. ダウニー，小川英雄訳，『地中海都市の興亡―アンティオキア千年の歴史』，新潮社，1986
高田康成，『キケロ』，岩波新書，1999
高野義郎，『古代ギリシア科学史の旅』，丸善ブックス，1996
高橋秀樹，『アルカイック期アテナイと党争―分析のための史料検討を中心として』，多賀出版，2001
高山一十，『ギリシア社会史研究』，未來社，1970
高山一十，『ギリシア社会史観』，第一法規出版，1985
田中秀央，『ラテン文学史』，名古屋大学出版会，1989
O. タプリン，『ギリシア悲劇を上演する』，リブロ・ポート，1991
R. タルバート編，小田謙爾他訳，『ギリシア・ローマ歴史地図』，原書房，1996
W. W. ターン，角田有智子・中井義明訳，『ヘレニズム文明』，思索社，1987
丹下和彦，『ギリシア悲劇研究序説』，東海大学出版会，1996
M. チェインバーズ編，弓削達訳，『ローマ帝国の没落』，創文社，1973
B. チェントローネ，斎藤憲訳，『ピュタゴラス派・その生と哲学』，岩波書店，2000
地中海文化を語る会編，『ギリシア世界からローマへ―転換の諸相』，彩流社，2001
H. チャドウィック，中村坦・井谷嘉男訳，『初期キリスト教とギリシア思想』，日本基督教団出版局，1983
J. チャドウィック，大城功訳，『線文字Bの解読』，みすず書房，1962
J. チャドウィック，安村典子訳，『ミュケーナイ世界』，みすず書房，1983
E. ツァンガー，服部研二訳，『天からの洪水』，新潮社，1997
E. ツァンガー，和泉雅人訳，『蘇るトロイア戦争』，大修館書店，1997
塚田孝雄，『シーザーの晩餐―西洋古代飲食綺譚』，時事通信社，1991
塚田孝雄，『ギリシア・ローマ盗賊綺譚』，中央公論新社，2000
角田文衞，『ヨーロッパ古代史論考』，平凡社，1980
J. J. デイス，穴沢和光訳，『ヘラクラネウム―よみがえった古代ローマ都市』，学生社，1976
F. ティンネフェルト，弓削達訳，『初期ビザンツ社会』，岩波書店，1984
手嶋兼輔，『海の文明ギリシア―「知」の交差点としてのエーゲ海』，講談社，2000
J. P. テュイリエ，松田廸子訳，『エトルリア文明』〈知の再発見双書37〉，創元社，1994
G. デュビー・M. ペロー監修，杉村和子・志賀亮一監訳，『女の歴史』古代1, 2，藤原書店，2000〜01
G. デュメジル，松村一男訳，『神々の構造』，国文社，1987

G. デュメジル，大橋寿美子訳，『ローマの祭　夏と秋』，法政大学出版局，1994
G. デュメジル，丸山静・前田耕作編，『デュメジル・コレクション』1〜4，ちくま学芸文庫，2001
土井正興，『古代奴隷制社会論』，青木書店，1984
土井正興，『スパルタクス反乱論序説』，法政大学出版局，1989
土井正興，『新版スパルタクスの蜂起―古代ローマの奴隷戦争』，青木書店，1988
土井正興，『スパルタクスとイタリア奴隷戦争』，法政大学出版局，1994
A. J. トインビー，秀村欣二・清永昭次訳，『ヘレニズム――一つの文明の歴史』，紀伊國屋書店，1961
A. J. トインビー，秀村欣二・清永昭次訳，『ハンニバルの遺産』，河出書房新社，1969
K. ドーヴァー，久保正彰訳，『わたしたちのギリシア人』，青土社，1983
K. ドーヴァー，中務哲郎・下田立行訳，『古代ギリシアの同性愛』，リブロポート，1984
M. ドゥティエンヌ，小苅米睍・鵜沢武保訳，『アドニスの園―ギリシアの香料神話』，せりか書房，1983
M. ドゥティエンヌ，及川馥・吉岡正敞訳，『ディオニュソス―大空の下を行く神』，法政大学出版局，1992
F. ドゥランド，西村太良訳，『古代ギリシア』，新潮社，1998
E. R. ドッズ，岩田靖夫・水野一訳，『ギリシャ人と非理性』，みすず書房，1972
E. R. ドッズ，井谷嘉男訳，『不安の時代における異教とキリスト教』，日本基督教団出版局，1981
G. トムソン，池田薫訳，『ギリシア古代社会研究―先史時代のエーゲ海』上・下，岩波書店，1954〜55
G. トムソン，池田薫訳，『最初の哲学者』，岩波書店，1958
友部直・水田徹責任編集，『エーゲ海とギリシア・アルカイック』〈世界美術大全集　西洋編3〉，小学館，1997
豊田浩志，『キリスト教の興隆とローマ帝国』，南窓社，1994
D. トレイル，周藤芳幸他訳，『シュリーマン―黄金と偽りのトロイ』，青木書店，1999
J. ド・ロミイ，細井敦子・秋山学訳，『ギリシア文学概説』，法政大学出版局，1998
E. A. トンプソン，木村伸義訳，『フン族―謎の古代帝国の興亡』，法政大学出版局，1999
中尾是正，『図説　パルテノン』，グラフ社，1980
長澤和俊編，『アレクサンダーの戦争』〈世界の戦争1〉，講談社，1985
仲手川良雄，『歴史の中の自由―ホメロスとホッブズのあいだ』，中公新書，1986
仲手川良雄，『古代ギリシアにおける自由と正義―思想・心性のあり方から国政・政治の構造へ』，創文社，1998
仲手川良雄，『テミストクレス―古代ギリシア天才政治家の発想と行動』，中央公論新社，2001
中務哲郎，『物語の海へ，ギリシア奇談集』，岩波書店，1995
中務哲郎，『イソップ寓話の世界』，ちくま書房，1996
長友栄三郎，『キリスト教ローマ帝国』，創文社，1970

長友栄三郎,『ゲルマンとローマ』, 創文社, 1976
中村善也・松本仁助・岡道男,『ギリシア・ローマの神と人間』, 東海大学出版会, 1979
中村善也,『ギリシア悲劇研究』, 岩波書店, 1987
中山恒夫,『詩人ホラーティウスとローマの民衆』, 内田老鶴圃新社, 1976
中山恒夫,『ローマ恋愛詩人の詩論』, 東海大学出版会, 1995
新村祐一郎,『古代スパルタ史研究―古典期への道』, 岩波ブックサービスセンター, 2000
新田一郎,『キリスト教とローマ皇帝』, 教育社歴史新書, 1980
M. P. ニルソン, 小山宙丸・丸野稔・兼利琢也訳,『ギリシア宗教史』, 創文社, 1992
野上素一・金倉英一,『エトルリア・ローマ・ポンペイ』〈沈黙の世界史4 イタリア〉, 新潮社, 1970
野町啓,『謎の古代都市アレクサンドリア』, 講談社現代新書, 2000
J. L. ハイベルク, 平田寛訳,『古代科学』, 鹿島研究所出版会, 1970
F. ハイニマン,『ノモスとピュシス―ギリシア思想におけるその起源と意味』, みすず書房, 1983
D. バウダー編, 豊田和二他訳,『古代ギリシア人名事典』, 原書房, 1994
D. バウダー編, 小田謙爾他訳,『古代ローマ人名事典』, 原書房, 1994
C. M. バウラ, 水野一・土屋賢二共訳,『ギリシア人の経験』, みすず書房, 1978
J. B. W. パーキンズ, 桐敷真次郎訳,『ローマ建築』〈図説世界建築史4〉, 本の友社, 1996
橋場弦,『アテナイ公職者弾劾制度の研究』, 東京大学出版会, 1993
橋場弦,『丘のうえの民主政―古代アテネの実験』, 東京大学出版会, 1997
長谷川博隆編訳,『カエサル―古代ローマの悲劇の英雄』, 平凡社, 1979
長谷川博隆,『ハンニバル―地中海世界の覇権をかけて』, 清水新書, 1984
長谷川博隆,『ローマ人の世界―社会と生活』, 筑摩書房, 1985
長谷川博隆,『古代ローマの若者』〈歴史の中の若者たち1〉, 三省堂, 1987
長谷川博隆編,『古典古代とパトロネジ』, 名古屋大学出版会, 1992
長谷川博隆,『カエサル』, 講談社学術文庫, 1994
長谷川博隆,『カルタゴ人の世界』, 講談社学術文庫, 2000
長谷川博隆,『古代ローマの自由と隷属』, 名古屋大学出版会, 2001
長谷川博隆,『古代ローマの政治と社会』, 名古屋大学出版会, 2001
J. ハーゼブレック, 原随園・市川文蔵訳,『都市国家と経済』, 創元社, 1943
秦剛平・L. H. フェルトマン共編,『ヨセフス研究』1~4, 山本書店, 1985
秦剛平・H. W. アトリッジ共編,『エウセビオス研究』, 1~3, リトン, 1992
秦剛平,『ヨセフス・イエス時代の歴史家』, ちくま学芸文庫, 2000
Ch.ハビヒト, 長谷川博隆訳,『政治家キケロ』, 岩波書店, 1997
馬場恵二,『サラミスの海戦』, 人物往来社, 1968
馬場恵二,『ペルシア戦争―自由のための戦い』, 教育社歴史新書, 1982
馬場恵二,『ギリシア・ローマの栄光』〈ビジュアル版世界の歴史3〉, 講談社, 1984
濱田耕作, 村田数之亮,『エーゲ文明史』, 平凡社, 1940
林智良,『共和政末期ローマの法学者と社会―変容と胎動の世紀』, 法律文化社, 1997

原随園,『ギリシア史研究』1〜3,創元社,1942〜44
原随園,『アレクサンドロス大王の父』,新潮社,1974
原随園,『ギリシア史研究余滴』,同朋社,1976
原田慶吉,『ローマ法』,有斐閣全書,1955
J. R. パランク,久野浩訳,『末期ローマ帝国』,白水社文庫クセジュ,1977
R. ハルダー,松本仁助訳,『ギリシア文化』,北斗出版,1985
D. M. ハルプリン,石塚浩司訳,『同性愛の百年間―ギリシア的愛について』,法政大学出版局,1995
A. パロ,波木居斉二・矢島文夫訳,『聖書の考古学』,みすず書房,1958
A. パロ,波木居斉二訳,『ニネヴェとバビロン』,みすず書房,1959
G. W. バワーソック,新田一郎訳,『背教者ユリアヌス』,思索社,1986
半田元夫,『キリスト教の成立』,近藤出版社,1970
D. J. ハンプリン,平田隆一訳,『エトルリアの興亡』〈ライフ人類100万年〉,タイムライフブックス,1975
樋口勝彦,『羅馬風俗考―食事・朗読』,慶応出版社,1949
G. ピーア,時任生子訳,『アルプスを越えた象』,思索社,1991
T. ヒース,平田寛訳,『ギリシア数学史』,共立出版,1959〜60
ピーター・レヴィ著,平田寛監修,小林雅夫訳,『古代のギリシア』,朝倉書店,1984
秀村欣二,『ネロ―暴君の条件』,中公新書,1967
秀村欣二,『秀村欣二選集』,1〜(5),キリスト教図書出版社,2002〜
秀村欣二・三浦一郎・太田秀通編,『古典古代の社会と思想』,岩波書店,1969
秀村欣二・久保正彰・荒井献編,『古典古代における伝承と伝記』,岩波書店,1975
平田寛,『科学の起源』,岩波書店,1974
平田寛,『科学の文化史』,朝倉書店,1988
平田隆一,『エトルスキ国制の研究』,南窓社,1982
平田隆一・松本宣郎編,『支配における正義と不正―ギリシアとローマの場合』,南窓社,1994
廣川洋一,『ヘシオドス研究序説・ギリシア思想の生誕』,未来社,1975
廣川洋一,『プラトンの学園　アカデメイア』,岩波書店,1980
廣川洋一,『イソクラテスの修辞学校―西欧的教養の源泉』,岩波書店,1984
廣川洋一,『ギリシア人の教育・教養とは何か』,岩波新書,1990
廣川洋一,『ソクラテス以前の哲学者』,講談社学術文庫,1997
P. ファンデンベルク,平井吉夫訳,『神託―古代ギリシアを動かしたもの』,河出書房新社,1982
E. S. フィオレンザ編,出村みや子訳,『初期キリスト教の奇跡と宣教』,ヨルダン社,1986
M. I. フィンレイ編,古代奴隷制研究会訳,『西洋古代の奴隷制』,東京大学出版会,1970 (新版1974)
M. I. フィンレー,山形和美訳,『古代ギリシア人』,法政大学出版局,1989
M. I. フィンレー,柴田平三郎訳,『民主主義―古代と現代』,刀水書房,1991

M. I. フィンリー, 下田立行訳, 『オデュッセウスの世界』, 岩波文庫, 1994
N. D. フェステル＝ド＝クーランジェ, 田辺貞之助訳, 『古代都市』改訂版, 白水社, 1961
M. J. フェルマースレン, 小川英雄訳, 『ミトラス教』, 山本書店, 1973
M. J. フェルマースレン, 小川英雄訳, 『キュベレとアッティス―その神話と祭儀』, 新地書房, 1986
W. G. フォレスト, 太田秀通訳, 『ギリシア民主政治の出現』〈世界大学選書〉, 平凡社, 1971
W. G. フォレスト, 丹藤浩二訳, 『スパルタ史―紀元前950-192年』, 渓水社, 1990
福部信敏, 『ギリシア美術紀行』, 時事通信社, 1987
E. ブショール, 沢柳大五郎編訳, 『或るアッティカの少女の墓』, 岩波書店, 1978
藤縄謙三, 『ギリシア神話の世界観』, 新潮社, 1971
藤縄謙三, 『歴史学の起源―ギリシア人と歴史』, 力富書房, 1983
藤縄謙三, 『ギリシア文化の創造者たち―社会史的考察』, 筑摩書房, 1985
藤縄謙三, 『ギリシア文化と日本文化（新版）―神話・歴史・風土』, 力富書房, 1988
藤縄謙三, 『歴史の父ヘロドトス』, 新潮社, 1989
藤縄謙三, 『ギリシア文化の遺産』, 南窓社, 1993
藤縄謙三, 『ホメロスの世界』, 新潮選書, 1996
藤原武, 『ローマの道の物語』, 原書房, 1985
藤原武, 『ローマの道 遍歴と散策 道, 水道, 橋』, 筑摩書房, 1988
S. フッド, 村田数之亮訳, 『ギリシア以前のエーゲ海』〈世界古代史双書2〉, 創元社, 1970
船田享二, 『羅馬元首政の起源と本質』, 岩波書店, 1936
船田享二, 『ローマ法』1～5, 岩波書店, 1933～43（改訂1968～72）
J. ブライケン, 村川淳一・石井紫郎訳, 『ローマの共和政』, 山川出版社, 1984
R. フラスリエール, 戸張智雄訳, 『ギリシアの神託』, 白水社文庫クセジュ, 1963
R. フラスリエール, 戸張智雄訳, 『愛の諸相, 古代ギリシアの愛』, 岩波書店, 1984
E. フラマリオン, 高野優訳, 『クレオパトラ―古代エジプト最後の女王』〈知の再発見双書40〉, 創元社, 1994
P. ブリアン, 福田素子訳, 『アレクサンダー大王―未完の世界帝国』〈知の再発見双書11〉, 創元社, 1991
C. フリーマン・J. F. ドリンクウォーター, 上田和子・野中春菜訳, 『図説古代ローマ文化誌』, 原書房, 1996
P. ブリュレ, 高野優訳, 『都市国家アテネ―ペリクレスと繁栄の時代』〈知の再発見双書68〉, 創元社, 1997
古川堅治, 『ギリシア神話, ギリシア悲劇を中心に』, 学文社, 1998
古川堅治, 『ギリシア神話, 神話・伝承でたどる古代アテナイの歴史』, 彩流社, 1999
J. ブルクハルト, 新井靖一訳, 『ギリシア文化史』, 筑摩書房, 1991～93
W. ブルケルト, 橋本隆夫訳, 『ギリシアの神話と儀礼』, リブロポート, 1985
J. プレヴァス, 村上温夫訳, 『ハンニバルアルプス越えの謎を解く』, 白水社, 2000
A. ベシャウシャ, 藤崎京子訳, 『カルタゴの滅亡』〈知の再発見双書41〉, 創元社, 1994
J. B. ベリー, 村田泰志訳, 『ギリシア史』上・中・下, 三邦出版社, 1943～44

J. B. ベリー，高山一十訳，『古代ギリシアの歴史家たち』，未来社，1966
S. ペローン，前田耕作監修，暮田愛訳，『ローマ皇帝ハドリアヌス』，河出書房新社，2001
M. ヘンゲル，長窪専三訳，『ユダヤ教とヘレニズム』，日本基督教団出版局，1983
M. ヘンゲル，新免貢訳，『使徒行伝と原始キリスト教』，教文館，1994
S. ベンコ編，新田一郎訳，『原始キリスト教の背景としてのローマ帝国』，教文館，1989
保坂幸博，『ソクラテスはなぜ裁かれたか』，講談社現代新書，1993
堀田彰，『ギリシア社会の諸相とその価値観』，法律文化社，1978
A. ボナール，岡道男・田中千春訳，『ギリシア文明史』1～3，人文書院，1973
K. ホプキンス，高木正明・永都軍三訳，『古代ローマ人と死』，晃洋書房，1996
J. P. V. D. ボールスドン編，長谷川博隆訳，『ローマ人―歴史・文化・社会』，岩波書店，1971
J. P. V. D. ボールスドン編，吉村忠典訳，『ローマ帝国―ある帝国主義の歴史』，平凡社，1972
E. マイエル，村田数之亮訳，『希臘主義の東漸』，創元社，1942
E. マイヤー，鈴木一州訳，『ローマ人の国家と国家思想』，岩波書店，1978
前沢伸行，『ポリス社会を生きる』，山川出版社，1998
P. マケクニー，向山宏訳，『都市国家のアウトサイダー―ポリスから古代帝国へ』，ミネルヴァ書房，1995
D. マコーレイ，西川幸治訳，『都市―ローマ人はどのように都市をつくったか』，岩波書店，1980
真下英信，『伝クセノポン「アテーナイ人の国制」の研究』，慶應義塾大学出版会，2001
松田治，『ローマ神話の発生―ロムルスとレムスの物語』，社会思想社現代教養文庫，1992
松田禎二，『古代ローマの思想と文化』，行路社，2001
松平千秋，『ホメロスとヘロドトス―ギリシア文学論考』，筑摩書房，1985
松谷健二，『カルタゴ興亡史，ある国家の一生』，白水社，1991
松谷健二，『東ゴート興亡史』，白水社，1994
松谷健二，『ヴァンダル興亡史，地中海制覇の夢』，白水社，1995
松本仁助，『「オデュッセイア」研究』，北斗出版，1986
松本仁助，『ギリシア叙事詩の誕生』，世界思想社，1989
松本宣郎，『キリスト教徒大迫害の研究』，南窓社，1991
松本宣郎，『ガリラヤからローマへ―地中海世界をかえたキリスト教徒』，山川出版社，1994
J. P. マハフィー，遠藤光・遠藤輝代訳，『古代ギリシアの生活文化』，八潮出版社，1991
J. P. マハフィー，遠藤光・遠藤輝代訳，『古代ギリシアの教育』，八潮出版社，1996
G. マリー，藤田健治訳，『ギリシア宗教発展の五段階』，岩波文庫，1943
H. I. マルー，横尾壮英・飯尾都人・岩村清太訳，『古代教育文化史』，岩波書店，1985
R. マルタン，伊藤重剛訳，『ギリシア建築』〈図説世界建築史3〉，本の友社，2000
三浦一郎・長谷川博隆，『世界子供の歴史2・古代ギリシア・ローマ』，第一法規出版，1984
三浦一郎編著，『エーゲとギリシアの文明』〈世界の大遺跡5〉，講談社，1987
W. A. ミークス，加山久夫訳，『古代都市のキリスト教―パウロ伝道圏の社会学的研究』，ヨ

ルダン社, 1989
水田徹責任編集,『ギリシア・クラシックとヘレニズム』〈世界美術大全集 西洋編5〉, 小学館, 1995
A. ミシェル, 国原吉之助・高田邦彦訳,『ローマの政治思想』, 白水社文庫クセジュ, 1974
南川高志,『ローマ皇帝とその時代―元首政期ローマ帝国政治史の研究』, 創文社, 1995
南川高志,『ローマ五賢帝―「輝ける世紀」の虚像と実像』, 講談現代新書, 1998
三輪福松,『エトルリアの芸術』, 中央公論美術出版, 1968
村川堅太郎,『オリンピア―遺跡・祭典・競技』, 中公新書, 1963
村川堅太郎,『村川堅太郎古代史論集』I~III, 岩波書店, 1986~87
村川堅太郎・秀村欣二,『ギリシアとローマ』〈世界の歴史2〉, 中央公論社, 1961
村川堅太郎・長谷川博隆・高橋秀,『ギリシア・ローマの盛衰』, 講談社学術文庫, 1993
村田数之亮,『英雄伝説を掘る』〈沈黙の世界史 ギリシア〉, 新潮社, 1969
村田数之亮,『ギリシアの陶器』, 中央公論美術出版, 1972
村田数之亮,『ギリシア美術』, 新潮社, 1974
村田数之亮,『エーゲ美術』, 中央公論美術出版, 1979
村田潔,『西洋古代美術論』, 岩波書店, 1971
R. モアコット, 桜井万里子監修, 青木桃子訳,『古代ギリシア』〈地図で読む世界の歴史〉, 河出書房新社, 1998
C. モアッテイ, 松田廸子訳,『ローマ・永遠の都』〈知の再発見双書25〉, 創元社, 1993
本村凌二,『薄闇のローマ世界―嬰児遺棄と奴隷制』, 東京大学出版会, 1993
本村凌二,『ポンペイ・グラフィティ』, 中公新書, 1996
本村凌二,『ローマ人の愛と性』, 講談社現代新書, 1999
本村凌二他,『地中海世界と古典文明』〈岩波講座 世界歴史4〉, 岩波書店, 1998
A. モミリアーノ, 柳沼重剛訳,『伝記文学の誕生』, 東海大学出版会, 1982
護雅夫編,『漢とローマ』, 平凡社, 1970
森谷公俊,『王妃オリュンピアス―アレクサンドロス大王の母』, 筑摩書房, 1998
森谷公俊,『アレクサンドロス大王―「世界征服者」の虚像と実像』, 講談社, 2000
森谷公俊,『王宮炎上―アレクサンドロス大王とペルセポリス』, 吉川弘文館, 2000
森村進,『ギリシア人の刑罰観』, 木鐸社, 1988
モンテスキュー, 田中治男・栗田伸子訳,『ローマ人盛衰原因論』, 岩波文庫, 1989
柳沼重剛,『ギリシア・ローマ古代知識人群像』, 岩波書店, 1994
柳沼重剛,『西洋古典こぼれ話』, 岩波書店, 1995
柳沼重剛,『トゥキュディデスの文体の研究』, 岩波書店, 2000
N. ヤルウリス・O. シミチェク, 成田十次郎・水田徹訳,『古代オリンピック、その競技と文化』, 講談社, 1981
山田安彦,『ケントゥリア地割と条里』, 大明堂, 1999
弓削達,『ローマ帝国の国家と社会』, 岩波書店, 1964
弓削達,『ローマ帝国論』, 吉川弘文館, 1966
弓削達,『地中海世界―ギリシアとローマ』〈新書西洋史2〉, 講談社現代新書, 1973

弓削達,『地中海世界とローマ帝国』, 岩波書店, 1977
弓削達,『ローマ皇帝礼拝とキリスト教徒迫害』, 日本基督教団出版局, 1984
弓削達,『ローマはなぜ滅んだか』, 講談社現代新書, 1989
弓削達,『ローマ帝国とキリスト教』〈世界の歴史 5〉, 河出書房新社, 1989
弓削達,『永遠のローマ』, 講談社学術文庫, 1991
弓削達編,『地中海世界』〈西洋史 2〉, 有斐閣新書, 1979
弓削達編著,『ローマ帝国の栄光』〈世界の大遺跡 6〉, 講談社, 1987
吉田敦彦,『ギリシア文化の深層』, 国土社, 1984
吉田敦彦,『ギリシア人の性と幻想』, 青土社, 1997
吉野悟,『ローマ法とその社会』, 近藤出版社, 1976
吉野悟,『ローマ所有権法史論』, 有斐閣, 1972
吉村忠典,『古代ローマ散歩』, 社会思想社現代教養文庫, 1961
吉村忠典,『支配の天才ローマ人』〈人間の世界歴史 4〉, 三省堂, 1981
吉村忠典,『古代ローマ帝国　その支配の実像』, 岩波新書, 1997
吉村忠典編,『ローマ人の戦争―名将ハンニバルとカエサルの軍隊』〈世界の戦争 2〉, 講談社, 1985
A. ラスキ, 下田立行訳,『ギリシア人の愛』, 人文書店, 1990
J. G. ランデルズ, 久納孝彦監訳, 宮城孝仁訳,『古代のエンジニアリング―ギリシャ・ローマ時代の技術と文化』, 地人書館, 1995
M. ランボー, 寺沢清哲訳,『シーザー』, 白水社文庫クセジュ, 1964
E. S. P. リコッティ, 武谷なおみ訳,『古代ローマの饗宴』, 平凡社, 1991
J. リクワート, 前川道郎・小野育雄訳,『「まち」のイデア―ローマと古代世界の都市の形の人間学』, みすず書房, 1991
P. リシュ, 久野浩訳,『蛮族の侵入―ゲルマン大移動時代』, 白水社文庫クセジュ, 1974
A. M. リベラティ・F. ブルボン, 青柳正規監訳,『古代ローマ―人類初の世界文明』, 新潮社, 1997
J. ルージェ, 酒井博夫訳,『古代の船と航海』, 法政大学出版局, 1982
M. H. ルベル, 東丸恭子訳,『フラウィウス・ヨセフス伝』, 白水社, 1993
M. L. W. レイスナー, 長友栄三郎・朝倉文市訳,『ローマの歴史家』, みすず書房, 1978
L. D. レイノルズ・N. G. ウィルソン, 西村賀子・吉武純夫訳,『古典の継承者たち―ギリシア・ラテン語テクストの伝承にみる文化史』, 国文社, 1996
R. レイン・フォックス, 森夏樹訳,『アレクサンドロス大王』上・下, 青土社, 2001
P. レヴェク, 田辺希久子訳,『ギリシア文明―神話から都市国家へ』〈知の再発見双書 18〉, 創元社, 1993
歴史学研究会編,『古代地中海世界の統一と変容』〈地中海世界 1〉, 青木書店, 2000
A. ロイド,『カルタゴ・古代貿易大国の滅亡』, 河出書房新社, 1983
H. ロイド=ジョーンズ, 三浦一郎訳,『ギリシア人―その歴史と文化』, 岩波書店, 1981
H. ロイド=ジョーンズ, 真方忠道・真方陽子訳,『ゼウスの正義』, 岩波書店, 1983
B. ロゴラ, 長谷川岳男訳,『古代ローマの歴史―ヨーロッパ文明のルーツを求めて』, PHP

研究所，2000
M. ロストウツェフ，坪井良平他訳，『古代の南露西亜』，桑名文星堂，1944（復刻版　原書房，1974）
M. ロストフツェフ，青柳正規訳，『隊商都市』，新潮社，1978
M. ロストフツェフ，坂口明訳，『ローマ帝国社会経済史』上・下，東洋経済新報社，2001
J. N. ロベール，伊藤晃・森永公子訳，『ローマ皇帝の使者中国に至る―繁栄と野望のシルクロード』，大修館書店，1996
J. B. ワード=パーキンズ，北野理雄訳，『古代ギリシアとローマの都市―古典古代の都市計画』，井上書院，1984

　研究論文・文献については，なによりも『西洋古代史研究入門』を参照すべきである．また，最新の研究論文の検索には各年次の『史学雑誌』5号「回顧と展望」が不可欠である．

引用一覧

　下記の既存の訳書中の該当箇所からの引用は，本書中の以下の番号の部分である．

クセノパネス「断片」『ソクラテス以前の哲学者』(廣川洋一訳・講談社)
　　23
ヘロドトス『歴史』(松平千秋訳・岩波文庫)
　　24；32
トゥーキュディデース『歴史』上・中・下(久保正彰訳・岩波文庫)
　　26A；30；31；33A；36；37；38；39
アリストテレス『アテナイ人の国制』(村川堅太郎訳・岩波文庫)
　　26B；27；28；29；34A
プラトーン『ソークラテースの弁明・クリトン・パイドン』(田中美知太郎・池田美恵訳・新潮文庫)
　　40
アリストテレス『政治学』(牛田徳子訳・京都大学学術出版会)
　　49
スエトニウス『ローマ皇帝伝』上・下(国原吉之助訳・岩波文庫)
　　92C, D；93D, E
アプレイウス『黄金のろば』上・下(呉茂一訳・岩波文庫)
　　92E
タキトゥス『年代記』上・下(国原吉之助訳・岩波文庫)
　　94；95
アルテミドロス『夢判断の書』(城江良和訳・国文社)
　　105C

なお，99Bの小プリニウスの手紙も弓削達『素顔のローマ人』(河出書房新社) 282〜83頁の著者による訳を使用した．

編訳者一覧

古山正人（ふるやま　まさと）
　1949年　生れ
　1981年　東京大学大学院博士課程修了
　現　在　國學院大学文学部教授

中村　純（なかむら　じゅん）
　1949年　生れ
　1982年　東京大学大学院博士課程修了
　現　在　法政大学第一教養部教授

田村　孝（たむら　たかし）
　1947年　生れ
　1982年　早稲田大学大学院博士課程修了
　現　在　千葉大学教育学部教授

毛利　晶（もうり　あきら）
　1947年　生れ
　1979年　東京大学大学院博士課程中退
　1983年　ドイツ・マールブルグ大学 Dr. phil.
　現　在　神戸大学文学部教授

本村凌二（もとむら　りょうじ）
　1947年　生れ
　1980年　東京大学大学院博士課程修了
　現　在　東京大学大学院総合文化研究科教授

後藤篤子（ごとう　あつこ）
　1953年　生れ
　1984年　東京大学大学院博士課程修了
　現　在　法政大学文学部教授

西洋古代史料集　第2版

　　　1987年11月20日　初　版第1刷
　　　2002年 4 月18日　第2版第1刷
　　　2006年 3 月10日　第2版第3刷

［検印廃止］

編訳者　古山正人・中村　純・田村　孝
　　　　毛利　晶・本村凌二・後藤篤子

発行所　財団法人　東京大学出版会
　　　　代表者　岡本和夫
　　　　113-8654　東京都文京区本郷7-3-1 東大構内
　　　　電話 03-3811-8814・振替 00160-6-59964

印　刷　株式会社精興社
製　本　矢嶋製本株式会社

© 2002 Masato Furuyama et al.
ISBN4-13-022018-7　Printed in Japan

Ⓡ〈日本複写権センター委託出版物〉
本書の全部または一部を無断で複写複製（コピー）することは、著作権法上での例外を除き、禁じられています。本書からの複写を希望される場合は、日本複写権センター（03-3401-2382）にご連絡ください。

秀村欣二編	西洋史概説 [第4版]	2800円
伊藤貞夫 本村凌二 編	西洋古代史研究入門	3800円
弓削 達著	歴史学入門	2600円
伊藤貞夫著	古典期アテネの政治と社会	3200円
橋場 弦著	アテナイ公職者弾劾制度の研究	8600円
橋場 弦著	丘のうえの民主政 古代アテネの実験	2800円
加藤信朗著	ギリシア哲学史	2800円
本村凌二著	薄闇のローマ世界 嬰児遺棄と奴隷制	4500円

ここに表示された価格は本体価格です．御購入の際には消費税が加算されますので御了承下さい．

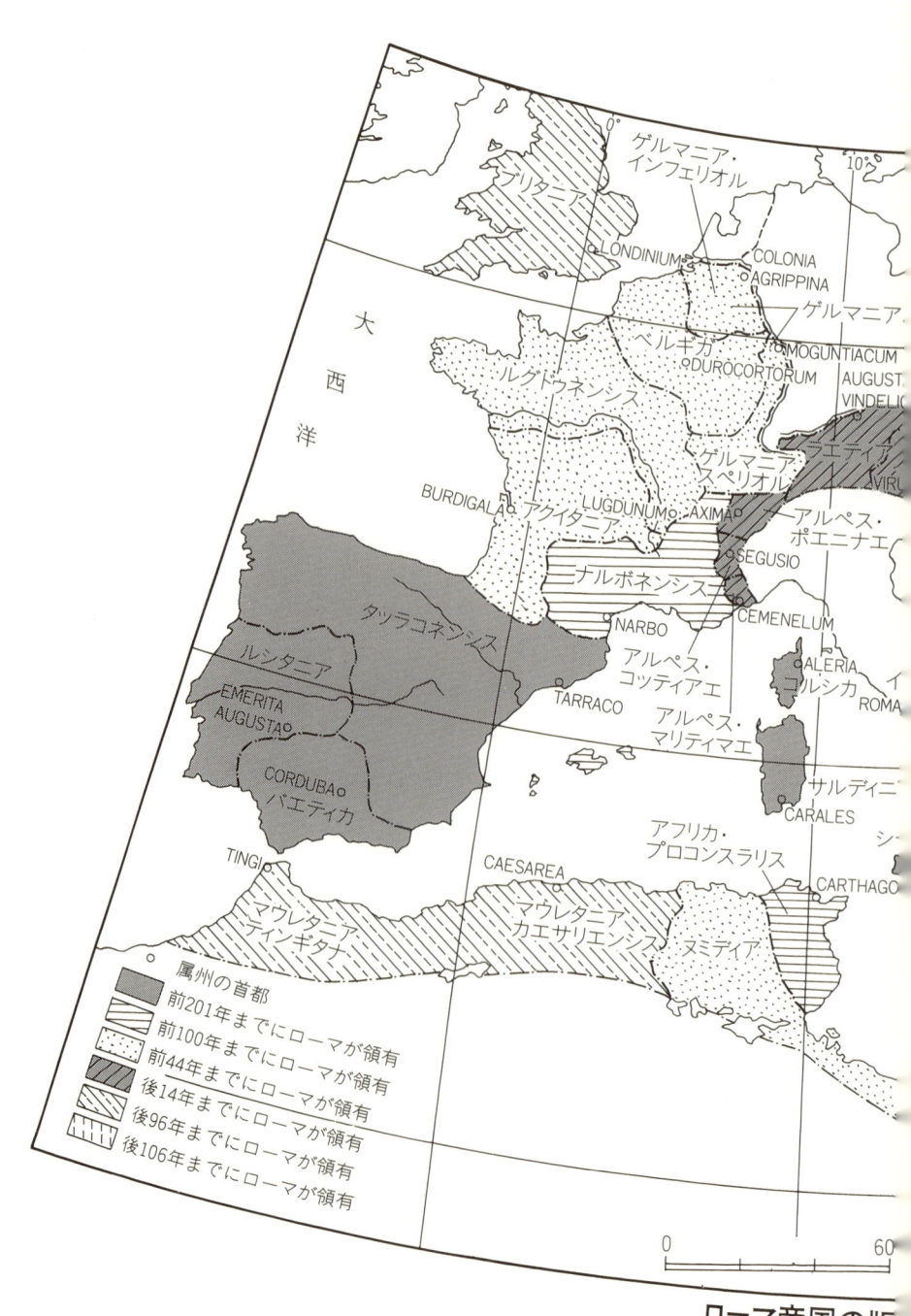

ゲルマニア・インフェリオル
ブリタニア
LONDINIUM
COLONIA AGRIPPINA
ゲルマニア
MOGUNTIACUM
ベルギカ
DUROCORTORUM
AUGUST.
VINDELIC
ルグドゥネンシス
ゲルマニア・スペリオル
ラエティア
BURDIGALA
アクイタニア
LUGDUNUM
AXIMA
アルペス・ポエニナエ
SEGUSIO
ナルボネンシス
NARBO
CEMENELUM
アルペス・コッティアエ
タッラコネンシス
ALERIA
コルシカ
ROMA
TARRACO
ルシタニア
アルペス・マリティマエ
EMERITA AUGUSTA
サルディニ
CARALES
CORDUBA
バエティカ
TINGI
CAESAREA
アフリカ・プロコンスラリス
CARTHAGO
マウレタニア・ティンギタナ
マウレタニア・カエサリエンシス
ヌミディア

大西洋

○ 属州の首都
前201年までにローマが領有
前100年までにローマが領有
前44年までにローマが領有
後14年までにローマが領有
後96年までにローマが領有
後106年までにローマが領有

0　　60

ローマ帝国の版